생산운영시스템

김 만 균 저

오성 미디어

목 차

제Ⅰ부 생산 · 운영관리 입문

제Ⅱ부 노동인력관리

제Ⅲ부 공정 설계

제Ⅳ부 재고관리

제Ⅴ부 품질경영 및 관리

제 I 부 생산·운영관리 입문

제1장 생산·운영관리 기초

1. 기업의 기능 및 생산관리의 정의
2. 생산관리의 역사적 발전
3. 생산시스템
4. 생산의사결정
5. 시스템 어프로치
6. 생산시스템과 그 문제

1. 기업의 기능 및 생산관리의 정의

1-1. 기업의 기능

기업의 기능은 생산, 마케팅 및 재무의 3대 주요 기능과 인사, 회계, 구매, 기술개발, 설비보전, 제품개발 및 설계, 산업공학 등의 지원기능으로 구성

① 제품계획, 생산능력계획, 일정계획 등을 기초로 제품 및 서비스가 창출(생산기능), ② 광고 또는 시장개척을 통해 판매가 이루어지며(마케팅기능), ③ 마케팅 활동을 통해 이윤을 획득하면 이를 토대로 신제품 개발에 대한 예사편성, 시설 및 운영자금의 집행과 계획을 수립(재무기능)

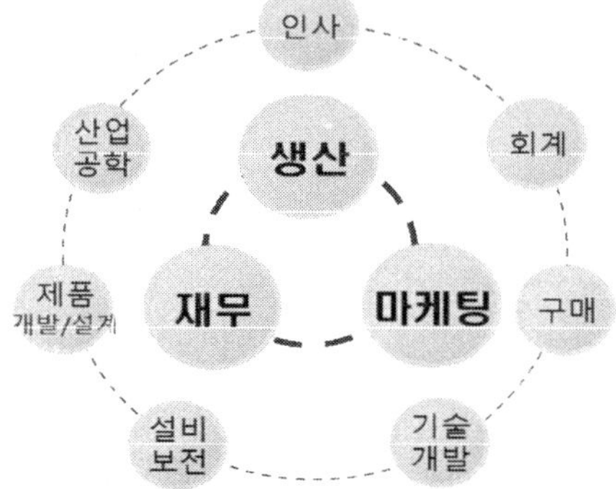

[그림1.1] 기업 기능들의 순환

출처 : R. R. Mayer, Production and Operations Management, 4th ed. McGraw-Hill, 1982, p.3

1) 생산기능(Operation Function)

재화나 서비스를 창출하는 활동으로 기업의 목표를 효과적으로 달성하기 위해 마케팅 및 재무 기능과 유기적 관련성이

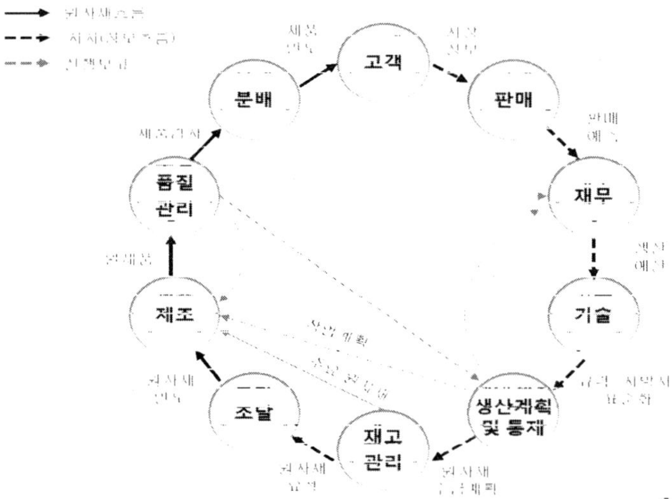

[그림1.2] 생산기능의 흐름

출처 : J. L. Riggs, Production System : Planning, Analysis and Control, 3rd ed., 1981, pp. 43~44.

2) 마케팅기능(Marketing Function)

생산된 제품 및 서비스의 판매를 중심으로 광고, 시장개척과 유지, 고객관리 등을 담당

제품종류, 수량, 품질 등에 대한 생산계획과 기존 제품에 대한 개선, 신제품 개발에 필요한 정보 등을 생산부서에 제공

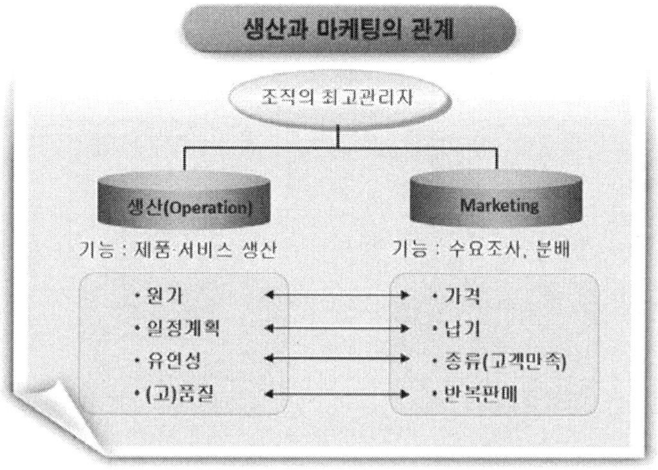

[그림1.3] 생산과 마케팅과의 관계

출처 : M. A. Vonderembse and G. P. White, Operations Management, - Concept, Methods, and Strategies, Wiley, 2004, P.21

3) 재무기능(Financial Function)

자금을 확보하여 투자수익을 최대화하고 자본비용을 최소화하는데 목적

제품종류, 수량, 품질 등에 대한 생산계획과 기존 제품에 대한 개선, 신제품 개발에 필요한 정보 등을 생산부서에 제공

4) 기타기능

인사기능 : 생산에 필요한 인력의 채용과 교육 및 훈련 실시, 인력의 적재적소에 배치하는 역할

회계기능 : 생산시스템에 원가자료(노동력, 원자재, 경비 등)를 제공

정보기능 : 효과적인 의사결정을 위한 유용한 정보를 제공하고 자원관리, 자재소요계획, 재고시스템 등의 정보시스템 구축시 필요한 정보를 적시에 공급

엔지니어링 기능 : 제품·서비스와 이를 생산할 공정을 설계하는 역할

1-2. 경영과 생산활동

기업이 정해진 목표를 달성하기 위해 내적 및 외적 환경에 대응하여 기업의 유형 또는 무형의 가용 자원을 최대한 활용하여 제품이나 서비스를 가공하는 생산 시스템을 계획, 운영, 통제하는 일련의 관리활동을 수행

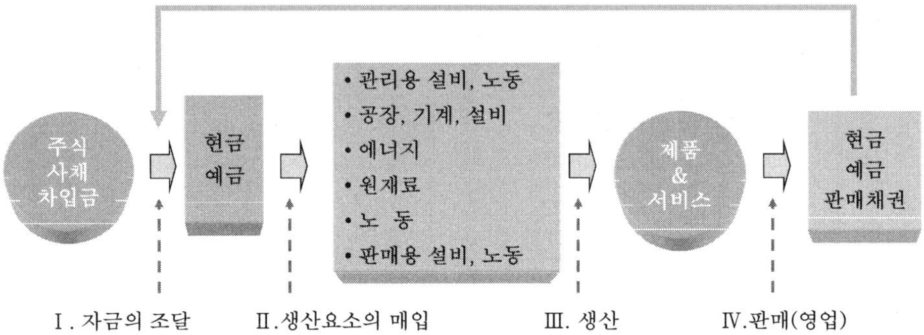

[그림1.4] 경영활동과 재화의 흐름

1-3. 생산활동의 정의 : 부가가치의 창출을 가져오는 모든 활동

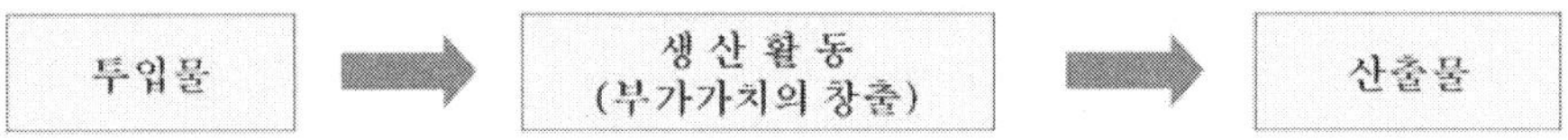

1-4. 생산의 투입물과 산출물

업종	투입물	주요기능	산출물
전자조립	공장, 작업자, 기계, 부품 등	인력계획, 기술개발, 일정계획, 구매 등	조립제품
소방서	소방차, 소방인력 소모품, 통신기기 등	교육훈련, 장비계획, 담당구역 조정 등	인명 및 재산의 구조
택배업	사무실, 직원, 소모품, 통신기기 등	장비계획, 인력계획, 배송계획, 거점계획 등	신속하고 정확한 배달
대학	교수, 건물, 학생, 교재 등	인력계획, 시설계획, 학사관리, 강의 등	우수인재의 육성

1-5. 경영활동

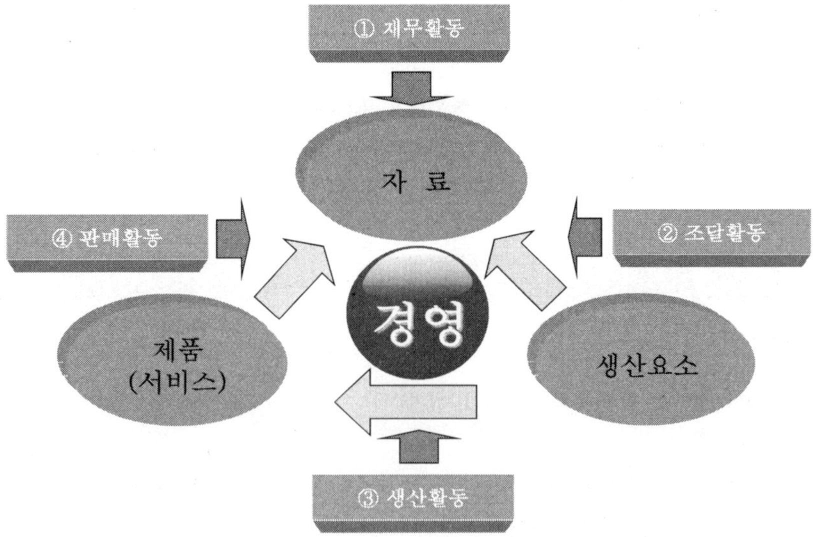

[그림 1.5] 경영활동의 순환과정

(1) 경영활동에 있어서 부문계획의 순서

기본활동	경영의사 →	판매비용 →	생산활동 →	조달활동 →	재무활동
계획에 반영될 내용	• 목표이익을 실현하고자 한다	• 목표이익의 달성을 위하여 1. 어떤 품종, 품질의 것을 2. 어떤 시기에 얼마의 수량을 3. 어느 정도의 가격으로 판매하면 좋을까?	• 판매활동을 위해서 1. 수요에 적합한 제품은 어떤 것이며 2. 그 제품은 언제 어떻게 만들 것인가? 3. 목표이익을 실현하기 위해서 제조 원가는 어느 정도할 것인가?	• 생산활동을 위해서 1. 공장설비의 갱신 및 증설이 필요한가? 2. 원자재의 필요량은? 3. 노동력의 소요량은? 4. 운반 및 재고량은? 5. 필요한 생산기술은?	• 앞의 여러 활동을 수행 하는데 1. 어느 정도의 자금(고정자금과 유동자금)이 필요한가?
계획의 전후관계	• 장기계획 이익계획 ⇨	• 수요예측 시장조사 판매계획 ⇨ 제품재고계획	• 제품계획 생산능력 계획 생산계획 ⇨ 일정계획, 원가계획, 공정품 재고계획	• 공장계획 설비계획 조달계획 ⇨ 자재구매, 재고계획, 외주, 인원계획, 수송운반계획, 기술계획	자금계획

2. 생산관리의 정의

2-1. 생산 Process

(1) 생산의 개념

- 廣義의 생산개념 : 유형, 무형물을 불문하고, Economic goods 를 생산하는 모든 활동
- 최근의 생산개념 : Operation 또는 Production/Operation 이라 하여 재화와 서비스를 산출하기 위한 모든 생산활동
- 생산관리의 적용분야

(2) 생산의 가치창출 활동

- 노동의 결과가 '제품'으로 나타나든 '서비스'로 나타나든 인간이 하는 노동 그 자체가 모두 생산활동임.
- 생산이라는 것은 우리에게 주어진 자원을 물리적(형태: 가공), 지리적(장소: 운송), 시간적(시간: 저장)인 변화를 통해서 사람들에게 가치(효용) 있는 것으로 만들어 주는 모든 행위를 의미 함.
- 최소의 노동과 비용으로 유용한 가치(제품과 서비스)를 창출하려고 하는 노력이 생산관리 활동임.

(3) 생산의 변환 Process

생산요소(투입물)를 유형, 무형의 경제재(산출물)로 변환시킴으로써 효용을 산출하는 과정

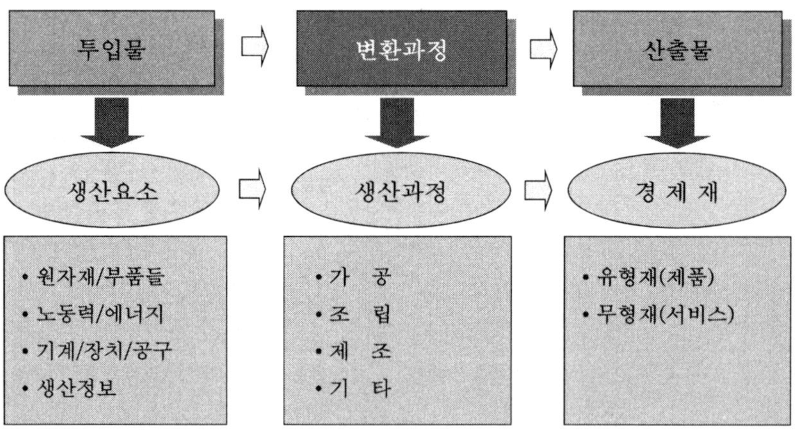

(4) 생산의 유형

① 어구, 광석, 원유 등의 자연물 채취

② 식물의 재배, 동물의 사육

③ ①, ②에 의한 생산물을 원료로 하여 다른 목적물로의 변환

④ ①, ②, ③의 생산물을 소비자에게 접근시키는 운반, 저장

⑤ 병원, 수영장, 호텔, 식당 등과 같이 대인적 서비스의 제공

⑥ 정보처리 및 제공

▶ 산업구조 측면에서

①, ②와 같은 자연물의 채취 산업 → 1차산업

③과 같이 제조, 가공, 조립 등을 중심으로 하는 산업 → 2차산업

④, ⑤, ⑥과 같이 주로 무형 서비스를 제공하는 산업 → 3차산업

(5) 경제적 생산의 의의

▶ 생산의 목적 : 요소 결합의 경제적 최적화 (Least Cost Combination)

▶ 경제적 생산(Economic Production) :

$$\frac{\text{산출가치액}}{\text{투입비용액}} > 1$$

▶ 제품내지 서비스의 가치결정

① 기능과 품질

② 생산량과 납기

③ 가격과 원가

2-2. 제조활동과 서비스 활동

(1) 제조활동과 서비스 활동과의 차이점

항　목	제조활동	서비스 활동
① 생산성 측정	측정이 용이	무형적 효과로 표시
② 품질기준의 설정 및 유지	설정과 유지가 용이	설정과 유지가 곤란
③ 고객의 접촉	고객을 직접 대면할 기회가 적다	대인적 접촉 중심으로 전개
④ 재고의 활용	생산을 조정가능	생산조회 불가능

▶ 이와 같은 차이점에도 불구하고 종래 생산관리론에 적용되어온 계량적 분석기법을 비롯하여 생산관리기법 및 방식들이 서비스 활동의 관리에 많이 응용되고 있다.

(2) 제조업(제조시스템)과 서비스업(서비스시스템)의 차이

제조업 성향	서비스업 성향
• 유형, 내구적 제품	• 무형, 보관 불가능한 제품
• 산출물 재고축적 가능	• 산출물 재고축적 불가능
• 고객접촉 적음	• 고객접촉 많음
• 반응시간이 김	• 반응시간이 짧음
• 지역, 국내, 국제 시장	• 국지적 시장
• 대규모 설비	• 소규모 설비
• 자본집약적	• 노동집약적
• 품질측정용이	• 품질측정 곤란

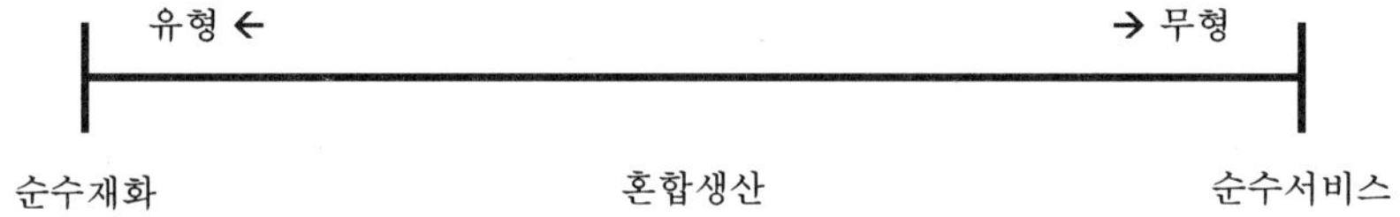

■ 서비스 생산의 분류기준

- 고객접촉도 (예, 병원 대 우편서비스)
- 서비스 고객화의 정도 (예, 법률서비스 대 대중교통)
- 고객접촉 담당자가 개인적인 고객욕구의 만족도를 결정하는 정도 (예, 의료행위 대 영화극장)
- 고객과 기업과의 관계의 정도: 산발적 대 연속적, 공식 회원제 대 비공식적 관계 (예, 자동차 대여 대 보험, 자동차 클럽 대 경찰 보호)
- 노동집약도 (예, 회계사무소 대 극장)
- 서비스의 대상: 사람 또는 사물 (예, 음식점 대 건물관리 서비스)
- 서비스의 구체성 (예, 이발 대 뉴스 방송)

2-3. 생산관리의 정의 및 목표

(1) 생산관리의 정의

▶ 생산관리란 제품이나 서비스를 생산하는 생산기능에 관한 의사결정, 즉 생산의사결정에 관한 연구

- 재화나 서비스의 생산을 효과적•효율적으로 관리하는 것
- 생산기능의 효과적•효율적 관리

▶ 생산관리의 대상과 명칭

- 생산관리는 제조업과 서비스업 모두를 대상으로 함.
- 생산관리(production management) → 운영관리(operations management)

▶ 생산관리자 : 생산관리를 담당하는 사람

- 제조업 : 공장장, 생산관리부(과)장, 품질관리부(과)장, 현장감독자(대리, 계장), 생산담당중역, 자재관리부(과)장, 재고관리자, 설비에 관한 업무를 담당하고 있는 본사의 참모집단.
- 서비스업 : 은행, 호텔, 식당, 항공사, 유통점의 운영관리자. 서비스의 생산과 공급을 책임지고 있는 관리자.

(2) 생산관리의 목표

► 최소의 노동으로 더 좋고 더 많은 것(제품, 서비스)을 생산하는 것이 생산관리의최종 목표임.

► 원료 투입이나 비용은 최소로 하고(원가절감), 품질은 가장 좋아야 하며(품질향상), 단시간에 가장 많이 만들어야 하고(시간절약), 필요에 따라 즉각 품목이나 수량을 바꿀 수 있도록 하는 것(유연성)이 생산관리의 목표임.

① 원가절감: 기업은 생산원가를 절감하기 위해서 기계와 설비를 가능한 한 오래 사용하고 유지하려고 노력함. 또한 재고량을 줄이고, 불량품 감소 등을 통해서 비용을 줄일 수 있도록 관리함.

② 품질향상: 기업들은 끊임없는 기술개발과 불량률의 감소노력으로 소비자들의 높아진 수요(욕구) 수준에 맞추려고 품질을 높일 수 있도록 생산활동을 관리함.

③ 시간단축: 생산관리의 또 하나의 중요한 목표는 생산시간을 단축하는 것임. 왜냐하면 원하는 것을 빨리 충족시켜주지 못하면 고객은 떠남. 그리고 생산시간이 걸릴수록 인건비나 시설 사용비가 등 이 증가함.

④ 유연성 증대: 어떤 제품이 소비자에게 인기가 좋아서 생산량을 늘려야 할 때에는 생산라인이 바로 증대될 수 있어야 함. 반대로 어떤 제품의 판매량이 갑자기 떨어져서 생산량을 줄이고 새로운 제품을 만들어야 할 경우에는 빠르게 생산라인을 변경할 수 있도록 시장과 고객의 요구사항을 제때에 반영하면서 생산하도록 하는 것이 생산활동의 유연성임.

2-4. 생산관리의 목적

❖ 조직: 공통목적을 지향하는 다수인의 조정된 통합적 노력

- 효용의 창출, 교환 및 소비를 위한 매개체

❖ 기업: 자본주의사회에서 가장 잘 발달된 조직

❖ 생산관리의 의의: 기업사명의 실현에 절대적 기능

➢ 기업의 사명(mission) – 기업의 신념

- 제품/서비스는 적어도 그 가격 이상의 가치(혜택)를 제공해야 함
- 제품/서비스는 특정시장의 고객욕구를 충족시켜줄 수 있어야 함
- 생산기술은 가격과 품질면에서 경쟁적인 제품이나 서비스를 제공
- 기업은 다른 사람들의 노력과 지원으로 생존·성장, 수익을 얻음

▶ 현대 생산관리의 원칙(3'S)

① 단순화 (Simplification), ② 표준화 (Standardization), ③ 전문화 (Specialization)

2-5. 생산관리의 기능

명확한 목표 하에 투입을 산출로 변환하는 생산시스템의 경영

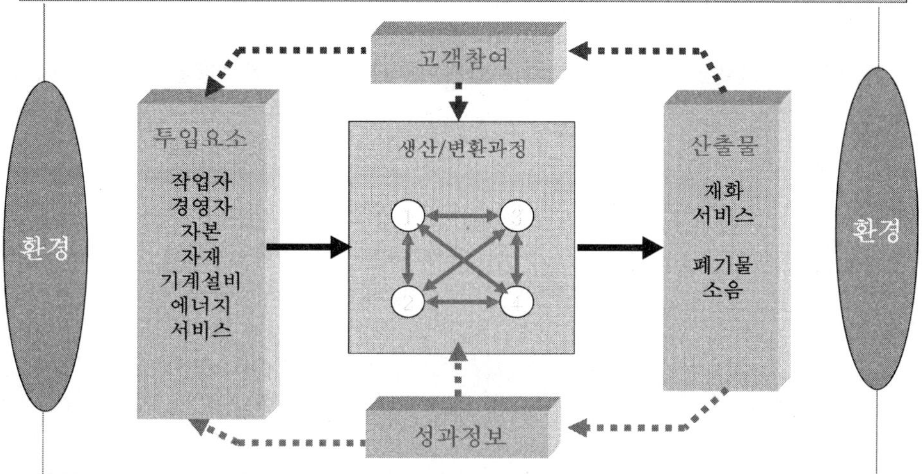

의사결정의 관점 :
생산기능과 이를 수행하는 데 사용되는 변환시스템(transformation system)에 관한 생산의사결정에 관한 연구

변환의 유형 : 생산관리의 범주

생산/운영 분류	특성		예
	변환과정	산출(효용)	
1차 산업	재배, 채취	기초 효용	농.축.임.수산업,
제조업	형태 변환	형태 효용	광산, 정유, 제철, 자동차, 건축 등
수송	장소 변화	장소 효용	육상, 해상, 항공
저장	시간 변환	시간 효용	창고업, 락커룸
공급	소유권 변환	소유 효용	도매, 소매업, 부동산 중개업 등
일반서비스	상태 변환	상태 효용	공공기관, 교육, 금융, 통신, 병원, 위락시설 등

변환 (transformation) 의 유형(예)

생산 시스템	Input	생산 시설	Ouput
• 공장: 원자재를 제품으로 물리적, 화학적으로 변환	• 원자재/부품	• 기계 작업장	• 제품/고객 SVC
• 항공사: 여객과 화물을 한 지역에서 다른 지역으로 장소적 변환	• 비행기/승무원	• 공항 터미널	• 승객/화물운송
• 학교: 학생들의 지적 상태를 변환	• 교수/장비	• 교실	• 학생/연구실적
• 병원: 환자의 신체적, 정신적 상태를 변환	• 의사/시설	• 병실	• 환자/의료 SVC

2-6. 생산관리의 기본개념

(1) 생산관리(Production Management)란?

생산목표를 달성할 수 있도록 생산활동이나 생산과정을 관리하는 것.

즉, 적질의 제품(서비스)를 적기에, 적량을, 적가로 생산(공급)할 수 있도록 이에 관련된 생산과정, 생산활동 전체를 관리, 조정하는 일련의 활동

(2) 생산의 3요소(3M) : ① Material, ② Machine, ③ Man

(3) 생산시스템과 시스템 요소

생산시스템	투 입	시스템요소	변환기능	바라는 산출
병원	환자	의사, 간호원, 의료기기	치료, 수술	건강해진 환자
식당	배고픈 고객	음식재료, 주방장, 종업원	조리, 종업원의 서비스	만족한 고객
자동차공장	원재료	설비, 작업자	제작, 조립	완성된 차
대학	입학생	교수, 책, 강의실	교육	졸업생
백화점	물건사러 온 사람	전시상품, 직원	고객유인, 판매촉진, 계산	판매

(4) 생산시스템의 내용

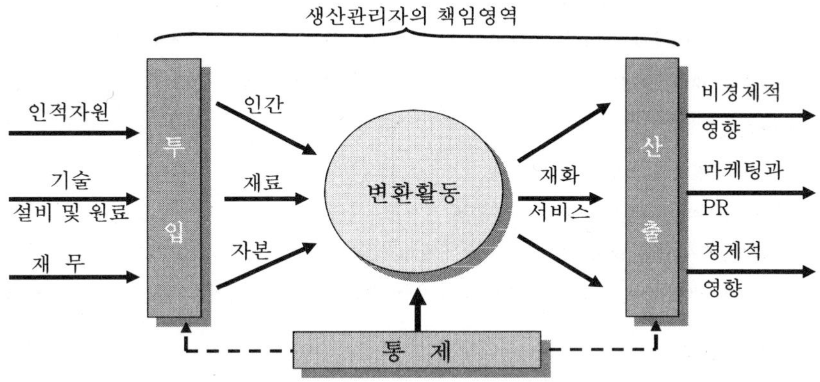

- 생산시스템의 변환기능
  ① 제조업의 물리적, 화학적 변환 ②운송업의 장소적 변환
  ③유통업의 교환적 변환 ④창고업의 보관적 변환
  ⑤의료업의 생리화학적 변환

3. 생산관리의 역사적 배경

3-1. 생산관리의 발전 : 경영학의 발전

(1) 근대적 생산관리의 출현
- 18C의 후반 산업혁명: 수공업 ⇒ 기계공업, 공장제공업 발전
- 아담 스미스(Adam Smith)의 국부론(國富論) : 분업(division of labor)을 통한 생산성 향상
- 바베지(Charles Babbage) : 공장관리의 원리 원칙 제시, 관리의 중요성 인식

(2) 분업
직무의 분할로 노동의 전문화(Job enlargement, Job enrichment)
- 1776년 Adam Smith의 국부론에서 처음 논의됨
- 분업의 이익 :
  ① 작업자의 기술향상 : 학습효과 ② 작업교체에 따른 작업준비시간의 감소
  ③ 작업을 쉽게 하고 노동시간을 단축할 수 있는 기계나 도구의 발명 촉진
- 1832년 Charles Babbage : Pin 제조회사에 분업적용
  o 분업의 장점 : 생산성이 향상될 뿐만 아니라 수행되는 업무의 중요도에 따라 임금 지불의 차등화가 가능
  o 분업의 단점 : 작업의 지루함, 작업자의 사기저하로 인한 부정적 영향.

(3) 부품의 표준화

o 부품의 표준화 / 부품의 호환성

- 베니스의 군함에 사용되는 노
- Eli Whitney: 총(gun)생산에 호환성 있는 부품 사용 : 품목의 신속한 생산가능
- 1913년 Henry Ford : 자동차의 이동조립라인 설계 : 노동의 전문화, 부품의 표준화 적용

(4) 산업혁명

o 인력을 기계의 힘으로 대체

- 1764년 James Watt의 증기기관 발명
- 1800년대 후반 가솔린 엔진, 전기의 개발이 기폭제
- 20C초의 대량생산 : 1차 세계대전으로 인한 대량수요, 대량마케팅 : 자동화와 대량생산

(5) 과학적 관리법

- 작업연구의 과학적 관리법

① 현재의 작업방법 관찰　② 과학적 측정과 분석을 통한 개선된 방법의 개발

③ 새로운 작업방법에 대한 작업자 훈련　④ 작업과정에 대한 계속적인 feedback 및 관리

- 1911년 F&W Taylor : Principles of Scientific Management, 과학적 관리의 아버지
- F&L Gilbreth 부부 : Motion study, Therblig 기호 개발

(6) 인간관계론

- 동기부여 및 인간적 요소 가미로 생산성 향상
- 1930년대 Elton Mayo와 동료: Western Electric 사에서 Hawthorne Study

(7) 의사결정모형

- 결정변수, 목적함수, 제약조건으로 구성
- 1915년 H. W. Harris의 EOQ 모형
- 1931년 Bell전화 연구소의 Walter A. Shewhart: 관리도 개발
- H. F. Dodge & H. G. Roming: 샘플링 검사법 개발
- 제 2차 세계대전후의 OR, Management Science 발전: 1947년 George Dantzig의 Simplex 법
- 1950년대 시뮬레이션 모형

(8) 컴퓨터

- 자재 및 재고관리, 생산계획, 품질관리, CAD/CAM, MRP, ERP, AIS, OA, CIMS,…

■ 년도별 생산관리의 변화

연대	개념	도구	창시자/개발자
1910년대	• 과학적 관리법 • 산업심리학 • 이동조립라인 • 경제적 주문량	• 시간연구와 작업연구 • 동작연구 • 3S 및 컨베이어벨트 • 재고관리에 EOQ 모형을 적용	• Frederick W. Taylor • Frank and Lillian Gilbreth • Henry Ford • F. W. Harris
1930년대	• 통계적 품질관리 • 인간관계론	• 표본검사와 품질관리를 위한 통계표 • 작업자 동기부여에 대한 실험	• Walter Shewhart, H. F. Dodge, & H. G. Romig • Elton Mayo
1940년대	• 복잡한 시스템문제에 대한 학제적 팀접근법	• 선형계획법의 simplex 해법	• OR Group • George B. Danzig
1950 ~60년대	• OR 기법의 본격적인 개발 및 적용	• Simulation • Queueing Theory • 의사결정이론 • 수학적계획법 • PERT/CPM	
1970년대	• 기업경영에 컴퓨터의 본격적인 사용	• 일정계획 • 재고관리 • 예측 • 프로젝트관리 • MRP	
1980년대	• 서비스 품질 및 생산성 • 생산전략 패러다임 • JIT, TQC, 공장자동화	• 서비스부문의 대량생산 • 경쟁수단으로서의 생산 • KANBAN, CIM, FMS, CAD/CAM, Robot 등	
1990년대	• TQM • BPR • 전자기업 • SCM	• 말콤 발드리지 품질대상, ISO9000 시리즈 인증, 가치공학 동시공학, 지속적 개선 패러다임 • 급진적 변화의 패러다임 • 인터넷,WWW • SAP/R3, client/server software	• National Institute of Standards and Technology, American Society of Quality Control, 국제표준화기구(ISO) • Michael Hammer 외 컨설팅사 • 미국정부, MS사, 넷스케이프사 • SAP, Oracle

3-2. 생산관리의 명칭 변천과정

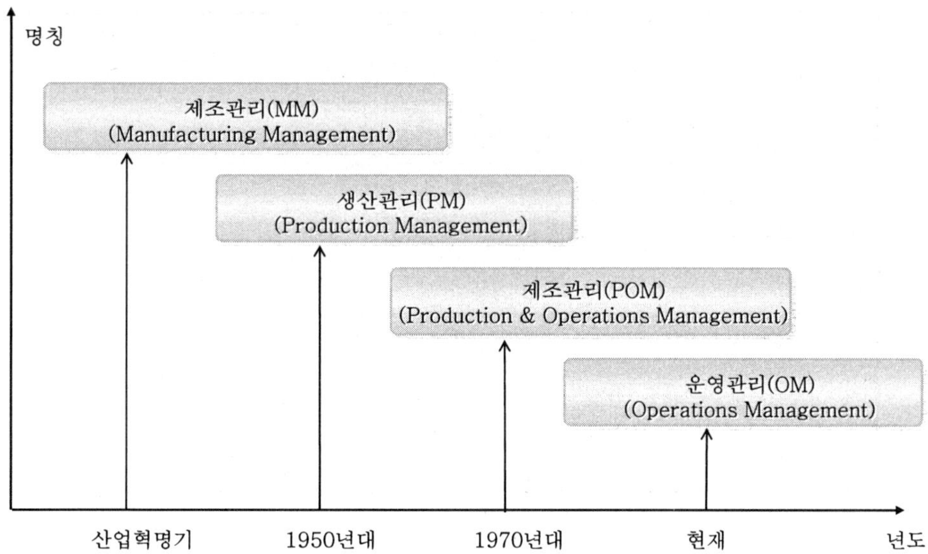

출처 : 김형준, 김혜정 혁신생산관리, 형설출판사, 2010, P.27

3-3. 생산 관리의 연구방법

► 연구방법 : 주어진 현상을 기술·설명·예측 방법 또는 현상에 대한 지식이나 이론을 이끌어 내는 방법.

► 생산관리 시스템 접근법

- 생산시스템의 관리적 측면에 초점을 둔 분류 : 경영학 접근방법의 변천과 같은 맥락의 접근법
- 생산시스템의 투입-변환-산출의 과정에 대해서, 산출로부터 변환·투입의 순으로 접근하여 가는 설계접근법과, 투입으로부터 산출까지 순서적으로 접근해 가는 기술적 접근법으로 분류.

■ 과학적 관리법(Taylor System)

▶ 테일러(F. W. Taylor)

목적	고임금(高賃金) 저노무비(低勞務費)	① 작업자의 경제적 복지향상 ② 작업자의 생산성 증대
원리 (수단)	과업관리	① 시간연구로 과업의 과학적 결정 ② 작업 및 작업조건의 표준화
	차별적 성과급제	① 성공에 대한 대우 ② 실패에 따른 손실
	직능식 직장제도 작업 지도표	① 조직구조 ② 직능교육
본질	정신혁명 (경영자와 작업자)	① 참된 과학의 수립 - 과학적 지식과 조사를 토대로 사실을 판단하고 실행 ② 과학적 선택 및 과학적 교육개발 ③ 경영자와 작업자간의 우호적 협력 ④ 경영자와 작업자간의 업무분담

■ 과학적 관리법(Taylor System)

▶ 포드 시스템(Ford System)

❑ 포디즘(Fordism) : 기업 = 사회 봉사기관 ; "저가격 고임금"의 실현을 추구하는 경영이념

❑ 대량생산방식 확립

- 이동조립법 : 컨베이어 시스템
- 4S : 제품 및 작업의 단순화(Simplification), 제품의 표준화(Standardization)
  기계·공구의 전문화(Specialization), 부품의 규격화(Specification)

❑ 포드 시스템의 단점

① 동시적 이동 조립공정에 따른 작업속도의 강제성-비인간화

② 한 공정의 중단이 모든 공정에 영향

③ 설비투자로 인한 막대한 고정비 부담

④ 제품 단순화로 시장구조 변화나 다양한 수요에의 적응 곤란

⑤ 제품 및 생산 설비의 변경·개량 곤란

3. 생산시스템

3-1 생산시스템의 유형

▶ 생산시스템
투입을 원하는 산출물로 변환시키는 기능을 수행하는 일련의 구성인자의 총체

- 생산시스템의 유형에 따라 시스템의 분석, 설계, 계획 및 통제 등이 달라짐
- 생산형태의 분류

수주측면	생산반복성	품종과 수량	생산의 흐름
주문생산	개별생산	프로젝트생산	단속생산
	뱃치생산	다품종소량	
계획생산	대량생산	소품종대량	연속생산
(예측생산)	연속생산		

3-2 주문생산과 예측생산의 특성

구 분	주문생산	예측생산
제품특성	제품시방-고객 결정 제품종류 다양 고가 (상대적)	제품시방-생산자 결정 품종 한정 저가 (상대적)
생산설비	범용설비(장비)	전용설비(장비)
수행목표의 중요도(순위)	납기- 품질- 원가 -생산능력 이용도	원가- 품질-생산능력 이용도 -고객서비스
운영상의 주요문제	생산활동 관리 납기관리	예측, 계획생산 재고관리

4. 생산의 의사결정

4-1 기능별 분류

(1) 생산공정

- 생산에 사용되는 물리적인 공정이나 설비에 관한 의사결정
- 설비와 기술의 유형 선택, 공정흐름, 설비배치, 설비보전.

(2) 생산능력

- 장기적인 생산능력 : 물리적인 생산설비의 크기
- 단기적인 생산능력 : 잔업, 하청, 임차
- 고용수준 결정 : 수요예측에 의한 시장수요의 크기, 고용안정 고려

(3) 재고

- 무엇을, 언제, 얼마 만큼 주문할 것인가?
- 원자재 재고, 재공품 재고, 완제품 재고, 재고 투자비용

(4) 노동력

- 인사관리: 선발, 고용, 훈련, 해고, 감독, 보상

(5) 품질

- 생산의 모든 단계에서 품질이 좋은 제품이 생산되도록 관리, 품질경영

4-2 생산관리의 목표

(1) 원가(또는 비용)

- 매출(생산)원가 = 재료비 + 노무비 + 간접비
- 매출액의 백분율로 표시, 제품의 단위당 원가로 표시
- 원가목표 : 자본집약적인 대량생산
- 설비는 장기간 사용, 저비용 유지, 완제품과 원자재, 재공품 재고수준의 최소화

(2) 품질

- 품질목표: 고객만족도, 폐기물 및 재작업 비율, 불량율 - 100 PPM, 설계품질, 적합품질

(3) 납품

- 납기준수능력
- make-to-stock : 서비스 수준, 재고보충기간
- make-to-order : 제품인도기간(lead time), 납기준수율

(4) 유연성(Flexibility)

- 수요의 질적 및 양적 변화에 신속하게 대응할 수 있는 능력
- 질적변화 : 적응력과 신축성이 강한 인력과 장비의 유지
- 양적 변화 : 여유생산능력

■ 생산목표의 상충관계: 전략적 우선순위에 따라 해결

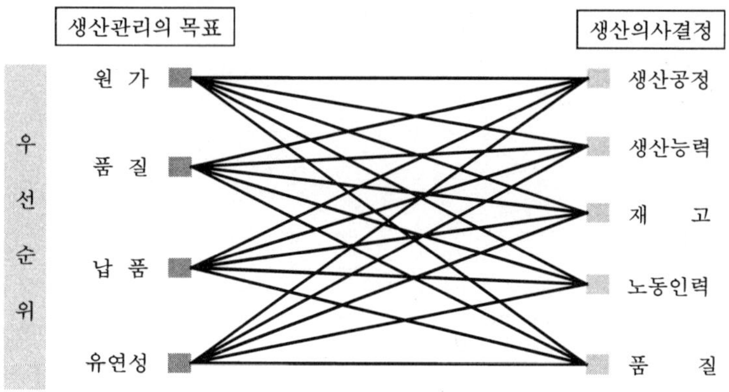

[그림 1.3] 전략적 생산의사결정

▶전략적 생산의사결정

- 이상적인 생산활동 : 낮은 원가, 높은 품질, 신속한 납품, 높은 유연성을 동시에 달성
- 일반적으로 4가지 생산목표를 동시에 모두 최적화 하기는 어렵기 때문에 생산전략에 따라 4가지 생산목표의 상대적 우선순위를 결정하고, 이에 따라 일관된 생산의사결정을 해야 함.

■ 생산관리의 최근 추세

- 서비스부문의 성장
- 생산성 향상

  ▶ 생산성 = $\dfrac{\text{산출(outputs)}}{\text{투입(inputs)}}$

- 글로벌 경쟁
- 품질·시간 및 기술 기반의 경쟁
- 대량 고객화(mass customization)
- 환경친화경영 및 작업자의 다양성

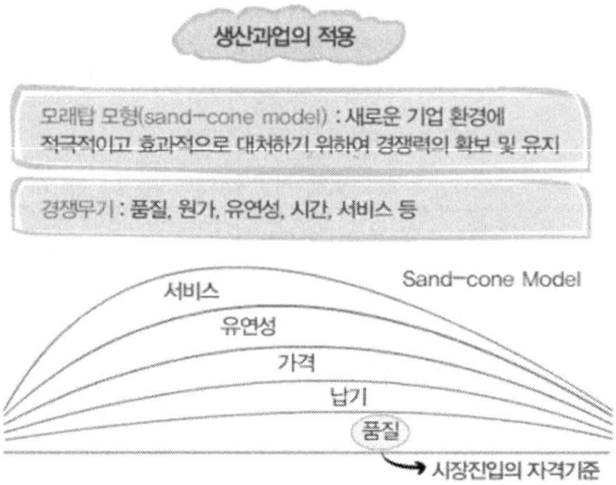

■ 생산관리의 변화 추이

- 서비스 부문의 성장
- 생산성의 변화
- 경쟁의 세계화
- 품질, 시간, 기술에 의한 경쟁
- 환경, 기업윤리 등

■ 생산시스템의 추이에 따른 대응

▶ 대량고객화(Mass-Customization) :
- 다품종소량생산과 소품종대량생산의 접근
- 통합의 경제(Economies of Integration) / (= 규모의 경제 + 범위의 경제) 추구
- 다품종소량생산 : 대량생산의 이점(규모의 경제)을 누릴 수 있는 방안 강구
  (예, Group Technology 등)
- 소품종대량생산 : 다품종생산의 이점(범위의 경제)을 누릴 수 있는 시스템 모색
  (예, Modular Design, Cellular Manufacturing 등)

5. System Approach

5-1. 시스템 사고의 필요성

(1) 1960년대말까지 인간을 달에 보내겠다는 목표를 실현시킬 수 있었던 것은 시스템의 힘에 의한 것이다. 즉, 시스템은 매우 복잡한 상황에서 질서와 체계를 이룸

5-2. 시스템의 개념과 본질

(1) System 이란

▶ 하나의 전체를 구성하는 객체로서 서로 유기적인 관련성을 가지고 있는 구성 요소들의 집합체

▶ 공동의 목표를 달성하기 위해 구성요소가 상효 유기적인 관련성을 갖는 조직화된 집합체
A System is an organized set of component parts that are functionally interrelated in order to achieve some common predetermined objective(s). –K. N. Dervitsiotis

(2) System의 특성

① 집합성(Set of Components) : 구성인자들의 집합

② 목적(Objectives) 추구성 : 시스템이 달성하기 위한 공동의 목적을 가짐(목적 추구성)

③ 상호관련성(Inter-relationship) : 고동목적 달성을 위한 상호 유기적 관련성을 가짐

④ 환경(Environment) 적응성 : 환경은 통제 불가능한 요소로서 시스템은 환경에 적응하여 시스템을 존속·유지시키려 함. 현대 시스템은 개방시스템이므로 환경과 상호작용을 하면서 환경적응력을 지녀야 함

⑤ 전체성·전일성(Holism) : 시스템 자체는 하나의 단일체로, 각 부문들은 통합되어 전체를 이루며, 각 부문은 전 체적 관점에서 조정, 통제

⑥ 개방성(Openness) : 외부환경과 상호작용을 하면서 자기변화를 달성하는 개방시스템과 외부 영향을 받지 않는 폐쇄시스템으로 구분하며, 일반적으로 시스템은 개방시스템 성격을 가짐

⑦ 관리(Management) : 시스템의 목적달성을 위해 내적자원을 효율적으로 관리

⑧ 구성요소(Components) : 독립된 개체들로 이루어진 구성인자, 부서(part) 또는 하위시스템(sub-system)을 가짐

⑨ 자원(Resources) : 시스템의 목적달성을 위해 통제 가능한 인적·물적 자원, 기술 등

(3) 시스템의 모형

▶ 시스템의 기본요소는 입력, 변환, 출력, 피드백 및 통제로 구성되며, 시스템이 처한 환경을 인식하고 적응해야하며, 시스템의 내적자원들을 효율적으로 관리해야 함

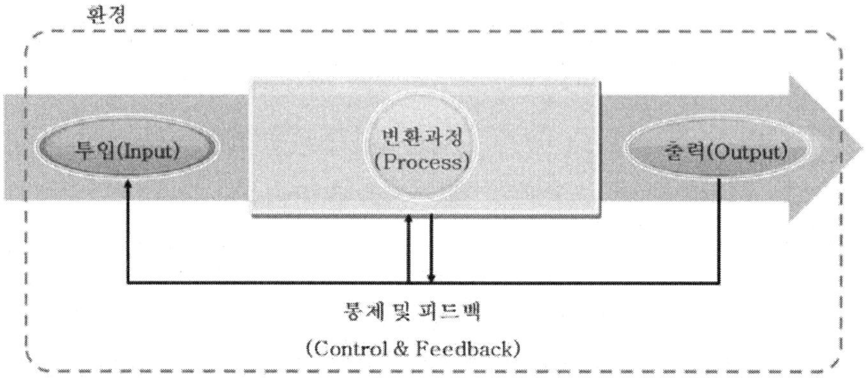

- 피드백은 시스템이 제어를 위해 출력물의 일부 또는 전부를 입력요소로 되돌려 보내는 것,
- 또는 산출물이나 변환과정의 정보가 의사결정권자에게 전달되는 것을 의미
- 피드백과 통제는 시스템이 안정상태를 유지할 수 있게 하는 중요한 수단

(4) System의 중요개념 및 유형

▶ System의 중요개념

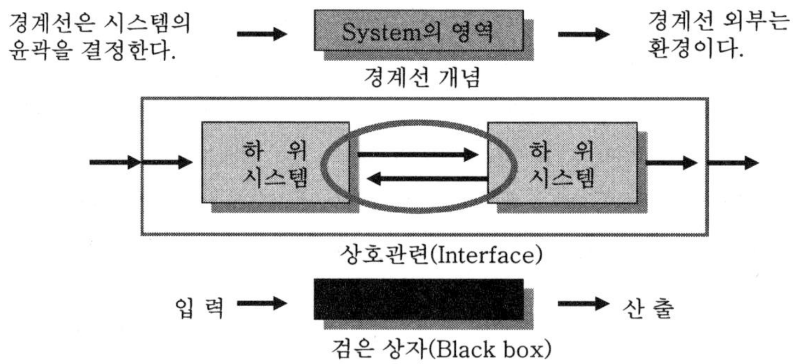

▶ System유형

① Natural System과 Designed System
② Physical System과 Abstract System
③ Open System과 Closed System

▶ System이 되기 위한 구성 요건

① 어느 System이든 뚜렷한 목적을 가지고 있어야 한다.

② System을 이루고 있는 구성인자가 상호유기적으로 연결되어 있어야 한다.

③ 구성 인자들의 목적 달성을 위해 Resources, Information, Energy 등을 사용하고 있다.

▶ System의 일반적인 특성

① 목표지향적(目標指向的)이다. 즉, 뚜렷하게 설정된 목표, 곧 성취해야 할 「무엇」이 있다.

② 부분과 부분, 또는 부분과 전체의 상호 관련성을 가지고 전체로서 기능을 발휘한다. 즉, 문제를 종합적으로 본다.

③ 투입에 대한 산출, 또는 효과에 강조를 둔다.

④ 결과의 평가가 다시 재투입되는 환류(還流, feedback) 기능을 가진다.

■ 시스템 접근법의 구조

구 분	시스템 이념	시스템 경영	시스템 분석
관 점	관념적	실용적	문제해결
방 법	인식적	종합화	모형화 분석
관리차원	전략차원	조정	실행, 운영
과 업	조직을 전체로서의 단일체로 인식하고 전반적인 사항을 판단	구성요소(하위시스템)의 기능을 유기적으로 조정, 통합	목표달성과 자원의 효율적 활용 추구
활 용	사고 및 의사결정의 방법 및 철학	자원의 배분결정 및 하위 시스템 각 연관분석	문제해결을 위한 방법

► 어떤 정해진 목적, 또는 목표를 달성하기 위하여 각 구성요소, 혹은 부분이 전체와 유기적으로 관련되어 조화롭게 기능하는 관계의 집합 내지 단위

5-3. System Approach

(1) System Approach란?

System Concept을 이용하여 전체의 입장에서 상호관련성을 추구하여 주어진 문제의 해결을 시도하는 System 사고 방식

(2) System Approach의 주요 내용

① System Theory

② System Analysis

③ System Management

▶ System Approach별 특징

특징 \ 내용	시스템 이론	시스템 분석	시스템 경영
관 점	개념적	문제해결	실용적
방 법	조직적 사고	모델화	종합화
경영계층의 적용수순	전략적	업무적	조정적
적 용 분 야	시스템이론 전개 및 전략수립	목표달성 및 자원활용	조직의 설계 및 운영

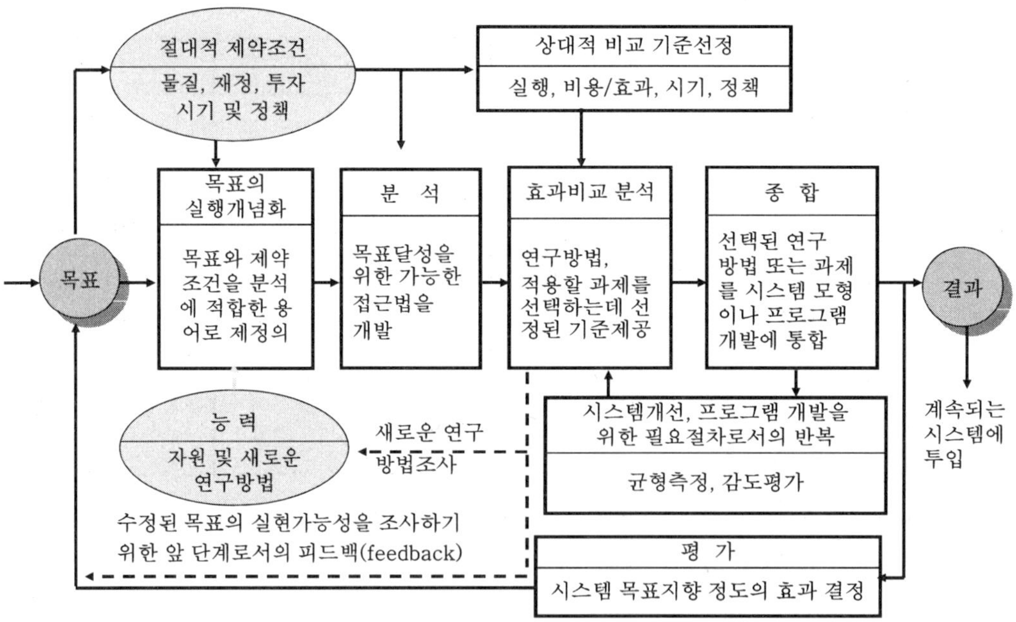

5-4. 시스템 사고의 기본방향

▶ 늑대와 산양 그리고 풀의 예화(例話)

▶ 복합적인 인과관계가 있는 시스템의 문제로 다음과 같은 문제점 발생

① 시스템 전체에서 보다는 하위시스템 위주의 해결책 이었다.

② 문제해결방안의 선택기준 선정이 잘못되었다.

③ 시간적인 차원을 고려하지 못했다.

▶ 하위시스템의 Efficiency 보다는 Optimization, 즉 시스템 전체의 유효성을 추구하는 것이 시스템 사고의 기본 방향

6. 생산시스템과 그의 문제

6-1. 생산시스템의 구성

(1) 생산시스템 : 생산자원을 경제적으로 결합하여 목적하는 급부를 산출하는 과정

▶ 생산시스템의 구성 예

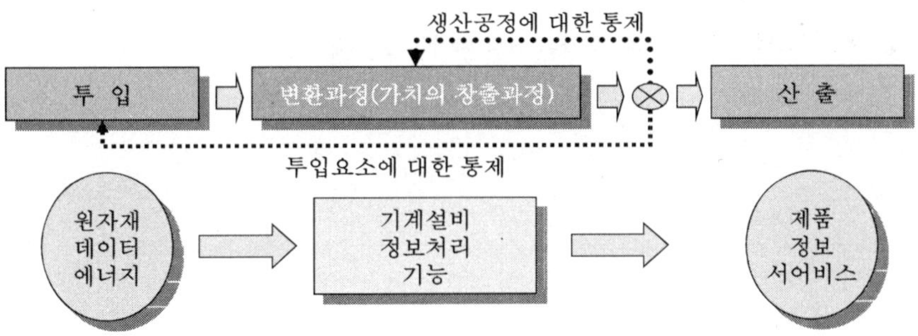

▶ 변환시스템과 콘트롤 시스템의 두개의 하위시스템으로 구성

6-2. 생산시스템의 제 문제

(1) 장기계획적 의사결정문제

→ 전략적인 문제(Effectiveness)

a) 생산할 제품내지 서비스의 설계 및 선정 문제

b) 부분품 내지 서비스 내용의 생산설계 문제

c) 생산설비와 공정의 선정 및 설계 문제

d) 시스템 입지의 결정 문제

e) 시설 및 시설배치의 결정 문제

f) 생산에 종사하는 작업자의 직무 설계 문제

(2) 단기계획적 의사결정 문제

→ 전술적인 문제(Efficiency)

a) 생산계획의 문제

b) 공정관리의 문제

c) 재고관리의 문제

d) 품질관리의 문제

e) 시스템의 신뢰성과 보전에 관한 문제

f) 인력관리에 관한 문제

g) 생산시스템에서 발생하는 원가의 관리 내지는 절약 문제

6-3. 미래의 생산시스템

(1) 미래의 생산시스템이 어떻게 변화할 것인가?

앨빈 토플러는 인간의 미래를 예측한 그의 저서 '제3의 물결'에서 "생산자와 소비자가 동일하게 되는 생산시스템의 실현" 예측

① 기계화

a) 설계, b) 정보의 저장 및 검색, c) 쓸 수 있는 자원의 관리, d) 자재의 취급, e) 기계장비의 제어, f) 로봇의 통제

② 다양화

a) CAD/CAM b) FMS C) CIM

③ 자동화

a) 더 높은 생산성의 필요성

b) 고품질의 제품 필요성

c) 기계의 이용을 높이고자 하는 욕구

d) 작업자의 안전, 소음 등에 대한 법적 규제

e) 의미 있는 작업을 원하는 작업자의 욕구 등등

[제1장 연습문제]　　학년 :　　　　학번 :　　　　　　성명 :

I. 서술형

1. '생산'이란 무엇인가 ?

2. 생산관리의 대상이 아닌 것에는 어떤 것이 있을까 ?

3. 생산관리의 대상을 하나 선정하여, 시스템적 관점에서 설명해보자.

4. 생산시스템의 유형과 생산형태에 대하여 설명하여라.

5. 제조업과 서비스업의 특성을 각각 설명하여라.

6. 시스템 접근법의 의의와 구조에 대해서 논하라.

7. 서비스 생산의 분류기준과 그 예를 들어보라.

8. 다품종소량생산시스템의 경제적 생산방안에 대해 연구하여 보라.

II. 진위형

1. 생산관리는 제조업과 서비스업 모두를 대상으로 한다. (　　)
2. 비즈니스 프로세스 리엔지니어링(BPR)은 지속적이고 점진적인 경영개선을 추구하는 경영기법이다. (　　)
3. 병원을 생산시스템으로 볼 때 의사, 간호사, 의료장비, 약품 등은 투입물에 해당한다. (　　)
4. 생산시스템에서 투입물을 원하는 산출물로 바꾸는 기능을 변환기능이라고 한다. (　　)
5. 일반적으로 서비스업은 제조업에 비해 품질수준의 설정과 평가가 용이하다. (　　)
6. 제조업은 서비스업에 비해 재고관리가 중요하다. (　　)
7. 제조업과 순수 서비스업의 생산관리상의 기본적인 차이점 중의 하나는 산출물을 재고로 유지할 수 있느냐에 있다. (　　)
8. 품질과 원가는 언제나 반대 방향으로 움직인다. (　　)
9. 생산시스템의 유연성이란 수요의 질적 및 양적 변화에 신속하게 대응할 수 있는 능력을 말한다. (　　)
10. 대량고객화란 고객이 다양한 선택을 할 수 있도록 제품이나 서비스의 종류를 확대하고, 개별 고객의 요구에 맞도록 제품이나 서비스를 제공하는 것을 의미한다. (　　)
11. 전통적인 대량생산이 규모의 경제에 기반을 두고 있다면, 대량고객화는 범위의 경제를 추구한다. (　　)

절 취 선

III. 선다형

1. 생산관리의 목표에 해당되지 않는 것은? ( )
① 낮은 원가 ② 우수한 품질 ③ 작업자의 만족 ④ 높은 유연성

2. 이동조립라인(moving assembly line)과 관계가 있는 사람은? ( )
① 스미스(Adam Smith) ② 메이요(Elton Mayo)
③ 테일러(Frederick Taylor) ④ 포드(Henry Ford)

3. 인간관계론과 가장 관계가 깊은 것은? ( )
① 과학적 관리법 ② 호손 실험
③ 시간연구 ④ 생산의 표준화

4. 다음은 생산시스템과 그의 산출물을 나타내고 있다. 틀린 것은? ( )
① 은행 – 대출상품 ② 병원 – 완쾌된 환자
③ 식당 – 식품재료 ④ 대학 – 연구실적물

5. 제조업과 서비스업에 관한 설명 중 틀린 것은? ( )
① 제조업의 산출물은 유형의 재화이므로 재고로 유지할 수 있다.
② 서비스업에서는 수요가 발생하지 않으면 생산능력이 사장된다.
③ 서비스업은 제조업보다 품질수준의 설정과 평가가 용이하다.
④ 서비스업에서는 생산기능과 마케팅기능이 상호 밀접하게 관련되어 있다.

6. 생산의사결정의 5대 분야는? ( )
① 계획, 기술, 생산, 재고, 통제 ② 생산공정, 생산능력, 재고, 노동인력, 품질
③ 품질, 생산공정, 기술, 생산능력, 노동인력 ④ 품질, 생산, 구매, 재고, 생산능력

7. 생산시스템의 유연성의 구성요소에 속하지 않는 것은? ( )
① 생산수량의 신속한 조절 ② 신속한 신제품 개발
③ 제품라인의 다양성 ④ 낮은 불량률

8. 생산관리의 목표에 관한 설명 중 틀린 것은? ( )
① 원가를 최소화하기 위해서는 완제품과 원자재의 재고는 최소한으로 유지되어야 한다.
② 품질과 원가는 언제나 상충된다.
③ 신속한 납품을 위해서는 상당한 재고와 여유 생산능력을 유지해야 한다.
④ 높은 유연성을 유지하려면 적응력과 신축성이 강한 인력과 장비를 갖추어야 한다.

9. 생산관리의 목표는? ( )
① 원가, 품질, 납품, 유연성 ② 품질, 생산능력, 유연성, 원가
③ 품질, 생산공정, 생산능력, 재고, 노동인력 ④ 품질, 원가, 생산능력, 납품

10. 생산관리의 최근 추세에 들어가지 않는 것은? ( )
① 서비스부문의 중요성 증대 ② 대량생산을 통한 원가 절감
③ 품질.시간 및 기술 기반의 경쟁 ④ 대량고객화

11. 다음 항목 중 그 내용이 틀린 것은?
① 생산관리에서 생산(Production)의 의미는 생산요소를 유형, 무형의 경제재로 변환시킴으로써 가치를 창출하거나 부가하는 경제적 행위를 말한다.
② 생산관리는 고객이 요구하는 품질의 제품이나 서비스를 적시(Time), 적량(Quantity), 적가(Price)로 공급하기 위해 투입요소들을 효율적으로 관리하는 활동이라 할 수 있다.
③ 생산관리의 기능은 세 가지로 분류한다면 설계기능, 계획기능, 통제기능으로 나눌 수 있다.
④ 생산관리의 명칭은 운영관리(Operations Management)에서 시작하여 제품제조 중심의 제조관리(Production Management)로 변천되었다.

12. 다음 항목 중 그 내용이 틀린 것은?
① 시스템은 시스템이 달성하기 위한 공동의 목적을 가진다.
② 시스템은 독립된 개체들로 이루어진 구성인자 또는 하위시스템을 가진단.
③ 시스템은 각 부문들이 통합되어 전체를 이루고 있으므로 전체보다 부문이 우선되어야 한다.
④ 시스템의 구성인자들은 공동목적을 달성하기 위해 상호 유기적인 관련성을 가진다.

13. 다음항목은 생산관리기능들이다. 설계기능에 속하지 않는 것은?
① 제품 및 서비스의 설계(Design of product and service) ② 설비선정(Facilities Selection)
③ 수요예측(Forecasting) ④ 공장입지(Location)

14. 다음항목은 생산관리기능들이다. 설계기능에 속하지 않는 것은?
① 수요예측(Forecasting) ② 총괄생산계획(Aggregate production planning)
③ 생산일정계획(Secheduling) ④ MRP(Material Requirement Planning)

제 I 부 생산·운영관리 입문

제2장 생산 전략

1. 기업의 생산전략 의의

1-1. 기업의 생산전략

생산전략을 통한 기업의 경쟁우위 확보: 경쟁의 심화, 생산성향상의 필요성, 요구 품질의 확대

생산의사결정은 기업전략과 사업전략에 연계되어야 경쟁우위를 달성할 수 있다.

미국: 1960-70년대는 재무와 마케팅에 중점을 두었으며 상대적으로 생산기능을 소홀히 함.

1980년대 중반 생산의 전략적 역할을 중시하기 시작함.

일본 : 생산전략과 생산기능의 중요성을 인식하여 우수한 품질의 제품을 낮은 원가로 생산.

ex) 자동차, 전자제품, 오토바이, 카메라 등

한국 : 1980년대 중반까지 자본과 기술은 해외에서 도입하고 양질의 풍부한 노동력을 기반으로 낮은 원가에 기초한 대량생산방식을 택함.

1990년대에 급격한 임금상승으로 가격경쟁력 상실. 경쟁력 확보를 위한 새로운 수단 필요.

▶ 생산전략이란 생산의사결정의 전반적인 방향을 설정하는 비전 또는 지침이다.
생산전략은 사업전략과 부합해야 하며, 일관된 생산의사결정이 이루어져 기업의 경쟁우위를 달성할 수 있도록 수립되어야 한다.

1-2. 생산전략의 정의

(1) 생산전략 : 사업전략 및 기업전략의 절대적인 부분으로서, 조직목적과 이념을 반영하고, 장기적·지속적 경쟁우위 및 조직성과에 기여하기 위한 생산역량의 개발 및 전개에 관한 전략

(2) 생산전략은 기업전략 및 사업(경쟁)전략과의 연계 하에 이를 지원하기 위한 생산시스템의 정위화(定位化 positioning: 위치선정)로 파악할 수 있다.

(3) 정위화(定位化; Positioning)란 생산시스템이 최대의 경쟁우위를 달성하기 위하여 어떤 특성에 역점을 두는 정도를 설정하는 것으로, 차별적 역량(distinctive competences)과 주요 과업과의 적합과정이다. 즉, 조직이 경쟁력 향상을 위해 차별적 역량으로 선정하여 강화해나갈 경쟁우위의 요소를 결정하는 과정.

■ 조직수준별 경영전략

- 기업전략
- 사업전략
- 기능별 전략

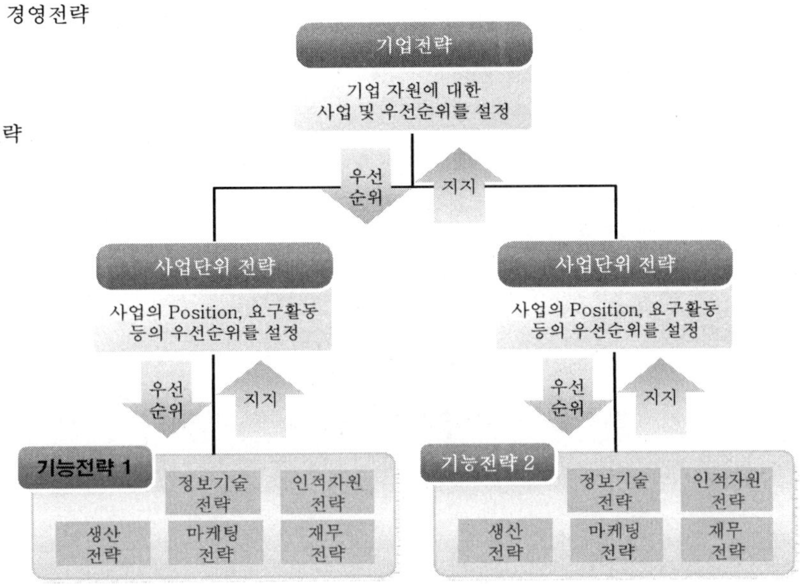

출처 : B. J. Finch, Operations Now-profitability, processes, performance-, McGraw-Hill, 2nd ed., 2003, p.84

■ 기업전략

- 기업 전체적인 수준에서의 기업의 목적과 목표의 설정, 사업의 선택 및 이를 위한 자원의 획득과 배분에 관한 전략

■ 사업전략

- 기업전략의 하위전략으로서 사업부 수준에서의 사업영역의 정의, 목표의 설정, 경쟁우위의 성취방안에 관한 전략
- Porter: 사업전략으로 저원가 전략, 차별화 전략, 집중화 전략을 제시
- 사업전략의 3대 형태
  - · 저원가 전략 : 원가를 낮추기 위한, 일련의 기능별 정책을 통해서 산업내에서의 원가상의 우위를 달성하는 것.
  - · 차별화 전략 : 기업이 제공하는 제품이나 서비스를 차별화함으로써 그 기업이 독특하다고 인식될 수 있는 그 무엇을 창조하는 것. (예) 고객서비스, 디자인, 상표이미지와 기술.
  - · 집중화 전략 : 특정시장, 특정구매자집단, 제품라인의 일부분 또는 특정지역을 집중적으로 공략하는 것. (예)아남전자: TV, 인켈: 오디오, 신일산업: 선풍기

■ 기업전략 수립시 입력요소

- 장기적 기업목적을 제시하는 기업전략은 기업의 사명결정, 환경관찰과 이에 따른 적응, 핵심역량의 규명과 개발의 순서로 진행

[기업전략 수립시 입력요소]

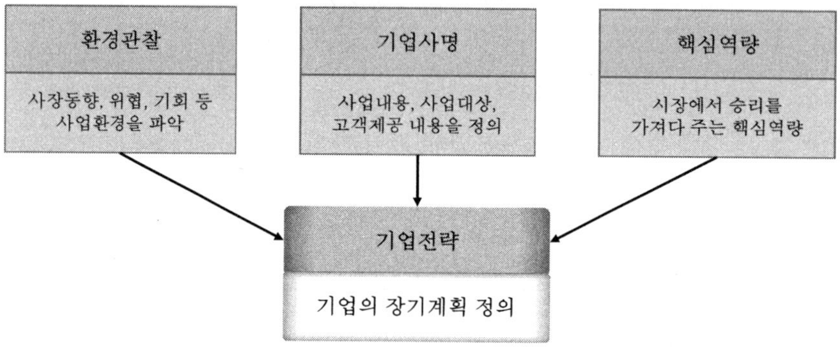

출처 : R. Danreid and Nada R. Sanders, Operations Management - An Integrated Approach-, 3rd ed., Wiley, 2007, p.34

■ 기능별 전략

- 사업전략의 하위전략으로서 각 기능부문 수준에서의 목표의 설정과 경쟁력 제고방안에 관한 전략
- 기능별 전략 : 생산전략, 마케팅전략, 재무전략 등

■ 생산전략

- 생산전략이란 기업의 기능별 전략의 하나로서 생산의사 결정의 전반적인 방향을 설정하는 비전 또는 지침
- 생산전략은 기업전략이나 사업전략과 부합해야 하며, 생산전략의 결과는 일관된 생산의사결정과 경쟁우위의 달성으로 나타나야 함.

Schroeder, Anderson, Cleveland : 생산전략은 사명(mission), 목적(objective), 차별적 능력 (distinctive competence) 및 정책으로 구성됨.

Hayes, Wheelwrigh t: 생산전략이란 생산의사결정을 위한 일관된 pattern.

Skinner : 생산전략은 생산의사결정과 기업전략간의 연결고리.

■ 기업전략과 기능별전략의 연계

- 생산전략의 개발은 기업전략에서 시작되며, 수립된 기업전략을 기반으로 시장분석을 실시하여, 이 정보를 이용하여 생산관리의 운영기준인 경쟁우선순위를 파악
- 경쟁우선순위는 제품 및 서비스의 설계와 기능부문의 전략을 설계하는 데 중요한 역할을 함

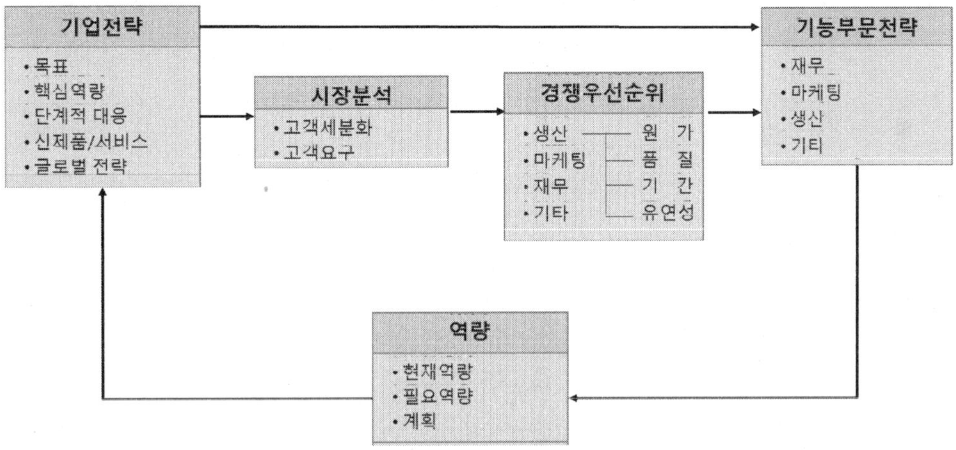

출처 : L. P. Ritzman, Lee J. Krajewski, Production of Operations Management, Prentice-Hall, 2003, p.11

■ 생산전략의 구조

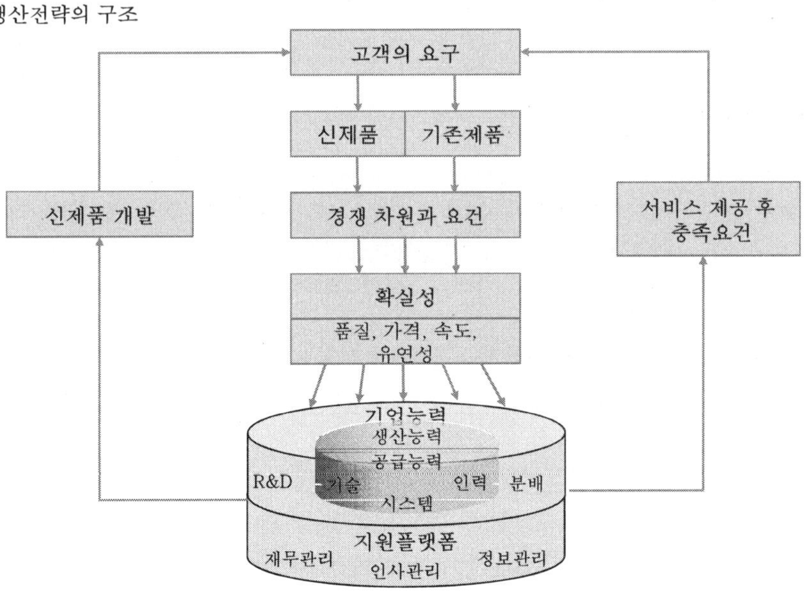

출처 : R. B. Chase, F. R. Jacobs and N. J. Aquilano, Operations Management for Competitive advantage, McGraw-Hill, 2006, P.16

2. 생산전략 모형

2-1. 생산전략의 4가지 핵심 구성요소

- 생산의 사명
- 차별적 능력
- 생산목표
- 생산정책

■ 생산전략모형

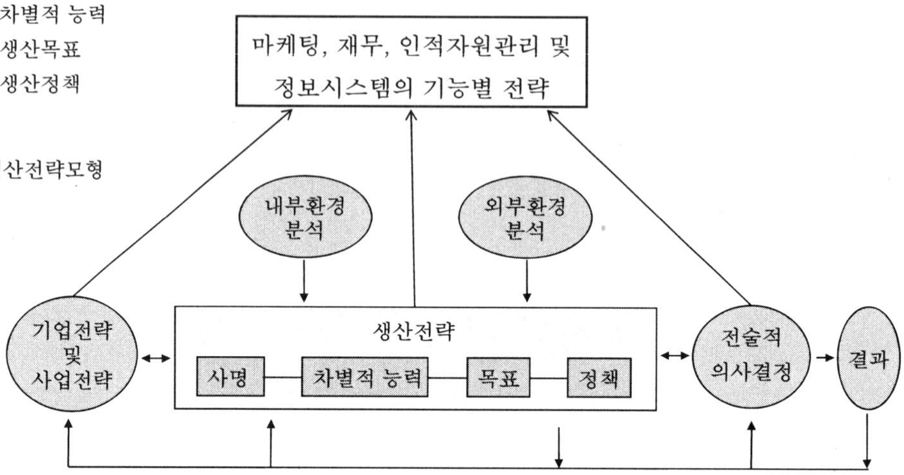

출처 : Schroeder (2003) P. 20

(1) 생산의 사명

- 생산의 사명에서는 생산기능의 목적을 정의하고, 생산관리의 4대 목표인 원가, 품질, 납품 및 유연성간의 상대적인 우선순위를 명시해야 함.

- 예 : 어느 기계설비제조업체의 생산의 사명

> "우리 생산부문의 사명은 제품을 고객의 개별적 요구에 맞추어 만들고, 합리적인 가격으로 진보된 특별한 제품 특성을 제공하며, 신제품의 신속한 개발로 경쟁우위를 획득하는 것이다."

· 신속한 신제품 개발, 고품질, 제품의 고객화를 통한 차별화 사업전략에 적절

· 생산관리의 목표로는 유연성과 품질을 강조 ;

원가는 상대적으로 중요성이 낮음.

(2) 차별적 능력(distinctive competence)

- 경쟁자에 비해 특별한 능력 또는 우월한 능력 ; 핵심역량(core competence)과 비슷한 개념
- 차별적 능력은 생산의 사명과 부합해야 함.
- 차별적 능력은 경쟁우위를 가져오기 때문에 생산전략의 핵심임.
- 차별적 능력 :
  - o 생산목표상의 능력 : 가장 낮은 원가, 최상의 품질, 가장 신속한 납품, 최고의 유연성
  - o 자원상의 능력 : 가장 우수한 인력, 원자재의 독점 공급자, 최고의 기술 등으로 나타남.

(3) 생산목표

- 생산목표(목적이 아님)는 생산의 사명을 계량적이고 측정 가능한 용어로 구체적으로 표현하여야 하며 생산부문이 단기적 및 장기적으로 달성 하여야 할 목표임

■ 생산목표의 예

구 분	항 목	현 재	목표 : 5년 뒤	현재 : 세계적 경쟁자
원 가	매출액에 대한 제조원가의 비율 재고회전율	55% 4.1	48% 5.2	50% 5.0
품 질	고객만족도(제품 만족율) 폐기물 및 재작업의 비율 매출액에 대한 품질보증비용의 비율	75% 15% 1%	85% 5% 0.5%	75% 10% 1%
납 품	재고로부터 충족된 주문의 비율 재고보충을 위한 리드타임	90% 3주	95% 1주	95% 3주
유연성	신제품 도입기간 생산능력 20% 변경기간	10개월 5개월	6개월 3개월	8개월 3개월

(4) 생산정책

- 생산정책이란 생산목표를 어떻게 달성할 것인가를 결정하는 것
- 생산정책은 생산공정, 생산능력, 재고, 노동인력 및 품질의 5가지 생산의사결정분야의 각각에 대해 개발되어야 함
- 설정된 생산관리의 목표, 즉 경쟁우선순위에 따라 생산 정책 선택

■ 전술과 결과

- 전술(tactics)은 전략을 실행하기 위한, 단기적 성격의 의사결정
- 전술적 의사결정의 예: 납품업자의 선정, 재고의 재고수준 결정, 고용대상자의 결정, 예산규모의 설정, 중간목표의 결정
- 결과: 생산목표와 같은 평가기준으로 측정되며, 결과 측정치는 선택된 전략의 타당성 평가를 위해 피드백 정보로 제공된다.

■ 생산전략의 유형

생산전략은 반드시 사업전략과 부합되어야 하며 또한 마케팅 전략이나 재무전략과도 연계되어야 한다

• 사업전략에 따른 기능별 전략

사업전략 / 기능별 전략		전략 A : 저원가전략	전략 B : 제품혁신전략
시장여건		가격에 민감, 성숙한 시장, 높은 수량, 표준화된 제품	제품특성에 민감, 새로 성장하는 시장, 낮은 수량, 고객화 된 제품
생산전략	생산의 사명	성숙한 제품에 대한 낮은 원가 강조	신제품 도입을 위한 유연성 강조
	생산의 차별적 능력	우수한 공정기술과 수직적 통합을 통한 낮은 원가	제품개발팀과 유연자동화를 통한 신속한 신제품 도입
	생산정책	우수한 공정, 전용 자동화, 변화에 서서히 반응, 규모의 경제, 작업자 참여	우수한 제품, 유연자동화, 변화에 신속히 반응, 범위의 경제, 제품개발팀 활용
마케팅전략		대량 유통, 반복 판매, 판매기회의 최대화, 전국적인 판매인력	선택적 유통, 신시장 개발, 제품설계, 대리인을 통한 판매
재무전략		낮은 위험, 낮은 이익 마진	높은 위험, 높은 이익 마진

출처 : Schroeder (2003) P. 25

■ 생산 전략의 개발

① 생산시설의 초점화 : 복수시설 조직의 전략수립의 첫번째 단계는 각 시설을 생산 및 분배의 전략적·운영적 요구에 대응하여 '지역, 제품계열, 공정유형, 수요량 또는 제품수명주기상의 위치 등에 따라 생산시설을 초점화'하는 것

② 생산구조의 정위화 : 생산시스템의 유형을 공정중심, 제품중심 또는 중간전략 중 어느 하나를 결정하는 것

③ 생산과업의 정위화 : 생산기능이 수행해야 할 임무. 생산관리의 목표, 성과평가의 기준

3. 국제 생산전략

3-1. 글로벌 생산전략

- 비즈니스의 글로벌화에 따라 생산전략도 글로벌 차원에서 수립되어야 함.
- 생산의 사명, 생산목표, 차별적 능력 및 생산정책을 글로벌 차원에서 개발해야 함.

생산전략의 4가지 핵심구성 요소

3-2. 글로벌 비즈니스

- 교통 및 통신의 발달과 무역장벽의 철폐
  → 글로벌 시장과 글로벌 제품
  → 비즈니스와 생산도 글로벌화 되고 있음.

3-3. 글로벌 기업

- 글로벌 차원에서 공장 입지 선택
- 글로벌 차원에서 자재 및 서비스 조달
- 전세계적인 제품설계와 공정기술 사용
- 수요는 전세계적인 차원에서 고려
- 로지스틱스와 재고통제시스템도 글로벌화
- 마케팅, 연구개발, 생산기능 등은 범세계적으로 해당 기능을 책임지도록 조직

3-4. 글로벌 생산 역할의 변천

(1) 글로벌 생산의 전략적 역할의 분류

① off-shore

* off-shore에 속하는 공장들의 특징적 역할은 현지의 저렴한 생산요소를 이용하여 본국으로 부품이나 완제품을 역수출 하는 것.
* 공정관리를 위한 중요 의사결정은 본사에서 이루어지므로 기술개발이나 관리능력의 육성노력은 현지에서는 거의 일어나지 않음.
* 예 : 1970년대 극동지역이나 현재의 멕시코지역 현지조립공장들

② server

* 특정 국가나 지역시장을 취급하기 위하여 설립
* off-shore의 경우와 마찬가지로 관리능력이나 기술능력의 향상을 위한 투자는 거의 발생하지 않으나, 원자재 공급자나 고객과의 물자 및 정보교류에 따른 권한은 다소 허용.
* 대표적 예 : 개도국에 설립된 음료수 bottling 공장이나 담배공장.

③ outpost

* 선진기술을 보유한 공급자, 경쟁사, 고객 또는 연구소들이 위치한 지역에 공장을 세움으로써 유용한 정보를 수집하고자 하는 목적
* 기존업체를 인수하거나 합작형태를 취함
* 대표적 예: 실리콘 밸리에 있는 유럽, 일본 또는 개도국 업체와 일본에 있는 구미합작 자동차공장

④ source

* source에 속하는 공장들도 현지의 저렴한 생산요소에 그 설립동기가 있으나, off-shore 공장들보다는 전략적 활동이 많이 일어나게 됨.
* 특정 부품, 제품 또는 공정의 중심지로서, 기술활동이나 관리활동이 보다 활발히 일어나며, 구매, 생산계획 등에 관한 자율성도 그만큼 많이 주어짐.
* 예: 싱가포르에 위치한 애플컴퓨터, 푸에르토리코에 위치한 휴렛패커드의 전자부품공장들

⑤ contributor

⑥ lead

* outpost 공장들과는 달리, 정보수집 뿐만 아니라 현지기술의 적극적 활용까지를 추진하여, 제조능력의 전략적 추구에서 본사와 파트너관계에 있는 것이 이 공장들의 역할.
* 특정 제조능력을 본사 및 지역공장들에 제공하게 되며, 경우에 따라서는 세계시장을 위한 특정 제품 또는 부품의 유일한 공급자가 되기도 함.
* 예 : 프랑스, 독일, 영국에 있는 휴렛패커드 공장, 코닝글래스 공장, IBM의 유럽공장들.

(2) 글로벌 생산의 전략적 역할의 변천

- off-shore ⇒ source ⇒ lead
- server ⇒ contributor ⇒ lead
- outpost - ⇒ lead

4. 집중화 생산전략

4-1. 집중화 생산 또는 집중화 공장

- 각 공장이나 설비에 단 하나의 사명만을 부여하고 이에 초점을 맞추어 생산활동을 수행함으로써 경쟁력을 높이자는 개념임.
- 집중화 공장의 개념은 공장내 공장으로 구체화됨.

4-2. 공장 집중화의 기준

- 제품특성 및 요건
- 공정유형 (뱃치생산, 라인 또는 연속생산)
- 기술유형
- 수요의 크기 및 특성
- 재고생산 / 주문생산 등

집중화 전략에 필요한 요소

① 필요한 숙련기술과 자원
원가우위 전략과 차별화 전략에서 열거한 숙련기술과 자원을 특정목표에 접합토록 조합
② 필요한 조직
원가우위 전략과 차별화 전략에서 열거한 조직을 특정목표에 접합토록 조합

▶ Ruwe와 Skinner의 focused factory:

상업용 냉동설비 컴프레서: 고품질, 높은 신뢰도 및 내구성, 주문, 소량, 숙련된 작업자, 신속한 납품

가정용 에어컨 컴프레서: 대량 재고생산, 표준화된 모형, 비숙련 작업자 생산라인의 통합으로 많은 문제점 발생 → 두개의 공장으로 분리 생산

4-3. 서비스업의 집중화 생산전략

- 병 원 : 심장센터, 암센터, 재활센터 등 특수질환별 특성에 초점을 맞추어 조직
- 백화점 : 제품이나 서비스의 특성, 고객의 유형에 따라 주문, 제품배열, 매장내 흐름 및 판매전략을 갖도록 매장을 조직

■ 집중화 생산이 결여되어 있는 이유:

① 전문스탭(품질, 회계, 엔지니어링, 생산, 재고)의 증가 : 독자기준 고집

② 규모의 경제란 미명하에 기존 설비에 새로운 제품의 추가

③ 생산라인의 차별성을 인식하지 못함

④ 생산목표가 변하였음에도 기존의 목표 추구

■ 규모의 경제 선택시 주의하여야 함 :

규모의 경제는 대량생산으로 고정비와 간접비를 분산시켜 단위당 생산원가를 낮춤

→ 추가되는 제품의 복잡성을 해결하기 위해 staff을 추가하면 규모의 경제에 의한 의미는 상실

■ 서비스전략의 구성

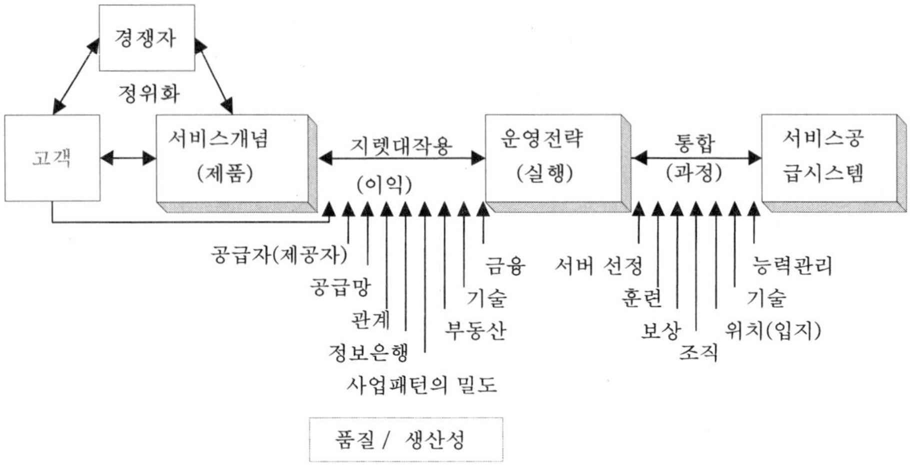

(1) 서비스전략 : 서비스개념 개발 및 정위화

① 서비스 정위화(positioning) : "목표시장의 고객 마음속에 자리잡기"

- 시장 세분화를 기초로 정해진 표적시장의 고객 마음속에 다른 서비스와는 다른 것으로 인식되도록 하는 서비스 이미지를 형성하는 것

(2) 서비스전략 : 운영전략의 개발

① 서버(server) : 고객과의 접점(接點)으로서 전체 조직을 대표.

② 네트웍/거래관계 및 정보은행: 종업원, 고객, 공급자 그리고 경쟁자와의 관계는 정보와 영향력의 네트웍. 통신 및 수송 망은 중대한 자산이나 진입장벽(entry barrier)이 될 수 있음.

③ 사업밀도: 예상고객의 흐름정도.

④ 기술 및 재무능력

(3) 서비스전략 : 운영전략의 실행

① 직원선발

② 훈련/보상 : 서비스능력 향상을 위한 교육·훈련 강화; 종업원 권한강화(empowerment) ; 적정 보상으로 인센티브 제공

③ 조직 : 고객관련 문제해결에 방해되는 불필요한 경직된 정책이나 실제 절차 등 제거 ; 적재적소에 인재배치로 조직의 전반적 수준 개선

④ 입지 : 시장 영향력, 광고의 경제성 및 효과적 통제 달성 ; 고객접근이 용이한 입지 선정

⑤ 기술 : 자동화 추진, 신기술 활용 노력

⑥ 능력관리 : 서비스 재고저장 불가로 수요발생시 바로 충족시켜줄 수 있는 능력관리 서비스률 향상 및 고객 도착률 통제방안 검토

■ 경쟁력 향상 - 생산관리이념

▶ 신속대응조직과 TQM

▶ 고속학습조직과 경쟁적 벤치마킹

▶ 지속적 개선과 리엔지니어링

■ 신속대응조직과 TQM

▶ 신속대응조직(FRO: fast-response organization): 다양한 시장에서 고객의 요구사항 들을 평가하고, 이에 따라 경쟁 차원들(원가, 품질, 신용, 유연성 및 서비스)의 조합을 달리 하여 신속히 대응할 수 있는 능력을 갖춘 조직.

▶ TQM(Total Quality Management): 실제원가(real cost) 절감의 지속적인 노력과 함께 고객만족의 지속적인 증대를 목표로 하는 인간중심의 경영시스템(people-focused management system) 전 시스템 접근법(total system approach)이며, 상위수준 전략의 통합적 부분.

[제2장 연습문제] **학년 :** **학번 :** **성명 :**

I. 서술형

1. 원가란 무엇인가 ? 가치와는 어떻게 다른가 ?
2. 사업전략의 3대 형태를 각각 설명하여라
3. 유연성이란 무엇인가 ? 전략적으로 어떤 종류의 유연성이 더 좋은가? 아니면 회사의 종류와 그가 처한 상황에 따라 달라지는가 ?
4. 생산전략의 4가지 핵심 구성요소는 무엇들인가 ?
5. 집중화 생산이 결여되어 있는 이유에 대해서 설명하여라
6. 만일 자동차부품을 만드는 종업원 100명 정도의 기업이라면, 전통적 조직으로부터 신속대응조직으로의 변환과정에서 어떤 조치를 택하여야 할 것인가? 만일 종업원 7명 정도의 주유소 겸 자동차 경정비업소라면 ?
7. 규모의 경제 선택시 주의하여야 할 사항을 설명하여라
8. 생산전략이란 무엇인가 ?
9. 생산전략의 관점에서 볼 때, 국제화의 의미를 어떻게 해석할 수 있겠는가 ?

II. 진위형

1. 차별화 전략이란 특정 시장, 특정 구매자집단, 제품라인의 일부분 또는 특정 지역을 집중적으로 공략하는 것이다. ( )
2. 집중화 전략이란 기업이 제공하는 제품이나 서비스를 차별화함으로써 그 기업이 독특하다고 인식될 수 있는 그 무엇을 창조하는 것이다. ( )
3. 생산전략은 사업전략의 하위전략이다. ( )
4. 생산전략이 바뀌면 사업전략도 바뀌어야 한다. ( )
5. 생산전략은 생산의사결정에 앞서 수립되어야 한다. ( )
6. 생산전략에서 생산의 차별적 능력은 생산의 사명과 부합해야 한다. ( )
7. 글로벌 기업에서 생산기능, 마케팅, 연구개발 등은 현지 중심으로 이루어진다. ( )
8. 집중화 공장이란 여러 공장을 지리적으로 한 곳에 집중시키는 것이다. ( )
9. 집중화 공장의 개념은 공장내 공장의 방법으로 실행된다. ( )
10. 집중화 공장의 개념은 규모의 경제에 입각하고 있다. ( )

절 취 선

III. 선다형

1. 생산전략의 4가지 구성요소는 ? ( )
   ① 내부/외부 환경분석, 생산의 사명, 차별적 능력, 생산의 목표
   ② 생산의 사명, 차별적 능력, 생산의 목표, 생산정책
   ③ 생산의 사명, 생산의 목표, 생산정책, 생산전술
   ④ 내부/외부 환경분석, 생산의 사명, 생산의 목표, 생산전술

2. 공급자를 가격보다는 품질에 근거해 선택하기로 의사결정을 하였다. 이 의사결정은 무엇의 예인가 ? ( )
   ① 생산의 목표 ② 생산의 사명 ③ 생산전술 ④ 생산정책

3. 생산전략의 수립시 고려해야 할 외부 환경요인이 아닌 것은 ? ( )
   ① 원자재의 가용성 ② 수요변화 ③ 기존 설비의 입지 ④ 법적 요인

4. 호남정유가 몇 년전 테크론이란 상표로 엔진보호 휘발유를 처음으로 시장에 내놓아 히트를 쳤다. 이와 가장 관계가 깊은 경영전략은 ? ( )
   ① 저원가 전략 ② 집중화 전략 ③ 차별화 전략 ④ 다각화 전략

5. 아남전자는 가전회사이면서도 대형 TV에 주력하고 있으며, 냉장고, 전자레인지, 에어컨 등은 생산하지 않고 있다. 이 회사의 경영전략과 가장 관계가 깊은 것은 ? ( )
   ① 저원가 전략 ② 집중화 전략 ③ 차별화 전략 ④ 다각화 전략

6. 글로벌 기업의 특징은 ? ( )
   ① 국가별로 독립된 해외 자회사나 현지법인으로 조직된다.
   ② 수요는 국부적이 아니라 전세계적인 차원에서 산정된다.
   ③ 각 시장마다 제품설계를 다르게 한다.
   ④ 자재 및 인력은 주로 현지에서 조달한다.

7. 집중화 공장의 개념에 관한 설명 중 옳은 것은 ? ( )
   ① 집중화 공장이란 여러 공장을 지리적으로 한 곳에 집중시키는 것이다.
   ② 각 공장을 요건이 비슷한 소수의 특정 제품의 생산에 국한시킴으로써 생산활동을 보다 효과적 효율적으로 수행하겠다는 것이다.
   ③ 대량으로 단일 제품을 생산하는 것이다.
   ④ 집중화 공장은 기업이 요구하는 모든 제품들을 생산하는 초대형 공장을 의미한다.

8. 집중화 생산과 가장 관계가 깊은 것은 ? ( )
   ① 규모의 경제 ② 다품종 소량생산 ③ 고정비의 절감 ④ 공장내 공장

제Ⅰ부 생산·운영관리 입문

제3장 제품설계

1. 신제품 도입전략
2. 신제품 개발과정
3. 품질기능 전개
4. 가치분석 / 가치공학
5. 모듈러 설계
6. 로버스트 설계

1. 신제품 도입전략

1-1. 제품개발의 필요성

(1) 제품개발이란?

기존 제품의 개량 및 신제품의 개발을 의미

(2) 제품개발은 경쟁력 우위를 확보하고, 새로운 수요 창출과 수요변화에 대한 대응, 그리고 생산/판매 능력을 최대한 활용하기 위해 필요

(3) 우리나라의 기술수준(선진국 = 100기준)

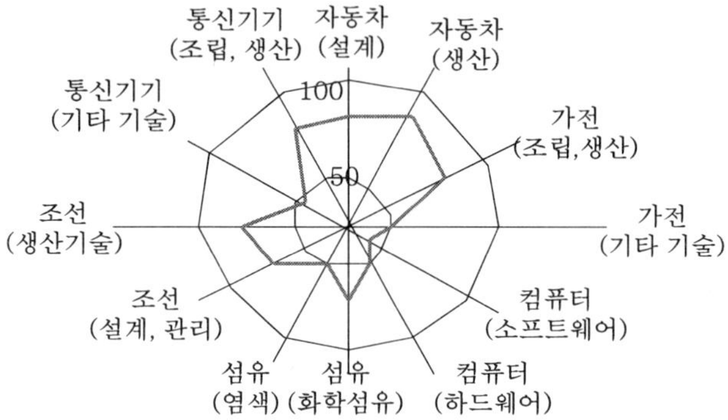

1-2. 연구개발(R&D ; Research and Development)

(1) 연구개발의 목적

① R&D란?

과학분야 및 공학분야에 있어서 기초연구와 응용연구 그리고 제품 및 공정 설계와 개발

② R&D의 목적

Ⓐ 수요의 창조와 수요변화의 대응	Ⓕ 폐기물과 부산물의 이용
Ⓑ 새로운 제품의 개발	Ⓖ 경쟁상품의 분석, 연구
Ⓒ 기존제품의 개량	Ⓗ 생산문제의 해결
Ⓓ 기존제품의 용도개발	Ⓘ 대용자재의 이용
Ⓔ 생산공정의 개선	Ⓙ 생산원가의 절감(자원의 효율적 이용)

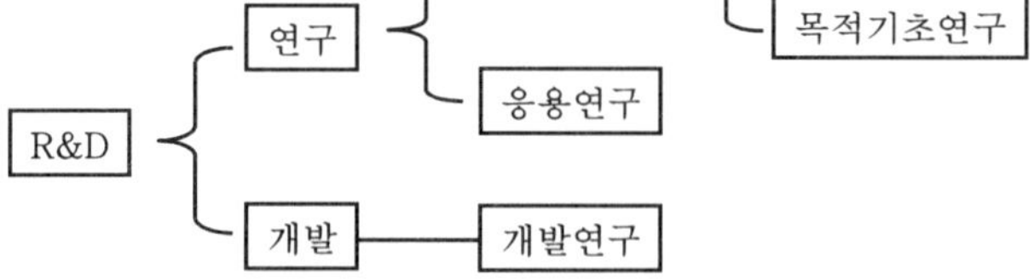

(2) 연구개발의 위험부담

① 연구개발 내지 신제품 개발은 아이디어 창출에서 기초, 응용, 개발 연구를 거쳐 생산, 판매 단계까지 많은 시간과 자금이 소요 되며 위험이 따른다.

② 개발에 성공한 제품이라도 소비자의 반응이 없으면 위험 부담을 지게 된다.

③ 신제품은 실패율이 상당히 크고 실패비용도 크게 소요된다.

④ R&D에 따른 위험부담이 크다고 그것을 멈추면 경쟁업체에 뒤지게 되고 기업의 종말을 가져올 수가 있다.

◆ 신제품 아이디어의 탈락곡선

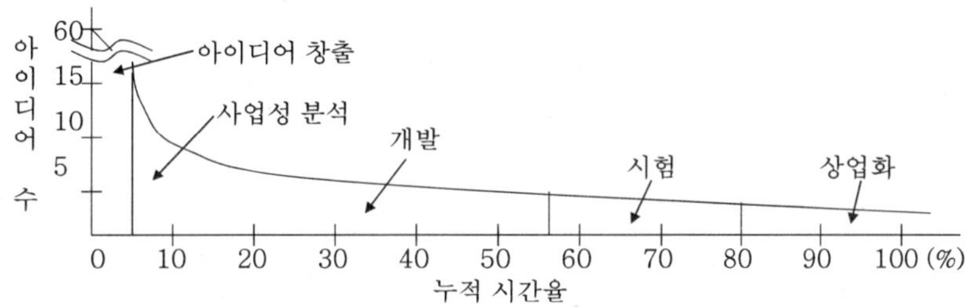

(3) 연구 / 기술 개발 전략

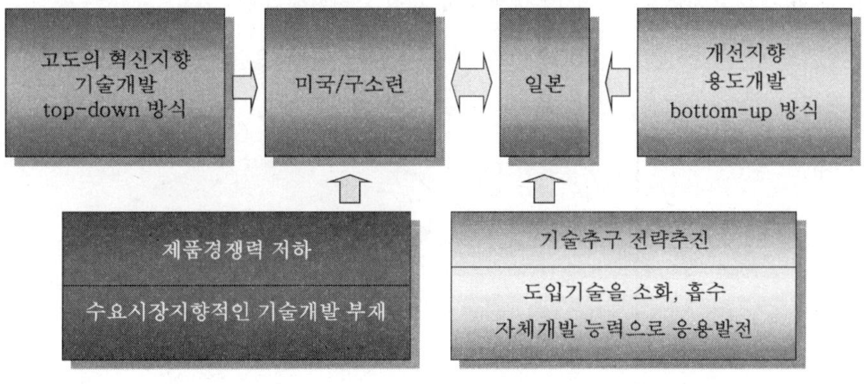

◆ 우리나라의 기술전략으로 적합한 전략

⇒ 기술 추구 전략과 개선지향 용도 개발 전략 즉, 기술추구 전략으로 필요한 기술을 다양하게 도입하여 단기간에 기술격차를 좁히면서 신제품 개발이나 신기술 개발 전략

1-3. 제품의 개발과 수명주기(LCC)

(1) 제품수명주기(PLC : Product Life Cycle)의 단계

① 도입기 :

Ⓐ 경쟁자가 적으므로 시장 점유율을 높일 수 있는 최적기

Ⓑ 제품 설계 변경으로 고객의 욕구에 부응하려면 강도 높은 유연성 필요

Ⓒ 공정 중심의 생산시스템이 적절

② 성장기 :

Ⓐ 판매량이 급격히 증가되므로 마케팅 기능의 역할 증대

Ⓑ 경쟁자가 증가함에 따라 시장지향적 생산과 공정혁신 노력 필요

Ⓒ 지속적인 생산량 증가시 생산공정은 공정중심에서 점진적으로 제품중심으로 전환

③ 성숙기 :

Ⓐ 높은 생산성 유지와 원가 절하에 치중

Ⓑ 대량생산에 의한 규모의 경제 추구

Ⓒ 유연성의 강도를 낮춤

④ 쇠퇴기 :

Ⓐ 제품이 시장에서 구매력을 잃어 매출이 감소

Ⓑ 능력 요구 감소에 따른 가격경쟁력 재고를 위한 원가 관리 철저

Ⓒ 수명주기는 제품과 개발 기술력에 따라 큰 차이 발생

⇒ 예 : 레코드 및 타자기 등 수 백년 장수 / 마이크로칩 등 하이테크 산업 몇 개월 내에 쇠퇴

◆ 제품 및 서비스 수명주기 단계별 원가, 이익, 총이익의 관계

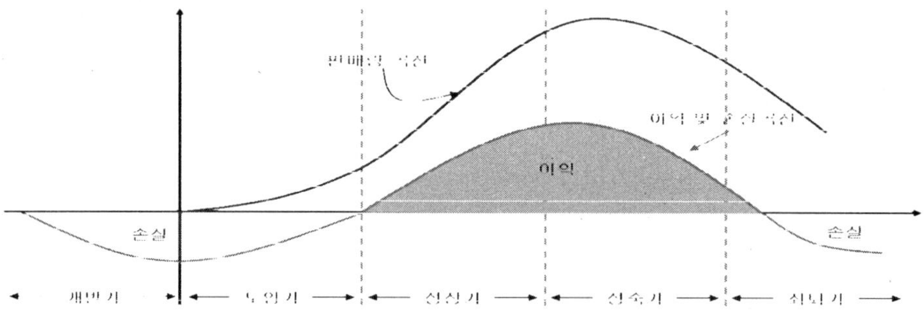

	도입기	성장기	성숙기	쇠퇴기
원가	가장 높음	점차 감소	가장 낮음	낮음
이익	-(적자)	점차 증가	최대 수준	가장 낮음
총이익	없음	점차 증가	최대수준	가장 낮음

■ 제품수명주기와 생산전략

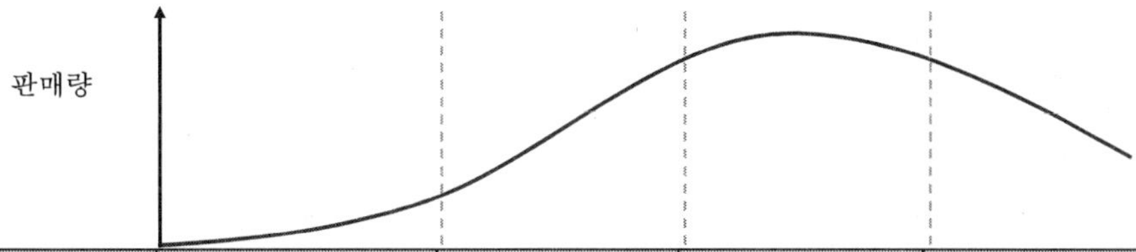

구분	도입기	성장기	성숙기	쇠퇴기
특성	제품/서비스를 시장에 출시	제품/서비스가 시장에서 인정됨	시장요구가 충족되기 시작함	시장욕구가 크게 충족됨
판매량	성장이 느림	성장이 빠름	저성장, 평준화	판매량 감소
(해당)고객	혁신자	초기 이용자	일반대중	후발자
경쟁자	소수/없음	다수	과다	감소
제품/서비스 디자인의 다양성	높은 고객화가 가능 디자인의 빈번한 변화	표준화가 증가됨	우수한 유형이 출현	표준상품으로 이동
유망한 주문 승리자	제품/서비스 특징, 신제품	제품/서비스 품질의 유용성	저가격, 공급의 신뢰성	저가격
바람직한 수단	품질정도	가격	균일한 품질	공급의 신뢰성
경쟁우위를 위한 운영	유연성	속도	원가	원가
이행 목족	품질	신뢰성, 품질	신뢰성	

(2) 제품수명주기 관리

① 수명주기감사(life-cycle audit) : 특정 제품이나 서비스의 매출액과 이익에 어떤 변화가 있는가에 기초하여 수명주기의 단계를 평가

② 수명주기감사에서 제품이 쇠퇴기로 접어들었을 때 대처 방안

Ⓐ 제품을 개선하거나 비용을 낮추어 수명주기를 연장하는 방안

Ⓑ 상품을 재설계하여 우위성을 유지하는 방안

Ⓒ 신제품을 개발하는 능동적인 방안

※ 현 제품의 경쟁력 분석 및 신제품 도입에 따른 의사결정을 위하여 수명주기감사를 적시에 시행하여야 한다.

▶ 신제품 도입

- 급변하는 산업사회에서 기업의 생존에 필수적
- 생신에 영향을 주기도 하고, 생산(기존의 생산기술)에 의해 영향을 받기도 함
- 제품에 관한 의사결정은 생산의 5가지 의사결정분야(생산공정, 생산능력, 재고, 노동인력, 품질)에 영향을 미침 ⇒ 생산과 마케팅과의 긴밀한 협조 필요
- 사업전략의 결과로 제품이 정의됨: 집중화 전략(특정고객, 특정시장 요구)

1-4. 신제품의 개발과정

(1) 신제품의 개발 과정

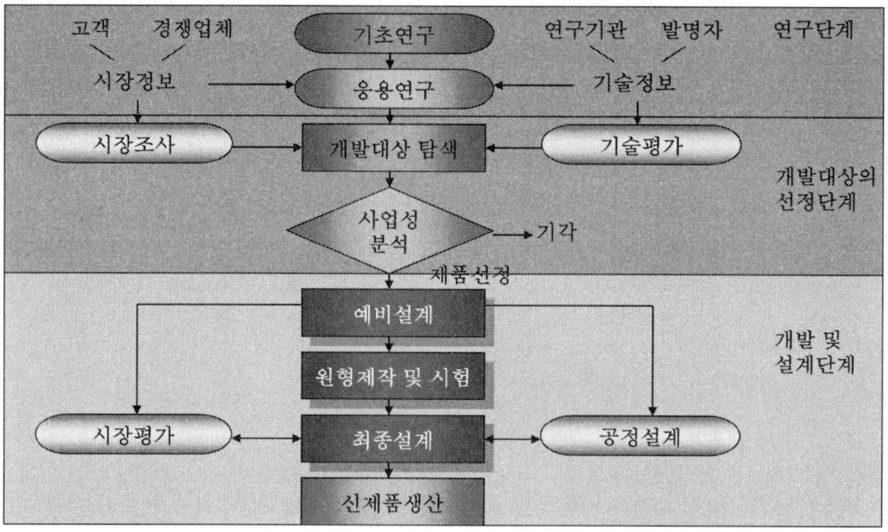

(2) 신제품의 3단계 개발과정

연구단계, 개발대상의 선정단계, 제품개발 및 선정단계

ⓐ 신제품 아이디어의 창출 → 연구단계

ⓑ 개발대상의 선정(스크리닝과 경제성 분석) → 개발대상의 선정단계

ⓒ 예비적 제품설계(시작설계)

ⓓ 제품원형(Prototype)의 제작(세부설계) 및 시험

ⓔ 최종 제품 설계

(ⓒ~ⓔ) → 제품개발 및 선정단계

(3) 신제품 아이디어의 창출

◆ 제품개발은 아이디어의 창출, 착상에서 비롯되며 아이디어는 시장이나 연구개발 부서 또는 타사의 제품으로부터 얻음

◆ Marketing 부서 → 제품 아이디어의 중요한 아이디어 제공

(4) 제품아이디어의 평가(스크리닝과 경제성 분석)

◆ 신제품의 아이디어 평가는 전반적으로 검토하는 스크리닝과 대안의 경제성 분석

◆ 스크리닝(Screening)의 목적 : 제품개발의 성공확률이 낮고 개발비용이 많이 소요되는 아이디어를 배제

① 신제품 아이디어 스크리닝을 위한 질문

기 준	기 본 질 문 사 항
제품개발	신제품인가 단순모방인가? 기존시설로 생산할 수 있는 제품인가? 이는 기술적으로 타당한가? 특허나 법률적인 문제에 저촉되지 않는가?
시장기준	이 제품의 기존시장은 어떤가? 이 제품은 성장이 기대되는가? 경쟁상황은 어떤가? 당사의 기존 생산품에 대한 영향은 어떤가?
재무기준	투자보수(투자이익률)는 얼마나 될 것인가? 당사의 전반적인 수익성에 얼마나 공헌할 것인가? 이 제품의 개발과 생산이 현금흐름에 얼마나 영향을 미치나?

② 아이디어 평가 체크 리스트

평가항목 (제품특성)	중요도(A) (가중치)	평 점(B)					평 가 (A) × (B)
		수(5)	우(4)	미(3)	양(2)	가(1)	
판매가격	0.15		V				0.60
제품품질	0.20			V			0.60
판매량	0.15				V		0.30
생산시설 적합성	0.10	V					0.50
경쟁상의 이점	0.10					V	0.10
기술적 위험	0.10			V			0.30
경영전략과의 일치성	0.20		V				0.80
합 계	1.00						3.20

ㅇ 사업성 분석에 있어서 수익성은 주요 평가기준으로 아래와 같이 금전적 평가 모델 적용

$$\text{연구투자효율}(I) = \frac{\text{프로젝트의 예상이익}}{\text{프로젝트의 관련비용}} = \frac{P_{r1} \times P_{r2} \times V \times P \times \sqrt{L}}{C}$$

I : 연구투자효율 P_{r1} : 기술적 성공확률 P_{r2} : 상업적 성공확률 V : 연간판매량
P : 단위당 이익 L : 제품수명(연수) C : 프로젝트의 연구개발비용

깔대기 효과 : 최종설계에 이르기 까지 많은 대안들이 단계적으로 감소

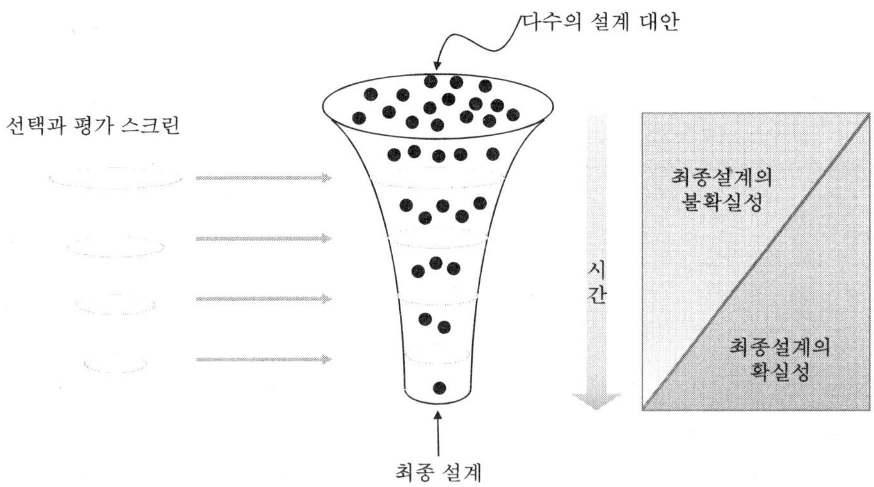

출처 : N. Slack, S. Chambers, R. Johnston and A. Betts, Operations and Process Management(principles and practice for strategic impact), Prentice Hall, 2006, p.1342

(5) 예비설계(예비적 제품설계)

① 선택된 아이디어 개념을 설계의 형태로 구체화 시키는 첫번째의 과정

② 예비설계는 아이디어를 구체화시키기 위해 크기, 형태, 색상, 성능, 품질, 수명 등과 같은 제품의 개략적인 윤곽을 설계

③ 이 단계에서 신뢰성, 보전성, 내구성, 성능, 스타일 등과 같은 제품의 주요 속성들을 서정

(6) 제품의 원형 시험

① 제품원형(Prototype)을 만들어 현실적인 사용조건에서 시험

② 정상적인 주위환경에서 실험모형 시험을 검증

(7) 최종제품 설계(세부설계)

① 제품생산에 사용될 설계도와 시방서 최종 확정 단계

② 고객의 욕구를 충족시킬 수 있도록 제품모양, 기능 등을 고려 경제적 생산 검토

③ 기능설계 → 형태설계 → 생산설계

1-5 新製品導入 戰略

(1) 市場指向的 戰略(Market-driven strategy)

- 판매 가능한 제품을 만들어야 한다는 전략 → 고객의 요구
- 신제품 도입의 주요 근거는 고객의 요구이며, 신제품의 유형은 시장조사나 고객의 피드백을 통해 결정

(2) 技術指向的 戰略(Technology-driven strategy)

- 신제품은 시장과는 거의 관계없이 생산기술로부터 비롯
- 만들 수 있는 제품을 판매한다는 전략 : 기존의 생산기술
- 적극적인 연구개발과 생산활동을 통해 시장에서 우위를 차지하는 우수한 제품을 만드는 것을 목표

(3) 多技能間 協力戰略(Inter-functional strategy)

- 신제품 도입은 기업 내 여러 관련 기능간(마케팅, 생산, 엔지니어링 등)의 협력과 조정을 통해 결정
- 신제품은 기술을 최대한 활용하면서도 동시에 시장의 요구를 충족시키도록 개발
- 실행과정에서 부서간의 마찰을 피하기 위해 태스크포스(Task force)와 같은 특별조직 사용

1-6. 新製品 開發過程

▶ 신제품의 개발단계는 신제품개발에 사용되는 조직상의 접근방법에 상관없이 통상 동일

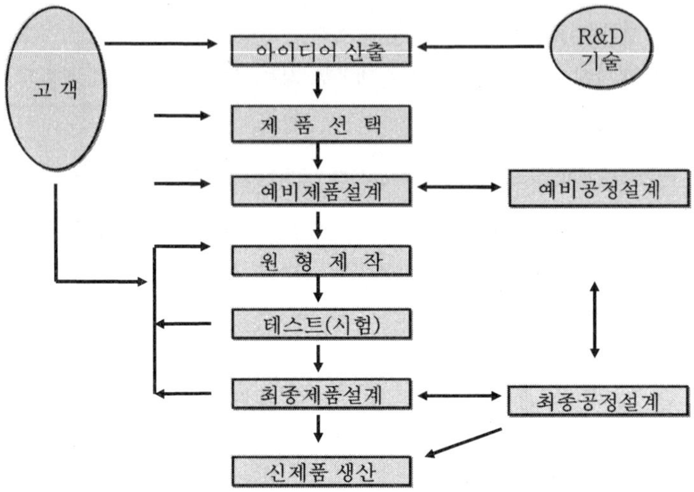

(1) 아이디어 産出(idea generation)
- 신제품에 대한 아이디어는 시장 또는 기존 기술로부터 얻을 수 있음
- 시장으로부터의 아이디어: 고객의 요구, 다른 제품의 성능 관찰로 모방 또는 수정
- 기존 기술로부터의 아이디어: Du Pont사의 나일론, 플라스틱, 반도체, IC, 컴퓨터 등으로 부터 신제품 개발

(2) 製品選擇(product selection)
- 신제품의 충족조건 3가지
  • 시장 잠재력
  • 재무적 타당성
  • 생산 적합성
- 제품선택을 위한 분석의 목적은 최상의 아이디어를 가려내는데 있음
- 제품선택에 대한 분석은 매우 주관적인 성격을 가지고 있음

▶ 제품선택을 위한 분석방법
체크리스트 점수법: 미리 정하여 놓은 체크항목과 각각의 가중치를 이용하여 총점수의 양을 구하고, 어느 수준 이상이면 신제품으로 채택하는 방법

▶투자수익율법

$$RI = \frac{P_T \times P_C \times AV \times p \times L}{TDC}$$

RI = 투자 수익률
P_T = 기술적 성공확률($0 \le P_T \le 1$)
P_C = 기술적 성공하의 시장에서의 상업적 성공 확률($0 \le P_C \le 1$)
AV = 제품의 연간 판매수량
p = 단위당 공헌 이익
L = 제품의 수명(년)
TDC = 제품의 총 개발비용
단, 화폐의 시간적 가치는 고려하지 않았음

(3) 豫備製品設計(preliminary product design)

- 비용, 품질 및 제품성능간의 상충관계를 고려하여 시장에서 경쟁력 있고 생산에서 생산 가능한 제품설계를 개발해야 함
- 예비제품설계에서는 제품을 완전히 규정하여야 함: 기능, 내구성, 신뢰성, 외양 등

(4) 原型製作(prototype construction)

- 정밀 테스트와 분석을 위해 하나 또는 여러 개의 원형(prototype)을 만듬 : 점토를 이용하여 자동차 모형을 만듬
- 서비스 산업의 경우 원형: 판매 가능한 어느 한 장소

(5) 試驗(testing)

- 원형의 시험은 마케팅 및 기술상의 성능을 확인:시험시장(6개월-2년), 군용기 조종 및 발사 시험 원형을 시험한 결과 비롯되는 공학적 변경은 최종설계에 반영됨

(6) 最終設計(final design)

- 제품의 설계도와 명세서가 개발됨
- 서비스 산업의 경우: 서비스 공급을 위한 규정과 절차를 세심하게 조정하는 것

▶ 유맨(Uman 1969) 신제품에 대한 아이디어가 제거되어 가는 과정
분석 연구결과: 60개의 신제품 아이디어 중 단지 하나만이 성공적인 제품으로 귀착됨
- 신제품 아이디어의 대부분은 예비제품설계 전에 제거됨(비용과의 관계)

▶ 생산공정은 신제품 개발 단계와 병행하여 실시하여야 함 : 제품설계가 끝난 후에 공정설계가 이루어지면 생산비용이 너무 많이 드는 제품이나 생산 불가능한 제품이 나올 수 있기 때문에 신제품의 개발비용을 줄이기 위한 방법: CAD, Simulation

2. 신제품 개발과정

2-1. 제품설계의 과정

(1) 기능설계(functional design)

- 기능설계는 제품의 작용, 즉 기능내지 성능을 구체화 시키는 과정

① 제품설계의 진행과정

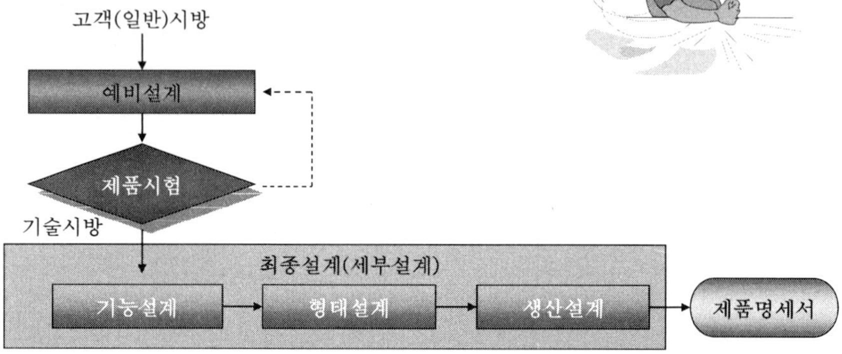

(2) 형태설계(form design)

① 형태설계란 제품의 선, 모양 및 색채를 결합한 제품외관에 대한 구체적인 설계

② 제품의 형태를 기능과 유기적으로 결합하여 경제적으로 생산할 수 있는 기능 그리고 시장성을 갖도록 설계

③ 제품의 시각적 도구를 통하여 판매를 촉진할 수 있도록 설계

(3) 생산설계(Production design)

① 기능설계나 형태설계에 의하여 주어진 범위내에서 가급적 경제성이 높은 생산방식을 선정

② 제품의 재료, 구조, 형상 등의 설계, 생산방법, 생산설비 등을 경제적인 면에서 결정

(4) 제품명세서(Product Specification)

① 제품의 구성, 기능, 형태 등 제조과정에 대한 기술적인 시방을 표현

2-2. 제품설계의 심사

(1) 설계심사(design review) → JISZ8115 규정

아이템의 설계단계에서 성능, 기능, 신뢰성 등을 가격과 납기 등을 고려, 설계를 심사하여 개선을 도모하는 것으로, 심사에는 설계, 제조, 검사, 운영 등 각 분야의 전문가가 참가한다.

① 설계시 의도했던 목표들이 제품설계에 제대로 반영되었는지를 검토하는 과정

② 설계심사는 설계 초기단계에서 실시하는 것이 최선

2-3. 제품설계의 성과

(1) 제품설계에 의해서 좌우되는 주요한 생산의사결정 사항

① 생산에 투입될 자재의 종류와 수량

② 생산설비 및 생산공정의 유형/배치

③ 작업자의 유형과 수, 작업시간, 작업방법

④ 제품의 품질수준

⑤ 제품의 표준화와 다양화 정도

⑥ 제품의 생산원가와 가격

2-4. 소비자와 생산자가 만족하는 제품 설계

(1) 제품이나 서비스를 산출하는 생산기업에서는 고객의 요구와 욕구를 충족시킬 수 있는 제품을 경제적으로 생산

$$\text{이익}(P) = V\,(S-D) - I$$

P : 이익, V : 판매량, S : 판매단가, D : 직접제조원가, I : 간접비

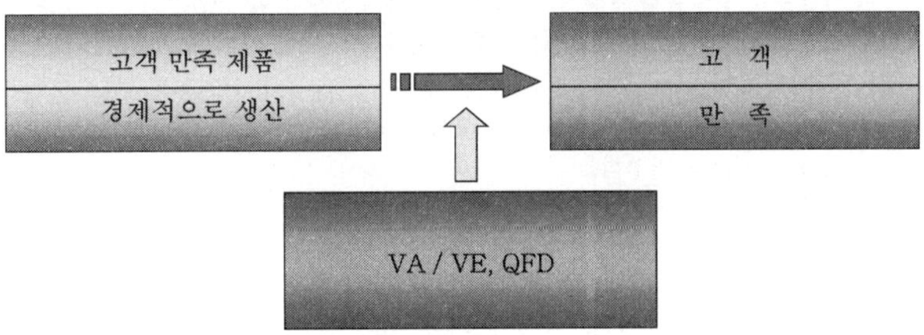

2-5. 製品設計와 工程設計의 相互作用

(1) 제품의 재설계(product redesign) : 제품수명주기 동안 계속 개발되거나 변경됨
제품 - 공정의 혁신은 다음과 같은 3단계를 거침

▶ 段階 Ⅰ : 流動的 段階

- 불확실한 시장여건, 기술진보에 따른 꾸준한 변경 : 범용설비 생산공정이 전형적으로 소량생산에 적합하며 본질적으로 조정이 안 된 상태에 있음, 즉 제품과 공정 모두 유동적인 상태에 있음 : 제품혁신 속도 빠름, 폭넓은 제품 다양화, 병목현상, 과잉생산능력 현상 발생
- 생산의사결정의 목표 : 유연성

▶ 段階 Ⅱ : 半自動化 段階

- 제품의 성장단계에서 가격경쟁으로 인한 제품흐름의 통합화, 작업의 전문화, 자동화의 확대, 생산계획 및 통제의 개선이 이루어지는 단계
- 자동화의 증대와 함께 제품과 공정이 표준화되는 단계 : 개별적 기계화(Islands of mechanization), 범용설비와 특수목적용 설비의 병존

▶ 段階 Ⅲ : 完全自動化 段階

- 공정이 고도로 통합되고 자동화됨 : 납품과 품질수준의 유지를 위해 제품과 공정이 상호 의존적이 되고 분리하기가 곤란해짐에 따라 제품의 일부라도 변경되면 전체공정에 영향을 미치게 됨
- 제품 - 공정간의 상호작용 및 발전과정

2-6. 製品의 多樣化

(1) 제품을 어느 정도까지 다양화할 것인가?

- 마케팅의 관점 : 많은 수의 제품은 고객에게 선택의 폭을 넓혀 줄 수 있는 장점
- 생산의 시각 : 높은 제품의 다양화는 1일 조업량의 축소, 비용의 증가, 복잡성의 증대, 장비·인력의 전문화의 어려움 등을 초래하는 단점

2-7. 모듈러 設計

(1) 모듈러설계(modular design) : 제품의 다양성은 비교적 높게 하면서도 동시에 제품생산에 사용되는 구성품의 다양성은 낮게 하는 제품설계의 한 방법

(2) 모듈러 설계는 각 제품을 개별적으로 설계하는 것이 아니라 표준화된 모듈을 중심으로 제품을 설계하는 방식

▶ 모듈(module): 다수의 부품으로 구성되어 있는 표준화된 중간 조립품(sub-assembly) 또는 기본 구성품을 말한다.

▶ 자동차 생산의 예

- 엔진크기 3가지, 변속기 종류 2가지, 외부색상 10가지, 내부사양 2가지
- 모듈의 수 : 17가지
- 생산 가능한 제품의 수 : 3 × 2 × 10 × 2 = 120 가지

2-8. 革新的 製品設計 기법

(1) 고객만족을 추구하는 제품의 설계 목표

① 신규(개량) 제품/서비스 신속한 출시

② 고객에 appeal 하는 제품/서비스의 설계

⑤ 원가/비용의 절감

④ 품질의 향상

③ 고객의 만족수준 향상

(2) 동시공학에 의한 개발기간 단축설계

▶ 순차설계와 동시설계

① 전통적인 방법과 동시공학의 제품개발 과정

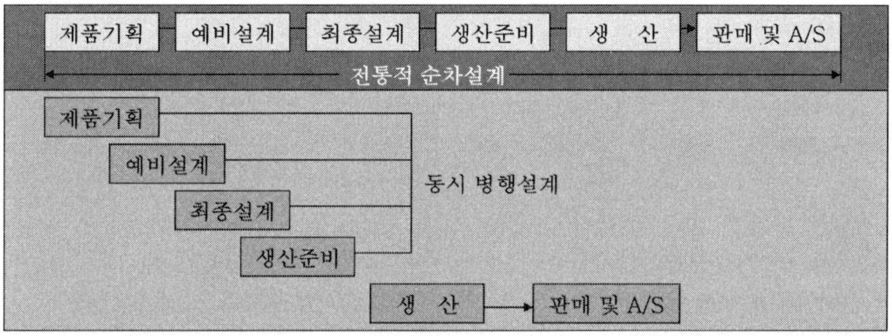

(3) 동시공학의 개념과 성과

① 동시공학(CE : Concurrent Engineering)

설계기초 단계부터 제품의 고유 기능 뿐만 아니라 제조, 조립,검사 서비스 용이성 등 설계와 관련 엔지니어링 지식을 병렬적으로 통합함으로서 개발기간을 단축하고 개발비용 절감과 품질, 생산성을 향상시킴

② CE을 효과적으로 지원하기 위한 4가지 측면

ⓐ 기능교차에 의한 매트릭스 조직 또는 팀 활동을 골자로 하는 조직론적 접근

ⓑ CE을 지원하기 위한 원격화상회의, 컴퓨터 통신망, 인공지능/전문가 시스템 등의 시스템 환경요소가 필요

ⓒ CE을 성공적으로 지원하려면, D/B, 제품데이터모델, 체계적 의사소통, 지식기반 접근법 등 기술적 접근법이 필요

ⓓ 제품개발 과정에 일부 단계에 초점을 맞추어 특화한 응용시스템 개발 필요

2-9. 제품의 단순화 설계

(1) 제품의 단순화

조립 리드타임을 감소시키고, 생산성, 품질, 유연성, 고객반응을 향상

(2) 제품의 단순화로 얻어지는 이점

① 단위당 생산원가 저하	② 투자자본의 감소	③ 노무비 감소
④ 제조기술의 향상	⑤ 기계설비의 이용과 관리개선	⑥ 공급의 신속화
⑦ 제품의 품질향상	⑧ 재고자산 회전율 향상	⑨ 상거래의 단순, 공정화

(3) 부분품수 단순화에 의한 이점

설계시간의 단축	구매업무량의 감소	설계도(파일) 작성 및 유지비용의 감소
부분품 재고의 감소	원형제작 및 시험의 용이	노무비 및 재료비의 감소
사용공구의 감소	재고유지비의 감소	가공조립 시간(공수)의 감소
제 운반비의 감소	생산공수의 감소	제품품질 및 신뢰성의 향상
가격인하에 따른 매출 증대	매출증대와 비용감소의 이익 증대	

2-10. 제조 용이성 설계

(1) 제조 용이성 설계(Design for manufacturability)

전체 생산공정에 제품단순화, 동시공학, 가치공학 등의 개념을 적용하여, 설계부서와 생산부서간의 걸림돌을 제거하는 것

2-11. 해체 및 분해를 위한 설계

(1) 재활용 제품 설계(recycling product design)

사용후 해체 및 분해시 구성품의 재사용, 보수, 개조, 분해, 융합이 용이하도록 설계

(2) 보수 및 수리 용이성 설계

보수/수리가 용이하도록 제품 설계를 하는 것

2-12. 부분품 및 제품의 표준화

■ 표준화의 효과와 한계

(1) 표준화의 효과

① 품질의 향상과 균일성 유지

② 작업자의 교육, 훈련 용이

③ 분업 및 업무 표준화에 의한 작업능률 향상

④ 구매, 운반, 검사, 업무 절차의 간소화

⑤ 원자재 및 제품 재고의 감소

⑥ 표준품의 예측 생산

⑦ 양산에 의한 생산성 증진과 원가 절감

(2) 표준화의 한계

① 다양한 소비자의 욕구를 충족시키기가 어렵다

② 발전하는 기술을 고정 시킨다

(3) 기술의 진보곡선

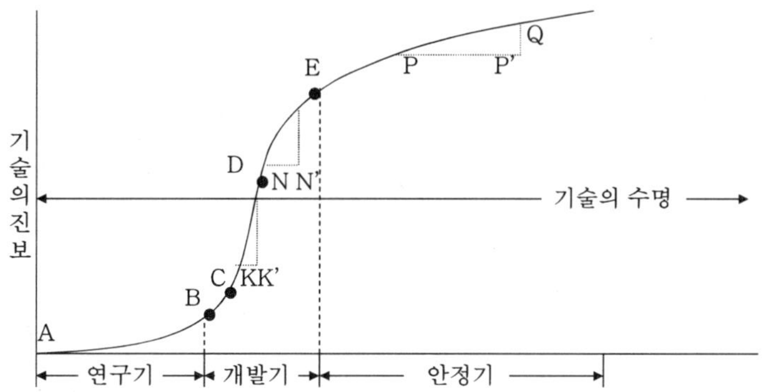

◆ 제품표준은 안정기 이전에는 효과적으로 설정될 수 없다. 그러나 부분품이나 자재의 표준화는 제품의 개발기 이후에서도 가능

2-13. 현대의 표준화 전략

(1) 다양화와 표준화를 조정하는 전략

① 적절하게 시장세분화(market segmentation)를 행하여 제품을 전문화 하고 표준화 하는 원리는 수요의 다양성과 생산의 전문화를 조정하는 기본원리가 된다

② 다양화 속에서 표준화가 추구되면, 그 후 표준화 속에서 다양화가 이루어지고, 다양화는 다시 표준화로 이어지는 사이클을 반복한다

(2) 기술혁신 시대의 표준화 전략

① 복합표준인 제품 표준화보다는 변화에 대한 적응력, 즉 유연성이 높은 요소표준, 말하자면 부품의 표준화에 역점을 두어야 한다

② 기술진보 곡선의 변모

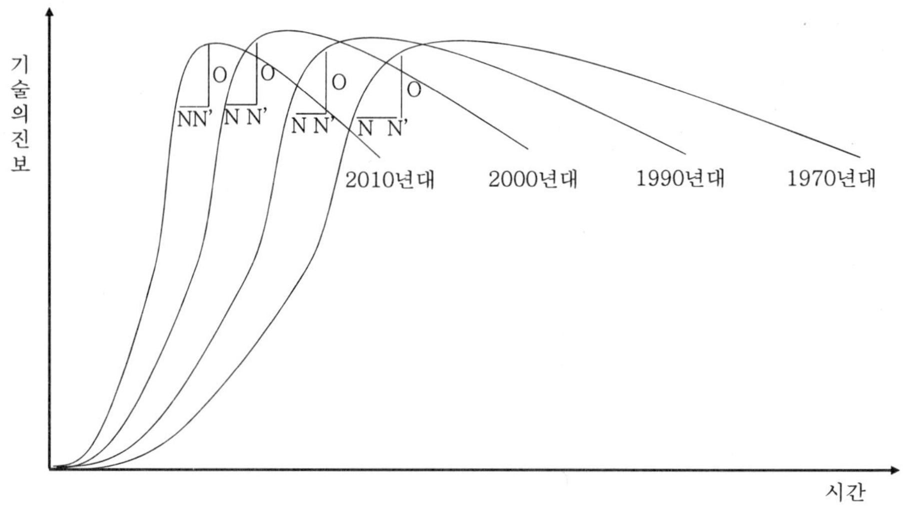

3. 품질 기능 전개 (QFD : Quality Function Deployment)

3-1. 품질기능 전개(QFD)의 History

① QFD는 1972년 일본의 미쓰비시 고베 조선소에서 원양어선 제조를 위해 개발된 방법

② 1978년 도요타에 도입이 되어 성공적으로 추진이 되었으며, 미국에서는 1983년 포드 자동차 회사가 QFD를 도입한 후P&G, GM, HP, AT&T등의 많은 기업들이 제품개발, 프로세스 및 시스템의 측정에 QFD를 사용하여 상당한 성과를 이루어 오고 있음

③ LG등을 중심으로 국내에 도입되어 신제품개발 시나 고객 Needs 파악에 많이 사용

④ QFD의 목표가 고객의 Needs를(사외) 사내의 구체적인 기술 요구사항으로 전환하고, 제품과 서비스의 특성들의 순서를 설정하는 것이기 때문에 많은 회사와 모든 부분에 사용

⑤ 조직간의 Communication 을 통한 사내 조직의 업무 처리의 원활화와 함께, 궁극적으로는 고객의 Needs를 충족시키는 산출물을 생산하는데 도움을 주는 기법 중에서도 가장 유용하게 사용

⑥ QFD는 고객의 요구를 품질특성으로 변환하여 완성품의 설계품질을 정해 이것을 각종기능 부품의 품질, 더욱이 개개 부품의 품질이나 공정의 요소에 이르기까지 이들 사이의 관계를 계통적으로 전개해 나가는 것을 품질기능전개(Quality Function Deployment)라 정의

결론적으로 QFD (Quality Function Deployment; 품질기능 전개)는 고객의 소리를 특정한 제품이나 서비스의 특성으로 전환하는 매우 구조화된 양식

3-2 품질기능 전개

(1) 품질기능 전개(QFD) 란 ?

고객(또는 소비자)의 NEEDS(요구)를 대용특성으로 전환하여, 완성품의 설계 품질을 정하고, 이를 각 기능 부품의 품질, 그리고 각각의 부품 품질과 공정의 요소에 이르기까지 이들간의 관련을 계통적으로 전개하는 것으로서 고객의 요구를 파악하고, 고객의 요구에서 출발하여 이를 제품으로 만들어 내는 과정까지의 일련의 활동이며, R&D 단계에서의 품질보증기법을 위한 구체적인 시스템

(2) 품질기능전개(QFD) Process

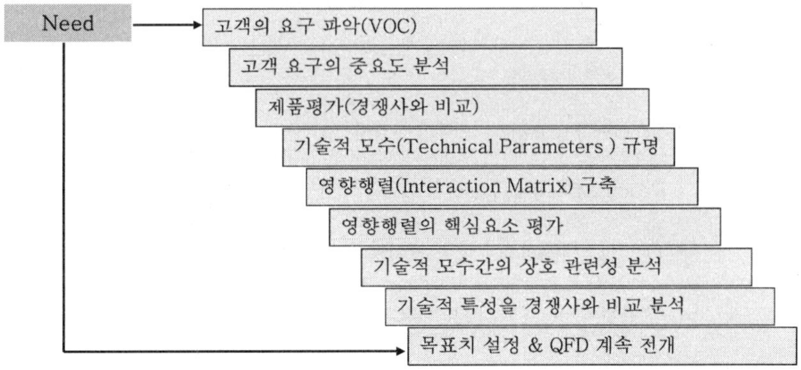

3-3. 고객이 원하는 제품의 설계

(1) 품질기능전개(QFD) :

① 품질기능전개(Quality Function Deployment)의 정의

고객의 욕구와 기대를 규명하고, 이들을 설계 및 생산 Cycle을 통하여 목적과 수단의 계열에 따라 계통적으로 전개되는 포괄적인 계획과 과정으로 제품설계 과정의 결과를 통하여 고객의 요구를 명백하게 하기 위해 고안된 방법

② QFD의 목적

제품설계 → 부품계획 → 공장계획 → 생산계획에 이르기까지 각 단계에서 소비자의 욕구가 제품이나 서비스에 충분히 반영되도록 하여 고객만족을 최대화 하는 것

③ QFD의 과정 : 제품 특성을 결정하기 위해 고객의 요구사항을 설계시방으로 바꾸는 것부터 시작

④ QFD의 강점 : 구성원들의 공감대를 형성할 수 있는 점

■ QFD는 정보시스템과 People Choices, 조직적인 구조를 설계하는데 사용되는 도구

(2) 품질 기능 전개(QFD: Quality Function Deployment)

QFD 의미

연구와 생산 개발로부터 기술 및 제조 그리고 마케팅/판매 및 유통에 이르기까지 각 단계마다 고객 요구 사항들을 적절한 회사의 요구 사항들로 전환하는 시스템으로 고객과 제품 사이의 Gap을 제거하는 역할

QFD 내의 4개 House

- Product Planning : 고객의 요구를 기술적인 요구로 전환(변경)
- Product Design : 고객의 요구를 부품 특성으로 전환
- Process Planning : 부품 특성에 맞는 공정특성의 단계와 파라메타를 정의
- Process – Control Planning : 공정특성에 대한 통제 방법 정의(할당)

(3) QFD의 필요성

- 소비자 NEEDS에 맞는 제품 개발
- 고객의 사전 구매 욕구와 구매 후 만족도를 높여 매출액 증가
- 신상품 개발의 집중화 영역의 설정
- 고객의 요구품질을 정량화 / 수치화하여 신상품의 Concept을 명확

(4) QFD의 특징

- QFD는 체계화된 도구이며, 작성하는데 들어가는 노력의 대부분은 매트릭스에 들어갈 정보를 수집하는데 투입됨
- QFD는 Cross Functional Team에 의해 작성되어야 함
- QFD는 시간이 많이 걸림 그러나 장기적인 관점으로 볼 때 설계에 적절한 요인을 다 밝혀 내지 못해서 팀이 다시 측정하고 분석하는 작업에 비해 시간이 적게 걸림
- QFD는 매트릭스를 기계적으로 사용하지 말아야 함
- 매트릭스에 있는 가정을 알아야 함, 팀은 가정에 대해 다시 한번 생각하고, 검증을 통해 팀이 다 함께 동의해야 함

3-4. QFD의 역할

(1) QFD의 역할

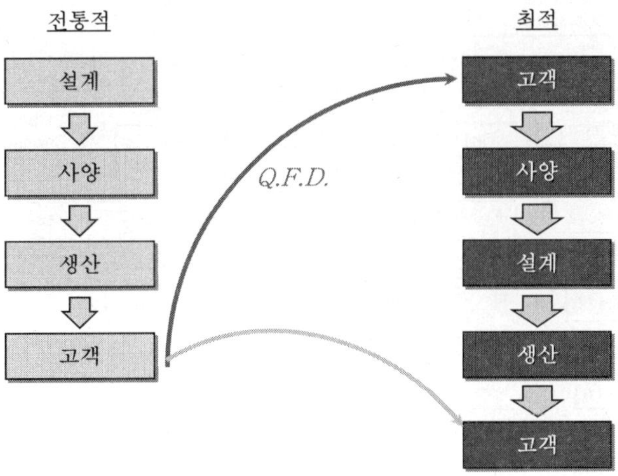

QFD는 제품/프로세스/개발을 하는 동안 고객이나 사용자의 목소리를 취합하고 시장에 반영하는 것이다. 고객의 소리를 듣는다.

(1) QFD의 역할(계속)

① 고객 포커스를 향상시킨다.

- 프로젝트 팀의 모든 팀원들이 자신들이 주장하는 내부 요구사항보다는 고객 Needs에 집중

② 개발 사이클 타임을 단축한다.

- 고객 요구사항에 대한 이해를 증진
- 설계 및 개발 실책을 최소화하며, 부서간의 커뮤니케이션을 향상

③ 팀워크를 향상시킨다.

- 모든 팀원들이 포괄적인 시각을 갖게 함
- 목표와 상호작용 및 업무를 시각적으로 보여 줌

④ 기록문서를 제공한다.

- 한 장에 여러 장의 서류에 담긴 정보를 담음
- 설계 초기단계에 내린 결정사항들을 기록 함

■ QFD의 역할

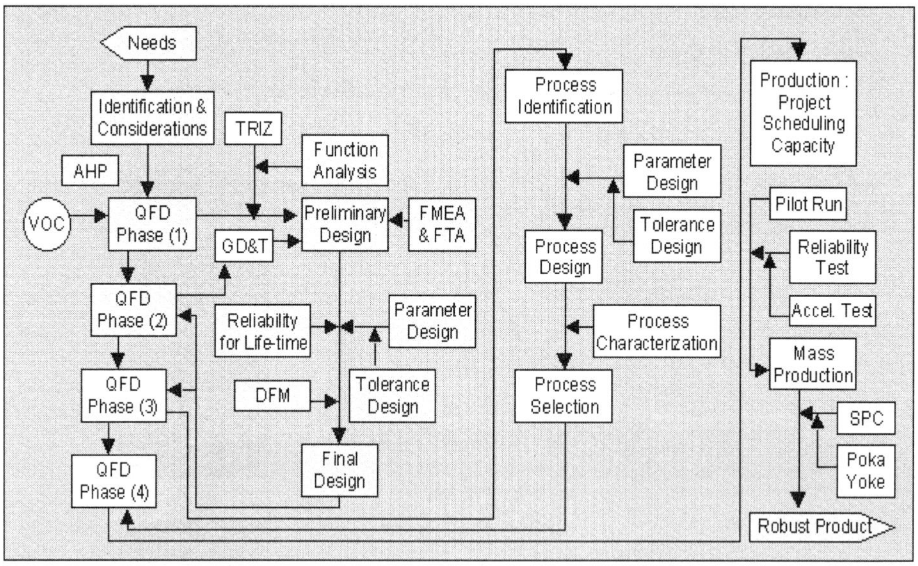

* VOC : Voice Of Customer, AHP : Analytic Hierarchy Process, TRIZ : Teoriya Resheniya Izobretatelskikh Zadatch(theory of inventive problem solving)
* DFM : Design For Manufacturing , FMA : Failure Mode and Effect Analysis, FTA : Fault Tree Analysis

■ QFD의 역할

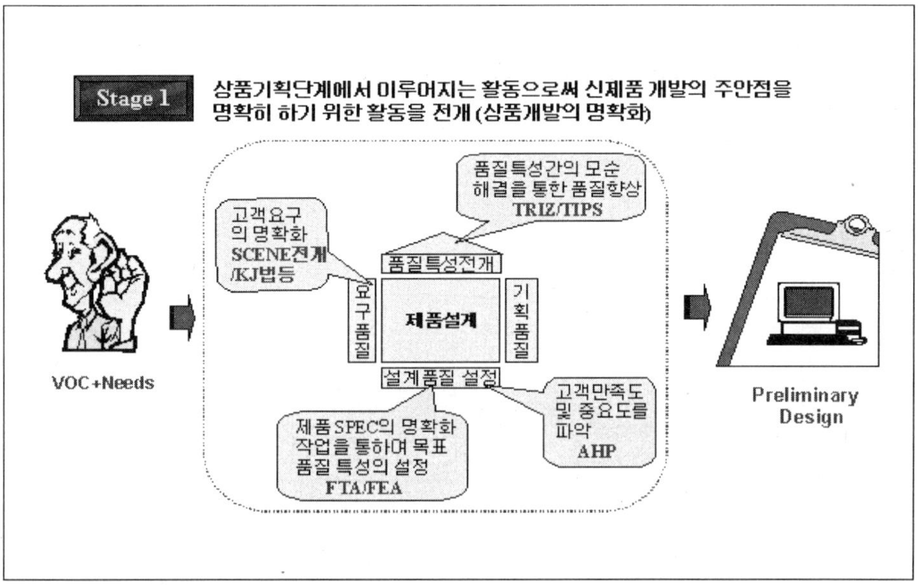

■ QFD의 역할

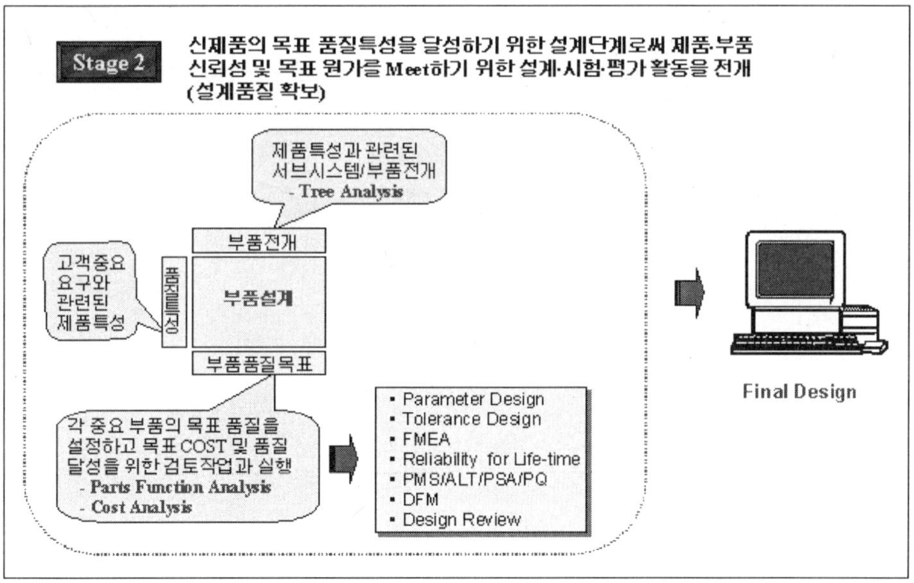

■ QFD의 역할

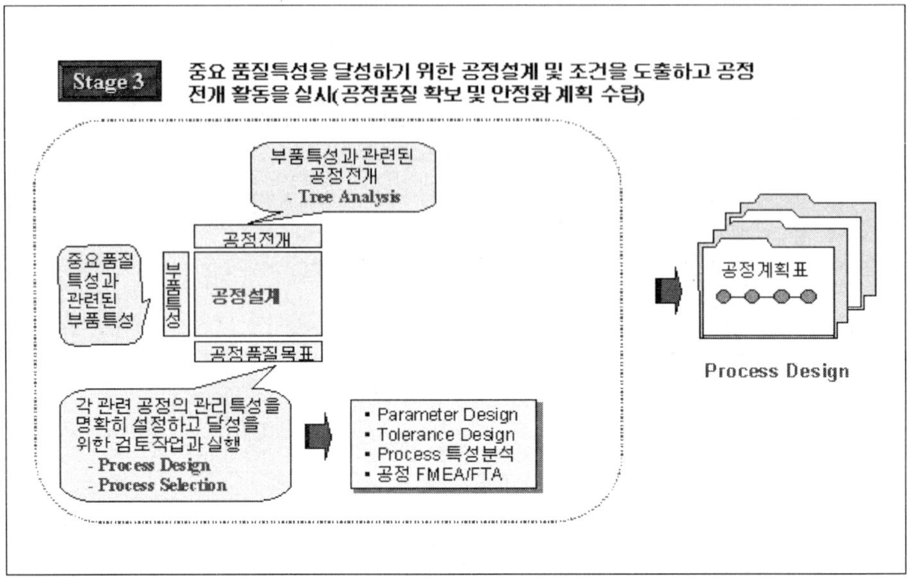

■ QFD의 역할

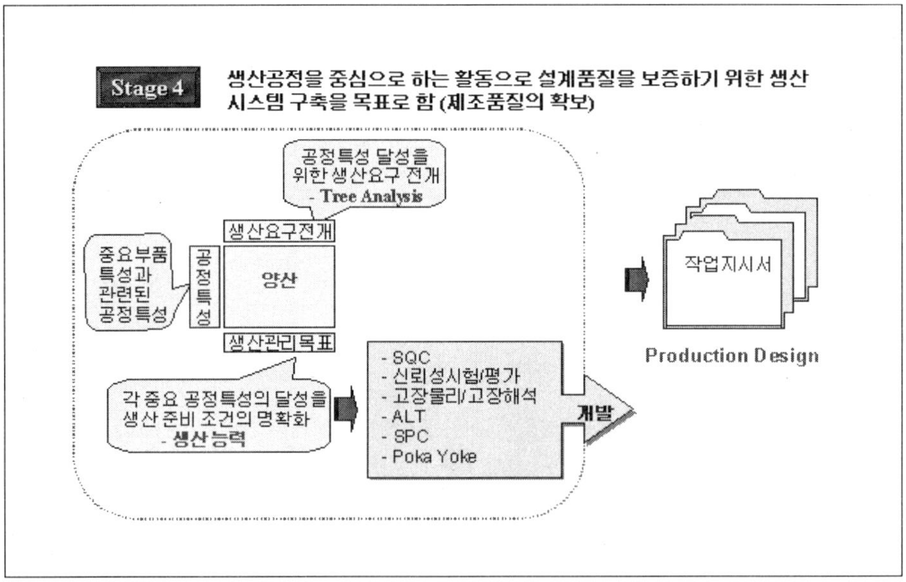

(2) QFD의 활동

• QFD는 고객 요구 사항에 초점을 맞추고 이 초점을 공정 디자인과 생산 전반을 통해 유지하는 종합적인 4개의 하우스를 제공한다.

• 6σ의 모듈은 품질 향상과 유지를 위한 수량 및 통계 지향적 방법을 제공하며 QFD 접근으로 확장된다.

• 고객 요구 연결은 고객의 요구 사항을 확인하기 위해 <품질의 하우스>의 첫번째 하우스에 특별히 초점을 맞춘다.

■ QFD의 집(HOQ ; House of Quality)의 구성

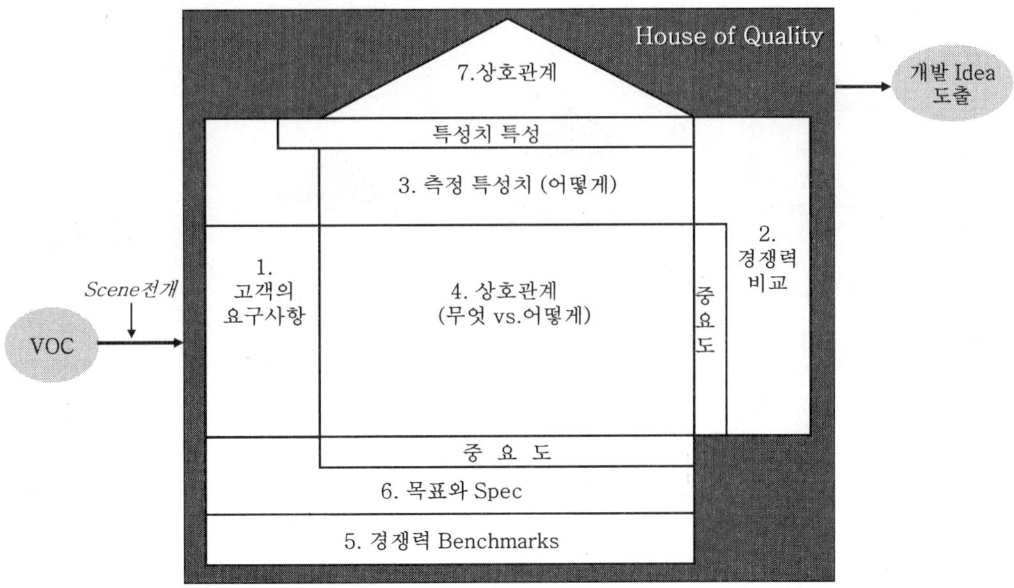

※ Scene전개 : 고객이 제품을 사용하는 상황을 5W1H에 맞추어 설정한 것.

3-5 품질기능전개의 실행 4단계

기획 « 설계단계에서 시작하여 제조공정에 이르는 전 과정에서 고객요구와 관련된 품질특성을 개발단계별로 연계하여 전개하면서 중점 관리해야 할 Point를 명확히 하여 고객에게 만족을 제공하는 것으로 다음 4 STEP으로 나눌 수 있다.

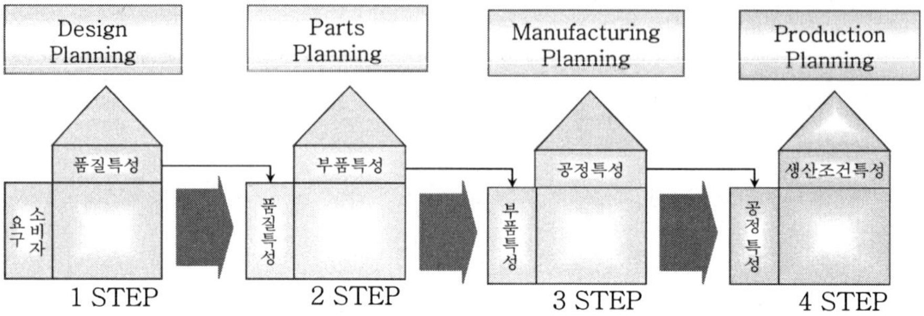

Design Planning
: 소비자 요구를 해결할 수 있는 설계 특성과의 관계 설정

Parts Planning
: 공학적특성을 해결하는 부품의 개발 및 특성 설정

Manufacturing Planning
: 각 부품특성에 해당하는 제조공정상의 최적특성을 설정

Production Planning
: 최적 공정을 이용한 생산조건의 설정

3-6 품질기능전개의 하부전개(QFD Flow down)

(1) Product Application

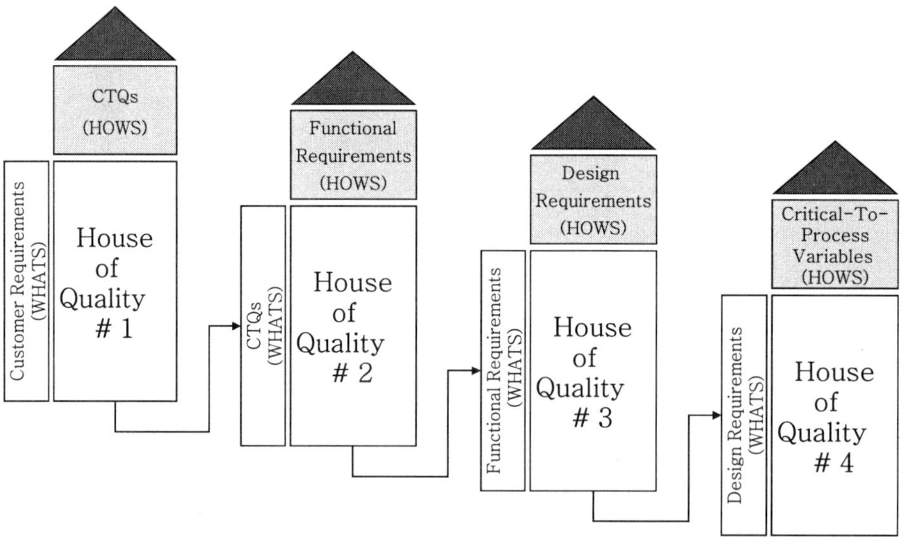

(2) Services Application

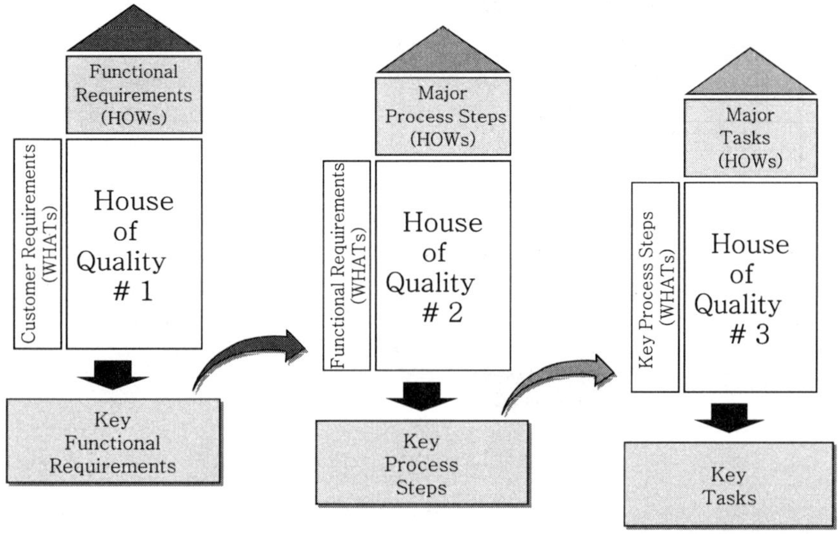

3-7 품질기능전개의 HOQ(House of Quality)의 구성

(1) 고객의 요구 사항

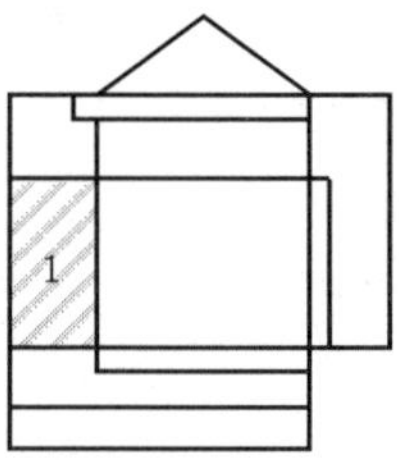

목 적

• 고객/ 사용자 데이터를 명확히 하고 체계화함

-고객의 요구를 명확히 하는데 사용되는 데이터는 어디서 획득한 것인가?

-고객 조사(설문조사, 면담, Focus Group Interview 등)

-고객의 데이터를 어떻게 체계화 할 것인가?

• *친화도(Affinity Diagram):* 어떤 문제에 대해서 얻은 언어데이터가 산산이 흩어져 정리가 안된 채 혼돈 되어 있는 경우, 그 언어데이터를 서로의 친화성에 의거하여 통합된 그림(친화도)을 작성함으로써 문제를 명확히 하고, 장래를 예견하거나 발상을 얻는 방법

•*Structure Tree(Logic Tree) :* 요구사항들의 수식으로 구조화하는 방법

•고객의 니즈는 친화도(Affinity Diagrams)를 사용하여 2-4레벨까지 그룹핑을 해야 함 (최대 20-30그룹)

-가능하다면 친화도를 작성하는 과정에 고객을 참여시킴

(2) 요구 사항 중요도 및 경쟁력 비교-1

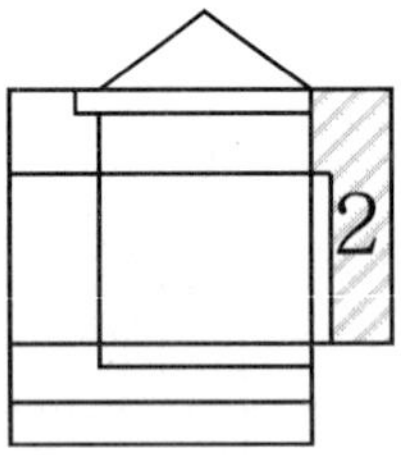

목 적

- 고객의 중요사항에 대한 등급을 정하고 경쟁력을 검토
- 고객이 원하는 것과 필요가 고객에게 얼마만큼 중요한지 결정
- 최고 경쟁력을 갖춘 회사와 비교할 때 자사는 얼마만큼의 위치를 갖는지 명확히 함
- 고객이 원하는 것, 고객의 필요사항에 대한 중요도를 결정함
  - 등급 간격을 확정(1~5등급까지의 방법이 가장 많이 활용됨)
  - 등급이 높을수록 중요도도 높다, / - 등급을 정할 때 응답회수도 고려한다.
- 서비스 성과의 경쟁력 검토
  - 고객의 필요에 대한 최소 두개의 경쟁사(최고의 경쟁자) 성과와 비교
  - 해당 항목에 대한 조직의 성과를 비교

주의사항

- 중요도를 결정하는 사람은 고객임
- 비교할 경쟁자는 시장을 주도하는 회사 또는 가장 우수한 조직이어야 함
- 고객으로부터 경쟁사가 얼마만큼 필요사항을 만족시키고 있는지 정보를 파악함
- 완벽한 서비스가 제공될 때에만 가장 높은 등급을 부여함

(2) 요구 사항 중요도 및 경쟁력 비교-2

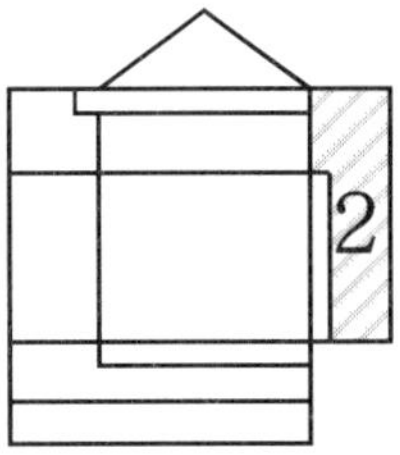

주요내용

- <u>요구품질 중요도</u>
  - 2차 조사를 통해 고객으로부터 요구사항의 중요도를 평가 받는다.
    (고객조사가 불가능한 경우 AHP법 등의 간접평가도 가능하다)
- <u>경쟁사 분석</u>
  - 요구품질에 대해 자사 및 경쟁사 제품의 고객만족 수준을 조사한다.
    (이것 역시 고객으로부터 직접 평가를 받는다)

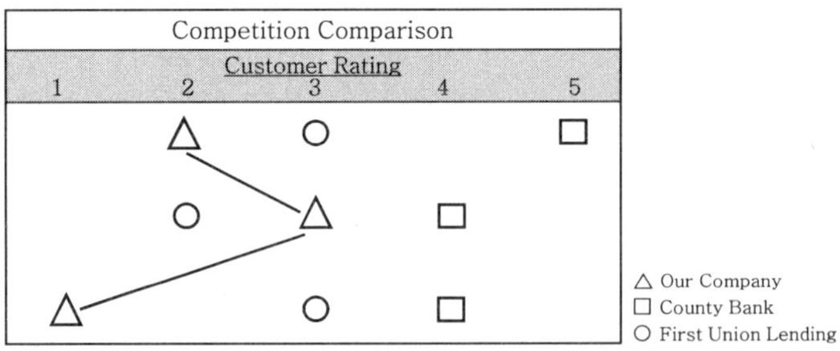

(3) 자동차 문에 대한 요구와 설계특성 (사례분석)

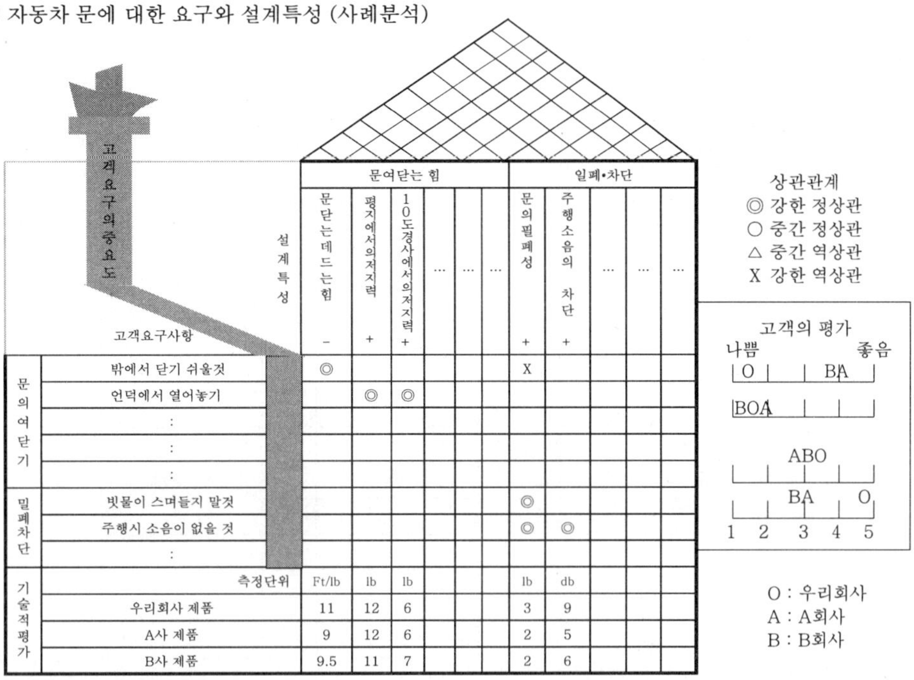

■ 얼마나 많이?

무 엇	Importance	Low Shrinkage	UL Rating	Resin Cost	Toughness	Low ΔE	Accelerated Weatherability	Gasoline Resistance
어 떻 게		↓	○	↓	○	↓	↑	↑
치수적안정성	5	9						
부품비용	4	3		9				
ΔE / 육안검사	4			3		9		
낙하검사	4			3	9			
UL부품검사	4		3	1				
옥외검사	4			3			9	
화학적저항성	5			3	3			9
어 떻 게		A. In/in	B.	C. $/#	D. ft-lb/in.	E.	F. hrs	G.%Strain
얼마나 많이								

• Hows의 목표값들은 얼마인가?

■ 상관의 연결

◎ Strong Positive
○ Positive
× Negative
∅ Strong Negative

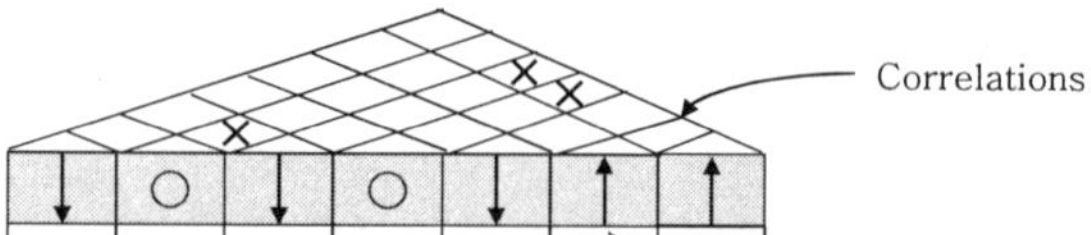

무 엇	Importance	Low Shrinkage	LU Rating	Resin Cost	Toughness	Low ΔE	Accelerated Weatherability	Gasoline Resistance
		↓	○	↓	○	↓	↑	↑
치수적안정성	5	9						
부품비용	4	3		9				
ΔE / 육안검사	4			3		9		
낙하검사	4			3	9			
UL부품검사	4		3	1				
옥외검사	4			3			9	
화학적저항성	5			3	3			9
		A. In/in	B.	C. $/#	D. ft-lb/in	E.	F. hrs	G.%Strain

■ 고객의 요구가 얼마나 중요한가 ?

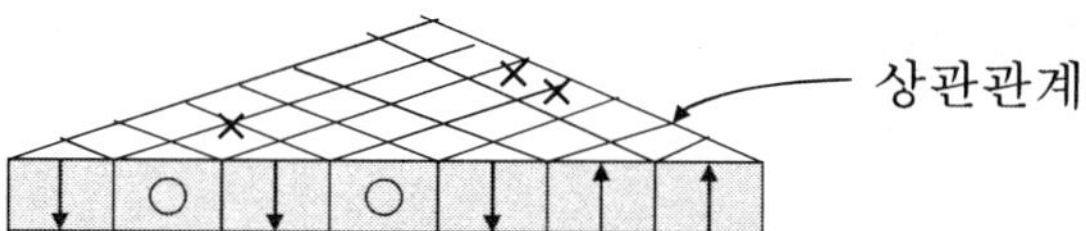

무 엇	Importance	Low Shrinkage	UL Rating	Resin Cost	Toughness	Low ΔE	Accelerated Weatherability	Gasoline Resistance	경쟁사와의 비교 (H M L)
		↓	○	↓	○	↓	↑	↑	
치수적안정성	5	9							M
부품비용	4	3		9					M
ΔE / 육안검사	4			3		9			M
낙하검사	4			3	9				L
UL부품검사	4		3	1					M
옥외검사	4			3			9		M
화학적저항성	5			3	3			9	L
기본적인 QFD matrix의 완성도		A. In/in	B.	C. $/#	D. ft-lb/in.	E.	F. hrs	G.%Strain	How Much

■ 주요개념

- 기술적 중요도 척도는 <Hows>의 초점에 우선권을 준다. 높은 값들이 먼저 다루어져야 하지만, 하우스의 지붕에서 보여진 관계를 고려해야 한다
- 경쟁적 등급은 회사가 각 고객 CTQ에 대한 경쟁의 관계에서 어떻게 기능하고 있는지를 보여준다
- 낮은 값들은 회사가 경쟁에서 낮게 등급 되어 있음을 의미한다
- 높은 값들은 회사가 경쟁에서 높게 등급 되어 있음을 의미한다. 이것은 고객에 의해서 높게 등급 된 CTQ들 상에서 회사가 어디에 있는지를 보는데 도움을 주고, Project 선택에서의 우선권을 정하는 것을 도와준다

4. 價值分析 / 價值工學

가치분석(VA : value analysis), 가치공학(VE : value engineering): 제품과 서비스의 가치를 증대 시키기 위한 체계적인 혁신의 한 방법으로서, 비용만 발생시키면서 제품이나 서비스의 가치 또는 기능에 공헌하지 못하는 것은 모두 제거 시킨다는 개념

$$가치 = \frac{유용성(품질,\ 성능,\ 신뢰도)}{비용(재료비,\ 노무비,\ 제조간접비)}$$

▶ 가치분석에 사용되는 용어: 통조림 캔의 개봉장치

목적	제품이나 서비스의 존재 목적	내용물을 꺼낸다
기본적 기능	제거되면 제품의 존재 목적이 제거되는 기능	캔을 연다
2차적 기능	기본적 기능을 지원하는 기능	뚜껑을 잘라낸다

제품의 가치는 동일한 비용으로 고객에 대한 유용성을 높이든지(효과적), 동일한 유용성을 유지하면서도 비용을 낮춤(효율적)으로서 증대될 수 있음

(1) 가치분석 단계

① 계획: 경영층에게 가치분석의 잠재력과 절차를 알려주어 지원을 요청, 관련부서로 구성된 가치분석 팀(설계공학, 생산공학, 구매, 품질, 회계 팀) 구성 및 훈련, 작업의 범위 부여.

② 정보: 목적, 기본 기능, 2차 기능 파악, 가치를 높이기 위한 2차 기능의 통합, 수정, 삭제 고려

③ 창조적 대안 설정: 개방적, 혁신적 분위기 조성
④ 평가: 가치에의 기여도 평가
⑤ 최종계획: 팀 구성원과 경영층에 의해 실행

(2) 가치분석/가치공학

■ 가치분석(VA)/가치공학(VE)

- VA 또는 VE이란 제품과 서비스의 가치를 증대시키기 위한 체계적인 혁신의 한 방법
- VA 또는 VE는 제품이나 서비스의 가치 또는 기능에 공헌하지 못하는 것은 모두 제거함으로써 제품의 성능요건과 고객의 요구를 가능한 최소의 비용으로 충족시키는 것을 목적으로 함.

■ 제품의 가치 = $\frac{\text{유용성}}{\text{원 가}}$

- 유용성 : 품질, 신뢰도 및 제품의 성능
- 제품의 가치는 동일한 원가로 제품의 유용성을 높이든지 또는 동일한 유용성을 유지하면서도 원가를 낮춤으로써 증대 ⇒ 이는 제품의 가치에 공헌하지 않는 불필요한 기능 또는 비용이 많이 드는 기능들을 제거함으로써 달성

■ VA와 VE의 구분

- VA는 이미 생산되고 있는 제품에 적용되며 생산명세나 구매요구 상에 나타난 제품의 명세나 요건을 분석하는 데 사용 (VA는 주로 구매부서에 의해 원가절감기법으로 사용)
- VE는 원가회피방법으로 생산단계 이전의 제품설계 시에 사용
- 두 기법은 한 제품에 대해 생산 전후의 관계에 있을 뿐 상호 피드백이 되어야 하므로 실질적인 차이는 없음.

■ VA/VE분석에서의 브레인스토밍(brainstorming)

- 불필요한 제품의 특성은 없는가?
- 2개 이상의 부품을 하나로 결합할 수는 없는가?
- 무게를 줄일 수는 없는가?
- 제거되어야 할 비 표준화된 부품은 없는가?

4-1. 가치공학(VA/VE)에 의한 가치개선 설계

(1) 가치분석/공학의 개념과 적용

■ VA/VE(Value Analysis/Value Engineering)

최적의 코스트로 필요한 기능을 달성하기 위해 제품 내지 서비스의 기능분석에 기울이는 조직적 인 활동

■ 불필요한 기능(원가)의 제거

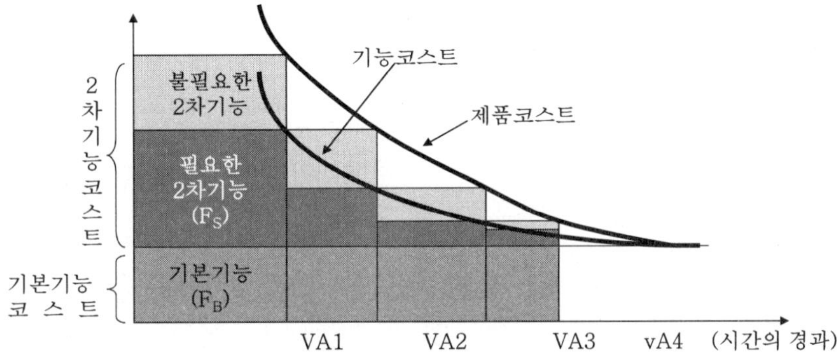

4-2. 기능과 가치의 연구

(1) VA/VE에서 사용되는 기능의 개념

ㅇ 기능이란? 특정의 목적을 발휘케 하는 작용

① 기본기능과 보조기능

제품의 개발 및 설계시의 목적으로 고객에게 절대 필요한 주기능이 기본기능이고 기본기능에 종속되는 2차적 기능이 보조기능이다.

② 사용기능과 미관 기능

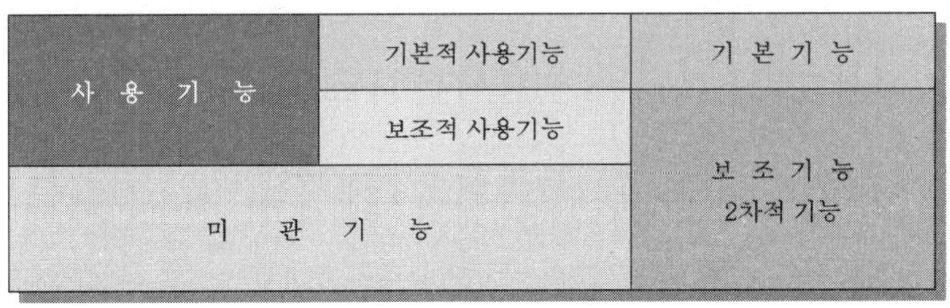

(2) 실용가치(use value)와 귀중가치(esteem value)

① 실용가치 : 기본기능의 가치

$$가치(Value) = \frac{기능(function)}{비용(cost)}$$

$$V = \frac{F}{C} = \frac{F_B + F_S}{C}$$

F_B : 기본기능, F_S : 이차적 기능

② 귀중가치 : 제품의 특성, 특징 및 매력에 따른 가치 개념

4-3. 기능분석(기능적 접근)

(1) 기능분석(functional approach)

기능중심으로 문제에 접근, 불필요한 기능을 식별하고 제거하여 불필요한 원가 상승을 억제 하는 것

(2) 기능 분석의 단계

기능분석		가 격 분 석질 문
기본단계	세부단계	
기능정의	정보수집 기능의 정의 기능의 정리	① 그것(분석대상)은 무엇인가? ② 어떤 역할(기능)을 하는가?
기능평가	기능별 비용분석 기능의평가 대상분야의 선정	③ 소요비용은 얼마인가? ④ 그 가치는 어떤가?
대체안의 개발	창조 개량평가 구체화, 조사 상세평가 제안	⑤ 다른 것으로 같은 역할을 하는 것은 없는가? ⑥ 있다면 그 비용은 얼마이며, 필요한 기능을 확실히 발휘하는가?

4-4. 설계단계에서의 가치 개선

(1) 가치 분석/공학 → 제품설계 단계에서 실시하는 것이 최적

① 가치분석을 효율적으로 실시하기 위해서는 제품 설계시 예비 설계를 끝낸 후인 기능 설계 단계에서 시행

(2) 제품설계 변경에 의한 가치개선 사례(빨래집게 원가 비교표)

비교내용	개 선 사 례	
	개 선 전	개 선 후
재　　료	ABS	D8010
작업사이클 (초)	34	10
재료비 (₩/파운드)	38	71
재료비 (₩/천개)	1,360	2,130
가공비(₩/천개)	2,850	1,110
스프링 (₩/천개)	150	-
조립비 (₩/천개)	200	-
총원가 (₩/천개)	4,560	3,240

5. 모듈러 설계 (modular design)

5-1 모듈러 설계(modular design)

▶ 모듈(module)이란 다수의 부품으로 구성되어 있는 표준화된 중간 조립품 또는 제품의 기본 구성품 (자동차의 예 : 엔진, 변속기 등)

▶모듈러 설계는 제품의 다양성은 높이면서도 동시에 제품 생산에 사용되는 구성품의 다양성은 낮추는 제품설계의 한 방법

(1) 모듈러 설계의 기본적인 아이디어

- 많은 서로 다른 제품으로 조립되어질 수 있는 일련의 기본 구성품, 즉 모듈들을 개발함으로써 고객에게는 다양한 제품을 제공하되, 생산에는 한정된 수의 기본 구성품만 사용

- 자동차의 예

· 엔진 종류 : 4가지 · 변속기 종류 : 2가지 · 외부색상 : 5가지 · 내부사양 : 2가지	· 모듈의 수 =4+2+5+2=13가지 · 생산 가능한 제품의 수 =4×2×5×2=80가지

- 모듈러 설계방식에서는 각 제품을 개별적으로 설계하지 않고 표준화된 구성품 모듈들을 중심으로 제품을 설계 (제품라인 전체적인 시각에서 설계)

5-2. 부분품의 표준화와 모듈러 설계

(1) 모듈러 생산(modular production) 이란

표준부품의 조합에 의해서 조립품의 다양화를 경제적으로 도모하는 생산방식. 즉, 다양하게 결합할 수 있는 부분품을 설계, 제조하여 최소 종류의 부분품으로 최다 종류의 제품을 생산하는 방식

① 모듈러 생산의 본질 : 최대한으로 결합될 수 있는 부품들을 설계, 개발, 생산함에 있다.

(2) 모듈러설계(modular design)이란

① 제조업체들이 다양한 고객요구사항을 수용, 대량생산의 원가 우위를 유지

② 다양한 방법으로 결합할 수 있는 부품 및 서비스를 설계

③ 모듈러 설계의 장단점

장 점	단 점
ⓐ 고장발생시 고장난 부분의 모듈만 교환으로 수리가 용이 ⓑ 소비자의 요구에 따라 수시로 모듈화된 부품의 탈부착이 가능	ⓐ 제품을 전체적으로 표준화 하는 경우보다는 비교적 많은 부품을 필요로 함

5. 로버스트 설계 (Robust design)

Robust Design은 실험계획법(DOE : Design Of Experiment)의 일종으로, 다구찌 기법(Taguchi Method)의 다른 이름이다.
다구찌 품질공학이라고도 하며, 미국에서는 주로 저비용 품질공학(Quality Engineering for Low Cost)이라는 명칭을 사용한다
'Robust'의 사전적 의미는 '강건한', 또는 '둔감한'이며, Robust Design은 잡음에 강하거나 둔감한 설계, 즉 잡음 인자에 영향을 별로 받지 않는 최적의 설계 변수를 찾기 위해 실험을 계획하고, 실험 결과를 분석하기 위한 수단과 방법을 제공한다

5-1. 로버스트 설계(robust design)

- 제품이나 공정을 처음부터 환경변화에 의해 영향을 덜 받도록 설계 : 다구치설계(Taguchi design)
- 로버스트 설계에서는 계획된 실험을 통해 제조상의 변동이나 환경상의 변동에 가장 둔감한 제품이나 공정 설계의 파라미터 값을 구함.

■ 사례

- 일본의 이나 타일회사(Ina Tile Company)

<사례> 일본 이나 타일사 (Ina Tile Company)
건축 재료인 타일 생산업체인 일본의 이나 타일사에서는 생산된 제품의 크기가 고르지 못하여 어려움을 겪고 있었다.

주된 원인은 타일을 구워내는 가마 내의 온도가 불균일하기 때문이라는 판단을 하고 있었으나, 좀 더 고른 온도 분포를 얻기 위해서는 많은 투자 비용을 필요로 하는 문제점이 있었다. 이에 따라, 이나 타일사에서는 투자 부담 없이 이 문제를 해결하기 위한 방안으로, 가마 내의 온도 분포가 불균일하더라도 제품의 크기가 균일하게 나올 수 있는 설계 변수를 찾기 위한 실험을 실시하였다.

즉, 가마 내의 온도 분포 불균일을 불완전 제조의 잡음으로 보고, 이 잡음에 둔감한 원료 구성 성분별 비율의 최적 조합을 찾는 실험을 통해, 석회석의 비율을 현재의 1%에서 5%로 증가시키는 것만으로 이 문제를 해결할 수 있었다.

Robust Design 추진을 위한 실험 계획 수립시 제어인자, 비제어인자, 품질 특성치의 결정은 관련 부서 실무 담당자들이 협의를 거쳐 결정할 필요가 있다. 위의 경우처럼 실험에서 가마내의 온도 분포를 제어인자로 할 것인지, 또는 비제어 인자로 할 것인지 등은 실험을 계획하는 과정에서 아주 중요한 부분이라고 할 수 있다.

▶ 손실함수
실지 소비자가 관심을 가지는 항목은 해당 제품의 합격/불합격보다 제품의 신뢰성이라고 할 수 있으며, 제품이 공차를 만족하더라도 품질 특성치가 목표값을 벗어나면 출하 후 사회적 손실을 끼칠 수 있다.

▶ 다구찌 박사는 이런 의미에서 손실 함수를 다음과 같이 정의하였다.
- 합격, 불합격의 개념이 아닌 품질 특성치의 변동으로 손실 함수를 정의
- 품질 특성치가 목표치에서 벗어난 정도를 손실 금액으로 평가

▶ 다구찌의 품질공학: 로버스트 설계

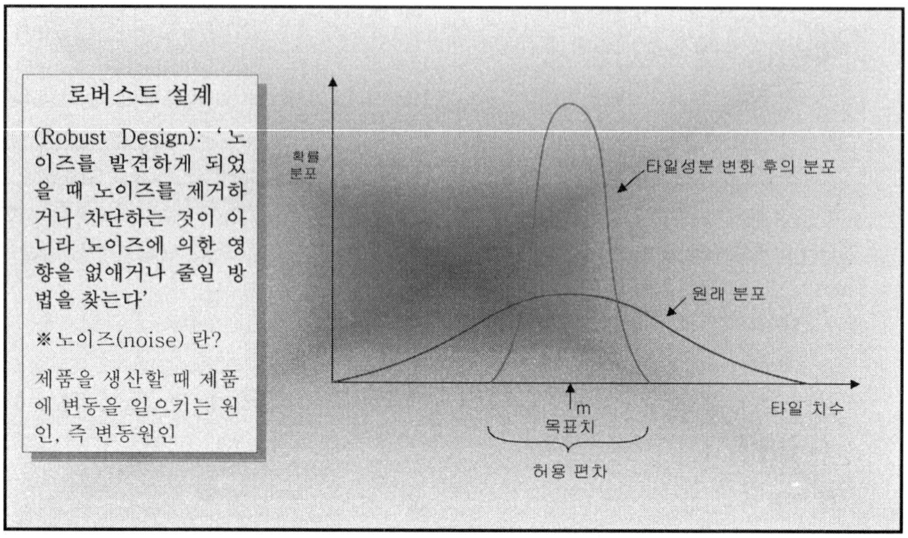

타일치수의 분포(개선 전 ·후의 타일의 치수 비교)

5-2 제품설계의 새로운 추세

■ 컴퓨터지원설계(CAD : computer-aided design)

- 개발비용을 줄이고 신제품의 개발과정에 소요되는 시간을 단축
- 제품의 다양한 설계를 컴퓨터를 이용하여 시행 가능
- 신제품 개발에 요구되는 공학적 작업을 단순화

■ 동시공학(CE : concurrent engineering)의 목적

- 제품개발과정을 신속히 하기 위한 방법
- 동시공학에서는 신제품 개발단계를 순차적으로 밟아가는 것보다는 기능간 통합과 제품 및 공정의 동시개발 강조
- 동시공학에서는 사내의 신제품 관련부서뿐만 아니라 외부의 공급자까지 신제품 개발팀에 참여시켜 공동작업을 통해 제품이나 서비스를 설계하고 생산공정을 선택

5-3 제품설계의 새로운 추세

■ 글로벌 설계

- 과거에는 국내시장 용으로 제품을 설계한 다음 나중에 수출용으로 제품을 전환함
- 오늘날 자동차, 전자제품, 기계도구와 같은 제품은 처음부터 글로벌 시장을 겨냥하여 설계

■ 글로벌 제품

- 글로벌 제품의 설계는 한곳에서 이루어 지더라도 전세계에 설치된 여러 공장에서 동일제품 생산을 목적으로 설계부터 글로벌 시장을 Target으로 제품 생산을 추진

■ 글로벌 제품개발

- 글로벌 설계 사양에 따라 기본적인 국제화 제품을 개발하는 것으로 사양을 세심하게 설계했을 경우 코딩 또는 제작 프로세스 자체는 비교적 간단하나 최근에는 외주제작을 하거나 해외사업부에서 제작하도록 추진

5-4. 동시공학 (Concurrent Engineering)

(1) CE란 무엇인가?

설계에 관련된 모든 부서와 사람들을 처음부터 설계에 참여 시켜 효과적인 설계 수행

(2) 과거 연속적 설계의 문제점

- 제품에 대한 정의가 불분명
- 제품 비용과 DFMA (Design for Manufacturing & Assembly)에 대한 설명이 불충분
- -사후에 잦은 설계 변경, / - 문제 발생시 책임 전가

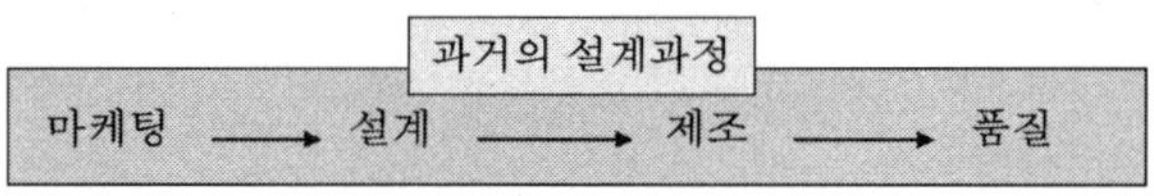

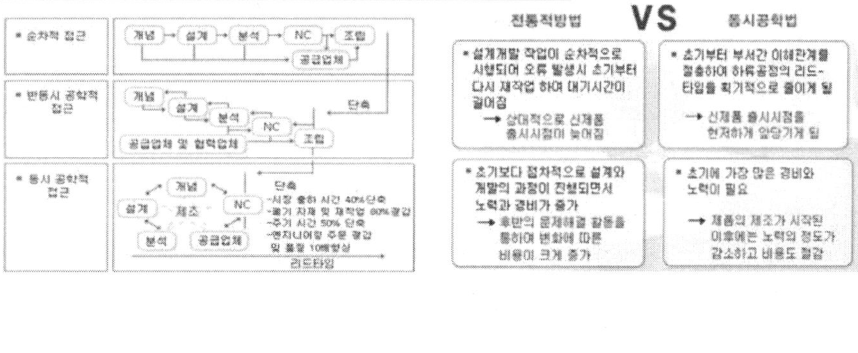

(3) CE의 구성

▶ CE에는 누가 참여하나?

- HONDA: SED 조직 (판매부, 엔지니어링, 연구개발부)
- NISSAN: CE센터 (엔지니어링 30%, 연구실험실 30%, 스타일부 15%, 조립공장15%, 모형 15%)
- GM : CE 위원회 (수석 엔지니어, 설계스태프, 생산부, 판매, 제조 엔지니어링, 자금부, 인력부, 홍보실, Program Coordinator) ⟶ 제품설계 엔지니어, 마케팅, 연구개발부, 제조 엔지니어, 자금부, 구매부, 주요 공급업자

▶ CE의 4가지 'C'

- 동시성(concurrence) : 제품과 공정설계가 동시에 진행
- 제약성(constraints) : 공정은 제품설계에 제약 조건을 부여
- 협조성(coordination) : 제조와 개발이 서로 협력
- 합의성(consensus) : 모든 구성원들간의 합의에 따른 진행

[제3장 연습문제] **학년 :** **학번 :** **성명 :**

I. 서술형

1. 모듈 설계란 무엇인가 ? 예를 들어 설명해보라.
2. 주위에서 보편적으로 접하고 있는 제품 하나를 선정하여 그 세부 속성을 파악하여 보라.
3. 제품다양화와 단순화의 장단점을 비교 설명하라.
4. 표준화의 의의에 대해 설명하라.
5. 가치분석에서 가치란 무엇인가 ?
6. 제품을 하나 선정하여 가치분석을 하여 보라.
7. QFD란 무엇인가? 간단한 예를 들어 설명해보라.
8. 서비스 제품 설계에서도 QFD 분석이 이루어질 수 있을까 ?
9. 오프라인 품질관리(off-line Quality Control)란 무엇인가 ?
10. 학교의 수강신청 과정, 햄버거 가게, 또는 간단한 제품이나 서비스를 하나 선정하여 다음과 같은 과정을 밟아본다.

(1) 고객은 누구인가 ? 고객이 원하는 바는 무엇인가? 충족시켜주어야 할 또 다른 요건은 없는가 ?
(2) 이들 고객요건(요구조건) (Whats)을 충족시킬 수 있는 방법(Hows)들과 연결시킨 제품계획 행렬을 작성해보라.
(3) 벤치마킹(benchmarking)을 어떻게 이용할 것인가 ?
(4) 제품계획행렬에서 어떤 구성항목(부품)을 부품전개행렬로 바꿀 것인가? 그 이유는 ?
(5) 부품전개행렬을 작성하라.

II. 진위형

1. 신제품에 대한 아이디어 창출의 두 가지 중요한 원천은 고객의 요구와 R&D이다. ( )
2. 신제품 도입은 기업내에서 생산기능만의 책임사항이다. ( )
3. 공정설계는 제품설계가 완전히 끝난 다음에 시작되어야 한다. ( )
4. 품질기능전개(QFD)는 고객의 요구를 제품의 설계명세에 반영하는 체계적인 방법이다. ( )
5. 가치분석과 가치공학을 엄밀히 구분하면 가치분석은 제품의 최초 설계시에 적용되고, 가치공학은 기존 제품에 적용된다. ( )
6. 제품의 가치는 동일한 유용성을 유지하면서도 원가를 낮추면 올라간다. ( )
7. 모듈러 설계방식이란 생산의 복잡성을 줄이면서 제품의 다양성을 추구하는 제품설계방식이다. ( )
8. 모듈러 설계방식에서는 각 제품을 개별적으로 설계한다. ( )
9. 로버스트 설계란 품질성능이 환경변수에 의해 영향을 덜 받도록 제품이나 공정을 설계하는 것이다. ( )
10. 동시공학에서는 신제품 개발의 단계를 순차적으로 신속하게 진행해 나간다. ( )

III. 선다형

1. 신제품에 대한 아이디어 창출의 두 가지 중요한 원천은? ( )
① 고객의 요구와 경제적 변화 ② 고객의 요구와 R&D
③ R&D와 경제적 변화 ④ R&D와 설계 엔지니어링 연구원

2. 만들어진 제품을 시장을 창출하여 판매하는 것은 마케팅부서에서 할 일이며, 신제품은 시장과는 관계없이 생산기술로부터 비롯된다고 보는 신제품 도입전략은? ( )
① 시장지향적 전략 ② 기술지향적 전략 ③ 다기능간 협력 전략 ④ 기업생산적 전략

3. 신제품 개발단계 중 신제품에 대한 아이디어가 대부분 소멸되는 단계는? ( )
① 제품선택 단계 ② 예비제품설계 단계 ③ 원형제작 단계 ④ 시험 단계

4. 신제품의 개발단계 중 체크리스트 점수법(checklist scoring method)이 적용되는 단계는? ( )
① 제품선택 단계 ② 예비제품설계 단계 ③ 테스트(시험) 단계 ④ 최종제품설계 단계

5. 신제품의 개발단계에 포함되지 않는 것은? ( )
① 아이디어 산출 ② 시험 ③ 마케팅전략 개발 ④ 최종제품 설계도 설계

6. 모듈러 설계에 대한 설명 중 틀린 것은? ( )
① 제품의 다양성은 높이면서도 제품생산에 사용되는 구성품의 다양성은 낮게 한다.
② 모듈의 수보다는 생산될 수 있는 제품의 수가 더 많다.
③ 제품라인에서 각 제품을 개별적으로 설계한다.
④ 한 가지 이상의 제품에 들어갈 수 있는 공통의 모듈들을 개발한다.

7. 어느 레스토랑은 고객이 선택한 빵, 고기 및 치즈에 따라서 샌드위치를 만들어주고 있다. 빵의 종류가 2가지, 고기의 종류가 3가지, 그리고 치즈의 종류가 2가지라면 이 레스토랑은 총 몇 가지의 샌드위치를 제공할 수 있는가? ( )
① 3가지 ② 7가지 ③ 10가지 ④ 12가지

8. 컴퓨터를 이용한 제품설계를 나타내는 것은 ? ( )
① CAD ② CAM ③ CIM ④ FMS

9. 신제품의 신속한 도입을 위한 기법은 ? ( )
① 품질기능전개 ② 동시공학 ③ 가치분석 ④ CAD

10. 열악한 도로환경에도 성능이 변하지 않는 타이어를 개발하려 할때 이와 관련되는 설계개념은 ? ( )
① 가치공학 ② 품질기능전개 ③ 모듈러 설계 ④ 로버스트 설계

제 I 부 생산·운영관리 입문

제1장 생산 · 운영관리 기초

제2장 생산전략

제3장 제품설계

제4장 서비스설계

제4장 서비스 설계

1. 서비스의 정의
2. 서비스의 틀
3. 서비스 전략
4. 서비스 상품의 설계
5. 고객 접촉도
6. 서비스 매트릭스
7. 서비스 전달시스템
8. 서비스 설계의 새로운 접근법

1. 서비스의 정의

1-1. 서비스란?

서비스를 정의함에 있어 흔히 제품의 유형성(Tangibility)과 대비 되는 무형성(Intangibility)을 강조 하지만 서비스의 가장 큰 특징은 생산과 소비가 동시에 발생된다는 것이며 그 이유는 다음과 같다.

① 서비스는 제품과는 달리 한 장소에서 생산되어 다른 장소로 수송될 수 없으며, 보관 될 수도 없다.

② 이러한 특징은 서비스의 생산과 소비의 동시성에 기인한다.

③ 서비스는 사회적 접촉으로서의 행위 및 상호작용으로 구성된다.

④ 서비스는 생산자와 고객간의 사회적 상호작용 이며 이때 상호작용은 반드시 생산 공정에 반영되어야 한다.

1-2. 서비스의 특징

(1) 무형성(intangibility)

서비스의 기본적인 특성은 형태가 없는 무형성이다.

- 서비스의 무형적 특징으로 인해 광고보다 사용경험자의 구전에 크게 비중 둠
- 불확실성을 줄이기 위해 물적 증거를 찾게 됨

※ 한 가지 주의할 점은 완전히 무형적이거나 완전히 유형적인 서비스는 존재하지 않는다는 것이며, 유형성이 제품과 서비스를 구분하는 중요한 기준이 될 수는 없음

(2) 비 분리성(inseparability)

서비스는 그 서비스 제공자가 사람이든 또는 기계이든 간에 제공자와 분리될 수 없다는 것을 의미

- 생산과 소비가 동시에 발생한다.
- 생산과정에 고객이 참여한다

(3) 이질성 (heterogeneity)

한 고객에 대한 서비스가 다른 고객에게는 다르게 제공될 수 있으며, 서비스는 100% 표준화될 수 없다는 한계가 있음 즉 서비스는 고객과의 상호작용과정에서 고객과 제공자에 따라 다양하게 나타남

(4) 소멸성(perishability)

서비스는 생산되는 즉시 소멸된다. 반면에, 제품은 재고로 보관이 가능하다. 영화는 서비스다. 영화 필름은 제품이고 상영하는 행위는 서비스다.

1-2. 서비스의 특징

구분	문제점	극복전략
무형성 (intangibility)	- 특허 등의 보호 불가능 - 진열, 설명이 곤란함 - 구매전 확인 불가능	- 유형의 단서 제공(유형화) - 긍정적 구전 활동 - 기업 이미지 관리
비 분리성 (inseparability)	- 생산과 소비의 동시성으로 서비스생산과정에 고객이 참여함 - 대량 생산이 곤란함	- 직원 선발, 교육에 집중 고객관리 철저 - 서비스 량의 분산
이질성 (heterogeneity)	- 표준화가 어려움 - 품질통제가 어려움	- 적절한 표준화와 개별화의 조화가 필요
소멸성 (perishability)	- 재고 보관이 곤란 - 구매직후 편익 소멸	- 수요와 공급의 조화, 시간대별 활인, 예약 대기관리, 순환직무, 파트타이머 활용

1-3. 제조와 서비스의 차이점

제 조	서 비 스
제품은 유형임.	서비스는 무형임.
구매시 소유권이 이전됨.	소유권은 이전되지 않음.
제품은 되팔 수 있음.	서비스는 되팔 수 없음.
구매 전에 제품을 보여줄 수 있음.	구매 전에 서비스는 존재하지 않음.
제품은 재고로 저장될 수 있음.	서비스는 재고로 저장될 수 없음.

1-3. 제조와 서비스의 차이점(계속)

제 조	서 비 스
생산은 소비에 앞서 이루어짐.	생산과 소비가 동시에 일어남.
생산과 소비는 공간적으로 분리가 가능함.	생산과 소비는 같은 장소에서 일어남.
제품은 운송될 수 있음.	서비스는 운송될 수 없음 (다만 서비스 생산자가 고객에게 이동하여 서비스를 제공할 수는 있음).
판매자가 생산함.	구매자가 생산과정에 직접 참여하며, 생산의 일부를 수행할 수 있음.
기업과 고객간 간접적인 접촉	대부분 직접 접촉이 필요함.
제품은 수출될 수 있음.	서비스는 정상적으로는 수출될 수 없음. 하지만 서비스전달시스템(금융회사, 법률회사, 컨설팅회사 등)은 수출될 수 있음.
판매와 생산을 기능적으로 분리하여 조직할 수 있음.	판매와 생산은 기능적으로 분리될 수 없음.

2. 서비스의 분석 틀

2-1. 서비스 삼각형

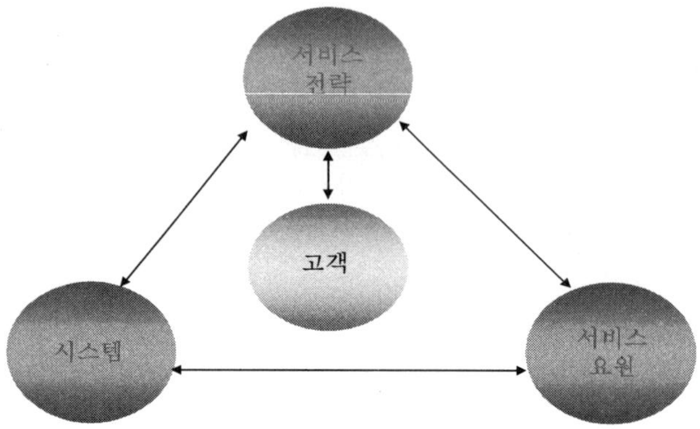

▶ 마케팅 믹스 4P : Product, Pricing, Place, Promotion
① 참여자(Participants)
② 서비스 제공과정(Process of service assembly)
③ 서비스 과업환경(Physical evidence)

2-2. 서비스 사이클

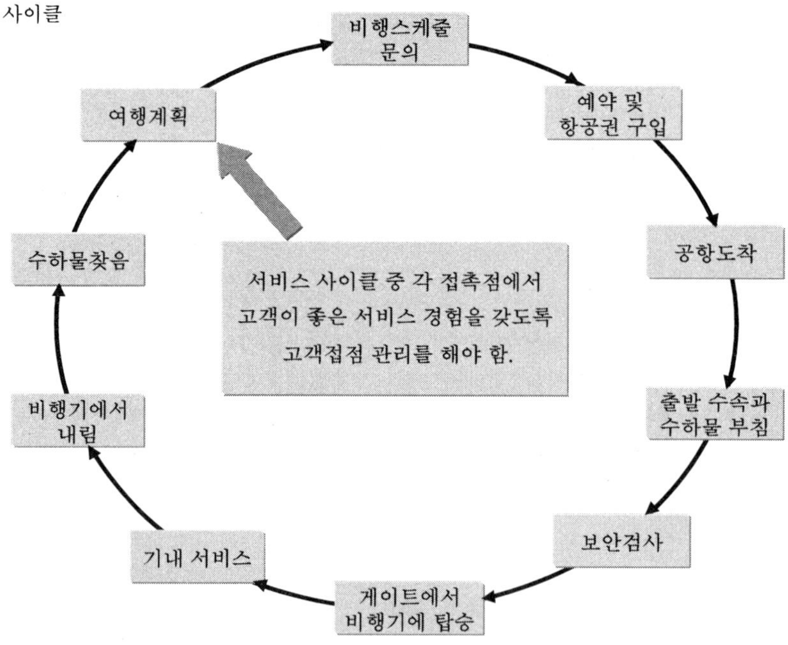

3. 서비스전략

3-1. 서비스 전략 변수

(1) 서비스 전략이란?

서비스 업체가 경쟁할 요소 즉, 경쟁 우선 순위를 정하는 것

※ 본원적 3가지 경쟁 전략 : 저원가 선도전략, 차별화 전략, 집중화 전략

(2) 서비스 산업의 경쟁우위 변수

① 친절성 : 친절한 고객 접대

② 신속성과 편의성 : 신속하고 편안한 서비스 제공

③ 가격/원가 : 저렴한 서비스의 가격

④ 다양성/유연성 : 다양한 서비스와 서비스의 유연성

⑤ 품질 : 양질의 서비스와 서비스에 수반되는 유형재의 품질

⑥ 독특한 기량이나 장치 : 경쟁자와 차별되는 독특한 서비스 제공하는 기량 (예 : 심장수술 →세종병원)

3-2. 서비스 전략

- 서비스전략에서는 제공할 서비스의 종류 및 유형과 경쟁 우위의 성취방안이 제시되어야 함.
- 맥도널드 햄버거社의 서비스전략

▶ 일정한 품질의 패스트푸드를 값싸게 신속하게 제공한다

3-3. 서비스기업의 경쟁우선순위

- 고객에 대한 대우(친절, 정성 등)
- 서비스전달의 신속과 편의
- 서비스의 가격
- 서비스의 다양성
- 서비스에 수반되는 또는 핵심적인 재화의 품질
- 서비스를 구성하는 기술의 유일성

3-4서비스 전략 방법

► 서비스는 대개 소비시점에서 소비자에게 직접 제공되므로 서비스 참여자, 즉 고객과 서비스 요원의 행위는 서비스 시스템의 효율과 직결

► 서비스는 고객의 욕구와 일치되며, 그를 만족시킬 수 있어야 한다

① 고접촉 서비스와 저접촉 서비스의 믹스

► R>B. Chase 서비스 제공중 고객의 접촉에 따라 고접촉 (high contact) 서비스와 저접촉 (low contact)서비스로 분류

◈ 고객접촉 방법

- 고접촉 : Ⓐ 서비스의 설계과정, 고객화 과정에 고객이 직접 참여하는 경우
예) 양복 맞춤 / 주택건설의뢰
Ⓑ 서비스 제공과정에서 고객 접촉이 발생하는 경우, 예) 미용실에서 머리미용

- 공정의 유연성 높음, 능률 낮음, →공정의 표준화가 곤란

- 서비스 요원의 자질향상과 동기부여 중시 → 인간중심 서비스

저접촉 : 패스트 후드, 자판기처럼 고객의 접촉이 낮음

- 공정의 유연성 낮음, 표준화와 능률 지향 →고객이 공정 참여불가

- 서비스 시설의 개발과 기술개선 중시 → 장비중심 서비스

② 서비스 대상과 서비스 행위에 따른 서비스 유형별 믹스

Lovelock는 서비스 행위 본질 → 서비스 대상 대인/대물, 행위 → 유,무형

Ⓐ 유형적 대인 서비스 : 신체에 대한 유형적 서비스 , 예) 물리치료, 미용, 수영장, 식당

Ⓑ 무형적 대인 서비스 : 정신에 대한 무형적 서비스, 예) 교육, 방송, 연극, 무형적 서비스

Ⓒ 유형적 대물 서비스 : 사물에 대한 유형적 서비스, 예) 세탁, 화물운송, 빌딩 및 TV 수리

Ⓓ 무형적 대물 서비스 : 소유 재산에 대한 무형적 서비스
예) 금융, 보험, 법률, 회계서비스

③ 고객 접촉도와 노동 집약도에 따른 서비스 유형별 믹스

R.W.Schmenner는 고객접촉과 고객화의 정도와 노동집약도를 4가지 유형의 매트릭스를 제시

예) 미용실에서 머리미용

- 공정의 유연성 높음, 능률 낮음, →공정의 표준화가 곤란

- 서비스 요원의 자질향상과 동기부여 중시 → 인간중심 서비스

④ 고객접촉도 · 고객화정도 · 노동집약에 따른 서비스 유형별 믹스

Haywood-Farmer는 고객의 접촉도, 서비스고객화의 정도, 노동집약도를 각각의 축으로 하는 3차원적 서비스 유형제시

▶ 3차원적 서비스 분류방식은 서비스 전략을 창출하는데 부가적인 지침으로 이용되며, 전략변수는 인적자원, 시설, 공정기술, 공급업자 등이 됨

⑤ 고객접촉도 고 → 인적 자원에 대한 투자와 관리가 필요하며, 노동력이 많이 소요되지 않는 서비스 → 물적시설, 공정기술 개선

Ⓑ 고객화 정도 고 → 서비스혹은 서비스공정은 고객의 욕구에 맞도록 설계

3-5. 고객접촉도 · 고객화정도 · 노동집약에 따른 서비스 유형별 믹스

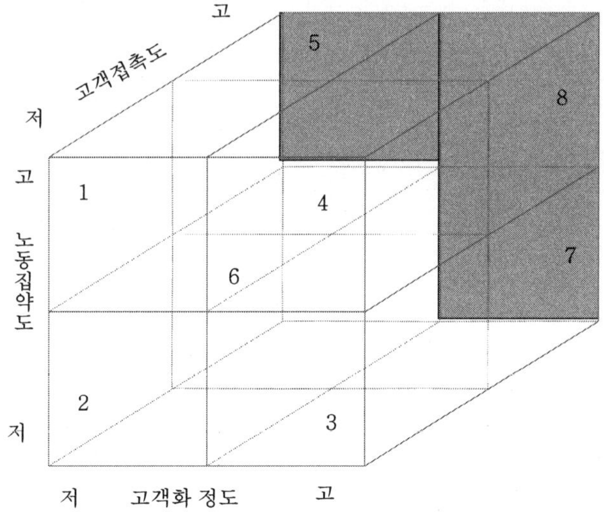

서비스 사업의 분류 예
1. 강의교육, 우편서비스
2. 전기, 가스공급,물품 운송
3. 주식중개업, 법률서비스
4. 수리서비스, 도 소매업
5. 간이식품점, 마당극
6. 컴퓨터에 의한 교육, 대중교통
7. 전세서비스, 병원
8. 설계서비스, 자문서비스

◆ 서비스 유형별 경쟁우위요소

(노동집약도: 고 — 저)

Ⓐ 대량 서비스(mass service) 예) 우편배달, 세탁소, 연극, 학교강의 소매점 [경쟁우위요소] 가격/비용, 확실성/신뢰성	Ⓒ 전문 서비스(Professional service 예) 의사, 변호사, 회계사, 물리치료사. 설계사 [경쟁우위요소] 품질, 유연성, 확실성/신뢰성
Ⓑ 서비스공장(Service Factory) 예) 항공사, 호텔,놀이터(대공원) 공장 [경쟁우위요소] 가격/비용, 품질, 확실성/신뢰성	Ⓓ 서비스 전문화 예) 병원, 전세버스, 치과, 설계사 [경쟁우위요소] 유연성, 품질, 시간

저 ——— 고접촉도 및 고객화의 정도 ——— 고

3-6. 세계적인 서비스기업의 우선적인 경쟁수단

경쟁수단 / 기 업	고객 대우	속도 /편의	가격	다양성	유일한 기술/ 유형재화의 품질
Federal Express Corporation	X	X			
Merrill Lynch & Company		X		X	
Wal-Mart Stores	X		X	X	
Price Club			X		
Disneyland	X				X
American Express Company	X	X			
McDonald's Corporation		X	X		
Domino's Pizza		X	X		
Marriott Corporation	X				
American Airlines		X		X	
Singapore Airlines	X				

자료 : R.B. Chase & N.J. Aquilano, Production and Operation Management, 7th ed(1995)

3-7. 서비스 전략의 개발

차별적인 서비스의 개발 → 전략적 서비스의 비전(strategic service vision)

① *누가 우리의 고객인가?*

목표시장의 인식 → 표적시장의 특징과 중요성, 고객의 요구 분석

② *시장에서 우리들의 서비스를 어떻게 차별화 할 것 인가?*

서비스 컨셉의 개발 → 고객에게 제공할 서비스, 고객인식, 설계, 마케팅 규명

③ *우리들의 서비스 패키지와 서비스 운영상의 초점은 무엇인가?*

운영전략 → 생산, 재무, 마케팅, 인적자원 등의 기능을 분석

④ *실제 서비스를 제공하는 공정 및 시설은 무엇인가?*

서비스 제공시스템의 설계 → 경쟁자로부터 서비스 차별화

3-8. 서비스 전략의 구현

전략적 서비스의 기본 요소 → 목표시장, 서비스 컨셉, 운영전략, 서비스 제공 시스템

(1) 서비스 비전의 구현과정

① 목표시장(고객)의 선정 → 고객의 요구에 부합되고 경쟁적 우위를 확보할 수 있는 명확한 서비스 개념에 따라 표적이 되는 고객 선정

② 목표 고객의 니즈에 부합하는 서비스 컨셉 → 소비자들이 다수의 서비스 대안에 직면할 경우 기존에 형성된 서비스 컨셉에 대한 이미지는 평가 및 선택에 영향 줌

③ 서비스 개념을 실행하는 효율적인 운영전략 → 기업의 노력을 집중해야 하는 부문을 선정 집중적으로 관리하는 전략 수립

④ 차별적인 서비스 제공시스템의 구축 → 서비스 요원과 고객들의 만남이 이루어지는 공간은 고객 만족에 큰 영향을 줌

► 서비스의 제공은 무형의 서비스를 제공하는 것으로 소비자에게 신뢰감을 주어야 하며, 소비자에게 눈으로 확인할 수 있는 기회를 제공하는 것은 전략적으로 의미가 큼

서비스 비전의 구현과정

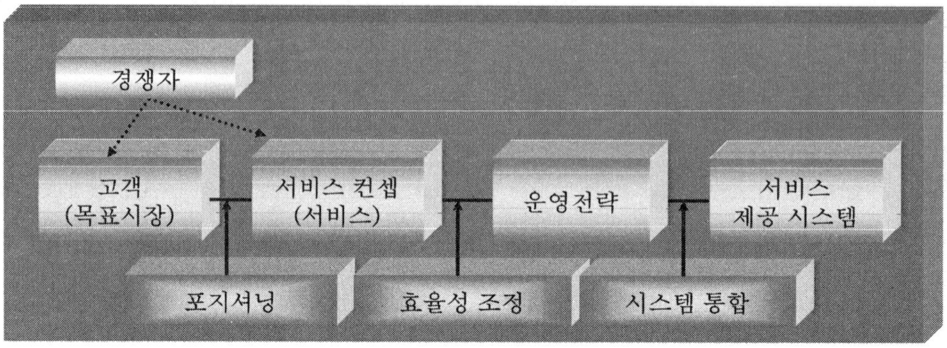

① 목표시장을 선정한 다음에는 잠재 고객들의 요구 파악을 통한 포지셔닝 과정 수행

② 고객 서비스의 지각된 가치가 실제 가치보다 크게 나타나게 함으로써 충분한 대가를 지불할 수 있도록 하는 것이 중요

③ 목표시장과 서비스 개념의 실현은 효율적인 운영전략과 서비스 제공시스템 지원이 됨

(2) 서비스 접점에서의 고객만족 추구

▶ 서비스 접점(service encounter) : 서비스 조직이 설정한 환경 내에서 서비스 과정을 통한 서비스 종사원과 고객 사이를 통제하는 삼각관계

서비스 접점의 3자 관계

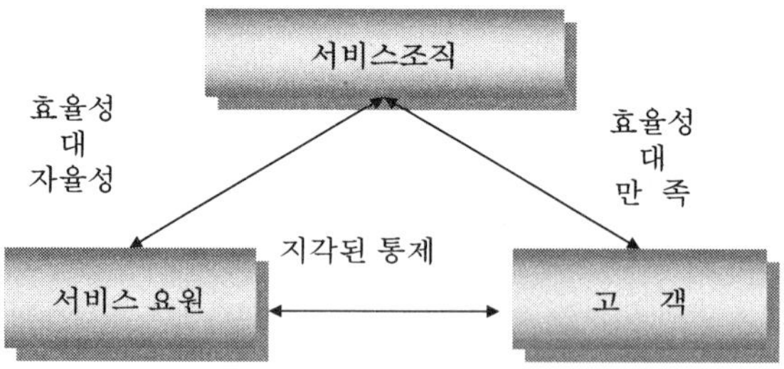

▶ 서비스 조직은 고객의 요구나 기대를 충족할 수 있도록 구성원들에게 보다 많은 자율성을 갖도록 권한을 부여

(3) 마케팅과 운영기능의 통합

▶ 서비스전략 : 생산기능과 마케팅 기능의 통합 필요 → 서비스의 경쟁우위를 달성하기 위해 서비스 마케팅과 서비스 운영활동을 종합적으로 전개하여 고객의 기대를 충족 시킬 필요가 있음

서비스 성과 측정 모델

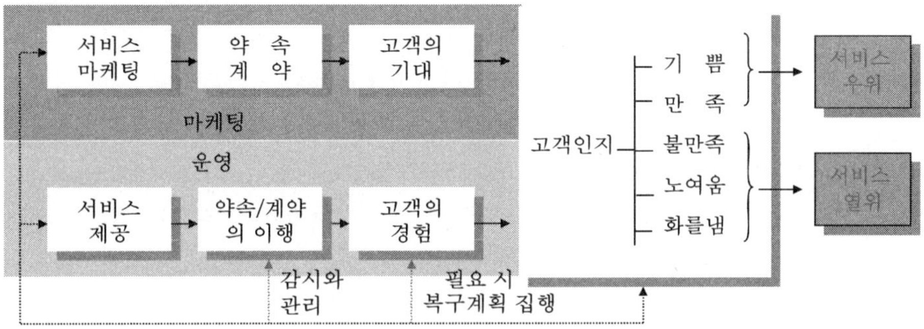

[그림 4.1] 서비스의 측정 / 감시 / 복구 과정

(4) 제조부문의 전략개념 적용

① 서비스 기업 : 집중화를 위해 제조업의 PWP(Plant-Within-Plant) 전략을 사용

② 서비스 분야에서 전사적인 서비스 경쟁을 하려면 차별적인 서비스 경쟁력이 필요

③ 모든 서비스는 고객만족을 위해 제공된다는 점에서 볼 때 서비스 전략은 고객 중심이어야 함

④ 서비스 제공자와 고객과의 접촉이 잦은 고 접촉에서는 고객의 요구나 필요에 맞추어 고객화 된 공정중심 전략이 필요

⑤ 고객과의 직접적인 대면이 적은 저 접촉 부서에서는 표준화된 대량의 서비스 제공 선호

서비스 전략 구현을 위한 질문사항

① 현행서비스시스템은 어떠한 유형인가 ?

고객과의 접촉 방식 → 고접촉 시스템인가, 저접촉 시스템인가 ?

② 현행 구조와 운영 절차는 잘 부합되는가 ?

구성원의 보수 결정 → 고접촉 시스템 생산량, 저접촉 시스템 시간 기준

③ 불필요한 고객서비스를 줄이기 위해 서비스 운영방식을 재 정비할 수 있는가 ?

고급 서비스요원이 저접촉 서비스에 종사 → 직무 전환 실시

④ 저접촉 서비스운영은 효율성 면에서 경쟁우위가 있는가 ?

제조업에서 사용되는 예측, 일정관리와 같은 수법 → 원용 여부 분석

⑤ 고객과의 접촉을 높여 서비스를 향상시킬 수 있는지 ?

피크타임에 종업원의 증원, 근무시간 연장 → 고객의 접촉 높이고, 서비스 요원의 부가가치 활동에 치중

⑥ 시설비용을 절감하기 위한 서비스운영시스템의 재배치가 가능한가 ?

각각의 시설을 한곳으로 집중화 → 대규모의 설비화가 필요

4. 서비스 상품의 설계

4-1. 서비스에 대한 고객의 기대

① 고객의 기대를 이해하는 것은 최고의 서비스를 제공하는 필수 조건

▶ 파라슈라만은 고객의 기대를 올바로 이해하는 것이 최고의 서비스를 제공하는 필수 조건임을 명시

② 고객들은 기본적으로 서비스를 기대

▶ 고객의 기대에 중요한 영향을 미치는 것은 가격

③ 서비스 과정은 고객의 기대를 뛰어 넘는 열쇠

▶ 품질특성 중에 신뢰성은 서비스의 결과에 그리고 유형성, 반응성, 확신성, 감정이입 등은 고객의 서비스 과정에 영향을 줌

(1) 서비스 꾸러미(service package)

- 대부분의 서비스는 무형의 서비스와 유형의 재화의 묶음, 즉 서비스 꾸러미로 제공됨.
- 서비스 꾸러미의 구성
  · 물리적 항목 또는 촉진재화
  · 감각적 혜택 또는 명시적 서비스
  · 심리적 혜택 또는 내재적 서비스
- 레스토랑의 예
  · 물리적 항목 : 설비, 음식, 음료, 냅킨(napkin) 등
  · 감각적 혜택 : 맛, 웨이터 서비스, 음식의 냄새 등
  · 심리적 혜택 : 안락감, 지위감, 편안함 등

(2) 서비스 표준

- 서비스의 표준은 종업원 훈련, 품질관리, 경영성과의 측정에 사용될 수 있도록 서비스 꾸러미의 각 속성에 대해 구체적이고 측정 가능하도록 정의되어야 함.

(3) 서비스 보증

- 서비스 보증이란 고객이 제공된 서비스에 만족하지 못하면 환불해 주는 것을 말함.
- 택배업의 경우 서비스 보증의 예
  · 내일 오전 10시까지 배달이 되지 않으면 환불을 해 준다

4-2 서비스 설계에서 고려할 사항

(1) 서비스 특성이 제품과 다른 서비스 설계시 고려 요소

① 서비스 설계시에는 무형적인 요소에 초점을 맞춤

② 서비스 제공시 오류가 적게 발생할 수 있도록 서비스 과정을 설계하고 서비스 요원들을 교육, 훈련시키며 고객 관계에 유념

③ 서비스는 저장할 수 없으므로 수요에 대비한 서비스 능력확보

④ 고객측에서 볼 때 서비스는 가시적임

⑤ 서비스 설계를 할 때 경쟁자가 어떤 서비스를 제공하는가를 지속적으로 인지해서 설계에 반영

⑥ 위치(입지)는 편의점에서와 같이 서비스설계에서도 주요한 고려사항 임

4-3 서비스의 개발

(1) 개발 및 설계과정

Ⓐ 아이디어 창출, Ⓑ 개발대상(서비스)의 선정, Ⓒ 예비설계,

Ⓓ 서비스 내용 및 과정의 수정, Ⓔ 최종 설계

▶ 서비스는 무형으로 개발과정에서의 평가나, 판단이 곤란하며 서비스의 설계와 과정의 설계가 함께 이루어짐

(2) 개발단계에서의 고려사항

Ⓐ 제공할 서비스의 내용과 범위의 결정

Ⓑ 시장상황 조사와 분석을 통한 새로운 서비스 개발기회 탐색

Ⓒ 기존 상품(서비스)의 재설계 기회 포착

Ⓓ 부적절한 서비스의 폐기

(3) 서비스 개발의 방법

▶ 쇼스택은 서비스산업에서 서비스 문제를 사전에 발견하고 새로운 시장기회를 포착하는 일종의 흐름도표인 서비스 청사진을 통한 서비스 개발 기법을 제시

4-4. 서비스 과정의 설계

(1) 서비스 과정 설계시 고려사항

① 고접촉 서비스에서는 고객의 심리적 측면을 고려한 서비스 과정의 설계가 중요

② 고접촉 서비스의 경우 다양한 고객의 요구를 수용해야 되나, 효율적인 서비스활동을 위해서 서비스의 다양성을 줄이는 것도 중요

▶ 서비스 과정 설계시 고려하여야 할 대책

Ⓐ 수요조절을 위해 예약제도를 활용

Ⓑ 예약제도 적용 곤란시 서비스인원 보강 혹은 서비스 집중관리

Ⓒ 정예 요원을 양성하여 고객수요에 대응

Ⓓ 최대부하에 맞춰 서비스과정을 설계, 수요가 부족시 2차 기능을 수행

Ⓔ 요구되는 서비스 유형별로 고객을 세분화

Ⓕ 일상적인 서비스는 고객 스스로 해결토록 유도

(2) 서비스 청사진에 의한 설계과정

▶ 쇼스텍은 흐름도표의 일종인 서비스 청사진으로 서비스과정을 설계하는 체계적인 접근 방법을 제시

▶ 구두닭이 청사진을 작성하는 단계

Ⓐ 수요자의 과정을 구분한다.

Ⓑ 실패를 구분하여 제시한다.

Ⓒ 서비스과정에 소요되는 표준시간을 정한다.

Ⓓ 수익성을 분석한다.

서비스 청사진에서는 可視線(Line of visibility)을 이용하여 서비스 접점에 가담하는 일선 인원과 가담치 않는 후선 인원을 구분하고 잠재적인 실패 점을 제시하여 실패 예상지점을 사전에 식별하여 실패나 오류를 예방하고 대책을 강구하도록 한 점이 특징적이다.

5. 고객 접촉도

5-1. 고객 접촉도의 정의

- 고객 접촉도(Degree of customer contact)란 서비스 생산시간 중 고객과 직접 접촉하는 시간의 비율을 말함.

• $\text{고객 접촉도(\%)} = \dfrac{\text{고객이 시스템내에 머무는 시간}}{\text{서비스 창출에 소요되는 총시간}} \times 100(\%)$

- 서비스 생산의 효율성을 높이기 위해서는 높은 접촉의 서비스와 낮은 접촉의 서비스를 분리하는 것이 바람직하다.
- 고객 접촉도에 따른 서비스의 특징
  - ▪ 고객의 접촉도 낮음 → 서비스 좋아짐
  - ▪ 고객의 접촉도 높음 → 종업원 접촉 많음
  - ▪ 고객의 접촉도 낮게 유지하는 것이 좋음

5-2. 고객 접촉도와 서비스 생산의 효율성

- 고객 접촉도가 높을수록 서비스시스템과 고객사이의 상호 작용은 커지게 되고 이에 따라 불확실성도 커짐 ; 따라서 고객 접촉도가 높을수록 생산공정의 통제와 합리화가 어려움.
- 고객 접촉도가 낮을수록 고객으로 인한 불확실성이 낮아 지므로 서비스 생산공정을 보다 효율적으로 설계할 수 있음.
- 서비스 생산의 효율성을 향상시키기 위해서는 높은 접촉의 서비스와 낮은 접촉의 서비스는 분리하는 것이 바람직함 (예 : 맥도널드, 은행).
- 서비스 생산에서 비효율은 고객접촉 그 자체가 아니라 고객이 야기하는 불확실성에서 비롯되므로 서비스 설계에 중요한 고려요인은 불확실성을 수반하는 고객접촉임.

5-3. 낮은 접촉시스템과 높은 접촉시스템의 특징

① 낮은 접촉시스템은 대면 접촉이 요구되지 않거나, 고객이 이를 바라지 않을 때, 또는 정보의 신속한 교환이 필요하지 않을 때 사용된다. 이에 비해 높은 접촉시스템은 변화하고, 불확실하고, 다양한 고객의 요구에 반응하는데 이상적이다.

② 일반적으로 낮은 접촉시스템은 효율성을 위한 기술적 능력을 갖춘 종업원을 원한다.반면에 높은 접촉시스템은 대인관계 능력이 좋은 종업원, 즉 인간적이고, 유연하고, 고객 지향적인 종업원을 요구한다.

③ 높은 접촉시스템은 수요가 일어나는 즉시 반응해야 한다. 따라서 높은 접촉시스템은 피크수요(Peak demand)를 수용할 수 있어야 한다.

④ 일반적으로 높은 접촉시스템은 높은 가격을 요구하고, 보다 고객화된 서비스를 제공한다.

5-4. 낮은 접촉시스템과 높은 접촉시스템의 특징

낮은 접촉시스템	높은 접촉시스템
대면접촉이 요구되지 않거나, 고객이 이를 바라지 않을 때, 또는 정보의 신속한 교환이 필요하지 않을 때 사용(예 : 통신판매, 인터넷 쇼핑, 인터넷 뱅킹 등)	변화하고, 불확실하고, 다양한 고객의 요구에 반응하는 데 이상적임
효율성을 위한 기술적 능력을 갖춘 종업원을 요구	대인관계능력이 좋은 종업원 즉, 인간적이고, 유연하고, 고객 지향적인 종업원을 요구
수요가 일어나는 즉시 반응해야 하므로 피크 수요를 수용할 수 있어야 함.	수요를 평준화할 수 있고, 작업흐름이 원활하도록 보다 효율적으로 계획을 세울 수 있음.
보다 낮은 가격으로 보다 표준화된 서비스를 제공	높은 가격을 요구하고, 보다 고객화된 서비스를 제공

6. 서비스 매트릭스

6-1. 서비스의 분류기준

- 노동/자본집약도
- 고객과의 상호작용/고객화

6-2. 노동/자본집약도

- 항공사, 호텔, 병원 등은 자본집약도가 높음.
- 컨설팅 비즈니스, 여행사, 전문직(의사, 변호사, 회계사, 건축사), 미용실 등은 노동집약도가 높음.

6-3. 고객과의 상호작용/고객화

- 의사와 변호사는 고객과의 상호작용 및 고객화가 모두 높음.
- 패스트푸드 서비스는 고객접촉도는 높지만 고객화와 상호작용은 낮음.
- 재보험회사는 상호작용은 낮지만 고객화는 높음.
- 비즈니스 여행만 취급하는 여행사는 고객화는 낮지만 상호작용은 높음.

6-4. 서비스 매트릭스(service matrix)

		상호작용과 고객화의 정도: 낮음	상호작용과 고객화의 정도: 높음
노동집약도	낮음	서비스공장 : - 항공사 - 운수회사 - 호 텔 - 리조트(resort)와 오락산업	서비스 숍 : - 병 원 - 자동차 수리 - 기타 수리 서비스
노동집약도	높음	대량 서비스 : - 소매업 - 도매업 - 학 교 - 소매금융	전문 서비스 : - 의 사 - 변호사 - 회계사 - 건축사

6-5. 서비스의 유형에 따른 생산관리의 과업

- 고도로 자본집약적인 서비스
  - · 기술에의 정통
  - · 올바른 자본의사결정
  - · 피크를 피하기 위한 수요관리
  - · 고가의 생산능력을 충분히 활용할 수 있는 세심한 일정계획
- 노동집약도가 높은 서비스
  - · 대규모 종업원에 대한 세심한 관리
- 고도로 고객화된 서비스
  - · 원가통제
  - · 품질유지
  - · 고객의 개입 통제
  - · 숙련노동력의 이직 방지
- 고도로 표준화된 서비스
  - · 단순작업을 수행하는 종업원에 대한 동기 유발
  - · 표준절차의 유지

7. 서비스 전달시스템

7-1. 서비스 전달시스템의 5가지 구성요소

- 기　　술 : 자동화의 정도, 장비, 수직적 통합의 정도
- 공정흐름 : 서비스의 생산 절차
- 공정유형 : 고객접촉의 정도, 고객화와 통합의 정도
- 입지와 크기 : 서비스설비의 입지와 크기
- 노 동 력 : 숙련도, 조직의 유형, 보상시스템, 종업원 참여의 정도

7-2. 5가지 구성요소 역할

고객접촉도, 고객화 및 상호작용의 정도에 따라 선택, 설계되어야 하며, 또한 서비스전략 및 서비스 상품의 설계와도 부합되어야 함.

8. 서비스설계의 새로운 접근법

8-1. 생산라인적 접근법(Production line approach)

- 서비스를 표준화하고 서비스공정을 제조공정과 같이 생각함으로써 보다 서비스를 효율적으로 전달하자는 개념
- 맥도널드 햄버거사에 의해 처음으로 개발

8-2. 셀프-서비스 접근법(Self-service approach)

- 서비스의 생산에 고객이 보다 큰 역할을 담당하게 함으로써 서비스공정을 향상시킬 수 있다는 개념
- 예 : 은행의 ATM, 셀프-서비스 주유소

8-3. 고객대응 접근법(Personal attitude approach)

- 업종별로 차이가 있으며, 경우에 따라서는 특정한 고객에 대한 서비스의 내용과 제공과정이 다를 수 있다는 점에서 제시된 접근 방법

8-4. 고객접촉도 접근법(customer contact approach)

- 저 접촉서비스에서는 생산라인 접근방식을 도입하고, 고 접촉서비스에서는 고객참여나 고객응대 접근방식으로 설계

[제4장 연습문제]　　학년 :　　　　학번 :　　　　　　성명 :

I. 서술형

1. 제조와 서비스의 차이점을 설명하여라.

2. 서비스 산업의 경쟁우위 변수에 대해서 설명하여라.

3. 서비스 비전의 구현과정을 단계별 설명하여라.

4. 서비스 성과측정 모델에 대해서 설명하여라.

5. 서비스 설계에서 고려사항에 대하여 설명하여라.

6. 서비스 과정 설계시 고려하여야 할 대책은 무엇이 있는가.

절 취 선

II. 진위형

1. 서비스는 재고로 저장될 수 없다. (　　)
2. 서비스 사이클에서 진실의 순간이란 고객이 서비스 기업의 종업원과 접촉하는 순간을 말한다. (　　)
3. 서비스 생산의 효율성을 높이기 위해서는 높은 접촉의 서비스와 낮은 접촉의 서비스는 분리하는 것이 바람직하다. (　　)
4. 서비스의 생산에서 비효율은 고객접촉이 아니라 고객이 야기하는 불확실성에서 비롯된다. (　　)
5. 높은 접촉시스템은 표준화되어 있는 고객의 요구에 반응하는 데 이상적이다. (　　)
6. 맥도널드와 같은 패스트푸드점은 고객접촉도는 높지만, 고객화와 상호작용은 낮다. (　　)
7. 서비스의 유형에서 서비스공장은 노동집약도는 높지만 상호작용/고객화의 정도는 낮다. (　　)
8. 서비스의 유형에서 대량서비스는 노동집약도는 높으나 상호작용/고객화의 정도는 낮다. (　　)
9. 서비스 설계의 생산라인적 접근법에서는 생산에 고객이 보다 큰 역할을 담당하게 한다. (　　)
10. 서비스 설계에 있어서 셀프-서비스 접근법을 사용하면, 서비스의 가격을 낮출 수 있다. (　　)
11. 서비스보증(service guarantee)이란 서비스 실패가 일어났을 때 재빨리 보상할 수 있는 능력을 말하며, 가능하다면 고객이 원하는 서비스로 바꿔서 제공하는 것을 의미한다. (　　)

III. 선다형

1. 서비스의 일반적인 특징이 아닌 것은? ( )
① 생산과 소비가 동시에 일어난다. ② 재판매는 불가능하다.
③ 생산과 판매는 기능적으로 분리될 수 없다. ④ 생산과 소비는 공간적으로 분리될 수 있다.

2. 서비스 삼각형의 4요소는? ( )
① 고객, 사람, 전략, 시스템 ② 고객, 절차, 종업원, 시스템
③ 촉진재화, 절차, 종업원, 시스템 ④ 촉진재화, 사람, 전략, 시스템

3. 서비스 꾸러미의 구성요소는? ( )
① 촉진재화, 명시적 서비스, 감각적 혜택 ② 물리적 항목, 심리적 혜택, 내재적 서비스
③ 심리적 혜택, 내재적 서비스, 명시적 서비스 ④ 촉진재화, 명시적 서비스, 내재적 서비스

4. 낮은 접촉 서비스시스템의 특징은? ( )
① 낮은 가격으로 보다 표준화된 서비스를 제공한다.
② 인간적이고, 유연하고, 고객 지향적인 종업원을 요구한다.
③ 피크 수요를 수용할 수 있어야 한다.
④ ①과 ② 모두

5. 서비스 매트릭스에서 서비스의 분류기준은? ( )
① 고객접촉도 ② 노동집약도와 상호작용/고객화
③ 자본집약도와 노동집약도 ④ 고객화와 고객접촉도

6. 서비스 전달시스템의 구성요소가 아닌 것은? ( )
① 기술 ② 공정흐름 ③ 자본 ④ 노동력

7. 서비스 보증에 관한 설명 중 옳은 것은? ( )
① 서비스에 대한 것외에는 제품보증과 마찬가지이다.
② 서비스 시스템은 서비스 보증을 반드시 구체적으로 명시해야 한다.
③ 고객충성도를 높인다
④ ①, ②, ③ 모두

8. 서비스에 관한 설명 중 틀린 것은? ( )
① 서비스는 생산과 소비가 동시에 일어난다.
② 서비스는 무형의 서비스와 유형의 재화의 묶음으로 제공된다.
③ 서비스 전달시스템은 반드시 인간적인 요소를 중심으로 설계되어야 한다.
④ 일반적으로 낮은 접촉의 서비스는 높은 접촉의 서비스에 비해 보다 효율적으로 생산될 수 있다.

9. 서비스의 생산라인적 접근법의 예에 속하지 않는 것은? ( )
① 패스트푸드 체인점 ② 방송 강의 ③ 자동차의 손 세차 ④ 자동 세차장

10. 서비스 설계의 셀프-서비스 접근법의 예에 속하지 않는 것은? ( )
① 부페식당 ② 은행의 ATM ③ 은행 창구업무 ④ 운전자 주유

제Ⅱ부 노동인력관리

제5장 작업측정

제6장 직무분석

제7장 직무설계

제5장 작업측정

1. 작업측정의 목적
2. 작업측정기법의 유형
3. 학습곡선

1. 작업측정의 목적

1-1. 작업측정 (Work measurement) 이란 ?

- 생산시간이나 생산량의 표준 설정(작업 표준을 설정하는 것)
- 작업표준 : 작업자가 달성해야 할 작업량의 기준이며, 생산목표로서 생산활동을 계획, 통제, 평가하는 기준

■ 생산표준의 표현 방법

- 산출물의 단위당 소요시간 또는 단위시간당 산출량
- 직무가 산출물의 단위로 나타낼 수 없는 과업이나 활동인 경우에는 표준은 그 과업이나 활동을 완수하는 데 소요되는 시간으로 정의

1-2. 작업측정의 목적

- 작업자의 성과 평가
- 생산가능량의 결정
- 작업방법의 비교
- 임금 인센티브의 설정
- 필요한 노동력의 계획
- 제품의 원가나 가격의 결정
- 일정계획의 수립

작업표준과 시간추정의 용도

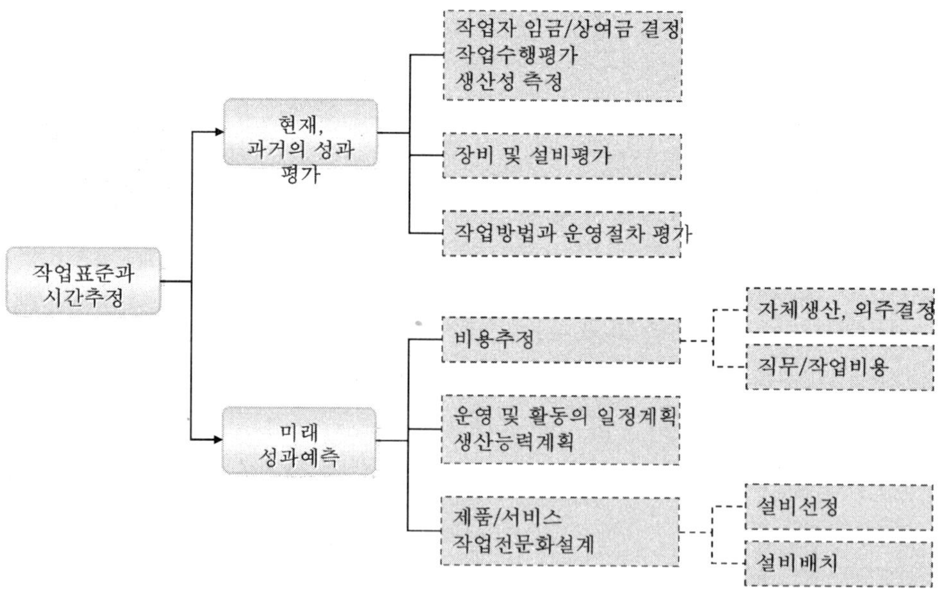

출처 : Ray Wild, Operations Management with CD-ROM, 6th ed., Thomsons Learning, 2003, p.181

1-3.작업 측정(표준시간설정을 위한 연구)

(1) 표준시간 (ST ; Standard Time)

- 보통의 숙련도를 가진 작업자가
- 규정의 작업조건하에서
- 정해진 작업방법으로 (표준작업 방법)
- 정상 pace로 작업하여
- 규정된 질과 양의 제품을 만들 때 소요되는 시간

(2) 표준시간의 목적

- 관리의 목표로 평가의 척도로 가장 중요한 database

(3) 표준시간의 용도

① 소요 일정 추산
- 일정계획 및 공정관리에의 응용
- 설비 및 인원증원계획에의 응용
- 제조/구매 의사 결정에의 응용

② 노무비 추정 (공수 견적)
- 표준원가 산정 및 관리
- 입찰가 산정
- 예산편성 및 관리

③ 작업 수행도 측정
- 생산성 측정
- 성과급 제도

(4) 표준시간의 구성

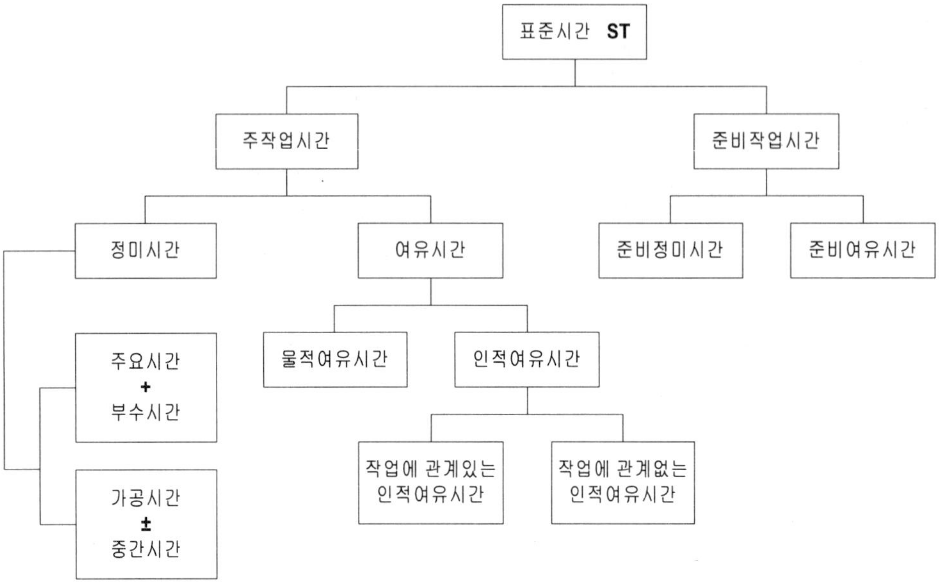

■ 표준시간의 구성 요소

① 준비, 마무리 시간
- 보통 1로트 작업에 1회 발생하는 준비, 마무리 작업

② 주작업
- 생산에 직접 기여하는 작업 (가공, 절삭, 조립, 분해 등)

③ 부수작업
- 간접적으로 생산에 기여하는 작업 (재료청소, 제품청소)

■ 표준시간 설정 절차

① 직원의 이해와 협조를 구하며, 대상 작업자를 선정하여 시간연구의 내용을 설명한다.

② 대상작업을 관찰하여 작업개선을 추구한다.

③ 작업을 요소작업으로 분할하여 기록한다.

④ 작업을 실제로 관측하여, 시간치를 관측지에 기록한다.

⑤ 관측회수가 충분한지 검사한다.

⑥ 작업수행도를 평가(rating)한다.

⑦ 요소작업별 평균시간치를 구한 후 평가계수를 사용하여 정미시간(Normal Time)을 구한다.

⑧ 여유율(Allowance)을 결정하여 표준시간을 결정한다.

2. 작업측정 기법의 유형

2-1. 작업측정 기법의 유형→ 표준시간 설정

(1) 시간연구법(time study)

(2) 기정시간표준법(PTS법 : predetermined time standards)

(3) 표준자료법(standard data)

(4) 역사적 자료법(historical data)

(5) 워크 샘플링법(work sampling)

■ 5가지 기법 중 (1), (2), (3)기법은 주로 직접노동의 연구에, 그리고 나머지 (4), (5)기법은 간접노동의 연구에 사용

(1) 시간연구법

■ 시간연구법에서는 스톱워치나 또는 다른 계시기구를 이용하여 주어진 과업에 소요되는 시간을 결정

■ 시간연구법의 단계

① 직무를 요소작업으로 나눈 다음, 여러 주기에 걸쳐 스톱워치로 각 요소작업에 소요되는 시간을 측정·기록

② 각 요소작업에 대한 평정(rating) 결정

③ 각 요소작업마다 관찰된 시간의 평균치에 평정계수를 곱하여 정상시간 산출

(예 : 관찰된 평균시간이 1분이고 평정계수가 120이라면 정상시간은 1.2분)

$$\text{정상시간} = \frac{\text{관찰된 평균시간} \times \text{평정계수}}{100}$$

④ 각 요소작업의 정상시간을 더하여 총정상시간을 구한 다음, 여기에 여유시간을 더하여 표준시간 산출

표준시간=정상시간+여유시간

- 여유시간이란 불가피한 지연, 피로회복을 위한 휴식, 개인적시간 (예 : 화장실 가기, 물 마시는 시간) 등
- 여유시간을 정상시간의 일정률로 표시한 여유율(%)로 나타낼 때의 표준시간 (예 : 여유율이 15%이고 정상시간이 20분이라면 표준시간은 23분임)

$$\text{표준시간} = \text{정상시간}\left(1 + \frac{\text{여유율}(\%)}{100}\right)$$

$$= 20\left(1 + \frac{15\%}{100}\right)$$

$$= 23\text{분}$$

► 여유율을 총근무시간의 일정률로 표시할 때의 표준시간

(예 : 여유율이 15%이고 정상시간이 20분이라면 표준시간은 23.5분임)

$$\text{표준시간} = \frac{\text{정상시간X}100\%}{100-\text{여유율}(\%)}$$

$$= \frac{20(100)}{100-15} \fallingdotseq 23.5\text{분}$$

■ 시간연구법의 장·단점

- 시간연구법은 관찰의 횟수를 얼마로 하느냐와 평정의 정확성, 그리고 스톱워치를 사용할 때 작업자에게 미치는 영향 등이 문제됨.
- 시간연구법은 상당히 정확한 작업측정기법임.

(2) 기정시간표준법(PTS법)

■ PTS법에서는 직무를 기본 동작으로 분해한 다음, 각 기본 동작에 소요되는 시간을 사전에 스톱워치나 모션 픽처에 의해 결정되어 있는 표에서 찾아 이들을 합산하여 정상시간을 구하고, 이에 여유율을 적용하여 표준시간을 구함.

■ PTS법의 적용 절차

① 직무를 기본 동작으로 분해

② 각 기본 동작에 난이도의 등급을 매김.

③ 각 기본 동작에 소요되는 시간을 미리 정해진 시간표에서 찾음.

④ 각 기본 동작에 소요되는 시간을 합하여 정상시간 산출

⑤ 정상시간에 여유시간을 더하여 표준시간 산출

■ PTS법의 장·단점

- 장점 : 평정이 요구되지 않고, 스톱워치의 사용이 필요 없으며, 비용이 적게 듬.
- 단점 : 분석자에 따라 기본 동작의 구성과 각 기본 동작에 부여되는 난이도의 정도가 달라져 같은 직무에 대해서도 분석자에 따라 표준이 달라질 수 있음.

(3) 표준자료법

■ 표준자료법이란 ? 과거의 시간연구로부터 얻어진 여러 가지 요소작업에 소요되는 시간을 데이터베이스로 유지해 오고 있는 경우 이러한 표준자료에 근거하여 표준시간을 설정하는 방법임.

■ 표준자료법에서는 어떤 직무의 각 요소작업에 소요되는 시간을 표준자료에서 바로 찾거나 또는 이에 근거하여 구한 후, 이들 시간을 합하여 그 직무의 정상시간을 구하며, 이 정상시간에 개인적 용무, 피로 및 지연에 대한 여유시간을 더하여 그 직무의 표준시간을 구함.

■ 표준자료법은 직접노동의 측정에 많이 쓰이며, 매우 유사한 대량의 반복작업에 특히 유용함.

■ 과거의 실적자료를 이용하여 다중회귀법 또는 단순회귀법 등을 사용하여 간접적으로 표준시간을 설정하는 방법으로 반복 작업에 대한 시간 예측

► 표준자료

① 미세자료(microscopic standard data) : 요소작업이 Therblig 단위일 때

② 거시표준자료(macroscopic standard data) : 요소작업이 보다 큰 단위일 때
(ex. drilling 한다. 공구에 물린다.)

(4) 역사적 자료법

■ 과거의 자료나 경험에 의한 방법

- 과거 자료

예) 표준시간(제품 1개당 소요시간) = 소요 작업시간 / 생산된 수량

■ 역사적 자료법에서는 과거의 실적자료에 근거하여 표준을 설정함.

■ 역사적 자료을 사용하면

- 작업 단위당 소요시간의 계속적인 추적이 가능해지며
- 과거자료의 평균으로부터 벗어나지 않도록 통제가 가능하게 되고
- 과거수준에 비해 계속적인 향상을 도모할 수 있음.

► 장점
- 비용 저렴, 산정 시간 절약
- 단기적, 소량 생산 계획용 (작업 방법 자주 바뀌는 경우)

► 단점
- 현 작업여건을 반영하지 못할 가능성 존재

(5) 워크 샘플링법

■ 워크 샘플링법은 작업자를 무작위로 관찰하여 특정 활동에 실제 소비하는 시간의 비율을 추정하고 이에 근거하여 시간표준을 설정하는 기법임

■ 랜덤한 시점에서 연구대상을 순간적으로 관측하여, 대상이 처한 상황을 간헐적으로 파악한 뒤 그 항목이 관측 기간동안 차지하는 비율을 추정하는 방법

■ 용도
- 여유율 산정 (지연 여유 시간)
- 가동률 ? 중요 설비의 가동률 산정
- 근무 상황 파악
- 표준 시간 설정 (개략적)

► Work sampling 원리 (가동률 조사)
- 관측 회수에 대한 유휴 비율 조사
- 관측회수 증가에 따라 오차감소

(1) 워크 샘플링법의 절차

① 연구대상 직무나 그룹 선정

② 작업자에게 연구를 수행함을 알리고 작업자의 활동을 나열 기술

③ 필요한 관찰의 횟수 및 관찰시점 결정

④ 작업자의 활동을 관찰, 평정, 기록

⑤ 산출물의 단위당 정상시간 산출

$$\text{정상시간} = \frac{(\text{총작업시간})(\text{실제 작업 중인 비율})(\text{평정계수})}{\text{총생산량}}$$

여기서 실제 작업 중인 비율은 총관찰횟수 중 실제 일을 하고 있는 것으로 관찰된 횟수의 비율로 측정

⑥ 산출물의 단위당 표준시간 산출

$$\text{표준시간} = \frac{\text{정상시간 X } 100\%}{100 - \text{여유율}(\%)}$$

(2) Work Sampling 종류

① Random Work Sampling

- 관측시간이 랜덤
- 10 ~ 15분 이상의 간격을 둘 것
- 순회의 출발점이나 경로도 랜덤일 것

② Systematic Work Sampling (계통, 등 간격)

- 작업에 주기성이 없는 경우, 실제 이 방법이 많이 적용

③층별 Work Sampling :

- 작업이 상이한 그룹을 따로따로 관측해서 집계
- 한 공장에서 작업내용이 현저하게 상이한 경우 공장평균을 구하고 싶을때 사용

④ Performance Work Sampling

- Work Sampling 과 동시에 주체작업에 대한 rating을 해서 정미시간(normal time)을 결정하자는 것
- 정미시간 = 실제시간 * rating 계수

■ 워크 샘플링법의 예

- 어느 전화국의 민원담당자에 대해 워크 샘플링연구를 해보니 이 담당자의 실제근무시간의 비율은 총 근무시간의 80%였으며, 평정계수는 100%였다. 이 담당자는 8시간의 연구대상 근무시간 중 200명의 고객을 처리하였다.

  이 전화회사는 총 근무시간의 10%를 여유시간으로 준다고 할 때 고객당 정상시간과 표준시간을 구하라.

$$\cdot \text{정상시간} = \frac{(\text{총 작업시간})(\text{실제 작업 중인 비율})(\text{평정계수})}{\text{총 생산량}}$$

$$= \frac{(480\text{분})(0.80)(1.00)}{200} = 1.92\text{분} / \text{고객}$$

$$\cdot \text{표준시간} = \frac{\text{정상시간}\text{X}100(\%)}{100-\text{여유율}(\%)}$$

$$= \frac{(1.92)(100)}{100-10} = 2.13\text{분} / \text{고객}$$

(3) Work Sampling에 의한 표준시간 선정

- 사이클 매우 긴 작업 대상

■ 표준 시간 계산

- 작업 시간 비율 추정
- 개당 실제작업시간 = 총 소요시간 * 작업시간 비율 / 생산된 제품수
- 정미시간 = 개당 실제 작업시간 * Rating
- 표준시간 = 정미시간 + 여유 시간

(4) Work Sampling의 장 · 단점

장점	단점
- 관측 순간적 : 작업 방해하지 않음	- Time study 보다 덜 자세함
- 평상시 작업 상황 그대로 반영 가능	- 짧은 주기나 반복 작업인 경우 적당치 않음
- 연구 중지 후 계속 가능	- 작업 방법 변화 시 전체적인 연구 새로 해야 함
- 자료 수집 분석 시간 적다	

3. 학습곡선

3-1. 학습곡선 효과 (learning curve effect)

동일작업의 반복 ⟶ 숙달 ⟶ 소요시간의 단축

↑

학습곡선 효과 (Learning curve Effect)

(1) 학습곡선 효과란 생산량이 증가함에 따라 단위당 직접노동시간이 감소하는 현상을 말함.

(2) 학습곡선 효과는 비행기 조립, 기계제작공장, 건설공사, 보수작업 등과 같은 여러 분야에서 경험적으로 입증되어 왔음.

(3) 학습곡선에 의한 효율성의 향상은 작업자 개인의 기술 및 숙련도 향상, 작업조직 및 계획의 개선, 작업방법의 개선, 도구 및 설비의 개선 등 여러 요인에 기인함.

(3) 학습곡선 효과가 적용되는 경우, 각 생산단위에 소요되는 노동시간의 표준은 학습곡선 효과에 맞추어 감소되어야 함.

(1) 학습곡선의 이용

① 비용분석

- 입찰가격 산정
- 다량구매에 따른 할인율의 산정
- 적정구입 가격의 산정
- 외주 · 내사 제작의 의사결정

② 일정계획의 수립

- 신제품 생산시의 표준시간 산정(ex. K는 MTM자료의 2.5배)
- lot의 크기에 따른 표준시간의 산정

③ 대안의 평가

- 기존설비(depender)와 신설비(challenger)의 경제성 비교
  └→ 이미 학습현상이 포함되어 있다.

④ 작업수행도 분석 → 장려급 설정의 기준

■ 학습곡선(learning curve)

- 학습곡선에서 단위당 노동시간은 생산량이 2배가 될 때마다 학습률(learning rate)의 비율로 줄어듬.

- 80% 학습곡선

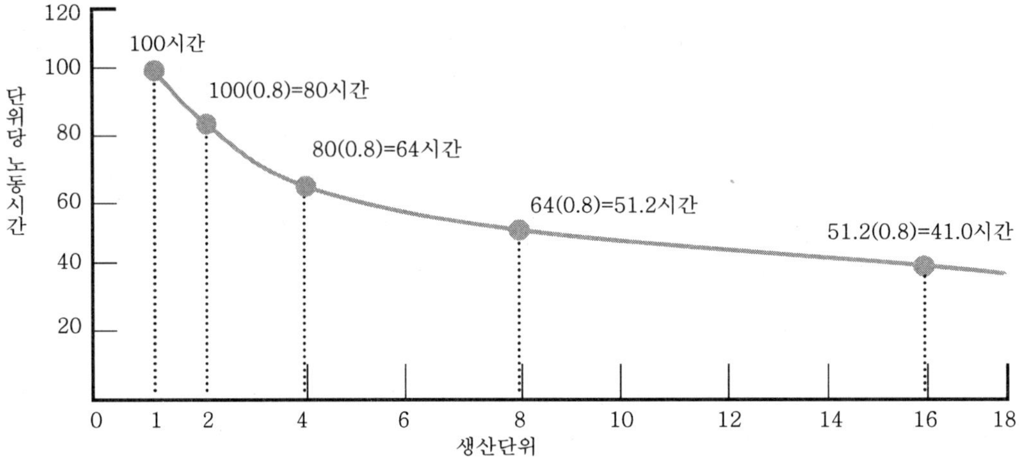

■ 학습곡선의 수학적 표현

$$Y_N = Y_1 N^x$$

Y_N = N번째 단위를 생산하는 데 소요되는 직접노동시간

Y_1 = 첫 번째 단위를 생산하는 데 소요되는 직접노동시간

N = 총생산량

$x = \dfrac{\log \phi}{\log 2}$, ϕ=학습률

■ 예 : 어떤 제품의 생산이 학습률 80%인 학습곡선을 따르고 첫 번째 단위의 생산시간이 100시간일 때, 3번째 단위의 직접노동시간은 다음과 같이 계산됨.

$Y_1 = 100,\ N = 3,\ \phi = 0.8,\ x = \dfrac{\log 0.8}{\log 2} = -0.32193$

$\therefore\ Y_3 = Y_1 N^{-0.32193} = 100(3)^{-0.32193} = 70.21$시간

(2) Learning Curve의 유의사항

① 학습율(R)은 조직마다 다르다. 따라서 실제의 경험치가 가장 정확하다.

② 학습곡선에 의한 시간치의 산정은 실제시간의 근사치이다.

③ 초기송수(a)가 중요하며 이의 수정이 필요하다.

④ 간접노무비의 증가에 의하여 performance의 향상이 과다할 수 있다.

⑤ 다량생산 공정에서는 Start-up 기간에만 적용되고 그 외에는 민감하지를 못하다.

⑥ 어떠한 시점이후 학습현상에 의한 능률개선이 평형상태 (steady-state)인가를 확실히 말할 수 없다.

⑦ carry over effect에 주의해야 한다.

[제5장 연습문제]　　학년 :　　　　　학번 :　　　　　　　　성명 :

I. 서술형

1. 작업측정의 목적은 무엇일까?

2. 지역내 동사무소, 우체국, 은행의 지점 등 어느 한 곳을 선정하여 작업표본조사법을 적용하기 위한 계획을 세워보시오. 그리고 실제로 현장에 가서 측정하여 보시오.

3.어떤 작업에 대한 표준시간을 산정하고자 여러번 측정하여 평균을 구하니 100초이었다. 이때 측정대상 작업자의 평정계수는 110%라 하고, 여유율은 10%라 하자. 외경법과 내경법에 의해 표준시간을 산정하라.

4. 작업연구의 한 예가 다음과 같이 주어져 있다. 95%의 신뢰수준과 ±10%를 갖는 예측치를 얻기 위해서 필요한 관측회수는 얼마일까?

작업 관찰횟수	380
유휴 관찰횟수	120
총 관찰횟수	500

5. (주)청경은 95.5%의 신뢰도와 ±5%의 정확도를 가지고 유휴시간비율을 측정하고자 한다. 100번에 걸친 예비적 조사 결과 25%의 유휴시간비율을 얻었다. 더 상세한 분석이 필요할 것인가? 필요한 관측횟수를 구하여 판단하라.

6. 여섯 가지의 작업요소로 구성된 작업을 스톱워치 시간연구를 이용해 분석하고자 한다. 다음과 같은 자료가 수집되었다. 경영자들은 20% 여유시간을 주기로 결정하였다. 이 작업의 표준시간을 결정하시오.

작업 요소	작업수행도 평가 (performance rating)	관측시간 (초)									평균 시간	정상 시간
		1	2	3	4	5	6	7	8	9		
A	0.90	12	13	14	12	16	15	13	12	13		
B	0.80	22	24	26	21	25	38	23	25	24		
C	1.10	30	31	30	30	31	29	30	29	30		
D	1.20	25	25	25	24	24	24	25	24	24		
E	0.95	17	15	18	15	14	14	15	16	16		
F	0.90	86	87	88	85	86	88	89	86	85		

7. 위 6번 문제에서 신뢰수준 99%, 정확도 ±5%를 갖는 표준시간을 얻기 위해서는 관측횟수는 어느 정도이어야 할까요?

8. 작업표본조사를 매주 40시간, 4주 동안에 걸쳐 실시하였다. 유휴시간비율이 20%인 것으로 분석되었고, 작업자 평균성과 평가치는 95%이다. 4주 동안에 생산된 총 부품수는 475개이었다. 그리고 이 공정의 여유시간은 20%이다. 부품 단위당 표준시간은 얼마나 될까요? 만일 하청업체에서는 같은 부품을 15분마다 한 개씩 생산할 수 있다고 한다. 인건비 수준은 동일하다고 할 경우, 과연 자체에서 계속 생산하는 것이 나을 것인가, 아니면 하청을 주는 것이 나을 것인가에 대한 결정은 어떻게 해야 할까요?

II. 진위형

1. 작업측정의 주요 목적은 생산시간이나 생산량의 표준을 설정하는 데 있다. (　　)
2. 시간연구에서 90%의 평정(작업속도)은 정상보다 작업속도가 빠름을 의미한다. (　　)
3. 시간연구법에서는 일반적으로 요소작업에 소요되는 시간의 변동성이 클수록 원하는 정확도를 달성하기 위한 관찰의 횟수는 더 많아진다. (　　)
4. 기정시간표준법(PTS법)에서는 스톱워치를 사용하지 않고 표준시간을 구한다. (　　)
5. 표준자료법에서 표준자료는 하나의 요소작업의 다양한 조건에 대해 일일이 개별적으로 설정되어 있어야만 한다. (　　)
6. 워크 샘플링법은 주로 직접노동표준의 설정에 사용된다. (　　)
7. 워크 샘플링법을 적용할 때 허용오차를 줄이려면 관찰의 횟수가 많아져야만 한다. (　　)
8. 정상시간은 표준시간보다 크다. (　　)
9. 학습곡선에서 단위당 평균노동시간은 생산량이 2배가 될 때마다 학습률의 비율로 줄어든다. (　　)
10. 학습곡선 효과가 발생하는 작업의 경우에는 각 생산단위에 소요되는 노동시간의 표준은 학습곡선 효과에 맞추어 감소되어야 한다. (　　)

III. 선다형

1. 작업측정의 목적에 속하지 않는 것은? (　　)
① 작업자의 성과 평가　　② 필요한 노동력의 계획
③ 임금 인센티브의 설정　　④ 품질계획 수립

2. 주로 간접노동의 연구에 많이 쓰이는 작업측정기법은? (　　)
① 시간연구법　　② 기정시간표준법(PTS법)
③ 워크 샘플링(work sampling)법　　④ 표준자료법

3. 표준이 어디에 사용될 때 가장 정확한 작업측정기법이 요구되는가? (　　)
① 제품의 원가나 가격의 결정　　② 임금 인센티브의 설정
③ 필요한 노동력 산출　　④ 작업방법의 비교

4. 과거의 실적자료에 근거하여 표준을 설정하는 방법은? (　　)
① 시간연구법　　② 기정시간표준법(PTS법)
③ 역사적 자료법　　④ 표준자료법

5. 모든 작업은 기본 동작의 집합으로 나타낼 수 있다는 아이디어에 입각한 작업측정기법은? (　　)
① 시간연구법　　② 기정시간표준법(PTS법)
③ 역사적 자료법　　④ 표준자료법간

6. 스톱워치(stopwatch)의 사용이 요구되는 작업측정기법은? (　　　)
① 시간연구법　　② 기정시간표준법(PTS법)
③ 워크 샘플링(work sampling)법　　④ 표준자료법

7. 시간연구법의 장점에 속하는 것은? (　　　)
① 작업측정의 결과가 상당히 정확하다.
② 평정(작업속도의 평가)이 요구되지 않는다.
③ 매우 유사한 대량의 반복작업에 특히 유용하다.
④ 스톱워치의 사용이 필요없다.

8. 기정시간표준법의 단점에 속하는 것은? (　　　)
① 평정의 정확성이 문제가 된다.
② 분석자에 따라 표준이 달라질 수 있다.
③ 스톱워치를 사용해야 한다.
④ 비용이 많이 든다.

9. 학습곡선 효과의 원인은? (　　　)
① 작업자의 기술 및 숙련도 향상　　② 작업조직 및 계획의 개선
③ 작업방법, 도구 및 설비의 개선　　④ ①, ②, ③ 모두

10. 학습률이 90%이고 첫단위 생산에 100노동시간이 소요될 때, 4번째 단위의 생산에 소요되는 시간은? (　　)
① 100시간　　② 90시간　　③ 81시간　　④ 72.9시간

절

취

선

제Ⅱ부 노동인력관리

제6장 직무분석

1. 직무분석(Job analysis)

1-1. 직무관리와 직무분석

(1) 직무관리

- 조직관리와 사람관리의 기초를 직무에 두는 인적자원관리
- 직무중심의 인사관리(미국, 영국 등)
- 직무분석(직무기술서, 직무명세서 작성) → 직무평가(직무등급표 작성) → 직무설계

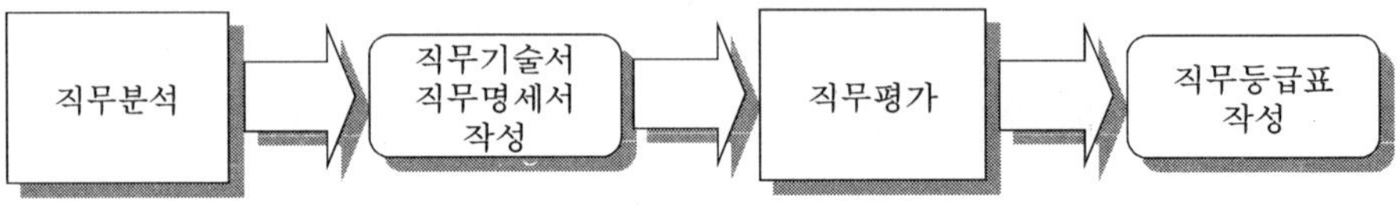

(2) 직무분석

► 직무분석은 인적자원관리의 출발점

-결혼생활의 시작과 끝 = 남녀의 만남과 헤어짐 / 결혼생활의 출발점 = 서로 알기

-인적자원관리의 시작과 끝 = 직무와 사람의 만남과 헤어짐

-인적자원관리의 출발점 = 직무와 사람에 대한 이해

► 직무분석은 직무의 내용 및 그와 관련된 정보(숙련도, 지식, 능력, 책임 등)를 과학적으로 수집 분석하여 이를 관리목적에 적합하도록 체계화하는 과정 즉, 직무와 인간의 관계를 밝히고 조화시키는 과정

(3) 직무분석의 분석적 관심요소

- 직무의 각 구성요소와 조직에서의 상호관련성에 대한 연구
- 산출요소 : 직무에 의한 제품 또는 서비스 유형
- 투입요소 : 직무를 수행하는데 필요한 지식, 기술, 능력요소
- 변환과정 : 자원이 제품 또는 서비스로 변환되는 과정에서 사용되는 공정, 기법, 방법과 기계와 사람의 배치, 작업에 포함되는 인적 활동, 행동, 접촉 등에 관한 정보
- 상황요인 : 직무수행에 필요한 권한과 책임, 작업수행에 필요한 물리적 요건과 심리적 요건

(4) 직무분석과 인사관리시스템

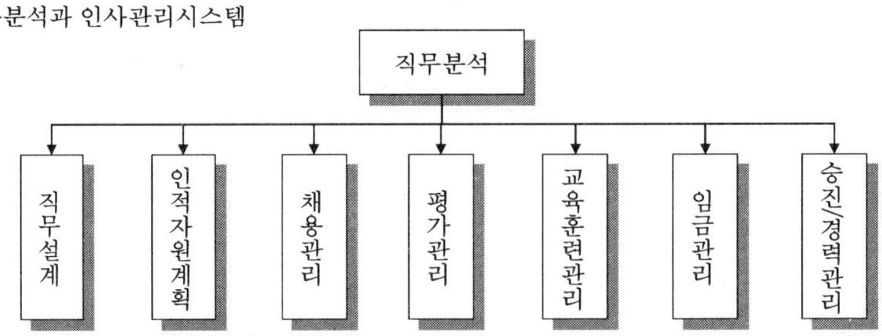

(5) 직무분석의 중요 용도

직무기술서 (Job Description)

- 직무의 목적과 직무에 포함된 주요과업과 업무 그리고 책임과 조직관계 등 직무내용을 요약하고 표준성과를 제시하여 구성원으로부터 기대되는 업무수행을 명시하는 공식 문서
- 입사교육, 기타 교육훈련 업적평가의 기본자료로 활용 조직구조 분석과 설계, 경영관리자의 승계/대체에 활용

직무명세서 (Job Specification)

- 직무를 만족하게 수행하는데 필요한 지식과 기술 그리고 기타 능력 및 자질을 명세한 공식문서
- 모집선발 및 경력계획, 경력상담에 활용

직무평가 (Job Evaluation)

- 직무의 가치를 평가하여 공정한 임금을 결정하는 직무평가
- 측정요소 : 지식, 경험, 노력, 책임, 직무조건 등

(6) 직무분석의 목적(use)

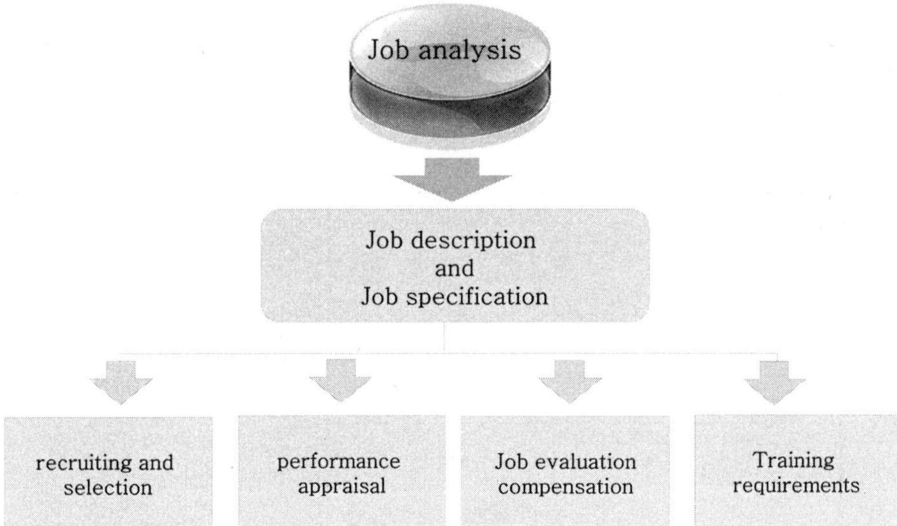

(7) 직무관련 개념

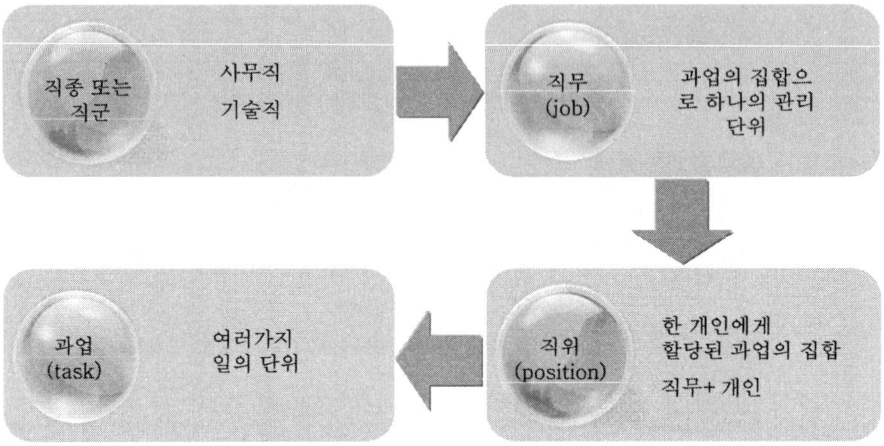

1-2. 직무분석의 정의

직무분석은 직무에 대한 정보를 수집.분석하여 직무의 내용을 파악하고, 각 직무의 수행에 필요한 지식, 스킬, 능력, 경험, 책임 등의 요건을 명확히 하는 일련의 과정을 의미함

- 과업(Task), 직위(Position), 직무(job), 직무군(Job Family), 직종(Occupation), 직종군(Occupation Group)

사례 1

용 어	뜻(정의)	야구의 예
직 군 (job family)	유사한 과업을 내포하고 있는 둘 이상의 직무의 집단	감독 코치 선수
직 종 (job type)	직무의 특수성, 전문성에 따른 특정 임무의 집합	투수 포수 내야수 외야수
직 무 (job)	작업의 종류와 수준이 유사한 직위들의 집단	1군 내야수 2군 내야수
직 위 (position)	특정 개인에게 부여된 모든 과업의 집단, 할당된 과업	1루수 2루수 3루수 유격수
과 업 (task)	특정 목적을 달성하기 위해 수행하는 명확한 작업활동	타격 수비 도루

사례 2

직 무 (job)	비 서	접 수 원
직 위 (position)	*과업 A/B/C를 수행 하는 사람 1. *과업 A/B/C를 수행 하는 사람 2.	*과업 D/E/F를 수행하는 사람 3. *과업 D/E/F를 수행하는 사람 4.
과 업 (task)	A. 서류 타이핑 B. 회의일정잡기 C. 지시사항 처리	D. 전화 받기 E. 손님 접대 F. 명부 작성

(1) 직무분석(Job analysis)의 역할

직무의 내용 및 그와 관련된 정보(숙련도, 지식, 능력, 책임 등)를 과학적으로 수집 분석하여 이를 관리목적에 적합하도록 체계화하는 과정, 즉, 직무와 인간의 관계를 밝히고 조화시키는 과정

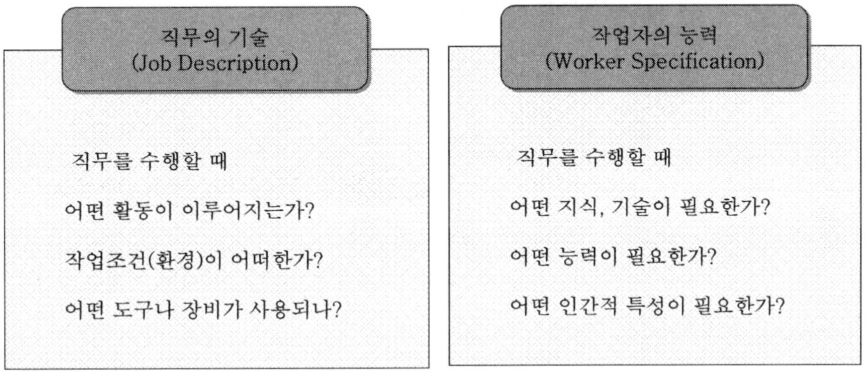

(2) 직무의 요건

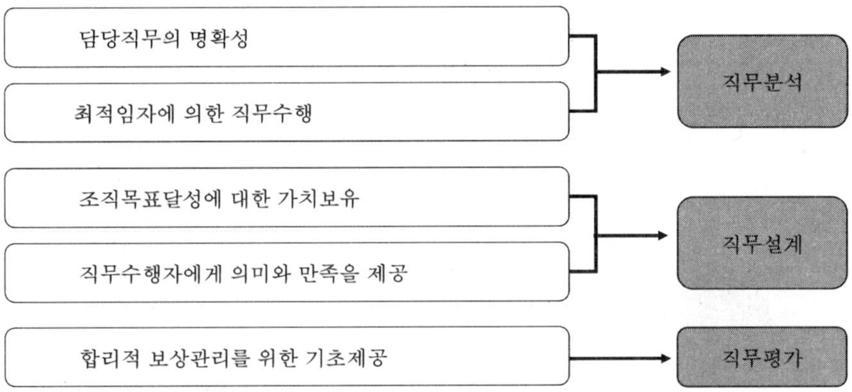

■ 직무분석과 직무설계, 직무평가는 상호 밀접한 관련을 가진 체계적인 과정

- 직무분석 ; 주요 직무의 특성과 해당 직무의 수행에 요두되는 인적자원의 요건 분석
- 직무평가 ; 직무분석을 통해 각각의 직무가 조직 내에서 지니는 상대적 가치와 기여도를 평가
- 직무설계 ; 직무분석의 정보로 직무담당자가 직무수행과정에서 역할을 발휘하고 다양하고 고차원적 욕구를 충족시키도록 직무를 구성

(3) 직무분석은 왜 하는가 ?

- 직무분석은 관리업무와 현대산업사회의 구조로부터 출발하며, 직무는 조직의 일차적 활동단위이다.
- 직무는 산업의 발전에 따라 생성되며, 현대 조직은 변화(제품, 시장, 고객 등)에 직면해 있다.

(4) 직무분석 절차와 유의사항

■ 직무분석 절차

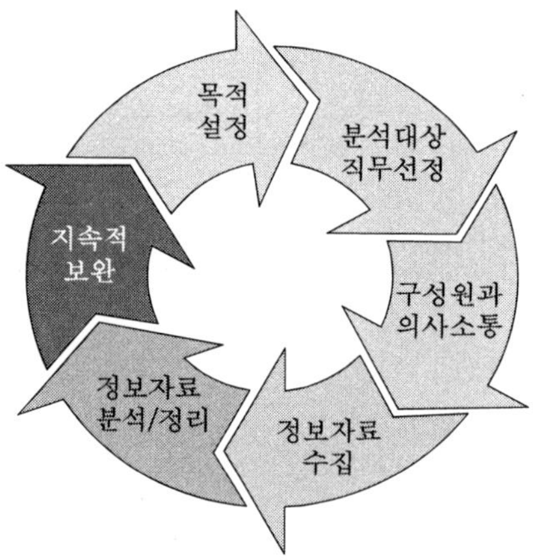

■ 직무분석시 유의사항

1) 직무내용의 모호성
구체적인 행동으로 표현하여 직무의 목적과 표준성과를 명백하게

2) 직무내용의 실제성
객관적인 입장에서 기술하고 실제직무내용과 일치하도록 계속 수정

3) 실무층의 협조
실무자의 입장을 이해, 직무분석의 목적을 인식시키며 신뢰관계를 조성해야

(5) 직무분석의 활용

■ 수직적 직무분석과 수평적 직무분석의 연결

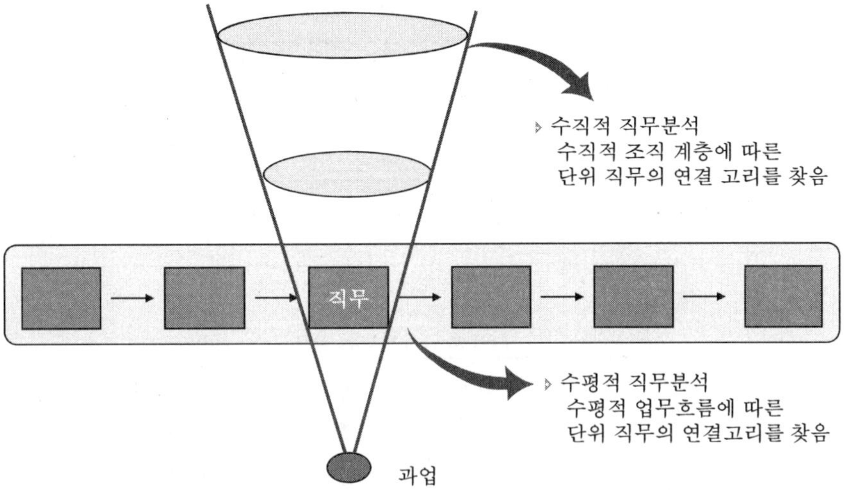

■ 수직적 직무분석과 수평적 직무분석의 조직내 프로세스

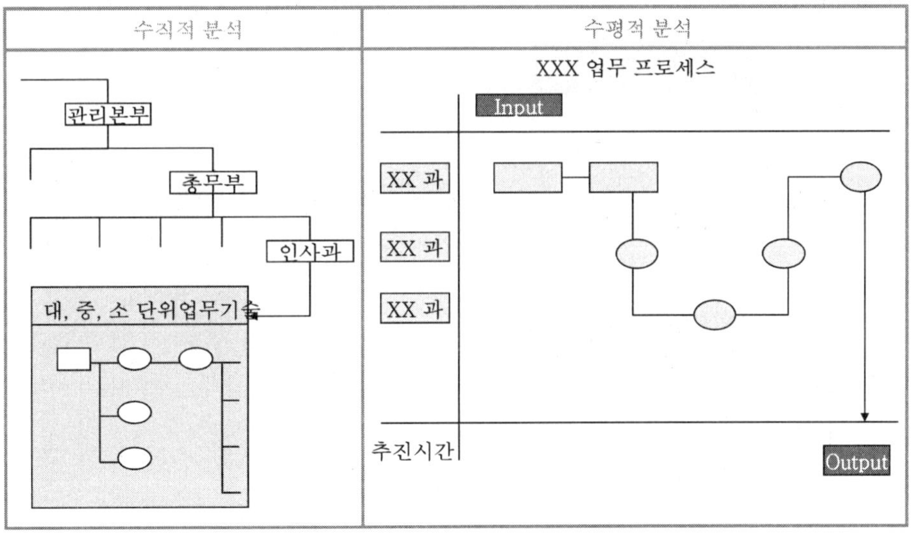

■ 수직적 직무분석과 수평적 직무분석의 비교표

구분	수직적 분석	수평적 분석
분석대상	수직적 직무의 계층 구조	업무 프로세스
분석의 촛점	단위 업무사이의 계층적 체계에 관한 수직적 연결 고리	단위 업무 프로세스 사이의 업무 흐름에 관한 수평적 연결 고리
분석의 시점	정 태 적	동 태 적
대상 직무의 특성	현재 수행하고 있는 직무	현재 수행하고 있는 직무 및 앞으로 수행하여야 할 직무
용 도	현 조직의 업무량 파악을 통한 단위 조직별 정원 산정 각종 인사제도의 활용	업무 프로세스 개선 사무 자동화 및 전산화
장 점	기존 조직 계층에 따른 - 정원 산정 - 인사제도 설계에 효과적	Dynamic한 관점에서 시간의 흐름에 따라 회사의 중요한 업무 프로세스가 어떻게 진행되는 지를 파악할 수 있슴

(6) 직무분석과 직무설계 비교

직무분석 (Job Analysis)

기존 직무를 분석하는 목적으로 선발, 훈련 인사고과, 보상등 인적자원관리 기능을 위한 정보자료 수집에 초점 (Harvey, 1991)

직무설계 (Job Design)

기존 직무를 대상으로 동기부여적 관점에서 직무내용을 개선하고 직무의 효율성을 높이기 위한 직무 재설계에 초점 (Griffin, 1982)

1) 개인과 직무
   개인과 직장 및 직무간의 문제는 조직연구 중요 주제

2) 직무설계와 자아실현
   개인의 성숙과정 또는 자아실현과정 연결을 통한 개인과 직무 관계 분석

개인과 조직간의 갈등모형(Argyris)

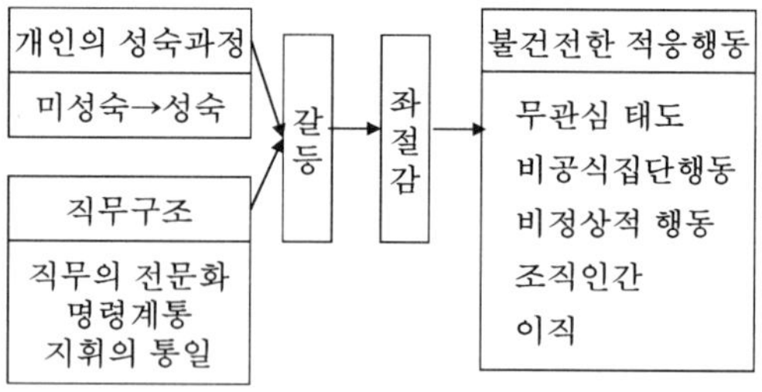

구성원의 성숙에 직무설계가 아주 중요함.

1-3. 직무분석의 목적 및 활용

(1) 직무분석의 목적

직무에 관한 공식적인 개요를 작성하는데 필요한 모든 정보자료를 수집 분석하는 것

-> 직무기술서, 직무명세서 작성 및 직무평가 기본자료

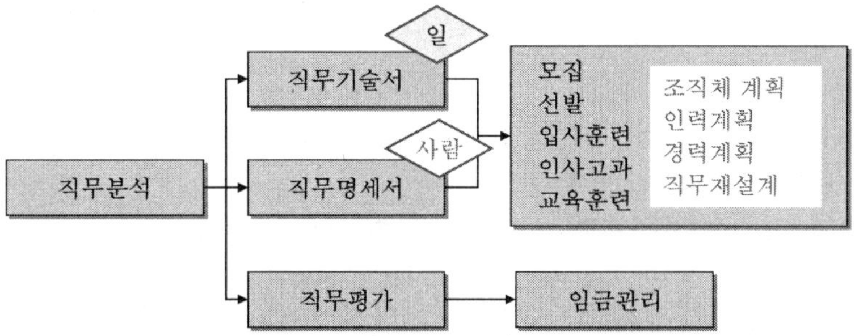

- 조직 성과 및 생산성 제고를 위함.
- 계층별 / 직무별 직무내용 및 자격요건 등 설정.
- 조직 인적자원관리에 반영.

(2) 직무분석의 활용

가. 조직 합리화 및 직무 재설계

① 업무배분의 적정화 및 책임과 권한.의무의 명확화.(각 직무의 상호관계를 합리적으로 편성한 업무분장 및 결재선의 명확화로 불평불만 감소)

② 목표 달성을 위한 합리적 조직의 검토 및 조직목표 변화에 따른 직무 재설계

나. 직무의 표준화

① 직무단위 및 업무 처리방법의 표준화 및 업무 know-how : Standardization

② 관리자의 즉흥적, 주관적 판단에 따른 직무성격 변화방지 : Specialization

- 소기업 : 기동성, 신속성 저해 - Simplification
- 대기업 : 부서간, 개인간 업무중복 방지, 비능률 및 불만방지.

③ 문서장표의 표준화(사무합리화)

④ 인사관리의 전산화 (직종,직무분류,경력관리)

다. 인적자원의 효율적 배분(인력수급계획) : 정원(T/O)관리

① 업무의 종류,질,양,빈도,작업방법 등을 파악하여 직무별 적격자의 조건과 소요인력 산정.

② 직무중심의 인원편성표 작성활용(사람중심의 조직팽창 방지)

③ 부서별, 직무별, 직종별, 성별, 전공별, 근속년수 등의 목표정원관리

라. 채용 / 배치

① 채용시 추상적, 일반적인 "좋은 사람"의 선발이 아니라, 해당직무에 우수한 작업자, 즉 해당 직무수행자격요건 기준(직군, 직무, 직급, 성별, 최적연령, 교육 정도, 소요특질, 자격면허, 외국어 정도, 경력, 직무훈련, 숙련기간)의 최적자 선택.

② 직무가 요구하는 능력, 특성의 종류와 정도, 자격 요건에 맞는 적재적소 채용 배치기준 확립

마. 승진 / 인사고과

① 책임의 수행 정도 및 직무에 필요한 지식, 경험, 기능 등에 대한 구체적 평가로 회사이익 목표달성에의 기여도 평가 가능.

② 인사고과(평가기준) 확립을 위한 기준의 확립 및 승진의 객관화.

바. 교육훈련

① 무엇을 어떠한 방법으로, 어느 정도 교육할 것인가 하는 문제는 각 직무별로 개개 사원의 업무 수행에 필요한 지식과 숙련, 기능의 종류와 정도를 명확하게 함으로써 밝혀지며, 또한 현직자의 직무의 질적 요구 정도와의 격차(gap)가 밝혀지게 되므로 교육훈련 니즈 를 적시에 발견할 수 있게 하여 교육훈련의 기준확립을 가능케 함.

사. 업무 개선

① 직무의 현 상태를 질서 있게, 해명, 분석결과를 제시 함으로써 작업 방법, 공정, 설비, 조직, 환경조건의 개선에 유력한 자료가 되며,

② 회사 전반적인 능률향상 및 운영면의 현실적인 문제점이 개선될 수 있는 기반 마련 가능케 함.

아. 기 타

① 산업안전, 노무관리, 인사상담 등

② 기술과 환경의 변화에 변화 따른 직무의 변화에 대응하기 위하여,

■ 직무분석과 HR (Human resources) 활동

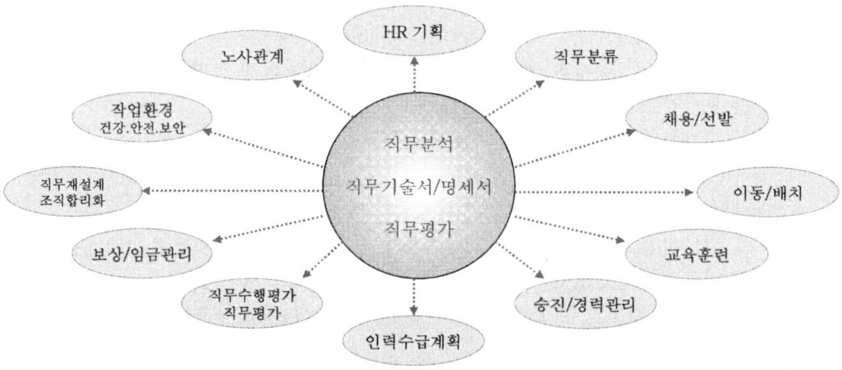

- 요소(element) : 작업이 나누어질 수 있는 최소단위(처방전확인, 약품준비)
- 과업(task) : 특정한 목적으로 행해지는 하나의 명확한 작업활동(투약)
- 직위(position) : 특정한 사람에 의해 수행되는 과업군(수간호사)
- 직무(job) : 작업의 종류와 수준이 유사한 직위들의 집단 (수술실)

1-4. 직무분석의 전략적 접근과 인적자원 스탭의 역할

(1) 직무분석의 전략적 접근

① 직무분석을 얼마나 인적자원관리의 기본기능으로 강조하고 계속적인 노력을 투입할 것인가에 대한 결정

② 직무분석을 얼마나 자세히 그리고 심층적으로 실시할 것인가에 대한 결정

③ 직무분석과장에 관련 구성원을 얼마나 참여시킬 것인가에 대한 결정

④ 직무분석의 시기에 관한 결정

경영전략 → 직무설계와 분석에 영향

저원가 전략

직무세분화 및 단순화, 저임금 인력의 철저한 통제를 통한 능률 최대화 추구

창의와 혁신 전략

고기술, 고임금 인력중심, 신축적이고 광범위한 직무설계와 자율적이고 개방적인 직무환경을 조성

직무분류 방법 예시

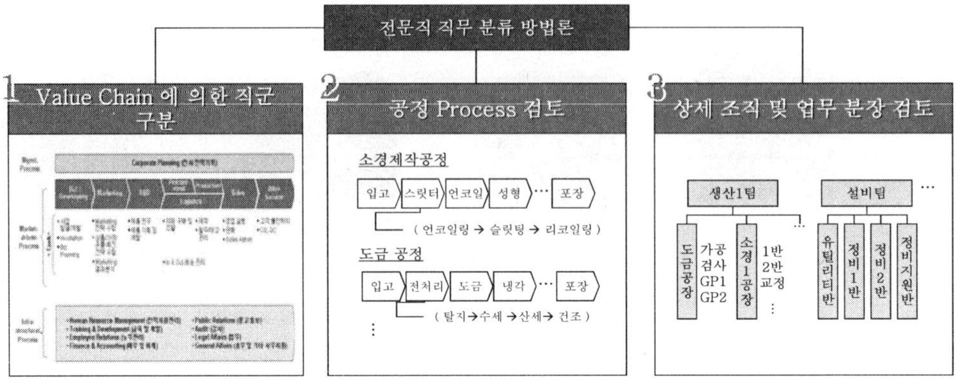

- 전사 사업전략 수행을 위한 일련의 Process를 기준으로 유사 과업을 도출, 직군/직렬화 함
- 직군 분류의 주요 원칙으로 활용

- 생산 현장의 각 공장별 공정을 구분하고, 각 공정에 해당하는 직렬 및 직무를 구성함
- 직렬 및 직무 분류의 주요 원칙으로 활용

- 현장 상세 조직 및 업무 분장을 검토하고, 실제 업무 수행자들의 분포를 조사하여 직무 분류에 활용
- 직렬/직무 분류의 참고 자료로 활용

1-5. 직무분석의 주요 이슈

(1) 직무분석의 목적

- 인적자원관리 전반에 활용될 수 있으므로 구체적이고 자세한 활용 목적 필요
- 목적에 따라 직무분석의 범위, 필요한 정보의 내용, 정보수집방법 등이 다를 수 있음
- 미국 : 임금체계의 합리적 설계, 직무재설계 등에 주로 활용
- 한국 : 직무교육, 인사고과, 경력개발 등에 활용

(2) 직무분석의 주체

- 내부전문가 활용 방법과 외부전문가 활용 방법
- 외부전문가는 내부전문가(통제 및 조정)의 협력을 얻어야 한다.
- 회사 내 직무관련 전문가(SME; subject matter expert)의 협조 필요

(3) 직무분석에서 수집할 정보

- 원료, 설비, 인적자원, 직무수행과정, 직무의 산출요소에 관한 정보

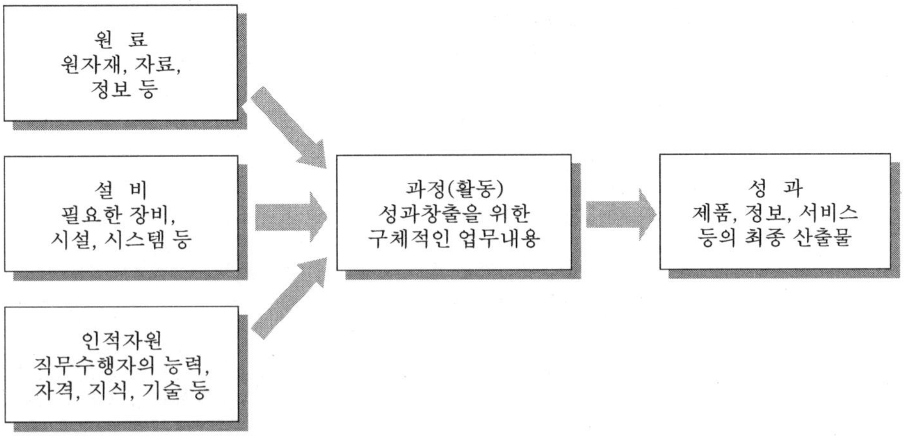

2. 직무분석 절차

2-1. 개 요

(1) 직무분석에는 전문가의 참여가 필수적임.

(2) 따라서 사외 전문가를 활용할 수 없는 경우에는, 사내에서 중간간부를 선택하여 전문교육기관에 위탁교육을 실시하여야 추진하는 것이 효과적임.

(3) 사내 전문가를 활용하여 직무분석을 실시할 경우, 처음부터 전사적 적용보다는 부문이나 제한적 목적을 위하여 실시하고 점진적으로 확대하는 방안이 타당할 것임.

(4) 직무분석은 역량모델인 인적자원관리(HRM)와 서로 통합하여 운영할 수 있다.

■ FLOW

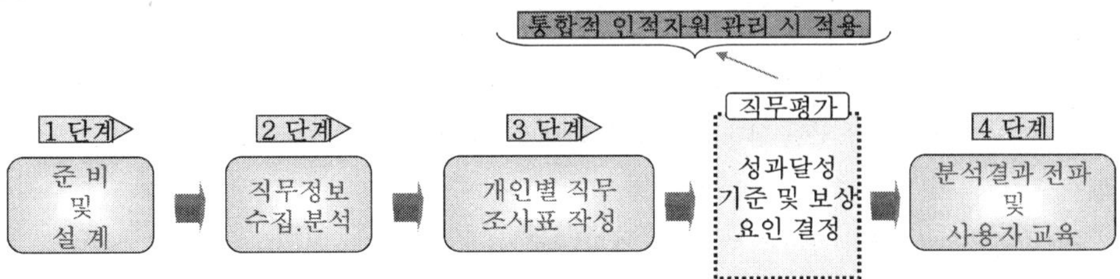

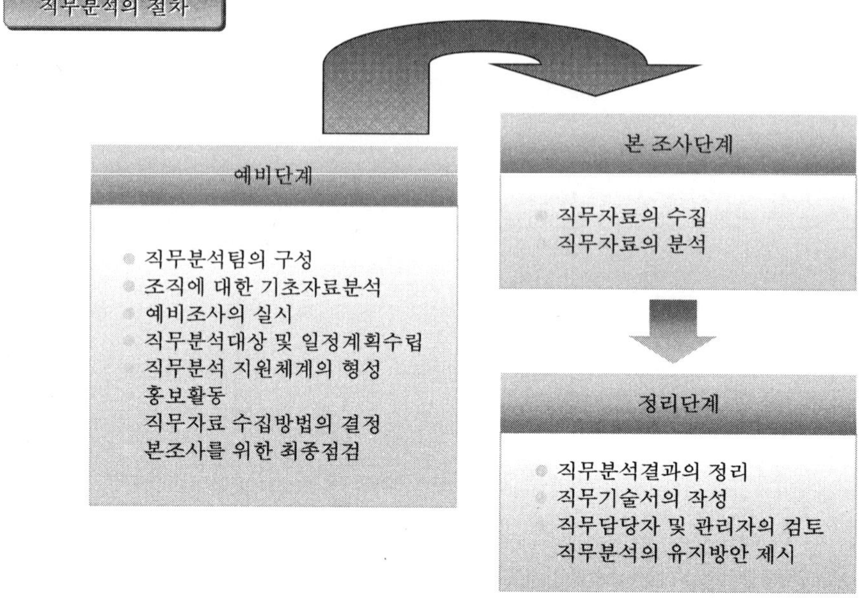

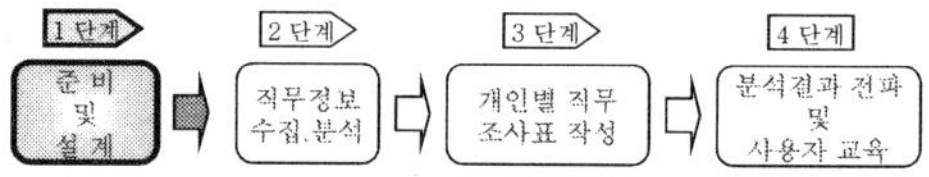

2-2. 절 차

(1) 1 단계 : 준비 및 설계

가. 직무분석 <u>대상 설정</u>

1) 직무 : 전사 또는 특정 부문

2) 직무인원수 : 1차 (본사 사무관리직)

2차 (현장 직,반장,조장)

나. 직무 분석 사내 전문가 구성(T.T.T) : 팀장(000) 정(000) 부(000)

다. 직무 분석의 필요성에 대한 공감대 형성

► 추진팀(000부 000)에 의한 사내교육 및 홍보실시 → 관리자 회의 시 전달 교육

라. 직무 분석에서 수집할 정보의 종류와 범위 확정

► 『직무 분류 체계도』 『직무별 업무일람표』 『개인별 직무조사표』

→ 관련자료(양식 류) 설정

마. 직무분석 실시 전 대상자에 대한 설문지 배포

바. 직무분석 관련 양식 개발 완료

사. 직무분석 대상자에의 직무조사 및 분석 관련양식 작성요령과 교육

(2) 2 단계 : 직무정보 수집.분석

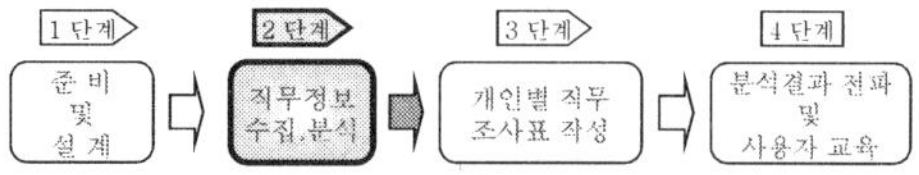

1) 직무 분석전 대상자에 대한 설문 조사

예) 다음 각 항목을 1~10 (1 : 전혀 그렇치 않다   5 : 그저 그렇다   10 : 정말 그렇다)로 평가 .

No	설문 항목	평 가
1	나는 장기간 회사(조직)가 성공하리라고 믿는다.	9
2	나는 장기간 회사(조직)에서 내가 성공하리라고 믿는다.	7
3	나는 장기간 조직에서 성공에 필요로 하는 것을 기꺼이 한다.	8
27	나의 단기목적은 현재의 직위에 만족하는 것이다.	7
31	나는 함께 일하는 사람들을 좋아한다.	9

▶ 대상 : 관리사원 전 직원 ▶ 항목 : 39항 ▶ 설문 유형 : 무기명

▶ 종합 평가 : 유형별 분류 및 분석 후 자신과 회사(조직)간의 만족도 파악

2) 직무분류 체계도 작성 – 기존 회사 조직도 및 업무 분장표를 참조하여 직무분류표를 작성.

▣ 총괄책임 – 해당부서 총책임자
: 팀장/부서장

▣ 직무책임 – 총괄책임자와 실무담당자를 연결하는 중간 간부 (차,과장.대리)

▣ 실무담당 – 사원/대리급이 일반적이며, 복수일 수도 있다

예제2

직 군 (부서)	직 종	직 무	직무 Level			비 고
			실무 담당	직무 책임	총괄 책임	
관 리 부	인 사	인사기획/급여관리/노무관리	000	000	000	
	총 무	근태관리/복리후생/사무관리	000	000	000	
	경 리	세무회계/일반회계/자금출납	000	000	000	
생 산 부	생 산	생산관리/생산계획/공정관리	000	000	000	

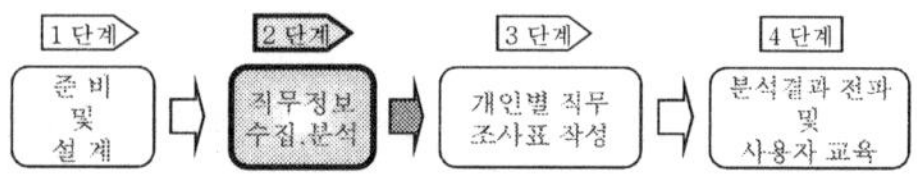

3) 직무별 업무 일람표 작성

▶ 작성된 직무분류표를 기초로 하여 직무별 일람표를 작성 – 팀 또는 부서 단위로 작성하여 종합.

▶ 직무별 업무 일람표 작성을 위해서는 직무책임자 및 업무책임자들의 적극적인 참여와 직무 분석 사내 전문가와의 협의.협조 체제가 되도록 한다. – 기존 회사조직의 업무분장표를 참고로 함.

▶ 양식 범례 * 직무단위 : 기존의 팀명(부서)이 그대로 직무단위로 활용가능.

* 직무책임자 : 직무분류표에 표기된 "직무책임자"

* 업 무 : 직무를 구성하는 일련의 과업집단 (예 : 인사행정, 채용관리, 생산관리, 자금관리 등)

* 업무 책임자 : 실무담당자중 해당 업무 담당자를 의미

* 과 업 : 업무를 구성하는 구체적인 활동

예제3

▣ 팀(부서)명 : 관 리 부   팀 장 : 000 부장

직무단위	직무 책임자	업 무	업무 책임자	과 업
관리부 (인 사)	000 부장	인사행정	000 사원	*발령관리 *증명발급
		조직관리	000 사원	*인력 정보관리
		채용관리	000 부장	*채용기준관리 *채용계획

▣ 팀(부서)명 : 관 리 부   팀 장 : 000 부장

직무단위	직무 책임자	업 무	업무 책임자	과 업
관리부 (총 무)	000 부장	근태관리	000 사원	*근무시간 관리 *휴가/연 월차 관리 *출장관리
		급여계산	000 사원	*당월 급여계산 *법정보험 *연말 정산

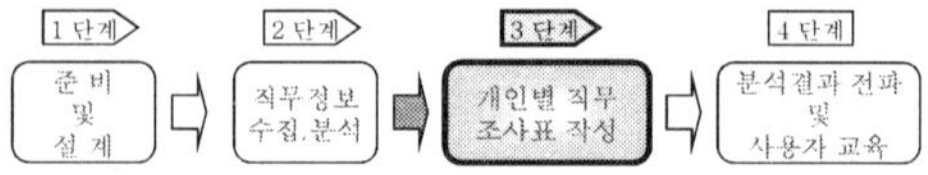

(3) 3 단계 : 직무 조사표

1) 개인별 직무 조사표 작성

▶ 직무조사 목적 : ① 각 단위 조직에서 행하는 업무의 종류는? ② 그 업무가 어느 정도 어려운가?
③ 그 업무량은 얼마나 되는가? ④ 어려운 정도와 업무량에 몇 명 정도 인력이 필요한가 ?

▶ 기 작성된 직무분류표 및 직무일람표를 기초로 개인별 직무조사표를 작성한다.

▶ 조사표는 개인별 작성을 원칙으로 하며, 해당 부서장이 필히 검토하여 중복 업무 여부 확인이 필요함.

▶ 서식 주요 항목 설명 :

개인별 직무 조사표 예제4

▣ 직무 수행자 인적사항

소 속	직 급	사 번	성 명	회사 근무기간	현직 근무기간	최종 학력	전 공	생년월일 /나이	성 별	비 고
				개월	개월			/		
직무개요	수행하는 직무내용을 간략하고 함축성 있게 2~3줄로 기술, 담당 일의 목적,성질 및 범위를 명확하게 기술									

▣ 직무 조사표

직 무 명	단위업무 (과업)	업무처리 내용 (input-process-output)	업무량							관련부서	난이도			필요 숙련 기간 (년)	위임전결					관련 양식/서식
			주기/빈도(건)					소요 시간(分)												
			日	月	分期	年	計	1회	년간		A	B	C		본인	부서장	이사	상무	사장	
총무	근태관리	근무시간관리								전부서										

■ ★ 단계 : 직무기술서,직무명세서 작성

► 직무기술서 및 직무 명세서는 전항에서 작성한 【직무분류 체계도】 【직무별 업무 일람표】 【개인별 직무조사표】 등을 종합 분석하여 요약한 문서로서, 조직(직원)원 자신들이 달성하고자 하는 직무 의무 및 결과를 학습하기 위한 종합 표준서로 활용하고자 함.

► 당사에서는 보다 효율적인 직무 파악과 직무 분석 업무를 당사 실정에 맞게 적용하고자, 【직무분류 체계도】 【직무별 업무 일람표】 【개인별 직무조사표】 을 최대한 활용하여 직무에 적용하고자 함.

향후 직무분석 관리를 성공적 수행 후 "통합적 인적자원 관리" 체제 구축시 직무기술서 및 직무명세서를 적용 및 활용 하고자 함.

※ 참고 : 직무기술서 및 직무명세서 구성 요소 소개

직무 기술서 (Job Description)	직무 명세서 (Job specification)
직무 관련 사항 (과업, 임무, 책임)	사람 관련 사항 (지식,스킬,능력,기타)
▶ 직무의 명칭 ▶ 직무의 소속부서 ▶ 직무수행(근무) 위치 ▶ 보고채널 및 다른 직무와의 관계 ▶ 직무내용의 요약 ▶ 사용하는 설비,도구,기계 등 ▶ 원재료, 재공품 등 직무대상 ▶ 직무를 이루고 있는 구체적인 과업의 종류 및 내용 ▶ 대내외 접촉기관 등	▶ 지식 ▶ 기술 ▶ 능력 ▶ 성격 ▶ 적성 ▶ 흥미 ▶ 가치관 ▶ 태도 ▶ 경험/경력 ▶ 자격요건

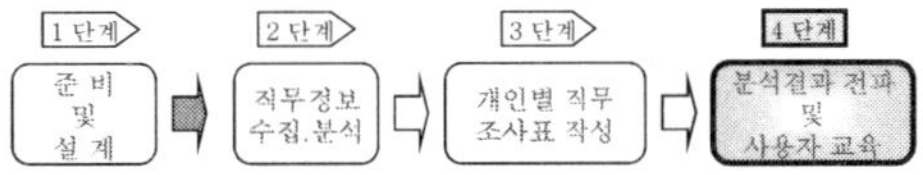

(4) 4 단계 : 분석결과 전파 및 사용자 교육

1) 직무분석 결과를 조직 내에 배포 및 사용자 교육 실시

2) 관련 팀 /부서는 이 결과를 모집-채용-배치-교육-이동-고과 인력수급계획 등에 활용

3) 직무변화에 따라 직무정보를 개정 - 각 단계에 영향을 줄 수 있음.-

주의 사항 - 철저한 제,개정 관리가 필요시 됨.

4) 조직 내 직무기술서/직무명세서 활용 및 피드백

■ 직무특성 이론과 직무설계

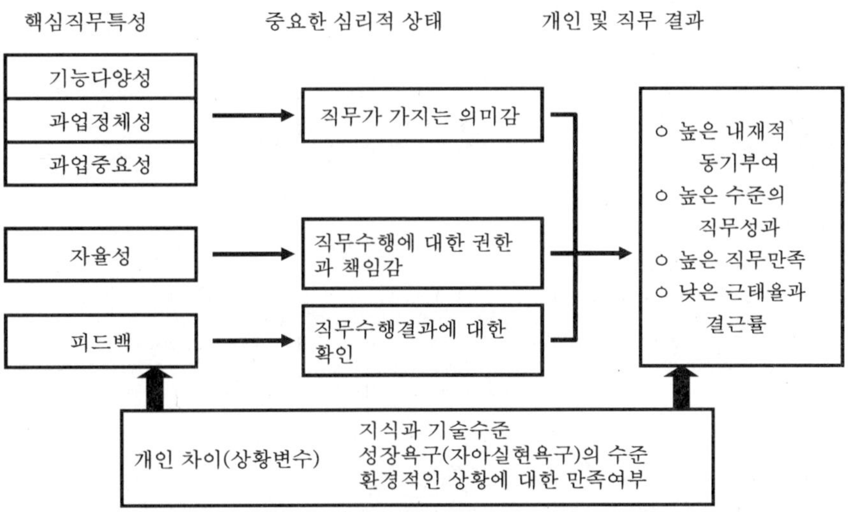

❑ CJ 직무분석 사례 분석

경영이념,전략 조직역량 분석 → 인사전략 수립 → **직무분석 직무평가** → 평가·보상체계 개선 → Communication

❑ 직무분석 정의 · 목적 · 분류

- 직무를 구성하는 **과업 내용**과 **직무수행을 위한** 요구 **행동**을 찾아내는 과정
- 직무를 수행하기 위한 **과업, 의무, 책임**을 규명을 목적으로 하는 절차
- 수행업무분석, 수행요건 분석

❑ CJ 직무분석 추진내용

- **직무자료 수집 및 직무내용 파악** : 조직도, 부서별 업무분장현황, 업무별 세부 프로세스
- **조사직무의 범위 설정** : 회사전체 position에 대한 직무조사(1,200여개)
- **직무조사서 설계** : 표준설문지 설계
- **직무조사서 교육** : 간부대상 교육 → 전달교육: 직무조사 목적, 작성방법
- **직무조사서 작성** : 전직원 동시작성 → 해당간부에 의한 검증
- **우수성과자 선정 및 직무기술서 작성** : 우수성과자에 의한 직무조사서 분석
  대표직무에 대한 직무기술서 작성

❑ 직무분석 추진시 주의점

- 직무조사에 대한 **커뮤니케이션 전략을 수립 및 시행** 함→ 구성원의 공감대 형성(구성원 저항 불식)
- 직무분석의 **목적을 명확히 함** → 직무분석의 범위, 필요정보의 내용, 정보수집 방법 결정

❑ 직무분석의 활용

- **조직·직무의 재설계**
- **인력계획·채용선발** : 정원관리기초, 직무적격자 선발 기초
- **보상체계** : 직무간 상대가치, 직무·역할급 임금체계
- **평가체계** : 직무별 성과평가 기준 제시
- **육성·교육훈련** : OJT, 직무순환

❑ 직무기술서(Job description)

- 직무분석을 통해 수집된 정보의 요약 문서로 **직무의 의무, 책임, 직업환경, 직무명세** 등을 규정한 것
- **직무표지정보** : 직무의 명칭, 소속, 위치, 등급 등
- **직무개요** : 직무의 수행의무, 책임, 조직에서의 물리적 위치 등에 대한 간략한 개요
- **직무의무와 책임** : 수행해야 할 과업내역, 수행과정, 대략적 내용]
- **직무명세서와 자격요건** : 직무수행을 위한 인력의 KSA 특성에 대한 요건, 선발요건

※ 직무명세서(Job specification) : 해당 직무를 성공적으로 수행하는데 필요한 인력의 **업무지식**(knowledge) **업무기술**(skill), **업무능력**(ability)에 대한 상세한 조건을 기록한 문서

▶ 직무기술서의 예

(앞면)

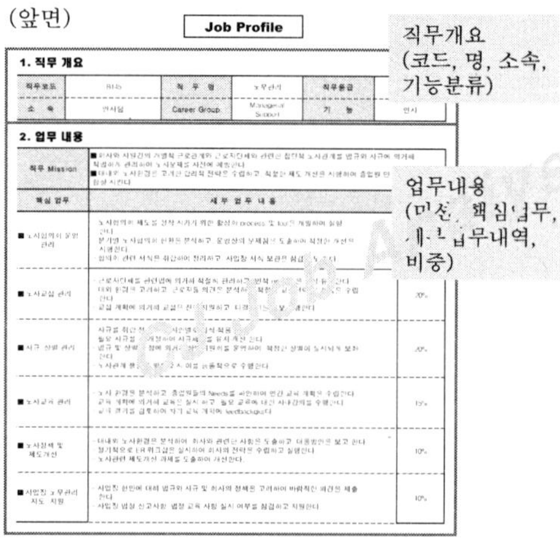

(뒷면)

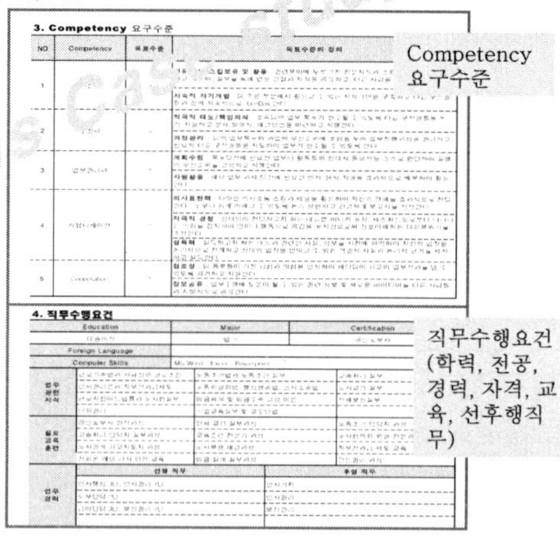

2-3. 관련 양식

■ 설문지 / 직무 분류 체계도

자신과 회사간의 관계 분석

직무 분류 체계도

제정일	
개정일	
개정No	

직군	직종	직무	직무 Level			비고
			실무담당	직무책임	총괄책임	
영업부						
생산부						
구매자재부						

■ 직무 일람표

직무 일람표

팀(부서)명		제정일	
부서장		개정일	
인원수		개정No	

직무단위	직무책임자	업 무	업무 책임자 (담당)	과 업	직무단위	직무책임자	업 무	업무 책임자 (담당)	과 업

직무단위	직무책임자	업 무	업무 책임자 (담당)	과 업	직무단위	직무책임자	업 무	업무 책임자 (담당)	과 업

297*210

■ 개인별 직무 조사

개인별 직무 조사표

▣ 직무 수행자 인적사항 작성일 :

소 속	직 급	사 번	성 명	회사근무기간	현직 근무기간	최종 학력	전 공	생년 /나이	성 별	비 고
				년 개월	년 개월					
직무 개요										

▣ 직무 조사표

직 무 명	단위업무 (과업)	업무처리 내용 (input-process-output)	업무량							관련부서	난이도			필요 숙련 기간 (월)	위임전결					관련 양식/서식
			주기/빈도(건)					소요 시간			A	B	C		본인	부서장	이사	상무	사장	
			日	月	分期	年	計	1회	년간											

3. 직무정보의 수집방법

3-1. 직무정보의 출처

► 직무정보 제공자

- 분석대상 직무를 이해하기에 충분한 기간 동안 일해 온 작업자와 직속상사
- 직무수행 작업자의 이해관계에서 발생하는 직무가치와 직무요건 난이도 왜곡 주의

3-2. 직무정보 수집방법

(1) 면접 방법

(2) 관찰법

(3) 설문지법

(4) 중요사건 기록법

(5) 데이컴 워크샵

(6) 비교 확인법

► 직무조사의 3원칙 : 1) 직무의 정확하고 완전한 확인, 2) 직무내용의 완전하고 정확한 기술, 3) 직무수행을 위한 작업자 요건 명시

가. 면접법(Interview)

- 직무담당자와 면담을 실시하여 직무에 관한 정보를 수집하는 방법
- 질문과 답변내용 및 양식 명확화
- 작업자가 지각하는 직무의 특성이해에 도움이 되며, 설문지법을 사용하기 어려울 때
- 신뢰도와 타당도 문제 발생(지각 및 판단오류 개입 가능성)

나. 관찰법(Observational Method)

- 직무분석을 수행하는 사람이 직무담당자에 의해 직무가 수행되는 과정을 직접 관찰하고 그 결과를 기록하는 방법
- 설문지법이나 면접법을 사용할 경우 그 직무수행자가 적절한 정보를 제공하기 어려울 때
- 구조화된 설문지(자료수집, 기록을 위한 양식) 필요

다. 설문지법(Questionnaire)

- 표준화된 설문양식을 사용하여 직무담당자나 부서장이 직무에 관한 내용을 서술하는 방법
- 짧은 시간 활용, 다수의 대상, 직무수가 많은 기업에 활용
- PAQ(Position Analysis Questionnaire) & OAQ(Occupational Analysis Questionnaire)
- MPDQ(Management Position Description Questionnaire)

라. 중요사건 기록법(Critical Incident Method)

- 직무수행자의 각종 행동에 초점을 두는 방법
- 효율적인 행동과 비효율적인 행동
- 백화점 영업사원, 은행창구 직원, 행정기관의 민원부서, 경찰, 교사 등 대인적 접촉이 많은 경우

마. 데이컴 워크샵 (DACUM)

- 선정된 직무 분야를 가장 수행하고 있는 Best performer와 함께 업무를 분석하는 방법
- Best performer들은 그들이 무엇을 어떻게 하는지에 대해 상세히 Brainstroming 하여 업무와 직결된 내0용을 도출함
- Facilitator는 Best performer를 통해 모든 정보를 수집

■ DAUM 기법의 구성 요소

■ DAUM 기법 프로세스

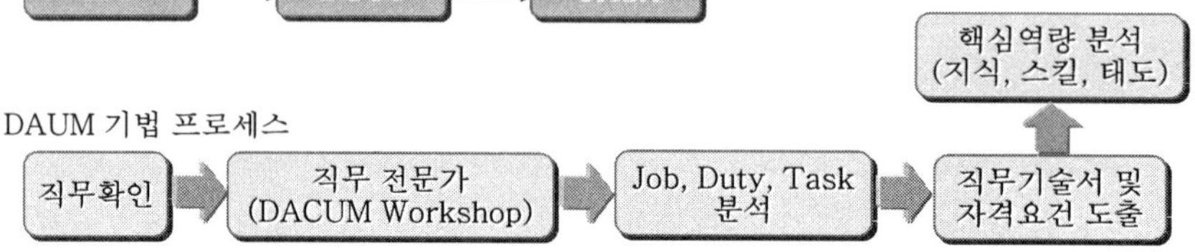

바. 비교 확인법

- 지금까지 분석된 자료를 참고로 하여 현재의 직무상태를 비교, 확인하는 방법
- 기존자료 분석시기와 현재 사회 차이의 차이점을 발견하여 보완
- 대상직무에 대한 참고문헌과 자료가 충분하여 널리 알려진 직무

직무조사 방법론 예시

Context	Method	내 용	활용 대상
기존의 직무조사 자료가 존재치 않는 경우	면접법 (Interview)	일선 종업원과 감독자와의 직접 면담을 통해 직무 관련 내용을 파악하는 방법	소수 직무, 자발적 참여가 요구되는 경우
	관찰법 (Observation)	분석 대상 종업원의 작업을 직접 관찰함으로써 직무 관련 정보를 획득하는 방법	조작적 숙련을 요하는 작업/ 설문법 등의 보조수단으로 활용
	설문지법 (Questionnaire)	구조화된 질문지를 통해 직무성취 과정에서 수행되는 과업을 확인하는 방법	직무수가 많고 광범위한 경우 활용
	중요사건 기록법 (Critical Incident Method)	반복이 많은 단위 생산성 중심의 과업을 대상으로 과업수행장면을 직접 기록하여 분석하는 방법	반복되는 작업의 생산성 분석
	데이컴 워크샵 (DACUM)	직무 관련 전문가 혹은 현업 담당자 전원을 한자리에 모아놓고 워크샵을 수행하여 직무 관련 자료를 확보하는 방법	비정형화된 과업 (R&D, 교육 등)
기존 직무조사 자료가 존재하는 경우	비교 확인법 (Comparison)	직무조사의 대상이 많거나 폭이 넓은 경우, 기존의 직무 분석 자료를 기준으로 대조 및 비교 과정을 통해 분석자료를 도출	일반적인 직무조사의 방법론

4. 직무평가

4-1. 직무평가

직무들을 일정한 기준(직무분석에서 확인한 작업자의 자격조건)에 의해 서로 비교하여 직무들간의 상대적인 가치를 결정하는 체계적인 과정을 말한다.

(1) 직무평가의 목적

- 직무평가의 결과는 직무등급체계(Job Matrix)로 정리되고, 임금수준 결정
- 인력확보 및 인력배치의 합리성 제고(각 개인의 능력에 맞는 직무할당)
- 직무의 난이도와 중요도에 따라 조직 내 표준 경력경로의 설정
- 인사고과에서 사용된 평가요소 간의 상대적 중요도 결정
- 직무설계를 통해 인력개발의 합리성 제고 및 개인과 직무를 효율적으로 연계해 주는데 활용

(2) 직무평가의 이론적인 배경

- '동일가치 노동에 대한 동일임금 원칙'
- 비교가치 이론 (Comparable Worth Theory)
- 직무의 상대적 가치에 따라 임금수준을 정하는 직무급 임금체계에 활용
- 우리나라의 경우 남녀고용평등법에 명시

4-2. 직무평가 체계도

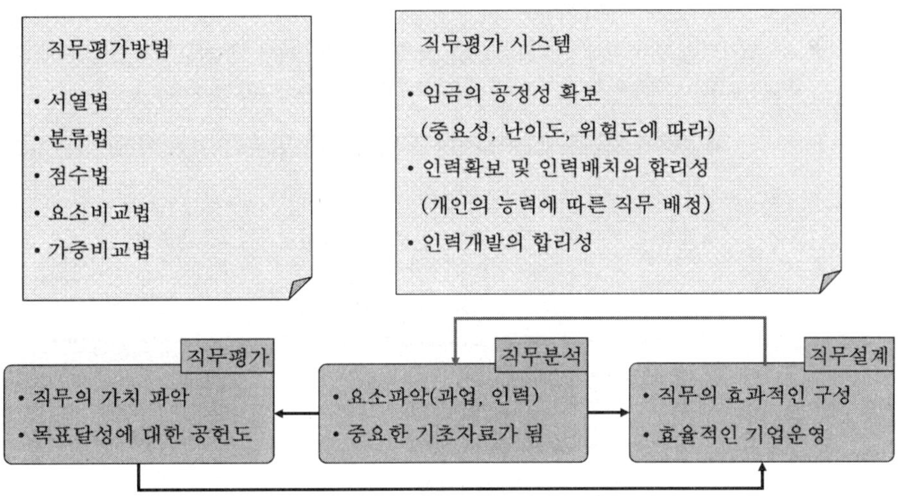

4-3. 직무평가 방법

계량적 방법

- 점수법(Point Method)
- 요소비교법(Factor Comparison)
- 가중비교법(Weighted Comparison)

비계량적 방법

- 분류법(Classification Method)
- 서열법(Ranking Method)

► 임금관리 목적으로 활용하려면 점수법이 가장 설득력 있게 사용될 수 있다.

► 직무평가의 실시와 우리나라의 상황

(1) 직무평가 요소

- 숙련 정도 : 경험, 지식, 기술이 어느 정도 필요한가?
- 노력 정도 : 육체적·정신적 노력이 어느 정도 필요한가?
- 책임 정도 : 잘못될 경우 여파와 책임은 어느 정도인가?
- 작업환경 : 작업장소, 환경여건 등은 어느 정도 좋은가?

(2) 직무평가의 용도

- 임금지급기준
- 인력의 확보와 배치
- 인력의 개발

직무평가 방법 예시

직무평가의 방법은 비교 방식과 평가 요소 활용 방식에 따라 다양하며, 점수법 (Point Factor Comparison) 쪽으로 갈 수록 복잡하고, 분석적이며 많은 시간이 소요됨

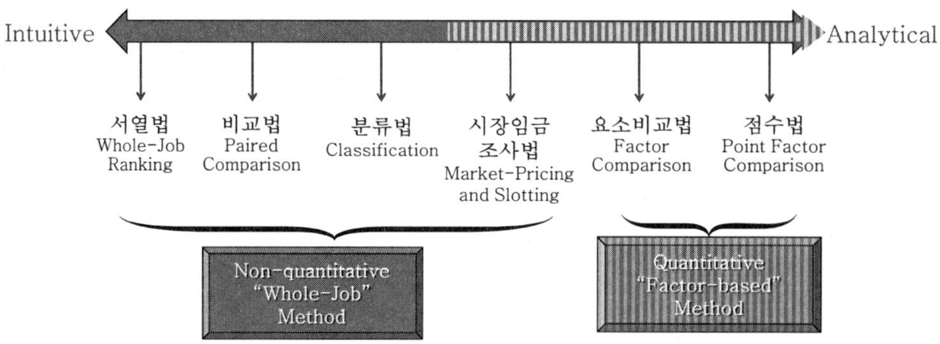

- 정성적인 직무평가 방법
- 직무 전체를 대상으로 평가
- 상대적으로 적은 시간 및 비용 소요

- 정량적인 직무평가 방법
- 직무를 평가요소로 분해해서 평가
- 충분한 시간과 비용 필요

가. 점수법

■ 보상요소(Compensable Factor), 숫자로 척도화 된 보상요소별 수준, 각 보상요소의 상대적 중요도를 나타내는 비중의 세 가지 특성에 의해 계량적으로 평가됨

■ 단계

- 보상요소의 선정
- 보상요소의 내용과 상대적 비중 결정
- 보상요소별 평가기준(평가척도)을 중심으로 한 원칙을 결정
- 각 보상요소에 점수를 배정
- 각 직무별로 직무평가총점을 집계
- 직무평가 총점에 따라 직무들을 등급(직무등급표 상의등급: 임금등급)으로 구분
- 임금등급에 맞는 임금체계를 설계

■ 점수법의 보상요소, 척도수준, 비중 (예)

보상요소	척도 수준	보상요소의 상대적 비중	예) 직무 A 척도수준 x 보상요소의 상대적 비중=점수
기술	1 2 3 4 5	40%	기술 1 2 3 4 5 x 40% = 80
노력	1 2 3 4 5	30%	노력 1 2 3 4 5 x 30% = 90
책임	1 2 3 4 5	20%	책임 1 2 3 4 5 x 20% = 60
작업조건	1 2 3 4 5	10%	작업조건 1 2 3 4 5 x 10% = 10 직무A의 점수 = 240

나. 요소비교법

■ 보상기준이 되는 요소(compensable factors)와 대표직무들의 임금수준을 사용하여 비교하는 평가방법

■ 요소비교법의 단계
- 직무명세서의 준비
- 보상요소 혹은 직무평가요소의 선정(정신적 요건, 육체적 요건, 기술, 책임, 작업환경 등)
- 보상요소의 구체적인 내용 결정(정신적 요건의 경우 직무수행요건 중 지식과 능력, 작업환경의 경우 열, 소음, 먼지, 환기, 냄새 등으로 구체화)
- 대표직무의 선정
- 각 보상요소별로 대표직무들의 서열을 정함
- 대표직무의 임금을 각 보상요소에 할당
- 각 보상요소의 서열과 할당된 임금의 서열을 비교
- 직무비교 척도를 설정
- 척도를 다른 직무에 적용

다. 서열법

■ 직무간 상대적 가치나 조직에 대한 기여도에 근거하여 직무기술서를 가장 높은 것에서부터 가장 낮은 것으로 서열을 정하는 방법

■ 가장 빠르고 쉬운 방법이며, 직무평가 목적에 큰 문제가 없을 경우 사용

■ 직무의 수가 많지 않을 경우에 적합(직무가 많은 대기업에는 부적합)

■ 교대 서열법(alteration ranking)
- 모든 직무들을 놓고 가장 가치가 높은 직무와 가장 가치가 낮은 직무를 먼저 선정하고 그 다음 남은 직무들을 대상으로 동일한 방법을 반복하여 서열을 정하는 방법

■ 쌍대 비교법(paired comparison method)
- 모든 직무를 2개씩 짝을 만들어 서로 비교한 후 상대적인 가치가 높은 직무들을 분류한 후 종합하여 결정하는 방법

■ 서열법 : 쌍대 비교법(예)

구분	직무 B	직무 C	직무 D	직무 E	직무 F
직무 A	B	A	D	A	A
직무 B		B	D	B	B
직무 C			D	C	C
직무 D				D	D
직무 E					E

1) 각 직무들을 비교하여 상대적 가치가 높은 직무의 이름을 빈 칸에 표시

2) 각 직무별로 수를 집계
   - A : 3, B : 4, C : 2, D : 5, E : 1, F : 0

3) 순서 2)에서 높은 숫자를 가진 직무부 터 서열을 정함.
   - 1순위 : 직무 D
   - 2순위 : 직무 B
   - 3순위 : 직무 A
   - 4순위 : 직무 C
   - 5순위 : 직무 E
   - 6순위 : 직무 F

라. 분류법

■ 조직 내에 존재하는 모든 직무들을 대상으로 하여 먼저 각 계층을 대표할 수 있는 대표직무(key job or benchmark job)를 정한 후 나머지 직무들을 계층에 따라 분류.

■ 대표직무의 요건
- 직무의 내용이 잘 알려져 있고 잘 변하지 않으며, 대부분의 직무수행자들이 인정하는 직무이어야 한다.
- 어느 특정 회사에만 국한되지 않고 여러 회사에 보편적으로 나타나는 직무이어야 한다.
- 비슷한 부류의 직무를 대표할 수 있는 직무이어야 한다.
- 임금수준을 정할 수 있도록 외부노동시장에서 대표직무로 받아들여질 수 있어야 한다.

■ 분류법의 사용
- 직무의 수가 많지 않을 때
- 정확성보다는 간편하게 직무를 서로 비교할 때
- 직무급을 사용하지 않고 직무가치에 수당을 지급하는 우리나라 기업에 활용 가능
- 내용이 단순하여 조직 구성원들을 이해 시키기 쉽다.
- 직무의 수가 많을 때는 적용하기 곤란하며, 각 단계의 수준을 정의하기 어렵다.
- 직무평가자들의 주관적인 판단이 개입될 가능성이 높다.

4-4. 직무분석 평가

(1) 평가시 유의점

▲ 후광효과
- 특정 종업원에 대한 특별한 평가

▲ 관대화 오류
- 모두에게 비슷한 평가를 내림

▲ 중앙집중 오류
- 불확실한 평가, 보통만 있음

⇨

▲ 평가자에 대한 교육
- 오류를 줄일 수 있도록 교육
- 정확한 평정을 할 수 있는 강제력 필요

⇩

▲ 평가자에 대한 분류
- 상사 평가
- 자기 평가
- 동료 평가
- 360도 평가

(2) 직무분석 평가 결과와 활용

◆ 직무분석의 결과물

▷ 직무기술서(job description)

▷ 직무명세서(job specification)

◆ 직무분석 결과가 쓰이는 곳

· 채용, 배치, 교육훈련, 보상, 고과, 승진, 이동 등

❑ 직무평가(Job Evaluation)

- 해당 직무와 다른 직무와 상대적 가치 결정
- 직무급의 기초자료

→ ▪ 직무의 중요도와 책임감, 난이도 등을 객관적으로 평가하여 다른 직무와 상대적 가치를 결정하여 이에 따른 보상이 가능하게 함.

- 방법 : 서열법, 직무분류법, 점수법, 요소비교법

❑ CJ 직무평가 추진 내용

- **평가 방식** : 250여개의 **대표직무** 선정 → 평가요소별 **점수법** →컨설팅사의 직무평가 시스템 이용
  잔여직무는 서열법,분류법, 비교법 병행
- **평가 주체** : 우수간부 100여명에 의한 평가 → 프로젝트 팀 검증·협의·조정 → 임원위원회 보고·승인
- **평가요소** : 5개 부문, 10개 요소, 31개 문항(아래표 참조)

Input Factor	Throughput; Transactional Factor	Output: Achievement Factor
. 해당 직무를 수행하기 위해 갖춰야 하는 최소한의 직무지식 및 기술	. 목표를 달성하기 위해 부가가치를 높이는 업무수행 방식과 특성	. 회사의 경영성과에 미치는 직무의 범위 영향력, 공헌도, 재량권
1. 정규교육 2. 경력 150점	3. 사내 의사소통능력 4. 사외 의사소통능력 5. 문제 분석능력 6. 문제 해결력, 창의력 450점	7. 부하직원관리 책임 8. 자원관리 책임 9. 재량권 10. 의사결정권, 영향력 400점

❑ 직무 등급 체계 개선

- 직무의 책임과 역할에 따라 4부문으로 **경력경로**(Track)를 구분하고 경로에 따른 **직무등급**(Grade) 정의
  → 경영관리: G5~G7, 전문직: G1~G7, S1~S3, 생산·기술 : T1~T4, 연구개발: R1~R3
- 직무등급의 공식적인 Title(**직급명**)을 **폐지**하고 대외적 명칭으로만 사용케 함.

[제6장 연습문제]　　학년 :　　　　　학번 :　　　　　　　　성명 :

I. 서술형

1. 직무기술서와 직무명세서의 차이점에 대하여 설명하시오.

2. 직무분석의 목적에 대하여 설명하시오.

3.직무분석의 요건을 3 영역으로 나누어서 설명하여라.

4. 왜 직무분석을 실시하여야 하는지에 대한 이유를 설명하여라.

5. 직무분석시 수직적 직무분석과 수평적 직무분석을 비교하여 설명 하여라.

6. 직무특성 이론과 직무설계와의 관계를 설명하여라.

7. 직무평가시 유의할 사항에 대하여 설명하여라.

II. 진위형

1. 직무분석은 인적자원관리의 출발점이다. (　　)
2. 직무를 만족하게 수행하는데 필요한 지식과 기술 그리고 기타 능력 및 자질을 명세한 공식문서가 직무기술서이다. (　　)
3. 직무분석의 분석적 관심요소는 산출요소, 투입요소, 변환과정, 상황요인 등 이다. (　　)
4. 직무분석의 역할은 직무내용을 평가하여 평가에 대한 책임 추궁과 직무에 대한 적임자를 선발하여 해당업무에 배치하는 것이다. (　　)
5. 직무분석은 직무에 대한 정보를 수집.분석하여 직무의 내용을 파악하고, 각 직무의 수행에 필요한 지식, 스킬, 능력, 경험, 책임 등의 요건을 명확히 하는 일련의 과정을 의미한다. (　　)
6. 임금관리 목적으로 활용하려면 요소비교법이 가장 설득력 있게 사용될 수 있다. (　　)
7. 직무분석은 관리업무와 현대 산업 사회의 구조로부터 출발하며, 직무는 조직의 일차적 활동 단위이다. (　　)
8. 각각의 직무가 조직 내에서 지니는 상대적 가치와 기여도를 평가하는 것이 직무설계이다. (　　)
9. 직무분석의 결과물은 직무기술서와 직무명세서 이다. (　　)

III. 선다형

1. 전통적인 직무분석의 문제점을 만들어 내고 있는 추세가 아닌 것은? (　　　)
   ① 직무범위가 축소되고 있다.　　② 팀 조직이 늘고 있다.
   ③ 새로운 직무가 많아지고 있다.　　④ 복합기능적인 종업원이 늘고 있다.

2. 다음 중 일반적으로 역량을 구성하는 요소에 속하지 않는 것은? (　　　)
   ① 기본역량　② 전문역량　③ 성과역량　④ 리더십 역량

3. 다음 중 역량기반 직무분석과 거리가 먼 것은? (　　　)
   ① 종업원 초점　② 의무와 책임　③ 보유 역량　④ 성취하는 방식 초점

4. 다음 중 직무관련 개념 설명 중 틀린 것은? (　　　)
   ① 직무는 과업의 집합에 그것을 수행하는 사람을 더한 개념이다.
   ② 과업이 모여 직무를 이룬다.
   ③ 직위의 수는 직무의 수보다 항상 많다.
   ④ 직무가 모여 직군을 이룬다.

5. 직무조사 목적으로서 틀린 것은 ? (　　　)
   ① 각 단위 조직에서 행하는 업무의 종류　　② 그 업무가 어느 정도 어려운가
   ③ 그 업무량은 얼마나 되는가　　④ 작업자의 업무 능력 파악 및 업무수행도

6. 직무분석 절차가 맞는 것은? (　　)
   ① 직군(직종) → 직무 → 직위 → 과업　　② 과업 → 직군(직종) → 직무 → 직위
   ③ 직군(직종) → 과업 → 직위 → 직무　　④ 직군(직종) → 직위 → 직무 → 과업

7. 직무분석의 요건이 아닌 것은? (　　)
   ① 직무설명　　② 직무분석
   ③ 직무평가　　④ 직무설계

8. 직무분석시 유의사항에 관한 설명 중 틀린 것은? (　　)
   ① 직무내용의 모호성.
   ② 직무내용의 실체성.
   ③ 직무내용의 정체성.
   ④ 실무층의 협조.

9. 직무평가 방법중 계량적인 평가 방법이 아닌 것은? (　　)
   ① 점수법(Point Method)　　② 요소비교법(Factor Comparison)
   ③ 가중비교법(Weighted Comparison　　④ 분류법(Classification Method)

10. 특정한 목적으로 행해지는 하나의 명확한 작업활동을 무엇이라고 하는가? (　　)
   ① 요소(element)　　② 과업(task)
   ③ 직위(position)　　④ 직무(job)

제Ⅱ부 노동인력관리

제5장 작업측정

제6장 직무분석

제7장 직무설계

제7장 직무설계

1. 노동인력 관리
2. 직무설계의 의의
3. 직무설계의 접근방법
4. 방법연구

1. 노동인력 관리

1-1. 인력관리의 목적

(1) 운용 가능한 여러 가지 제약 속에서 가능한 성과의 극대화를 노리는 것

(2) 만족스러운 수준의 성과

(3) 성과의 달성, 즉 작업결과가 어떠했는가 하는 것.

1-2. 인력관리의 원칙

- 작업자와 직무가 조화를 이루도록 해야 한다.
- 성과의 표준을 설정해야 한다.
- 교육훈련을 제공해야 한다.
- 성과에 대해 보상을 해야 한다.
- 작업자의 책임을 명확히 규정해야 한다.
- 의사소통과 종업원 참여를 보장해야 한다.
- 감독이 잘 이루어져야 한다.

1-3. 생산관리에 있어서 인력관리의 핵심 내용

(1) 직무설계 : 직무의 내용과 수행방법 결정

(2) 작업측정 : 작업의 표준량 결정

1-4. 인력 관리자의 자세

(1) 작업성과의 향상이 작업자의 만족 뒤에 자동적으로 따르게 된다는 기대는 곤란

(2) 작업자들의 만족을 목적으로 삼을 것이 아니라 적절한 성과의 수준을 목적으로 삼도록 해야 함

(3) 만일 작업자들이 달성한 성과에 대한 보상만 적절하게 받는다면 만족은 성과에 뒤따르게 될 것임.

1-5 인력관리의 절차

(1) 직무설계 : 각 작업자가 수행해야 할 직무를 구체적으로 설정

↓

(2) 선 발 : 필요인원을 조직의 내부 또는 외부로부터 선발

↓

(3) 교육, 훈련 : 직무수행을 위해 필요한 교육 및 훈련을 실시

↓

(4) 작업수행 : 작업자가 주어진 작업에 대하여 체계적으로 실시

↓

(5) 평가, 보상 : 적절한 평가기준을 마련하고, 동기부여를 위한 보상체제를 수립

1-6. 직무관리와 인적자원관리시스템

- 사람중심의 인사관리와 직무중심의 인사관리
- 직무중심 인사관리에 대한 관심 증대

(1) 사람중심의 인사관리

- 사람이 가지고 있는 가치(예: 학력, 경력, 자격, 근속, 성별 등으로 판단)에 중점을 둔다.
- 직무분석과 직무평가에 대한 관심이 높지 않다.
- 직무의 내용이 표준화되어 있지 않으며, 담당 직무의 내용이 수시로 변한다.
- 직무의 가치는 임금결정에서 중요한 요소가 되지 않으며, 대개의 경우 임금인상은 근속에 따라 결정되는 근속급제도가 보편화되어 있다.
- 임금관리, 승진관리가 인적자원관리의 핵심영역이 되며, 업적보다는 근속과 보유능력에 따른 차별화가 이루어 지고, 공정성이나 객관성도 직무주의에 비해 낮은 것으로 평가된다.먼저 인력이 결정되고 난 후 직무를 부여하는 인력관리 패턴을 보인다. 높은 전문성을 가지는 Specialist보다 보편적인 능력을 가지는 Generalist가 중시된다.
- 직급을 부여하는 원칙과 기준(예: 대졸신입사원은 3급을, 전문대졸은 4급, 고졸은 5급 등)이 합리적으로 설정되어 있어야 하고, 개인이 보유하고 있는 인적자본과 직급부여기준을 비교하여 개인별로 직급이 결정된다.

(2) 직무중심의 인사관리

- 인적자원관리의 근간을 직무평가를 통해 직무간에 비교된 상대적 가치에 두고 있다.
- 직무가 가지고 있는 특성을 조사/분석하는 직무분석(Job Analysis)과 직무간의 상대적 가치를 결정하는 직무평가(Job Analysis)가 기본적으로 이루어져야 한다.
- 조직 외적인 여건으로 노동시장에서 직무가 표준화되어 있어야 할 뿐만 아니라 그 직무의 내용이 자주 바뀌지 않아야 한다. 이러한 조건을 갖춘 직무를 핵심직무(Key Job)라고 한다.
- 직무의 상대적 가치를 일정한 등급으로 나누어 정리해 놓은 직무등급체계(Job Matrix)가 인적자원관리시스템의 실질적인 기본이 도며, Generalist보다 Specialist가 우대 받는다.
- 조직간에 자유롭게 이동하면서 개인의 경력관리가 이루어지는 특성을 가지고 있다. 따라서 외부노동시장이 매우 발달해 있으며, 각 직무의 임금수준이 잘 알려져 있다.
- 개인의 임금은 자신이 맡고 있는 직무의 가치와 직무성과에 따라 결정된다.
- 먼저 직무의 체계가 결정되고 난 후 인력이 배치된다. 직무가 요구하고 있는 수행요건(Job Requirements)과 개인이 보유하고 있는 직무수행능력을 비교하여 사람과 직무가 연결된다. 이때 직무의 수행요건과 개인의 보유능력은 지식(Knowledge), 기술(Skill), 능력(Ability), 그리고 기타 특성(Other Characteristics)으로 구분하여 비교된다.
- 인적자원관리에 대한 공정성, 객관성, 수용도가 높은 편이다.

2. 직무설계의 의의

▣ 직무설계(Job design): 한 개인이나 집단이 수행하여야 할 과업들과 이들 과업의 계획 및 통제에 대한 책임으로 구성되는 직무(job)에 대하여 작업내용(work content)과 작업방법(work method)을 명시하는 것.

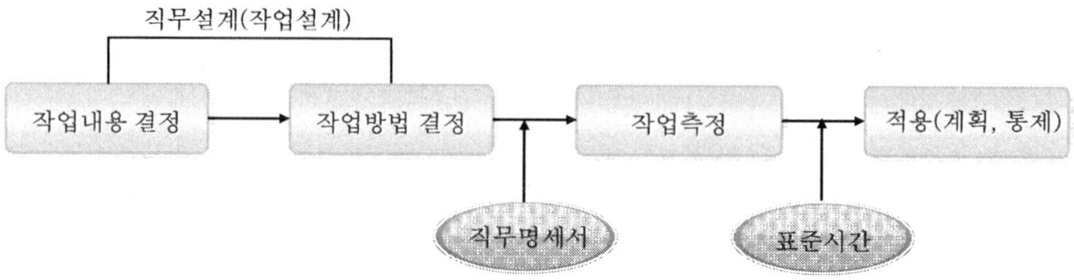

▣ 잘된 직무설계 → 생산성 및 품질 향상, 원가절감
- 제품에 가치를 부가하지 못하는 과업들은 제거되어야함을 의미
- 구성원들에게 효과적이고 능률적이며 즐겁게 일할 수 있는 생산적인 직무가 주어져야 함을 의미.

2-1. 직무의 세분

구 분	내 용
미세동작 (micromotion)	가장 작은 작업활동으로서 어느 물체에 팔을 뻗어, 잡고, 내려 놓는 것과 같은 기본 동작
요 소 (element)	두 개 이상의 미세동작으로 구성(예 : 어느 물체를 집어서, 운반하여, 한 장소에 두는 행위)
과 업 (task)	회로 판에 배선을 하거나, 마루를 청소하거나, 나무를 자르는 것과 같이 두 개 이상의 요소로 구성된 하나의 완전한 활동
직무(job)	작업자가 수행해야 할 일련의 과업

2-2. 직무설계의 결정요인

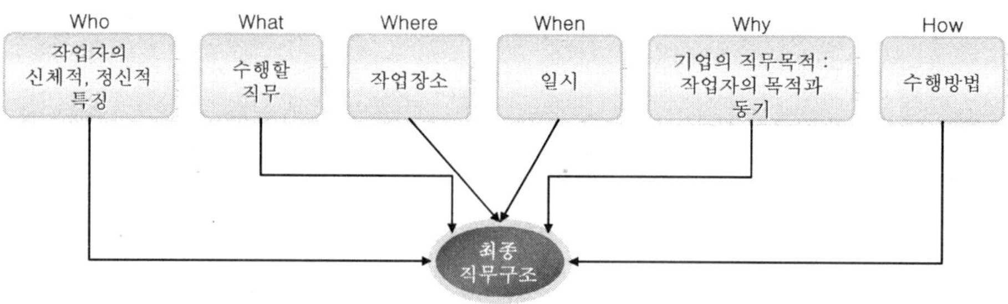

2. 직무설계의 의의

▣ 직무설계(Job design): 한 개인이나 집단이 수행하여야 할 과업들과 이들 과업의 계획 및 통제에 대한 책임으로 구성되는 직무(job)에 대하여 작업내용(work content)과 작업방법(work method)을 명시하는 것.

▣ 잘된 직무설계 → 생산성 및 품질 향상, 원가절감

- 제품에 가치를 부가하지 못하는 과업들은 제거되어야함을 의미
- 구성원들에게 효과적이고 능률적이며 즐겁게 일할 수 있는 생산적인 직무가 주어져야 함을 의미.

2-1. 직무의 세분

구 분	내 용
미세동작 (micromotion)	가장 작은 작업활동으로서 어느 물체에 팔을 뻗어, 잡고, 내려 놓는 것과 같은 기본 동작
요 소 (element)	두 개 이상의 미세동작으로 구성(예 : 어느 물체를 집어서, 운반하여, 한 장소에 두는 행위)
과 업 (task)	회로 판에 배선을 하거나, 마루를 청소하거나, 나무를 자르는 것과 같이 두 개 이상의 요소로 구성된 하나의 완전한 활동
직무(job)	작업자가 수행해야 할 일련의 과업

2-3. 직무설계 절차

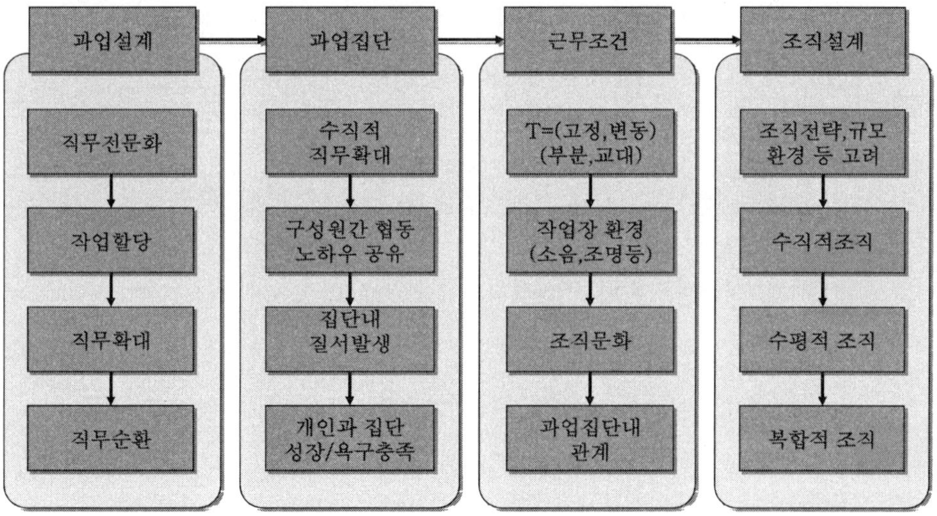

2-4. 직무설계시 고려해야 할 요소

(1) 사회적 기술적 접근방법 : 기술적 요인과 사회적 요인을 직무설계에서 함께 고려해야 함

(2) 직무확대 : 극단적인 분업보다는 몇 개의 직업들을 결합시킨 보다 폭넓고 다양한 직무의 구성이 작업자의 권태를 막고 흥미를 유발시킴으로써 제품의 품질과 생산성을 증가시키게 된다는 것.

(3) 직무의 폭에 따른 비용분류(스코빌의 연구)

① 임금 ② 감독비

③ 원료낭비 및 품질관리비 ④ 자본비용(작업자 한 사람에 대한)

(4) 스코빌에 의하면 직무의 폭에 따른 단위당 비용의 증가를 조사해 보았을 때 네 가지 비용의 합계에 해당되는 총비용은 아래로 볼록한 2차함수와 같은 모습으로 나타나게 될 것이므로 최저의 총비용을 발생시키는 직무의 폭을 찾아낼 수 있다고 함.

(5) 일정한 제약조건 아래에서 경제적 또는 비경제적 기준에 가장 잘 들어맞는 작업방법을 수집하기 위해서 필요한 자료를 수집하였는데 작업환경, 인간의 힘과 관계, 인간의 감각기능, 설비배치, 작업흐름, 피로와 권태, 작업일정에 관한 자료들이 그것.

2-5. 직무설계 내용의 결정

(1) 직무내용: 정신적 과업과 육체적 과업으로 구성

- 정신적 과업: 정보 수집, 처리 및 저장; 창조적 사고 및 문제해결 등

- 육체적 과업: 전신운동 및 근육운동 과업 등

(2) 최적 직무내용의 결정: 작업자가 수행하여야 할 '과업의 수'와 작업자에게 작업의 계획 및 통제에 관해 부여된 책임의 정도인 '과업의 양'의 두 가지 측면.

(3) 한 작업자가 담당해야 할 과업의 수와 양을 결정하는 직무설계 이념은 산업혁명 이후 전문화로부터 직무확대 및 직무충실화, 직무순환, 그리고 사회기술적 시스템 접근법 등으로 나타남.

2-6. 직무설계의 사회기술적 접근법

(1) 직무설계의 사회기술적 접근법(socio-technical approach) : 공정의 기술적 요건 및 작업자의 사회적 욕구를 함께 고려하여 직무내용을 결정하려는 것.

- 작업자에 대한 X이론적 관점이 아닌 Y이론적 관점을 전제
- 종업원 권한강화(employee empowerment)를 통한 종업원참여(employee involvement)를 유도하여야 함.
- 작업자들은 직무 수행 중 지속적인 학습의 기회를 갖고 그들의 직무에 영향을 주는 의사결정에 참여하도록 함.

2-7. 직무설계의 최근 추세

- 품질관리가 작업자의 직무의 일부
- 복합기술이 요구되는 직무를 수행할 수 있도록 작업자에게 여러 가지 기술을 교육
- 작업의 설계와 조직화에 작업자 참여와 팀 접근법 사용
- 텔레 커뮤니케이션 네트워크와 컴퓨터를 통한 작업자의 정보화 및 작업의 내용과 작업자의 작업수행능력 확대
- 임시직의 사용 확대
- 힘든 수작업의 자동화
- 모든 종업원에게 의미 있고 보람 있는 직무를 제공하기 위한 조직적인 노력

3. 직무설계의 접근방법

3-1. 직무설계의 세 가지 접근방법

► 기술적 요인을 강조하는 전통적 접근방법

► 사회적·인간적 요인을 강조하는 행동적 접근방법

► 기술적 요인과 사회적 요인 모두를 고려하는 사회기술적 접근방법

(1) 직무설계의 전통적 방법

■ 노동의 전문화(labor specialization)

- 노동의 전문화는 직무설계에 있어서 이점과 불리점의 양면성을 가지고 있으므로 과도한 전문화는 피해야 함.

(2) 노동의 전문화의 이점

경영자에 대한 이점	노동자에 대한 이점
1. 작업자의 신속한 훈련 2. 신규 작업자의 채용 용이 3. 단순 반복작업으로 인한 높은 산출 4. 노동인력의 대체 용이로 인한 낮은 임금 5. 작업흐름과 작업부하의 철저한 통제	1. 교육경력이 없어도 취업 용이 2. 작업습득의 용이

(3) 노동의 전문화의 불리점

경영자에 대한 불리점	노동자에 대한 불리점
1. 누구도 제품 전체에 대해 책임을 지지 않기 때문에 품질관리가 어려움 2. 이직, 계획적 결근, 지각, 불평 등과 같은 작업자 불만족으로 인한 비용 3. 작업자의 제한적 시각으로 인한 공정개선 가능성의 감소 4. 신제품이나 개선된 제품의 생산을 위한 생산공정의 변화에 대한 유연성 부족	1. 반복적 작업으로 인한 지루함 2. 각 품목에 작은 공헌 밖에 하지 못함으로 인해 작업 그 자체에 불만족 3. 작업속도를 거의 또는 전혀 통제하지 못함으로 인한 좌절과 피로(특히 조립라인 에서) 4. 부분적 작업에서는 크게 배울 수가 없기 때문에 더 나은 직무로의 승진 기회 부족

3-2. 과학적 관리법(scientific management)

(1) 과학적 관리법은 1882년 테일러(Frederick W. Taylor)에 의해 개발되었으며, 직무설계에 있어서 기술적 요인을 강조하는 대표적인 전통적 방법

(2) 과학적 관리법의 4가지 원칙

- 직무의 과학적 연구를 통한 최상의 작업방법 발견
- 새로운 작업방법에 적합한 작업자의 선발 및 훈련
- 새로운 작업방법의 실행
- 경영자와 작업자간의 팀워크 개발

(3) 베들레헴 제철회사(Bethlehem Steel)의 실제 사례

3-3. 직무설계의 행동적 방법

(1) 직무설계의 행동적 접근방법

► 직무설계에 있어서 사회적·심리적 요인을 강조하는 접근법

① 직무충실화(job enrichment)

- 직무충실화란 작업자가 자신의 작업을 계획하고, 조직하고, 통제하도록 직무를 수직적으로 확대하는 것임.
- 직무충실화는 수직적 부하(vertical loading)를 의미하며, 각 작업자를 자신의 일을 계획하고 조직하고 통제하는 데에 참여시킴으로써 직무에 더 많은 의미와 만족을 주도록 직무내용을 설계하는 것임.

■ 직무특성이론

► J.R. Hackman을 주축으로 한 직무특성이론은 1970년대 직무설계이론을 지배하여 왔으며, 많은 이론적, 실증적 연구가 이루어져 왔다.

► 직무특성이론은 직무충실화가 안고 있는 문제점들을 보완하기 위해 나온 이론으로 다섯 가지 직무특성을 확인하여 그들 사이의 상호관련성과 그것들이 종업원의 생산성, 동기유발, 만족에 미치는 영향관계를 설명.

► 즉, 개인 및 작업성과가 중요심리상태(critical psychological states)에서 얻어지며 이 중요심리상태는 핵심직무특성차원에서 만들어진다.

► 다음 그림을 보면 직무특성이론은 직무충실화 모델을 한 단계 발전한 직무설계이론임을 알 수 있다.

■ 직무특성이론은 종래의 추상적, 개념적인 직무충실화이론에서 벗어나 종업원의 개인차를 고려하여 직무특성과 성과변수 사이의 관계를 제시하고 각 직무특성차원을 명확히 하여 실행개념까지 도입함으로써 실질적인 직무설계를 제시한 것.

직무충실화

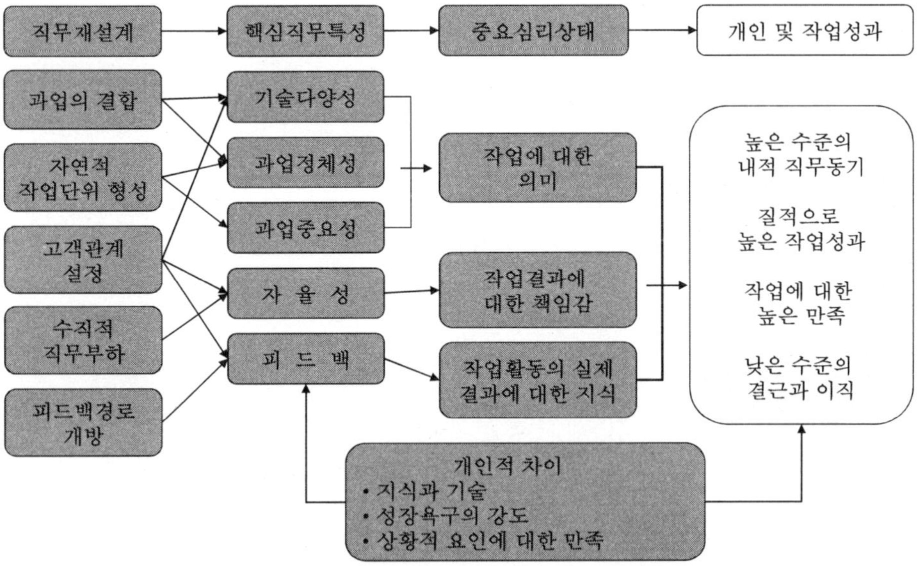

직무충실화의 사례 : 롯데캐논의 직무설계

?

삼성전자 이재용상무가 세차례나 찾아갔습니다

호텔 병원 대기업CEO들 견학하려 줄을 섰습니다

롯데캐논 안산공장 도대체 그곳에서 뭘 배울수 있기에…

이건희 삼성그룹 회장의 아들인 이재용 삼성전자 상무는 복사기·복합기 제조업체인 롯데캐논 안산공장을 세 차례나 찾았다. 처음 방문한 2003년 11월에는 삼성전자 혁신팀, 2004년에는 공장장, 지난해에는 사업부장들과 함께였다. 안산공장의 김영순(51) 생산본부장은 "이 상무가 '세계의 좋다는 공장은 다 가 봤는데 여기 시스템이 가장 낫다'며 감탄하더라"라고 전했다. 이 상무뿐만 아니라 이 공장을 견학하려는 경영자들이 줄을 섰다. 김 본부장은 "대기업 최고경영자(CEO)들은 물론이고 호텔과 병원에서도 벤치마킹하려고 찾아온다"고 했다. 도대체 이 공장의 무엇이 기업인들을 불러들이는 것일까.

롯데캐논의 한 생산직원이 7일 안산공장에서 복사기 조립 마무리 작업을 하고 있다.

답은 '일하는 재미'였습니다

단순조립 컨베이어 뜯어내고 1人이 완제품 조립… 생산성 34% 증가 '역발상의 기적'

② 직무순환(job rotation)

- 직무순환이란 작업자로 하여금 일정 기간마다 다른 종류의 직무를 수행케 함으로써 다양성을 추가 하는 것임.
- 직무순환을 실시하면 기업의 모든 활동에 대한 종업원의 이해가 증진되고 활동간의 조정이 보다 원활해 짐.
- 전문화에 따른 폐단이 나타나기 전에 다른 업무와 교체함으로써 심리적·생리적으로 저하된 근로의욕 및 태도를 활성화시키려는 방법.
- 직무순환에 따라 작업자들이 다양한 직무를 수행할 수 있는 다기능공(多技能工)이 될 수 있음.
- 한 작업자의 예기치 못한 사고 시에 다른 작업자가 대신할 수 있으므로 융통성 있는 대응이 가능함.
- 직무순환에 따른 직무교육이 요구됨.

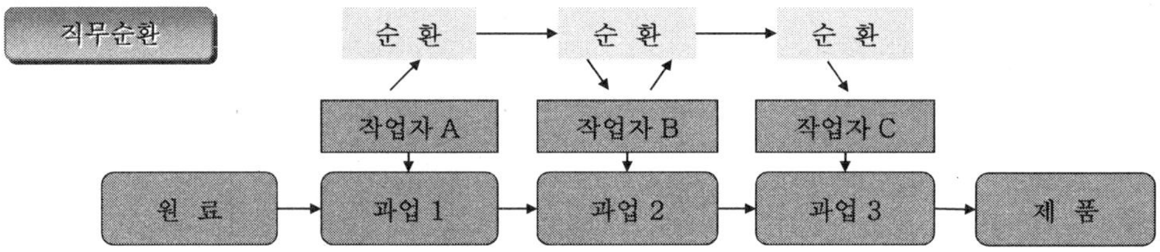

③ 직무확대(job enlargement)

- 직무확대란 작업자가 여러가지 다양한 과업을 수행할 수 있도록 직무를 수평적으로 확대하는 것임.
- 직무확대의 목적은 과도한 단순화와 전문화의 역효과를 막고 작업자에게 작업 전체를 수행할 수 있는 기회를 줌으로써 작업자가 흥미와 만족감을 느낄 수 있도록 함.
- 직무확대는 직무에 기술다양성을 추가하는 수평적 부하(horizontal loading)를 의미하며, 계획, 통제, 의사결정과 같은 관리상의 능력을 추가로 요구하지는 않음.

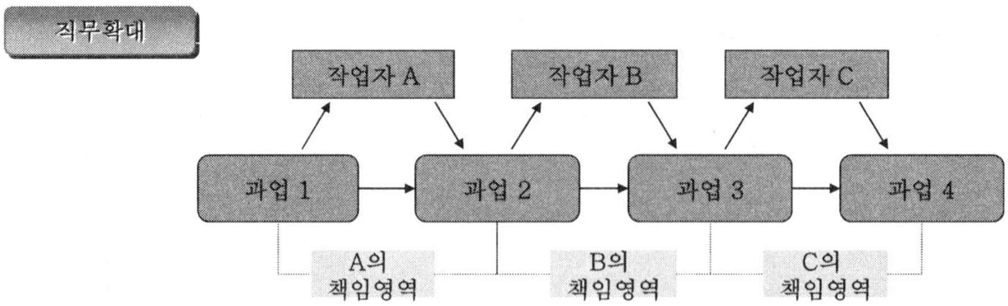

(2) 전문화

► 산업혁명 이후 생산성 향상이 최대의 관심사, 이를 위한 직무내용의 결정이념은 아담 스미스(Adam Smith)의 분업의 원리를 기초로 한 직무의 전문화.

► 전문화의 이점

① 숙련도의 향상이 빠름

② 과업 변경 및 준비에 따른 시간 손실이 감소

③ 반복적인 단순작업의 기계화가 쉬움

④ 작업내용이 단순하여 작업수행 여부를 쉽게 파악할 수 있으므로 감독이 쉬움.

► 전문화를 통한 대량생산이 물질적 생활수준 향상에 크게 기여. 반면에, 업무가 단조로워 작업자들이 쉽게 싫증, 피로 및 좌절감 등을 느낌. 이에 따른 직무불만족(職務不滿足)으로 종업원의 사기(士氣) 저하, 이직률 및 결근율 상승, 품질저하 등 초래.

직무 전문화

F.W.TAYLOR

H. Ford & Model T

- 1908년 모델T의 생산에는 7,882개 공정, 그러나 포드가 보기에는 …
- " 이 공정 중 949개는 육체적으로 강한 숙련공이 필요하다. 3,338개의 공정은 보통 체력의 남자면 되고, 나머지 공정은 여성이나 어린아이라도 할 수 있다" " 또 이 가운데 670개의 공정은 두다리가 없는 노동자도 충분하며, 2,637개의 공정은 한쪽 다리가 없는 노동자도 할 수 있다. 두팔이 없는 직공이 할 수 있는 공정은 두개 있으며, 715개의 공정은 외팔이 직공이라도 된다. 눈먼 직공이 할 수 있는 공정은 10개나 있다"

< 포드 자서전 중에서 > 자료 : 이재규, 2006, 기업과 경영의 역사, 사과나무, p.153.

326

3-4. 직무확대 및 직무충실화

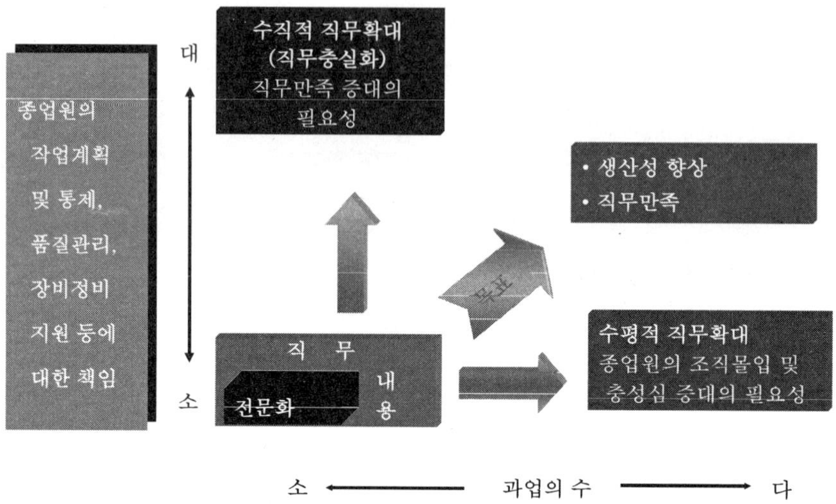

3-5. 직무설계의 사회기술적 방법

(1) 직무설계의 사회기술적 접근방법

- 사회기술적 접근방법은 직무설계에 있어 기술적 변수와 사회적 변수 양쪽 모두를 강조함.
- 전통적 방법은 사회적 변수를, 그리고 행동적 방법은 기술적 변수를 간과함으로써 지루한 직무나 적합한 기술을 이용하지 않는 직무를 야기시키므로 직무설계에서는 사회적 변수와 기술적 변수를 모두 고려하여야 함.

(2) 사회기술적 직무설계

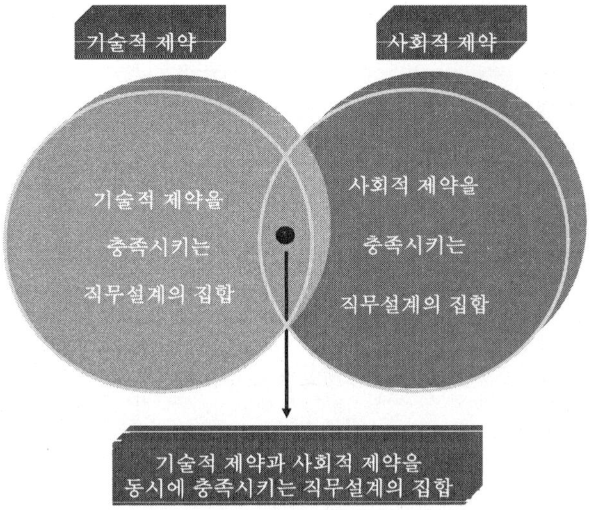

(3) 조직설계의 사회기술적 접근법

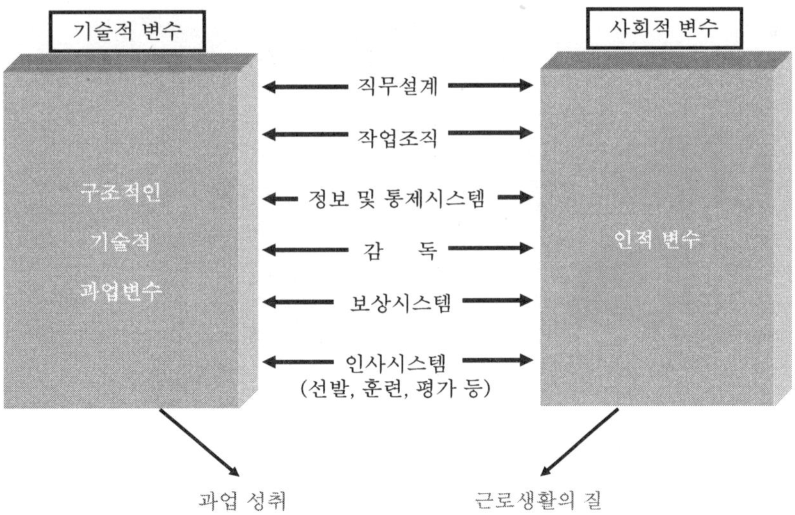

3-6. 직무설계방법

	■ 합리지향적 직무설계방법	■ 동기부여적 직무설계방법
대표학자	Taylor	Hackman and Oldham
전제	•과업의 수 제한하고, 작업조건 표준화를 통한 작업자 대체성 제고할 수록 직무능률이 향상된다.	•직무성과는 직무수행에 따른 경제적 보상보다 심리적 만족에 달려 있다.
초점	•직무의 전문성과 능률 및 합리성과 생산성을 우선적으로 강조	•경제기술적 요소이외에 사회 심리적 요인까지 구성원 동기부여를 위한 직무설계에 반영
내용	•이상적 직무내용과 직무수행방법 설계를 통한 작업 표준화(동작 연구 등) •Top Down Approach •철저한 성과기반 보상을 통한 개인 동기부여	•수평적 측면:직무를 구성하는 과업의수와 종류를 확대할 수록 직무의 의미와 정체성이 커지고 성취감이 제고됨. •수직적 측면:직무내용 중 전문성이 필요한 부분의 구성비가 높을 수록 직무가 충실화 됨
한계점	•과도한 직무전문화, 표준화, 단순화로 인한 구성원의 직무만족감 저하 •조직구성원 결근율과 이직률, 불량률 증가의 부작용	•대다수 연구조사결과에서 기대되는 효과가 발생했지만 일부는 그 효과가 분명하게 나타나지 않음.

(1) 동기부여적 직무 재설계 방법

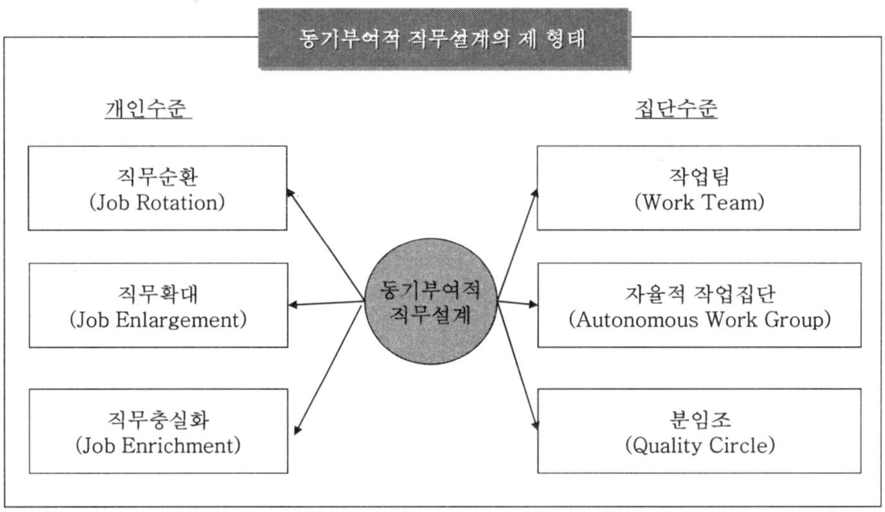

(2) 직무설계 방법의 효과 비교

① 사기와 만족감
- 직무에서 요구되는 기술수준이 높을 수록 만족한 근로자 비율이 높음(Kornhauser 1985)
- 수평적 측면(과업의 수, 다양성) 보다 수직적 측면(기술수준, 자율성, 팀참여)에 직무만족이 더 영향을 받음.

② 동기부여의 계량적 측정
- 해크만 등의 동기부여지수(motivation potential score:MPS)
→ 계량화의 어려움

$$동기부여\ 지수(MPS) = \frac{(과업\ 다양성+ 과업\ 정체성+ 과업\ 중요성)}{3} \times 자율성 \times 피드백$$

③ 능률과 경제적 성과
- 스웨덴 볼보, Saab 라인조립방법을 팀조립방법으로 변경
- NUMMI : 자율적 작업집단 개념 (결근율 20~25% → 3~4%, 참여도 85%, 만족도 90%)
- 조직의 능률과 경제적 성과에 영향은??

④ 동기부여적 직무설계의 성과 향상요인
- 동기부여적 방법이 조직의 고 성과와 직접 연결된다고 단정하기는 어려움.

(3) 현대조직의 직무설계 방향과 인적자원 스탭

① 전략적 직무설계 접근

- 구성원과 조직을 통합하고 직무내재적 만족을 향상시킬 수 있도록 직무의 수직적 측면(기술수준, 자율성, 피드백 등)을 강화하는 직무설계가 바람직함.
- 직무내용의 신축성을 높이는 것도 현대조직의 바람직한 직무설계 방향임
- 동기부여적 설계에서 예측되는 효과성과 그 비용을 고려하여 적절한 수준의 동기부여적 직무설계 시도가 전략적으로 필요함.

② 인적자원 스탭의 역할

- 경영전략과 기업가치를 직무설계에 반영하기 위하여 교육훈련 보상체계 등 인적자원관리기능을 연계시키는 전략적 동반자 역할 수행이 필요함.
- 직무 재설계를 일선 관리자나 구성원 자신에게 전적으로 의존할 수 없음
- 조직 성과와 조직 효율성을 모니터링하는 과정에서 변화와 개선이 요구되는 직무에는 적극적 직무재설계가 필요함.

4. 연구방법

4-1. 연구방법 (method study)

(1) 주어진 직무의 수행을 위한 여러 가지 작업들을 과학적인 방법으로 분석하여, 불필요한 작업요소는 제거하고 비능률적인 작업방법은 개선함으로써 효율적 이고도 합리적인 최선의 작업방법을 찾아내는 것임.

(2) 방법연구의 제 기법

활 동	연구의 목적	연구기법
전반적인 생산시스템	단계의 제거 또는 결합 ; 이동거리의 단축 ; 지연의 확인	흐름도, 흐흠공정도표
고정된 작업장의 작업자	작업방법의 단순화 ; 동작의 최소화	작업분석도표, 시모 도표 ; 동작경제의 원칙 적용
작업자-기계시스템	유휴시간의 최소화	활동도표, 작업자-기계도표
다수의 작업자	생산성 최대화 ; 간섭의 최소화	활동도표, 갱공정도표

4-2. 작업연구

(1) 작업연구(work study): 생산시스템에서의 사람의 역할을 결정하는 것.

- 각 작업의 구조 결정; 조직 내의 작업의 분배 결정
- 공정설계는 제품중심, 작업연구는 인간중심
- 사람은 생산시스템의 복잡한 요소: 생산수단이면서 동시에 개인의 입장에서는 합목적적인 인격체
- 작업연구에서는 작업자의 능력 및 한계는 물론 생리적, 심리적 및 사회적 특성까지도 고려하여야 만 함.

(2) 작업연구는 직무설계(직무내용 및 작업방법 연구)와 작업측정(시간연구)의 단계로 구성.

(3) 직무(job): 한 작업자가 수행하도록 할당된 모든 작업의 총합.

4-3. 작업연구의 단계

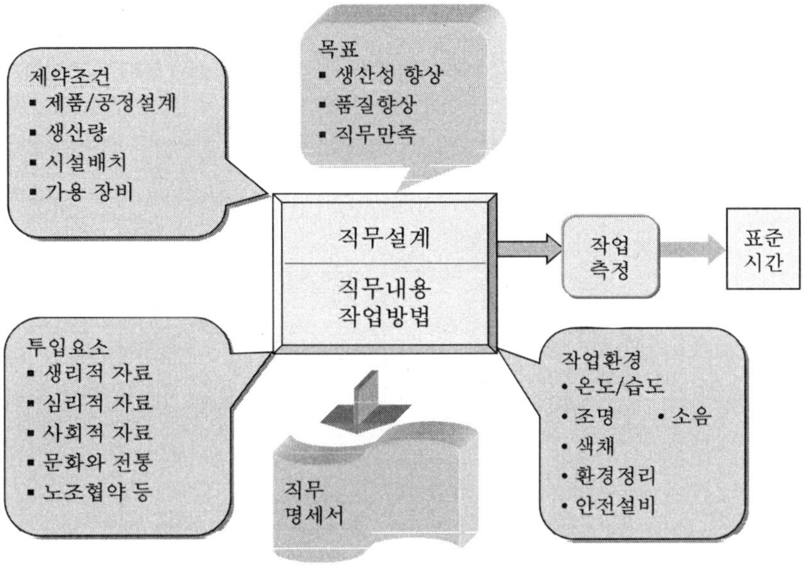

4-4. 전반적인 생산시스템

(1) 전반적인 생산시스템에서 연구의 목적은 전체 작업을 단순화하기 위해 지연, 이동거리, 공정 및 공정소요시간을 파악하는 데 있음.

(2) 흐름공정도표(flow process chart) 사용

- 흐름공정도표는 ○(작업), (이동 또는 운반), □(검사), D(정체 또는 지연) 및 ▽(저장)의 5가지 기호를 이용하여 생산공정을 분해

- 생산공정을 흐름공정도표로 나타낸 뒤에는 다음과 같은 질문을 함 : 무엇을(what), 누가(who), 어디서(where), 언제(when), 어떻게(how)?

(3) 고정된 작업장의 작업자

- 작업이 고정된 장소에서 주로 수작업(예를 들면, 분류, 검사, 조립작업 등)으로 이루어지는 경우에 작업설계의 초점은 작업방법의 단순화와 작업자 동작의 최소화에 주어짐.

4-5. 작업자-기계시스템

(1) 작업자와 기계가 함께 작업할 때는 작업자의 시간과 기계 시간의 효율적인 활용에 분석의 초점이 주어짐.

(2) 작업자-기계 활동도표

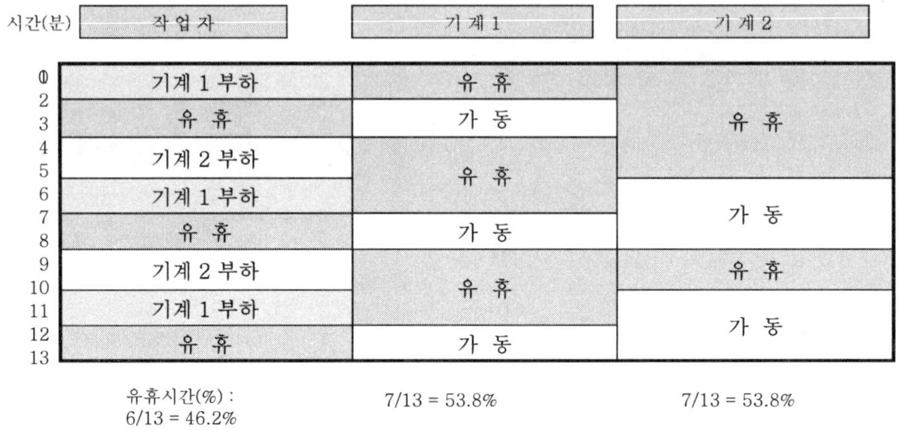

* 부하소요시간 : 기계 1 = 1분, 기계 2 = 2분 　　 **가동시간 : 기계 1 = 2분, 기계 2 = 3분

[제7장 연습문제] **학년 :** **학번 :** **성명 :**

I. 서술형

1. 직무란 무엇일까?

2. 직무설계의 주요 구성요소 두 가지는 무엇일까?

3. 전문화의 장점과 단점을 설명하시오.

4. 직무만족을 가져올 수 있는 접근법에 대해서 설명하시오.

5. 지역내 기업을 하나 선정하여 그 기업의 직무설계의 실제에 대해서 조사해보시오. 한 공정단계를 선정하여 개선방안 분석절차에 따라 분석해보시오. 그리고, 개선방안을 모색해보시오.

6. 직무설계에 고려해야 할 요소에 대해서 설명하시오

II. 진위형

1. 노동인력관리의 궁극적인 목적은 노동인력의 만족이다. ( )
2. 직무는 단 하나의 과업으로 구성될 수도 있다. ( )
3. 직무설계에는 기술적 변수와 사회적(인간적) 변수 양쪽 모두가 고려되어야 한다. ( )
4. 과학적 관리법은 노동의 전문화와 밀접히 관련되어 있다. ( )
5. 과학적 관리법에서는 사람들은 단순히 경제적 보상을 위해 일을 한다는 경제적 인간관을 묵시적으로 가정하고 있다. ( )
6. 과학적 관리법은 작업자에게 일을 더 열심히 해야 함을 요구한다. ( )
7. 직무충실화란 작업자가 여러 가지 다양한 과업을 수행할 수 있도록 직무를 수평적으로 확대하는 것이다. ( )
8. 직무확대는 직무를 수직적으로 확대하는 것이다. ( )
9. 직무순환이란 작업자의 현재의 직무에 더 많은 과업을 추가하는 것이다. ( )
10. 흐름공정도표는 전반적인 생산시스템에서 작업을 단순화하는 데 유용한 도구이다. ( )

절 취 선

III. 선다형

1. 가장 작은 작업활동 단위는? (　　　)
   ① 미세동작　② 요소　③ 과업　④ 직무

2. 직무설계의 행동적 접근방법에 속하지 않는 것은? (　　　)
   ① 직무충실화　② 직무확대　③ 직무순환　④ 과학적 관리법

3. 직무설계의 가장 바람직한 접근방법은? (　　　)
   ① 기술적 접근방법　② 경제적 접근방법　③ 행동적 접근방법　④ 사회기술적 접근방법

4. 과학적 관리법의 원칙에 속하지 않는 것은? (　　　)
   ① 직무의 과학적 연구
   ② 새로운 작업방업에 적합한 작업자의 선발 및 훈련
   ③ 작업의 분업과 전문화
   ④ 경영자와 작업자간의 팀워크 개발

5. 과학적 관리법을 처음으로 제창한 사람은? (　　　)
   ① 테일러(Frederick W. Taylor)
   ② 길브레스 夫婦(Frank and Lilian Gilbreth)
   ③ 간트(Henry L. Gantt)
   ④ 데밍(W. Edwards Deming) 업

6. 직무설계의 방법 중 작업자에게 관리적 권한을 부여하는 것은? (　　　)
   ① 직무확대　② 직무충실화　③ 직무순환　④ 노동의 전문화

7. 기본 요소동작을 나타내는 기호인 서어블릭(therblig)을 개발한 사람은? (　　　)
   ① 테일러(Frederick W. Taylor)
   ② 길브레스 부부(Frank and Lilian Gilbreth)
   ③ 간트(Henry L. Gantt)
   ④ 데밍(W. Edwards Deming)

8. 전반적인 생산시스템을 개선하는 데 사용되는 도표는? (　　　)
   ① 흐름공정도표(flow process chart)
   ② 작업분석도표(operations chart)
   ③ 시모도표(simo chart)
   ④ 활동도표(activity chart)

9. 동작경제의 원칙이 사용되는 분야는? (　　　)
   ① 시간연구　② 방법연구　③ 일정계획　④ 직무확대

10. 과학적 관리법과 관계가 없는 것은? (　　　)
   ① 성과급 임금제도　② 동작연구　③ 시간연구　④ 분업

제III부 공정 설계

제8장 공정선택

1. 공정의 유형
2. 공정선택 의사결정
3. 제품-공정전략
4. 수직적 통합
5. 서비스 공정의 설계

1. 공정의 유형

1-1. 공정설계의 의의

- ❑ 공정(process): 투입물(자원)을 산출물(제품 및 서비스)로 변환시키는 일련의 작업들로 구성. 이는 사람과 시설이 통합되어 수행하는 활동.
- ❑ 공정설계(process design): 변환공정에 필요한 장비를 선정·배치하고, 인력과 기타 자원과 장비를 통합하는 과업
- ❑ 제품분석: 공정설계를 위해, 제품의 생산·공급에 필요한 작업 및 부품들 간의 관계를 파악하는 것.
  - 도해모형(圖解模型): 조립도표(assembly charts or Gozinto charts), 작업공정도(operation process charts), 흐름공정도(flow process charts) 등을 이용하여 제품분석 편리.
  - CAD/CAM 시스템을 이용하면 생산 요구사항들이 설계정보로부터 자동적으로 산출

1-2. 공정선택(process selection)

(1) 생산공정의 유형과 적절한 범주(소유범위)를 결정 재고생산 또는 주문생산

- 대량생산라인 또는 배치생산공정
- 전방통합 또는 후방통합 : 범주 의사결정

(2) 원가, 품질, 납기, 유연성에 영향

(3) 장비, 설비 및 특정 유형의 노동력을 결정 ⇒ 기업의 전략적 선택

(4) 공정선택의 선행조건

- 제품의 장기적인 수요예측: 장기적인 생산능력 계획은 이루어 졌다고 가정

1-3. 공정설계 의사결정

- 거시적 공정설계 의사결정 : 공정선택, 기술선택, 장기적,자본투자 요구가 큼

  → 기업전략에 따라 최고 경영자가 결정

- 미시적 공정설계 의사결정 : 설비배치, 공정흐름분석 및 설계

1-4. 제품의 흐름에 따른 분류

- 라인공정
- 단속공정
- 프로젝트공정

1-5. 고객주문의 유형에 따른 분류

- 주문생산공정
- 재고생산공정(또는 계획생산공정)

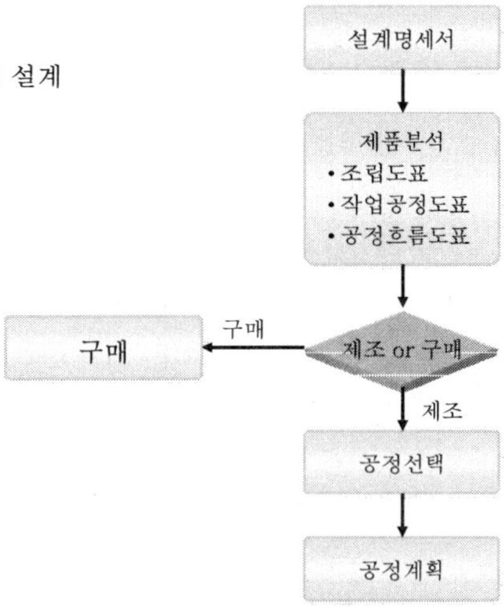

[공정설계 과정]

1-6. 공정 흐름분석

(1) 공정흐름분석 : 생산시스템의 변화과정 그 자체를 직접 다룸

(2) 공정흐름분석단계

① 분석의 목적(효율성, 효과성, 작업자 사기 앙양 등)을 결정
② 연구 대상의 관련 생산공정(전체 또는 일부 생산공정)을 선택
③ 기존의 변환과정(Transformation Process)을 각종 도표나 효율성의 척도로 검토
④ 공정흐름이나 투입물을 수정함으로써 공정설계의 개선안을 도출
⑤ 수정된 공정설계에 대해 경영층의 재가를 얻는다.
⑥ 새로운 공정설계를 실행에 옮긴다.

(3) 공정흐름분석을 위한 도표

① 조립도(assembly drawing):
② 조립도표(assembly chart or Gozinto chart) : 제품의 정확한 조립순서
③ 작업공정표(route sheet or operation process chart) : 개별 부품에 요구되는 작업과 절차
④ 흐름공정도표(flow process chart) : 공정흐름의 분석 및 개선을 위하여 공정도표기호를 이용하여 생산공정을 분해 : 설비배치, 작업방법 및 직무내용, 장비 등에 대한 개선이나 변경을 추진

(4) 공정흐름 분석시 주안점

① what : 어떤 작업들이 정말 필요한가?
② who : 각 작업의 수행자 : 요구기술수준을 낮추고/작업시간 감소를 위한 작업 재설계, 직무 충실화와 이에 의한 생산 및 작업조건의 향상도모, 결합
③ where : 각 작업의 위치, 이동거리 단축, 작업이 쉽도록 설비배치
④ when : 작업 수행 시기, 과도한 정체나 저장, bottleneck 제거
⑤ how : 작업방법, 절차 또는 장비, 보다 쉽고 빠르게

(5) 흐름도(flow charts) 분석의 목적 : 제품생산이나 서비스 제공에 필요한 가장 경제적인 공정, 즉 작업 및 순서를 상세히 명시하는 것.

(6) 과업순서를 단계적으로 분석함으로써 공정 내의 비능률적인 사항을 파악, 제거하는 데 이용되기도 함.

① 조립도표(assembly charts or Gozinto charts): 제품의 결합방법, 조립 순서 및 제품의 전반적인 구조 등을 나타내주는 도표 모형. 작업을 나타내는 ○ 과 검사를 나타내는 □ 의 기호를 조립 순서에 따라 선으로 연결.

② 작업공정도(operation process charts): 운반과 저장 등의 활동은 배제하고, 원자재가 들어오는 곳으로부터 완제품이 나오는 곳까지 수행되는 작업과 그들의 순서를 나타내줌.

- 사용되는 기호는 조립도표에서와 같고, 다만 각 활동의 내용과 소요시간이 활동 양 옆에 명시되고, 작업 및 검사의 일련번호 부여됨.

③ 흐름공정도(flow process charts): 작업(○), 운반(▽), 검사(□), 지연(D) 및 저장 (⇨) 등 다섯 가지로 구분하여 이들의 필요한 시간이나 운반거리 등이 기록됨.

1-7. 전통적 공정조직의 유형

① 주문생산공정(Job-Shop Process): 다양한 고객주문품의 소량생산의 경우, 필연적인 유연성 때문에 주문생산공정 선택. 고도로 숙련된 작업자가 범용장비(汎用裝備)를 조작하며, 공정별 배치이다.

② 단속흐름공정(Intermittent-Flow Process): 전용장비 및 범용장비의 결합으로 대규모 한정량의 제품 생산. 주문생산공정처럼, 고도로 숙련된 작업자의 근로시간이 많으나, 제품 종류가 덜 다양하고, 일회 생산량의 규모가 더 크다. 주문생산공정에서와 같은 공정별 배치 형태를 갖지만, 집단기술(셀)배치(group technology layout; cellular layout) 형태를 취할 수도 있다.

③ 반복흐름공정(repetitive-flow process): 소수의 표준화된 제품들을 생산할 경우. 조립공정(assembly line)이 전통적인 예이다.

④ 연속흐름공정(Continuous-Flow Process): 생활필수품(일용품)과 같은 제품생산에 적합. 제품 단위당 직접노동의 비중은 매우 낮고, 고가의 전용장비들이 사용된다.

(1) 라인공정, 단속공정 및 프로젝트공정

■ 라인공정(line process)

- 라인공정의 특징
  - · 소수의 표준화된 제품을 대량으로 생산
  - · 제품의 흐름이 직선적
  - · 제품별 배치를 사용
  - · 효율성은 높으나 유연성은 매우 낮음.
- 라인공정의 제품흐름 예

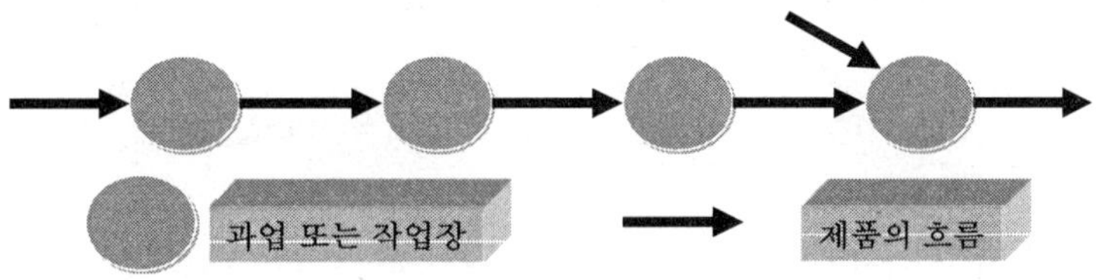

- 라인공정의 예
  - · 장치산업
  - · 조립라인
  - · 카페테리아 라인
- 연속생산공정
  - · 가동의 시작과 중지에 많은 시간과 비용이 소요되므로 하루 24시간 계속 가동되어야 하는 생산공정
  - · 예 : 화학, 제지, 철강, 석유정제, 전력 및 전화산업과 같은 장치산업(process industry)
- 반복생산공정
  - · 제품은 동일한 생산과정을 반복적으로 거쳐 큰 로트로 생산
  - · 조립라인 형태의 생산방식을 취하는 대량생산 (mass production)
  - · 예 : 자동차, 가전제품, 기성복, 장난감 등
- 라인공정은 일반적으로 대량으로 생산되는 제품과 표준화된 제품에 사용

■ 단속공정(intermittent process)

- 단속공정의 특징
  · 다양한 제품을 소규모의 뱃치 또는 로트로 생산
  · 제품의 흐름이 불규칙적이고 원활하지 못함.
  · 공정별 배치를 사용
  · 단속공정은 유연성은 높으나 효율성은 낮음.
- 단속공정의 제품 흐름 예

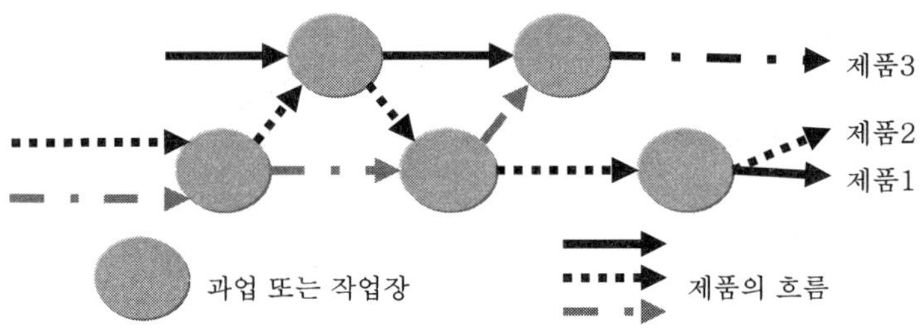

- 단속공정의 예
  · 각종 수리 및 정비공장
  · 각종 기계설비의 주문 제작
  · 맞춤복 등
- 단속공정은 제품이 표준화되어 있지 않거나 생산수량이 적을 때 적합

■ 프로젝트공정

- 프로젝트공정이란 빌딩, 댐(dam), 교량, 고속도로 등의 건설공사, 특수한 대형제품의 제작, 영화나 예술품의 제작 등과 같이 어떤 주요 산출물 한 단위를 상당한 기간에 걸쳐 생산하는 형태
- 프로젝트공정에서는 제품의 흐름은 없으며, 프로젝트의 완성에 필요한 많은 세부 과업들이 선행관계에 따라 연결 되어 있음.

- 프로젝트 공정 흐름 예

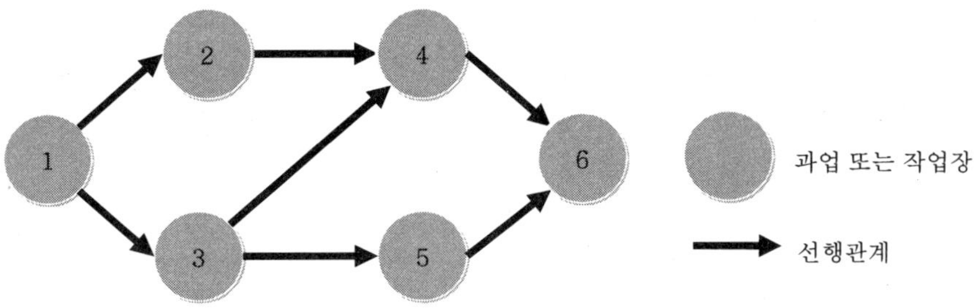

- 프로젝트는 한 번으로 끝나므로 자동화가 어렵고, 통상 범용설비가 사용되며, 불확실성이 크므로 경영계획 및 통제가 어려움.

■ 라인공정, 단속공정 및 프로젝트공정의 특징

특징 \ 공정유형	라인공정	단속공정	프로젝트공정
제품 : 생 산 량	대량(연속/대규모로트)	소규모 로트 또는 뱃치	단일 단위
제품흐름	연속적, 직선적	복잡, 단속적	없 음
표준화의 정도	높 다	낮 다	낮 다
제품의 다양성	낮 다	높 다	매우 높다
시장형태	대 량	고객주문	유 일
노동인력 : 기 술	낮 다	높 다	높 다
과업형태	반복적	비반복적	비반복적
보 수	낮 다	높 다	높 다
자 본 : 투 자	높 다	중 간	낮 다
설 비	전 용	범 용	범 용
생산목표 : 원 가	낮 다	중 간	낮 다
품 질	균 일	보다 가변적	보다 가변적
납 품	신 속	중 간	늦 다
유연성	낮 다	중 간	높 다
계획 및 통제 :			
생산통제	쉽 다	어렵다	어렵다
재고관리	쉽 다	어렵다	어렵다

(2) 재고생산공정과 주문생산공정

■ 재고생산공정

- 재고생산공정의 특징
  - · 불특정 다수의 고객을 대상으로 기업이 자체적으로 정한 제품규격과 생산수량에 따라 생산
  - · 소수의 표준화된 제품을 어떤 만족스러운 서비스수준으로 재고로부터 고객에게 제공
  - · 수요예측, 재고관리 및 생산능력계획이 필수적
  - · 재고의 보충과 생산활동의 효율성 중시
  - · 생산공정은 표준화된 제품을 생산하도록 유선형
- 재고생산의 중요한 성과측정치
  - · 재고나 생산능력과 같은 생산자산의 이용률 (재고자산회전율, 생산능력가동률)
  - · 서비스수준

■ 주문생산공정

- 주문생산공정의 특징
  - · 공정활동이 고객의 개별적인 주문에 따라 이루어짐.
  - · 납기의 관리와 주문흐름의 통제가 중요
  - · 고객의 다양한 주문을 충족시킬 수 있도록 공정이 유연해야 함.
- 주문생산공정의 형태
  - · 완전주문생산공정~주문조립생산공정(예 : 자동차)
- 주문생산의 중요한 성과측정치
  - · 납기의 길이와 납기준수율과 같은 납품관련 기준

■ 재고생산 대 주문생산

특 징	재고생산	주문생산
제 품	생산자가 규정 소수의 종류 저가품	고객이 규정 다양한 종류 고가품
생산관리의 목표	재고, 생산능력 및 서비스수준의 균형 유지	납기 및 생산능력의 관리
주요 생산관리 문제	수요예측 생산계획 재고통제	납기관리 주문흐름통제

2. 공정선택의사결정

2-1. 공정특성행렬(process characteristics matrix)

	재고생산공정	주문생산공정
라인공정	I 석유정제, 제분, 제당, 가전제품 조립라인, 통조림공장, 카페테리아	II 자동차 조립라인, 전화회사, 전력회사
단속공정	III 기계제작소, 패스트푸드, 유리제품공장, 가구	IV 기계제작소, 식당, 병원, 보석상
프로젝트 공정	V 아파트 건설, 상업미술품	VI 빌딩 건설, 영화 제작, 선박 건조, 초상화 제작

2-2. 공정선택의 결정요인

결정요인	특 성
시장여건	고객 Needs, 이익이 보장되는 가격의 수요량, 미래의 경쟁 여건 라인공정 : 저가품 대량생산을 요구 , 단속공정 : 중가품 소량시장을 요구 프로젝트공정 : 고가품시장을 요구
소요자본	재고, 장비 및 설비에 소요되는 자본과 투자수익률 라인공정은 단속공정이나 프로젝트공정에 비해 훨씬 더 많은 자본을 요구
노 동 력	적정한 비용의 가용 노동력 프로젝트공정과 단속공정 : 값비싼 숙련된 노동력 요구 라인공정 : 비교적 값싼 미숙련 노동력 요구
관리기술	각 공정에 요구되는 관리기술을 습득하고 유지할 수 있겠는가를 고려
원 자 재	원자재는 충분히 공급될 수 있는가, 원자재의 변화가 공정에 어떤 영향을 미칠 것인가 등을 고려
기 술	기술적 위험의 크기는 라인공정, 단속공정, 프로젝트 공정의 순
잠재수요 및 시장 여건의 평가	시장조사를 통한 마케팅분석 필요, 미래의 단일 매출액을 단일치뿐만 아니라 가능한 범위까지 예측하여 의사결정 위험도 분석
기타 고려요인	매년의 투자액 수익 비용을 추산하여 각 대안의 현금흐름을 파악

2-3 공정대안의 비용선

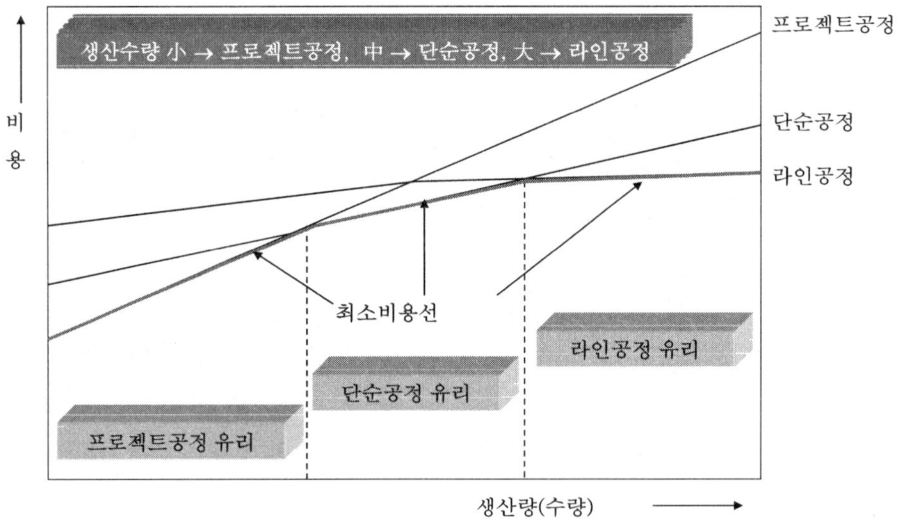

프로젝트 공정은 고정비가 가장 낮고 변동비가 가장 높기 때문에 소 수량에서 총비용이 가장 적은 반면에 라인공정은 이와 반대의 경우와 같다.

3. 제품-공정전략

3-1. 공정선택 의사결정의 성격

(1) 공정선택 의사결정은 동태적인 성격을 가지고 있음.

(2) 공정변화는 제품변화와 밀접하게 관련되어 있음.

3-2. 공정-제품행렬

(1) 개별 제품의 소량생산으로부터 표준상품의 대량생산에 이르기까지 제품수명주기(product life cycle)를 나타냄

(2) 제품구조는 제품라인이 성숙해 감에 따라서 행렬의 왼쪽에서 오른쪽으로 이동

(3) 공정-제품행렬은 공정전략과 제품전략간의 관계를 나타내는데 유용

(4) 기업전략은 제품과 시자의 관점에서만 수립되어서는 안되며, 공정측면도 함께 고려되어야 함 즉, 마케팅 전략과 공정측면을 함께 검토

3-3 공정-제품행렬(process-product matrix)

기업들은 보통 공정-제품행렬의 대각선상에 위치

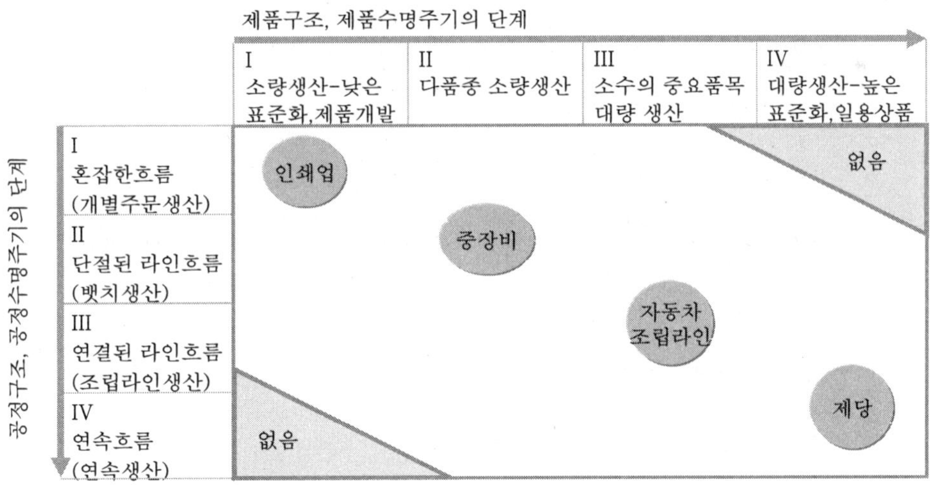

출처 : Hayes Wheelwright(1979) p, 137

3-4. 제품-공정수명주기 행렬

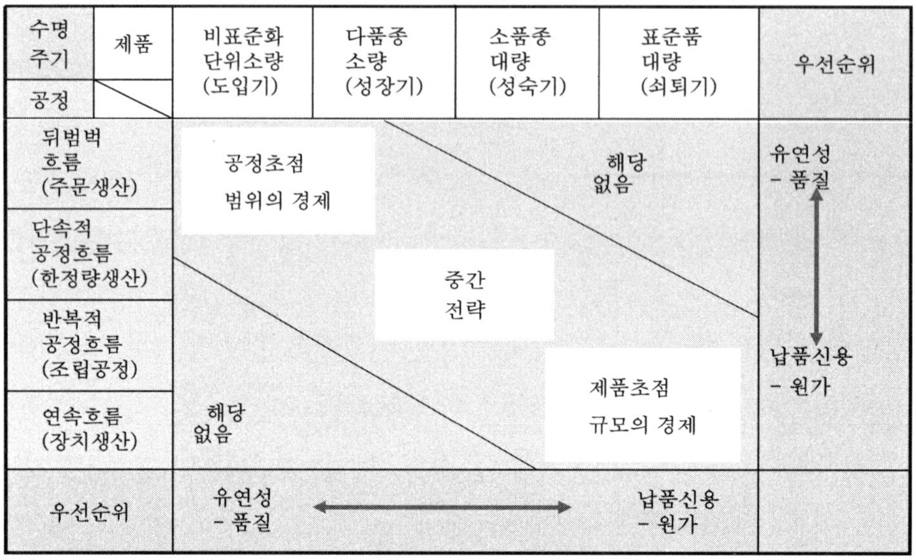

- 기업들은 보통 공정-제품행렬의 대각선상에 위치

- 제품과 공정은 동시에 변화하는 경우는 드물며, 공정-제품 행렬상에서 대각선을 수직적 또는 수평적으로 번갈아 벗어나면서 변화

- 동일산업의 모든 기업들은 반드시 대각선을 따라 함께 이동하지는 않음

  (유연성과 좋은 품질의 제품을 강조하기 위해 소량생산-단속공정을 선택하는 기업 ; 대각선을 따라 아래로 이동하여 낮은 원가의 표준화된 제품을 강조하는 기업).

- 기업의 공정-제품 행렬상에서의 위치, 즉 최적공정-제품 전략은 그 기업만이 가지고 있는 차별적 능력 내지는 경쟁 수단에 따라 선택되어야 함.

4. 수직적 통합

4-1. 수직적 통합(vertical integration)

- 수직적 통합이란 생산공정의 소유영역을 투입물의 공급쪽이나 제품의 시장쪽으로 확대하는 공정선택 문제

4-2. 후방통합과 전방통합

- 후방통합 : 기업의 소유영역을 투입물의 공급원을 향해 후방으로 확대 원자재, 노동력 및 자본적 설비와 같은 생산공저의 어떠한 투입물에도 적용
- 전방통합 : 기업의 소유영역을 시장 쪽을 향해 전방으로 확대, 유통경로를 동일기업이 지배

4-3. 수직적 통합 의사결정의 고려요인

- 경제성, 마케팅 목표 및 생산목표 지원, 경쟁여건, 전략적 의사결정
- 후방통합 : 투입물(비용)과 공급의 신뢰성
- 전방통합 : 마케팅과 유통경로문제, 자본의 경제성 검토, 수요의 신뢰성

4-4. 수직적 통합은 글로벌 차원에서도 일어날 수 있음.

수직적 통합(전방통합, 후방통합)

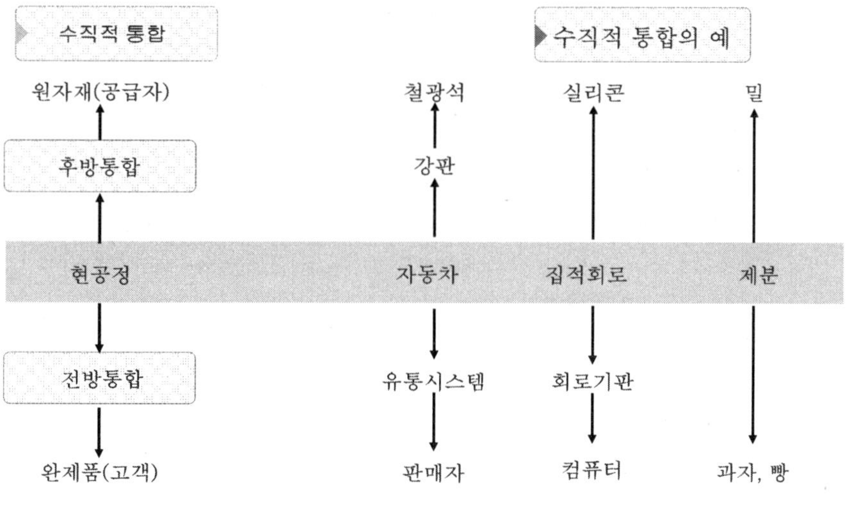

출처 : J. Heizer and Barry Render, Principles of Operations Management, 6th ed., Prentice Hall, 2006, p.432

4-5. 기술변화의 관리

(1) 기술의 선택은 시간의 흐름에 따라 상호 연관되는 선택과정으로, 다음과 같이 지속적으로 평가, 감독한다.

① 공정기술정책: 평가기준, 선도자-추종자

② 제품-공정 조화

③ 공정기술요구의 파악: 기술진보, 설비의 진부화, 그리고 낡은 절차 및 방법들의 대체 등의 요인에 기술변화의 필요성

④ 기술결정의 분석:기술선택 대안들의 비용 편익분

⑤ 기술변화의 실행: 직장상실, 사회적 지위의 변화, 실패, 업무량 증대, 새로운 기능계발 노력 필요 및 조직와해 등에 대한 두려움 때문에 변화에 대한 저항. 기술이 성공적으로 시행되려면, 이러한 두려움 극복.

4-6. 신기술

(1) 기술 : 광의- 인간적 문제해결을 위한 지식의 적용

협의- 재화나 서비스의 산출을 위해 이용되는 공정, 도구, 방식, 절차 및 설비 등의 집합

(2) 생산기술 : 시장요구에의 대응, 생산능력과 특성, 투자수준, 생산원가, 통제 및 관리유형에 영향을 주는 생산전략의 중요한 요소

(3) 신기술(advanced technology): 생산성 및 품질에 절대적인 영향.

- 전문화된 소프트웨어(software)가 장착된 범용기계의 개발에 따라, 다양한 고객주문품(범위경제의 특성)과 총량으로는 대규모인 저원가 제품들(규모경제의 특성)의 생산이 동시에 가능.

4-7. 범위의 경제

(1) 범위의 경제(economies of scope) 란 ?

한 시설에서 둘 이상의 제품을 일정량씩 생산하는 총비용이 한가지 제품만 생산하는 초점화된 시설들에서 각각 생산할 경우의 총비용의 합 이하일 경우에 존재한다. 다품종 생산에 따라 제품별로 수요변동이 심하더라도 생산능력 이용률의 평준화를 기할 수 있고, 전체적인 매출액 수준도 안정적으로 유지할 수 있는 이점이 있다.

※ 생산량이 일정수준을 넘어서면 규모의 비경제(diseconomies of scale)가 나타나듯, 제품종류가 일정수준을 넘어서 지나치게 많으면 오히려 범위의 비경제(diseconomies of scope)가 나타남

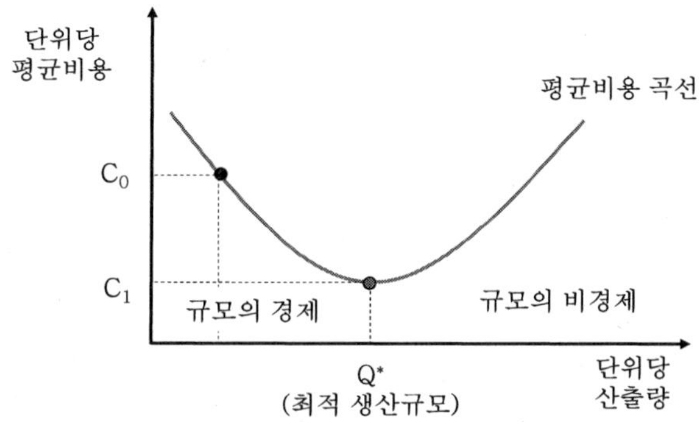

4-8. 규모의 경제

(1) 공장의 규모가 커져 <u>생산량이 증가하면, 생산된 각 단위는 고정비를 흡수하므로 산출물의 단위당 평균비용이 감소하게 되는 현상</u>

(2) 단위당 평균비용의 감소는 공장의 규모가 너무 커져 자재의 흐름과 인력배치의 조정에 오히려 더 많은 비용이 들 때까지 계속.

(3) 공장규모가 연간 100단위, 200단위, 300단위로 증가함에 따라 최적가동수준에서의 단위당 평균비용이 계속적으로 감소해 가는 현상. 만일 연간 400단위의 공장의 최적가동 수준에서의 단위당 평균비용이 연간 300단위 공장의 그것보다 크면 규모의 비경제 현상이 나타남.

(4) 최적가동수준을 초과하여 생산하면 단위당 평균비용이 증가하는데, 이 현상은 규모의 비경제가 아니라 초과작업, 설비의 부담증가 등의 이유로 나타남.

(5) 규모의 경제 또는 비경제란 개념은 각기 다른 규모의 공장을 최적가동수준으로 가동할 때의 단위당 평균 비용을 비교함으로써 얻어짐.

5. 서비스 공정의 설계

5-1. 서비스 생산공정의 설계는 제품생산공정의 경우보다 특별한 문제점들이 따른다

(1) 고객들이 서비스 제공과정에 많은 영향력을 행사

(2) 고객봉사시간이 서비스의 성격에 따라 매우 변동적

(3) 서비스의 비저장성으로 생산흐름의 평활화 곤란

5-2. 서비스 생산은 고객과 접촉하여야 하는 전면사무실 운영(front office operation)과 고객과의 접촉이 필요 없는 후면사무실 운영(back office operation)의 두 부분으로 구성.

(1) 후면사무실 운영 부분이 많아질수록, 서비스공정도 제조공정 처럼 설계되고 관리될 수 있다.

(2) 맥도널드(McDonald) 가게: 주방은 산업공학 및 작업연구를 이용하여 설계되고 운영되지만, 판매 데스크는 대기행렬 이론에 의해 설계된다.

5-3. 고객접촉운영의 설계

(1) 서비스의 품질은 서비스특성 차원[RATER]에 대한 고객기대와 실제 서비스 성과의 비교로 정의됨. 시설배치시 이를 고려하여야 한다.

① 신뢰도(Reliability): 약속된 서비스를 신용 있게 정확히 수행할 수 있는 능력

② 보증(Assurance): 고객에 대한 이해와 예우 및 신뢰와 확신을 전할 수 있는 능력

③ 구체성(Tangible): 실체적인 서비스, 시설 및 장비

④ 공감성(Empathy) : 고객에 대한 개인적인 관심과 배려

⑤ 반응성(Responsiveness): 고객을 돕고 즉각적인 서비스 제공 의지 서비스 제공자는 업무의 기술적 세부사항 외에도 대인 관계적 기술을 갖춰야 함.

(2) 고객관여도가 높은 서비스운영 설계시에는 일관성 유지 및 방법이 중요

① 다기능 종업원 양성

② 최대부하(peak load)에 대비하여 설계

③ 고객의 요구사항에 따라 고객 분류

④ 일상적인 일은 고객에게 맡김

5-4. 서비스 청사진

(1) 시스템 설계에 보다 객관적이고 계량화된 체계적인 접근법

- 단계 1: 공정의 파악. *가시선(line of visibility)
- 단계 2: 실패 점(fail points)의 분리
- 단계 3: 공정의 표준시간 설정.
- 단계 4 : 수익성 분석.

5-5. 서비스 공정과 신기술

- 서비스운영에서도 신기술 적용으로 서비스 제공방식과 고객만족에 많은 변화를 가져옴.
  - 자동화는 서비스운영의 성격 및 능률을 확장시킬 수 있는 중대한 기회 제공
- 저접촉(또는 준제조) 서비스는 제조운영과 아주 유사
  - 우편서비스에서 노동집약적인 분류작업을 자동화된 우편분류기로 대체 사용
- 자동화의 이용은 중접촉 및 고접촉 서비스에서도 점차로 증가

[제8장 연습문제]　　학년 :　　　　　학번 :　　　　　　　　　성명 :

I. 서술형

1. 공정유형을 비교해 보라.
2. 지역내 은행의 한 지점을 생각해 보라. 어떤 유형의 공정을 택하고 있는가?
3. 하나의 사례를 선정하여 공정개선을 위한 육하원칙(六何原則 5W1H) 접근방법과 개선원리를 적용하여 보라. 사례는 학교의 서비스(예, 도서관의 도서대출 절차, 수강신청 절차 등), 은행, 우체국, 동사무소 등 어느 것을 택하여도 된다.
4. 규모의 경제와 범위의 경제의 차이는 무엇인가?
5. 어떤 상황이라면 규모의 경제에 기초를 둔 전략을 추천하겠는가? 범위의 경제는?
6. 범위의 경제를 위해서는 어떤 유형의 공정이 바람직할 것인가? 규모의 경제는?
7. 통합의 경제는 무엇인가? 이는 헤이즈와 휠라이트의 제품-공정수명주기행렬에 어떤 영향을 주는가?
8. 서비스 공정설계에 대한 쇼스택(Shostack)의 접근법은 무엇인가? 주위에서 사례를 선택하여 접근해보라. 제조업의 서비스부서에서도 적용될 수 있을까?
9. 서비스에서도 규모의 경제, 범위의 경제 및 통합의 경제 등의 개념이 이용될 수 있을까?
10. 통합의 경제를 실현하고 있는 기업(서비스업이든 제조업이든)을 찾아 보아라.
    - 그 기업의 시장(고객)은 무엇인가?
    - 그 기업은 어떤 기술을 사용하고 있는가?
    - 어떤 유형의 조직구조를 취하고 있는가?
    - 얼마나 빨리 제품을 만들어 내는가?
    - 어떤 경쟁요소(차원)에 집중하고 있는가?

II. 진위형

1. 라인공정은 보통 재고생산의 형태를 취한다. (　)
2. 일반적으로 반복생산공정이 연속생산공정보다 더 자동화되어 있으며 더 표준화된 제품을 생산한다. (　)
3. 단속공정은 매우 효율적이나 동시에 매우 비탄력적이다. (　)
4. 일반적으로 라인공정은 대량시장을 요구한다. (　)
5. 프로젝트공정에서는 제품의 흐름이 없고 따라서 설비배치의 형태로는 고정위치배치가 적합하다. (　)
6. 아파트 건설은 프로젝트공정이면서 동시에 재고생산공정이다. (　)
7. 수요예측은 재고생산공정보다는 주문생산공정에서 보다 중요하다. (　)
8. 주문생산공정에서는 보통 납품관련 기준으로 생산활동의 성과가 측정된다. (　)
9. 전방통합이란 기업의 생산공정의 소유영역을 투입물의 공급원쪽으로 확대하는 것을 말한다. (　)
10. 자동차제조회사가 할부금융회사를 설립하는 것은 전방통합의 한 예이다. (　)

III. 선다형

1. 건설회사의 생산공정에 해당하는 것은? ( )
① 연속생산공정 ② 반복조립생산공정 ③ 단속공정 ④ 프로젝트형 생산공정

2. 기계의 주문제작 생산공정에 해당하는 것은? ( )
① 연속생산공정 ② 반복조립생산공정 ③ 단속공정 ④ 프로젝트형 생산공정

3. 단속공정의 특징으로 볼 수 없는 것은? ( )
① 제품별 설비배치를 사용한다. ② 효율성이 낮다. ③ 작업의 흐름이 복잡하다. ④ 유연성이 높다.

4. 재고생산공정의 일반적인 특징으로 볼 수 없는 것은? ( )
① 수요예측에 의해 생산계획이 수립된다.
② 납기의 관리가 중요시 된다.
③ 소수의 표준화된 제품을 대량으로 생산한다.
④ 생산의 효율성이 중시된다.

5. 영화 제작에 해당하는 공정은? ( )
① 단속공정-주문생산공정 ② 단속공정-재고생산공정
③ 프로젝트공정-주문생산공정 ④ 프로젝트공정-재고생산공정

6. 효율성이 가장 높은 공정 유형은? ( )
① 라인공정 ② 단속공정 ③ 프로젝트공정 ④ 개별주문생산공정

7. 공정선택에 영향을 주는 요인이 아닌 것은? ( )
① 시장여건 ② 공장입지 ③ 소요자본 ④ 제품 및 공정기술

8. 공정-제품행렬과 관련하여, 만약 어느 기업이 소수의 중요 품목을 단절된 라인흐름에 의해 대량생산하고 있다면? ( )
① 이 회사는 공정-제품행렬의 대각선상에 위치하고 있다.
② 이 회사는 공정-제품행렬의 대각선 아래에 위치하고 있다.
③ 이 회사는 제품이 공정보다 더 앞서 가고 있다.
④ 이 회사는 공정이 제품보다 더 앞서 가고 있다.

9. 수직적 통합의 전방통합에 해당하는 것은? ( )
① 호남정유가 대규모 해외 유전개발에 참여
② LG패션이 모직물공장을 인수
③ LG전자가 대규모 컴퓨터 판매 및 유통회사 설립
④ LG화학이 원자재의 공급원이 되는 석유화학회사 설립

10. 수직적 통합의 후방통합에 해당하는 것은? ( )
① 포항제철이 해외의 대규모 철광산 인수
② 영화제작회사가 영화관 인수
③ 농협이 농산물 가공공장 설립
④ 현대자동차가 자동차 할부금융회사 설립

제Ⅲ부 공정 설계

제8장 공정선택

제9장 기술선택

제10장 설비배치

제11장 보전관리

제9장 기술선택

1. 기술의 정의
2. 제조부문의 기술
3. 서비스부문의 기술
4. 기술투자의 평가

1. 기술의 정의

1-1. 기술과 경영자

(1) 경영자는 과학자나 엔지니어와 같이 복잡한 기술에 정통할 필요는 없지만 적어도 기술선택 의사결정에 필요한 기술의 성능특성은 이해해야 한다.
예) TV: 화면의 선명도, 전력소비량
(2) 기술의 성능특성이란 기술이 투입물, 산출물, 공정흐름 및 원가에 미치는 영향을 말함.
(3) 경영자는 적어도 기술의 성능특성을 올바로 평가할 수 있을 만큼은 기술을 이해해야 하며, 기술선택에 앞서 생산공정을 깊이 연구해 보아야 하고, 또한 기술의 경제적 측면 및 관리적 측면과 함께 성능상의 특성도 평가해야 한다.

1-2. 기술과 사회

(1) 기술이 사회에 미치는 영향: 가치관의 변화
(2) Schumacher, Wakefield, Stafford: 적절한 기술, 자발적인 단순화, 작은 것이 아름답다라는 개념.
(3) 현대기술은 효율성과 기계화의 측면에서 너무 과도하게 발전하여 인간과 환경의 가치를 희생시키고 있음 : 낮은 직무만족, 노동의 의미상실, 계획적 결근, 환경오염, 기타 사회 병리적 현상 등이 나타남.
(4) GNP대신 green GNP 도입의 필요성을 UN에서 권고.
(5) 사회적 환경적 및 인간적 요구와 조화를 이루는 기술의 선택이 필요.

1-3. 기술의 정의

(1) 광의: 인간의 문제를 해결하기 위한 지식의 적용
- 협의 : 재화나 서비스를 생산하는 데 사용되는 공정, 도구, 방법, 절차 및 장비의 집합, 제품의 기술보다는 공정의 기술 의미.

(2) 공정선택과 기술선택은 밀접한 관련이 있으며 현실적으로 두 의사결정은 동시에 이루어 져야 함.
(3) 기술선택은 생산의 모든 측면에 크게 영향을 미친다.
(4) 직무설계: 사회기술적 설계(social technical design), 기술선택과 동시에 이루어 짐.
(5) 생산성, 제품의 품질: 고기술시스템은 저기술시스템에 비해 균일한 제품을 생산.

■ 제품기술(product technology)
- 제품의 성능이나 특성과 관련된 기술

■ 공정기술(process technology)
- 제품이나 서비스를 생산하는 공정, 도구, 방법, 절차 등에 관련된 기술

■ 정보기술(information technology)
- 정보의 획득, 처리 및 전달을 위한 기술

2. 제조부문의 기술

2-1. 미래의 공장

(1) Factory of the Future: Robot, 무인공장

(2) 미래의 공장의 본질은 더 많은 자동화와 더 적은 수의 사람이 아니라 컴퓨터를 중심으로 조직되는 다른 유형의 자동화 개념: 제품설계, 제품생산, 기계제어, MHS, 생산공정 등의 통제가 컴퓨터를 이용한 통합된 방식으로 이루어 질 것임.

2-2 컴퓨터통합생산(CIM : Computer Integrated Manufacturing)

(1) CIM이란 제조업의 수주에서부터 설계, 생산, 출하에 이르기까지의 모든 기능과 공정 그리고 관리를 컴퓨터와 관련기술을 통해 자동화 · 정보화 · 통합화하는 것임.

(2) CIM에서는 제품 및 공정의 설계, 기계의 제어, 자재의 취급 및 생산공정의 통제가 컴퓨터를 이용한 통합방식으로 이루어짐.

2-3. 컴퓨터통합생산(CIM : Computer-Integrated Manufacturing)

컴퓨터통합생산(CIM)시스템 : 컴퓨터에 의한 생산정보의 통합, 즉 제품생산을 위한 설계, 제조, 관리, 영업 등 관련업무를 컴퓨터 및 주변기기를 정보통신망으로 통합함으로써 제품의 품질, 가격, 수량 등에 대한 데이터베이스를 각각의 관련분야에서 공유하는 종합적인 생산시스템

① 공장자동화 : NC, CNC, DNC, CAM, FMS

② 자동저장·불출시스템(AS/RS) : 스태커 크레인을 이용한 고밀도 저장시설, AGV(Automated Guided-Vehicle)

③ 정보자동화 : CAD, CAPP, Group Technology

2-4. 컴퓨터통합생산지원 체계

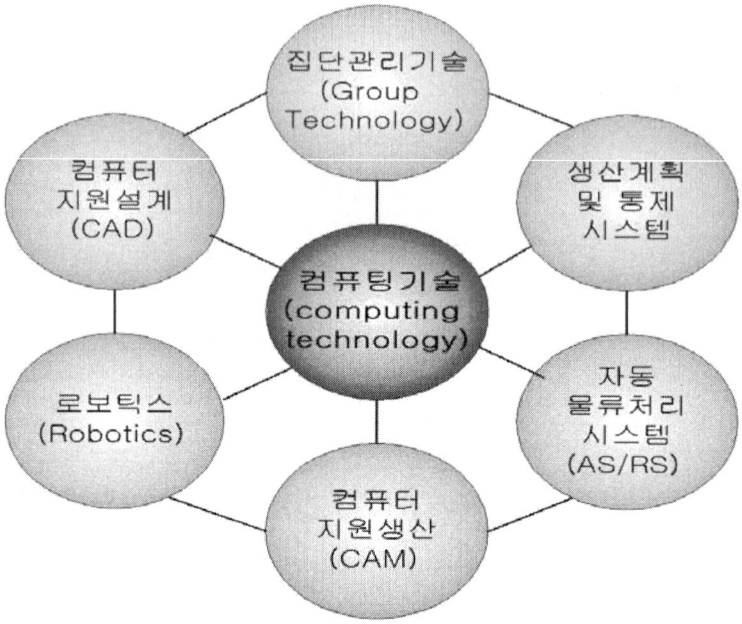

(1) 자동화의 섬들(Islands of Automation)이 통합될 수 있도록 공통의 데이터베이스 설계 및 조직화가 필요, 자동화의 섬들간 data communication이 효율적으로 이루어 지도록 하여야 함.

(2) CIM은 단순한 원가절감 이상의 혜택을 가져다 준다: 신속한 납품. 좋은 품질, 높은 유연성.

(3) Batch Production System에서 CIM은 규모의 경제(economies of scale) 보다는 범위의 경제(economies of scope)에 근거하여 추진되어야 함.

■ CIM의 혜택

- 생산성 증대
- 품질 향상
- 고객요구의 신속한 충족
- 유연성 증대 등

■ 범위의 경제(economies of scope)

- 다양한 제품을 효율적으로 생산할 수 있는 능력
- CIM에서는 범위의 경제를 추구

2-5. 컴퓨터통합생산의 구성요소

■ 수치제어기계(numerically controlled machine)

- NC기계란 다양한 금속가공작업을 수행할 수 있도록 프로그램된 기계도구
- NC기계는 미국 MIT대학에서 미국 공군의 제트항공기를 보다 효율적으로 제작할 수 있는 방법으로 1950년대 초에 개발
- NC기계의 발전
  - · 초기에는 천공테이프나 카드에 의해 제어
  - · CNC기계 : 개별적으로 장착된 마이크로 컴퓨터에 의해 통제
  - · DNC기계 : 여러 대의 CNC기계가 중앙컴퓨터에 의해 동시에 통제

■ 머시닝센터(machining center)

- 머시닝센터는 NC기계보다 자동화와 복잡성의 정도가 높음.
- 머시닝센터는 기계를 자동으로 통제할 뿐만 아니라 많은 공구를 장착하여 각 작업에 따라 공구를 자동적으로 바꿈.
- 머시닝센터는 자동적으로 작업이 끝난 부품은 내려 놓고 작업대상물을 올려 놓는 시스템도 갖추고 있음.

■ 산업용 로봇(industrial robot)

- 산업용 로봇은 여러 가지 생산과업을 수행하도록 프로그램 될 수 있는 컴퓨터에 의해 통제되는 기계
- 로봇의 이점
  - · 직접노동의 감소
  - · 부품설계에 탄력성 부여
  - · 24시간 계속 작업
  - · 위험한 과업의 수행
  - · 균일한 품질 등

■ 자동자재취급시스템(automated materials handling system)

- AMH시스템은 자재의 이동, 저장 및 검색의 효율성을 향상시킴.
- 자동자재취급시스템의 예
  - · 컴퓨터화된 컨베이어(computerized conveyor)
  - · 자동저장 및 검색시스템(AS/RS : automatic storage and retrieval system)
  - · 무인운반차(AGV : automatic guided vehicle)

■ 컴퓨터지원설계(CAD : computer-aided design)

- CAD란 컴퓨터를 이용한 공학적 설계를 말하며, 1960년대 중반 미국의 GM과 IBM에서 개발

(1) CAD는 단순한 그래픽 설계의 자동화 뿐만 아니라 설계계산, 부품분류, 제조시스템과와의 연결이 필요: 압력분석, 구조분석, 자재의 강도, 열계산 등

(2) 부품분류: 크기 및 형태, 유형 및 기능에 의해 부품을 식별할 수 있도록 코딩방식을 고안해야 함.

(3) 제조시스템과의 연결: CAPP(Computer Aided Process Planning)-공정설계 및 선택, 순서결정, 도구와 치구 설계 및 선택 등

(4) CAD는 비행기, 자동차, 조선, 전자 등의 여러 산업분야에서 적용되고 있음: 설계의 노동량과 설계기간의 감축

- CAD의 4가지 기능
  - 설계의 자동화
  - 설계 계산
  - 부품분류
  - 제조와의 연결

■ 컴퓨터지원제조(CAM : computer-aided manufacturing)

- CAM이란 제조활동을 직접 다루는 CIM의 구성요소로서 컴퓨터화된 자동화를 통해 생산공정을 설계하고, 기계공구를 제어하며, 자재의 흐름을 통제
- CAM은 뱃치(batch)방식의 제조기업에 장치산업이나 라인흐름의 산업에서와 같은 효율성을 제공
- CAM은 Batch Production System에서 생산공정을 설계하고, 기계 및 공구를 제어하며, 물류의 흐름을 통제하는 데 컴퓨터를 이용
- CAM에서는 생산품목들을 GT를 이용하여 비슷한 특성에 따라 여러 개의 군(family)으로 분류하고, 특정 부품군의 생산에 필요한 기계들을 모아 가공 진행 순으로 배치
  (GT cell, GT 설비배치)

■ 공정별 배치와 그룹 테크놀로지 배치

(1) 공정별 배치

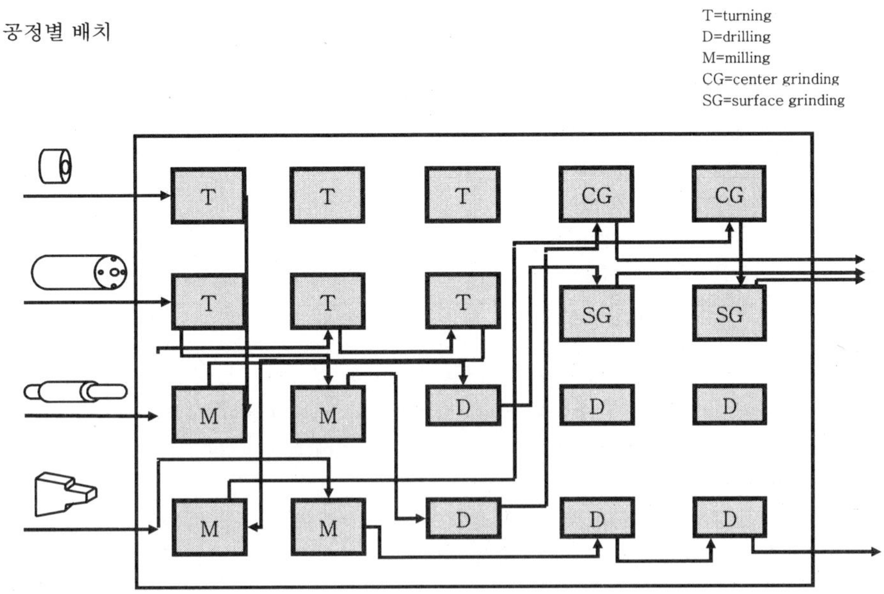

(2) 그룹테크놀로지 배치

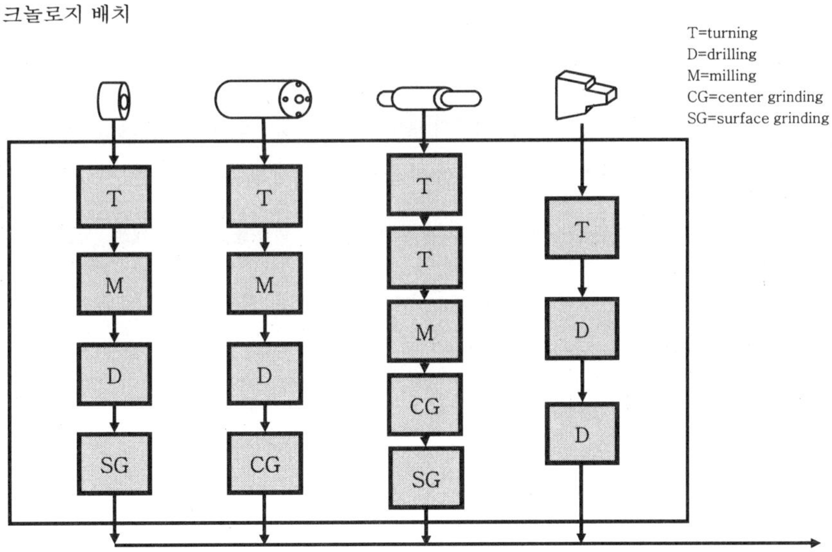

- GT배치의 주요 이점
  - · 제조공정의 속도를 빠르게 하고 재공품 재고를 줄임.

■ 유연생산시스템(FMS : flexible manufacturing system)

- FMS는 GT셀과 같은 제조셀에서 기계 가동 및 자재 이동이 컴퓨터에 의해 자동화되고 통제가 되는 생산시스템
- FMS의 구성
  - · 자재 이동과 기계 가동의 통제를 위한 컴퓨터
  - · 컴퓨터에 의해 통제되는 여러 대의 기계(머시닝센터, CNC기계 등)와 로봇
  - · 무인 운반차(AGV)
  - · 짐을 싣고 내리는 정거장
- 전형적인 유연생산시스템(FMS)
- FMS는 유연자동화(flexible automation) 또는 소프트 오토메이션(soft automation) 추구 ; 특정 품목만을 대량으로 생산하는 자동화는 hard automation

■ 로봇공학

① 산업용 로봇: 인간이 수행하기에는 적합치 않은 뜨겁고, 더럽고, 무거운 작업에 사용되었으나 점차 용접, 페인팅, 고정된 조립작업 및 자재취급과 같은 다양한 작업으로 확대됨.

② 임의로 놓여 있는 부품을 인식하고 잡을 수 있는 능력에 한계가 있음.

③ NC machine: NC 기계, CNC 기계, DNC 기계

④ 미래의 공장은 로봇과 NC 기계들의 혼합으로 구성

⑤ 로봇의 이점: 직접노동의 감소, 부품설계에 탄력성 부여, 하루 24시간 작업, 위험한 작업 수행, 균일한 제품생산 등.

■ 부분품의 표준화와 모듈러 설계

(1) 모듈러 생산(modular production) 이란

표준부품의 조합에 의해서 조립품의 다양화를 경제적으로 도모하는 생산방식. 즉, 다양하게 결합할 수 있는 부분품을 설계, 제조하여 최소 종류의 부분품으로 최다 종류의 제품을 생산하는 방식

① 모듈러 생산의 본질 : 최대한으로 결합될 수 있는 부품들을 설계, 개발, 생산함에 있다.

(2) 모듈러 설계(modular design)이란

① 제조업체들이 다양한 고객요구사항을 수용, 대량생산의 원가 우위를 유지

3. 서비스부문의 기술

3-1. 사무자동화(OA : office automation)

(1) OA의 목적

· 새로운 사무기술들을 활용하여 사무처리과정을 자동화하고 개선함으로써 사무직 근로자의 업무효율성을 향상

(2) OA의 도구

· PC
· 워드 프로세싱(word processing)
· 스프레드쉬트(spreadsheet)
· 전자우편(electronic mail)
· 원격화상회의(teleconferencing)
· 음성우편(voice mail)
· 팩스(fax) 등

■ 영상처리시스템(image processing system)

- 영상처리시스템은 복잡한 영상을 읽고, 파악하고, 저장하고, 재생하는 디지털 및 광학기술

- 영상처리시스템의 예

· 은행 : 신용카드와 수표처리업무를 위한 영상처리장비

· 슈퍼마켓과 할인점 : 바코딩(barcoding)과 스캐닝(scanning) 기술은 재고를 줄이고 판매패턴을 추적하는데 사용

■ 전자문서교환(EDI : electronic data interchange)

- EDI는 한 기업의 정보시스템에서 다른 기업의 정보시스템으로 정보를 직접 전송하는 시스템

- EDI는 기업과 공급자 및 고객 사이에 정보를 신속히 전달하는 효율적인 수단

■ 의사결정지원시스템(decision support system)과 전문가시스템 (expert system)

- 의사결정 대안의 개발, 대안 평가에 필요한 정보의 수집 및 분석, 그리고 최선의 대안이나 만족스러운 대안을 파악하는데 유용

■ 컴퓨터 네트워크 시스템

- 클라이언트/서버 접근법
- 네트워크화된 컴퓨터시스템에서는 최종 사용자가 컴퓨터를 통해 통신할 수 있고, 하드웨어, 소프트웨어, 데이터 및 다른 자원을 공유할 수 있음

(3) 서비스산업

서비스에 대한 생산라인적 접근법(Levitt): 서비스 절차의 표준화 및 자동화, 효율적이고 기분좋은 서비스, 서비스 설비의 실수 최소화 설계.

예) 현금자동지급기, 통장자동정리기, 고객순번대기표, 자동세차기, 자동판매기

4. 기술투자의 평가

■ 비용절감

- 노무비 절감
- 재료비 절감
- 재고비용 절감
- 수송 또는 배급비용 절감
- 품질비용 절감
- 기타 비용 절감(설비보전비용, 에너지비용 등)

■ 기타 혜택

- 제품의 다양성 증대
- 제품특성 및 품질의 향상
- 생산리드타임의 단축

■ 새로운 기술 도입시의 위험

- 기술적 위험
- 운영상의 위험
- 조직상의 위험
- 환경 또는 시장 위험

■ 신기술

(1) 기술 : 광의- 인간적 문제해결을 위한 지식의 적용

협의- 재화나 서비스의 산출을 위해 이용되는 공정, 도구, 방식, 절차 및 설비 등의 집합.

(2) 생산기술: 시장요구에의 대응, 생산능력과 특성, 투자수준, 생산원가, 통제 및 관리유형에 영향을 주는 생산전략의 중요한 요소

(3) 신기술(advanced technology): 생산성 및 품질에 절대적인 영향.

- 전문화된 소프트웨어(software)가 장착된 범용기계의 개발에 따라, 다양한 고객주문품(범위경제의 특성)과 총량으로는 대규모인 저원가 제품들(규모경제의 특성)의 생산이 동시에 가능.

■ 신기술-통합의 경제-대량주문생산

(1) 통합의 경제(economies of integration): 규모의 경제와 범위의 경제가 동시에 존재하는 경우, 즉 다양한 제품을 비용 효과적으로 생산할 경우.

- 신기술의 도입으로 실현 가능.

(2) 대량주문생산(mass customization): 고객이 주문한 다양한 제품 및 서비스의 대량생산.

- 대량주문생산 전략을 추구하는 기업은 일용품 구매자들이 가격을 중시하다가 차별화된 제품의 가치를 더 중요시하는 구매자로 바뀌는 시점에서, 고객들의 요구에 맞는 특화된 제품을 보다 낮은 원가로 생산.

- 통합의 경제는 속도, 능률 및 유연성을 가져와 대량주문생산을 가능케 함.

[제9장 연습문제]　　학년 :　　　　　학번 :　　　　　　　　　성명 :

I. 서술형

1. 좁은 의미의 기술의 정의를 설명하여라

2. 컴퓨터통합생산(CIM)에 대하여 설명하여라

3. 컴퓨터지원설계(CAD)에 대하여 설명하여라

4. 컴퓨터지원제조(CAM)에 대하여 설명하여라

5. 유연생산시스템(FMS)에 대하여 설명하여라

6. 부분품의 표준화와 모듈러 설계에 대하여 설명하여라

II. 진위형

1. CIM은 공장자동화를 의미한다. (　)
2. CIM은 규모의 경제보다는 범위의 경제에 입각하고 있다. (　)
3. CAM은 제품설계의 자동화를 위한 것이다. (　)
4. 수치제어기계는 머시닝센터보다 더 자동화된 설비이다. (　)
5. 유연생산시스템(FMS)은 소수의 표준화된 제품을 대량으로 생산할 수 있는 자동화된 생산시스템이다. (　)
6. CAM에서는 설비배치에 제품별 배치를 사용한다. (　)
7. GT셀과 같은 제조셀에서 기계가동 및 자재이동이 컴퓨터에 의해 자동화되고 통제가 될 때, 이러한 생산시스템을 유연생산시스템(FMS)이라 한다. (　)
8. FMS는 CAM의 일종이다. (　)
9. FMS는 유연자동화를 추구한다. (　)
10. 기술투자는 반드시 비용절감효과에 근거해서만 평가되어야 한다. (　)

III. 선다형

1. 산업용 로봇의 이점이 아닌 것은? ( )
① 직접노동의 감소 ② 24시간 계속 작업 가능
③ 위험한 과업의 수행 ④ 사람보다 유연성이 높다.

2. CAD의 기능에 속하지 않는 것은? ( )
① 설계의 자동화 ② 자재 흐름의 통제 ③ 설계 계산 ④ 부품 분류

3. CIM의 구성요소가 아닌 것은? ( )
① CAD ② CAM ③ 로봇공학 ④ OA

4. FMS의 구성요소가 아닌 것은? ( )
① 대량생산을 위한 자동화된 전용설비
② 컴퓨터에 의해 통제되는 머시닝센터
③ 자재이동과 기계가동의 통제를 위한 컴퓨터
④ 무인운반차(AGV)

5. CIM과 관련되는 개념은? ( )
① 자동화 ② 정보화 ③ 통합화 ④ ①, ②, ③ 모두

6. 제품이나 부품을 비슷한 특성에 따라 여러 개의 군으로 분류하고, 이러한 유사성을 제품의 설계나 생산에 이용하는 기법은? ( )
① CAD ② GT ③ CAM ④ FMS

7. CIM과 관련되는 것은? ( )
① 사무자동화 ② 하드 오토메이션 ③ 규모의 경제 ④ 범위의 경제

8. 사무자동화 기술에 속하지 않는 것은? ( )
① 워드 프로세싱 ② 전자우편 ③ 그룹 테그놀로지 ④ 원격화상회의

9. 한 기업의 정보시스템에서 다른 기업의 정보시스템으로 정보를 직접 전송하는 시스템은? ( )
① 의사결정지원시스템 ② 전문가시스템
③ 전자문서교환시스템 ④ 클라이언트/서버 시스템

10. 기술투자의 평가시 고려해야 할 사항은? ( )
① 비용 절감 ② 무형의 혜택
③ 새로운 기술 도입시의 위험 ④ ①, ②, ③ 모두

제Ⅲ부 공정 설계

제8장 공정선택

제9장 기술선택

제10장 설비배치

제11장 보전관리

제10장 설비배치

1. 설비배치의 유형

2. 공정별 배치기법

3. 제품별 배치기법

4. 서비스시스템의 설비배치

1. 설비배치의 유형

1-1. 설비배치의 정의

- 설비배치란 공장 또는 서비스 시설내에서 부서의 위치와 설비의 배열 결정

(1) 설비배치의 유형(기준 : 작업흐름의 패턴)

- 공정별 배치
- 제품별 배치
- 고정위치 배치

(공정별 배치, 제품별 배치, 고정위치 배치: 3가지 기본 유형)

- 혼합형 배치
- 셀룰러 배치

(2) 공정유형과의 관계

- 라인공정 ↔ 제품별 배치
- 단속공정 ↔ 공정별 배치
- 프로젝트공정 ↔ 고정위치배치

▣ 설비배치의 유형별 장단점

배치형태	장점	단점
제품별 배치	• 높은 생산량에 대한 단위당 낮은 비용 • 장비의 특수성(전용설비) • 원재료 및 고객이동이 용이	• 낮은 유연성 • 생산 중단시 손실이 큼 • 작업은 매우 반복적
공정별 배치	• 제품구성의 유연성이 큼 • 생산 중단시 손실이 작음 • 장비 및 설비의 관리감독이 용이	• 설비의 이용도가 낮음 • 고객대기가 있으며, 공정 중 재고가 높음 • 흐림이 복잡하고 통제가 어려움
셀 배치	• 고도의 다양한 운영으로 원가, 유연성 관리가 용이 • 가공시간의 단축 • 그룹작업으로 좋은 동기부여	• 재 배치시 비용증가 • 설비 및 시설이 많이 필요 • 설비의 이용도가 낮음
위치 고정형 배치	• 제품의 유연성이 매우 높음 • 제품 및 고객은 이동이 없으며, 교란받지 않음 • 전무가들의 직무가 매우 다양	• 단위당 비용이 매우 높음 • 작업공간 및 작업활동의 일정계획이 어려움 • 설비 및 관리자의 이동이 큼

(3) 설비배치의 의의

▣ 설비배치(Facility Layout): 생산시스템의 특성에 맞추어 가장 효율적인 최소비용으로 공장 또는 서비스 시설(공장, 사무실 등) 내에서 부서들의 위치와 각 부서 내의 사람 및 장비의 배치를 결정하는 것.

▣ 설비배치의 목적: 생산공정의 구성 요소인 사람, 시설 및 장비의 최적배치로 생산성 향상, 종업원 직무만족 증대, 고객만족 증대.

① 생산공정의 단순화

② 가공시간의 단축

③ 공간의 최적활용 (바닥공간 또는 삼차원적 공간)

④ 유연성(flexibility) 제공

⑤ 쾌적하고 안전한 작업환경 제공으로 인적자원의 최적활용

⑥ 고객만족도 증대

- 설비배치시의 고려 조건 :

► 전체 가용공간, 공정유형 및 공정기술, 기계설비의 구조, 작업특성, 통로, 작업흐름, 부품 저장장소, 작업자의 수, 활동공간 등 여러 가지 요소의 종합적인 고려가 필요

- 효율적인 설비배치시의 이점 :

► 자재의 흐름이 원활해지고

► 재고 축소

► 일정계획이 좋아지고

► 공간이용의 효율성 증가

► 생산상의 애로의 감소

► 자재취급 비용의 절감

(4) 좋은 배치의 특성 (1)

제조 및 후면사무실 운영 (Back-Office Operations)	① 일직선 흐름패턴 ② 역행의 최소화 ③ 생산시간의 예측가능 ④ 단계간 재고의 최소화 ⑤ 진행상황을 볼 수 있는 개방된 공장현장 ⑥ 애로공정의 통제 ⑦ 작업장간의 근접 ⑧ 질서 정연한 자재저장 및 처리 ⑨ 불필요한 자재 재처리가 없음 ⑩ 상황변화에 쉽게 적응가능

(4) 좋은 배치의 특성 (2)

대면(對面) 서비스	① 쉽게 파악할 수 있는 서비스제공 순서 ② 적절한 대기시설 ③ 고객과의 대화 용이(容易) ④ 고객감독 용이 ⑤ 적절한 계산(처리)능력을 갖춘 출입구 ⑥ 고객이 보기 원하는 바만 볼 수 있도록 배치된 부서 및 공정 ⑦ 대기장소와 서비스장소간의 균형 ⑧ 도보 및 자재이동의 최소화 ⑨ 혼잡 없음 ⑩ 시설 단위면적 당 높은 매출액

(5) 설비배치의 선정과 의사결정

▣ 배치에 대한 의사결정은 경영관리의 전략적 목적에서 출발해야 함

- 배치변경이 어렵고 변경시 비용이 많이 소요
- 배치가 잘못되면 생산관리에 장기적이고도 심각한 영향을 미침

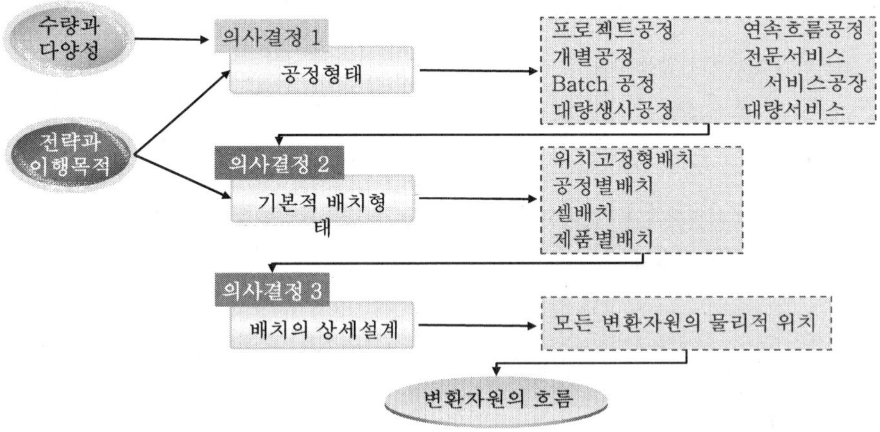

1-2. 시설입지의 의의

(1) 시설입지(Facility Location): 새로운 시설이나 재배치하려는 시설에 대한 여러 후보지들을 평가하여 최적 입지를 구하는 전략적·장기적 의사결정 사항

(2) 입지결정의 의의

① 불확실성하에서 거대한 장기적 자본투자 필요.

② 입지의 법적, 인구통계적, 사회적 요인 등의 제약.

③ 한번 결정되면 변경 곤란.

④ 생산 및 유통비용 결정.

1-3. 시설입지 결정의 필요성

① 제품/서비스의 수요가 기존 시설의 공급능력을 넘어설 경우

② 단일공장에서 다수 제품생산이 비능률적이고, 원가통제가 어려우므로, 다수공장에서 공장별로 제품 중점화가 바람직할 경우.

③ 수요가 증대되는 지역의 시장에 참여하고자 할 경우

④ 분산된 여러 시장에 대한 서비스 개선을 위해

⑤ 장기가동에 따른 기능적 진부화나 기술진보로 인한 기술적 진부화로 기존시설이 가동할 수 없게 될 때

⑥ 인력이나 원자재 등의 가격, 양 및 질의 변화로 새로운 공급원을 찾아야 할 필요가 있을 때

⑦ 부동산 가격, 과세액의 상당한 변화

⑧ 천재지변이나 화재 등으로 기존시설이 파괴되었을 경우

⑨ 명성이나 대중관계의 개선의 필요성이 있을 경우

▣ 입지선정 고려 요인

요인	구체적 고려사항	요인	구체적 고려사항
• 자원 인력 원자재 설비 및 기술 토지	- 양, 질, 원가, 특성 등가용량, 기능수준, 태도, 인건비, 노동조합 - 가용량, 품질, 원가 - 가용성, 기능적 및 기술적 진부화, 원가, 보전력 - 가용성, 적합성, 원가	• 하부구조 금융지원 • 정부 • 지역사회	- 이용가능성, 자금력, 태도, 건설비, 가용성, 전문가의 지원 • 정치적 성향, 조세(租稅), 정치적 안정도, 수입 및 수출 규제, 관세 • 태도, 생활수준, 교육기관, 문화시설, 언어, 문화적 특성, 지역의 사업 및 경영 관행
• 공정 에너지 물	- 가용량, 원가 - 가용량, 수질, 원가	• 환경 • 교통	• 환경규제, 폐기물 및 예방 정책, 비용 • 교통망, 가용성, 수송비
• 시장	근접성, 시장규모 및 변화, 잠재적 욕구	• 경쟁상황	경쟁업체수, 경쟁강도, 태도

▣ 입지문제의 접근

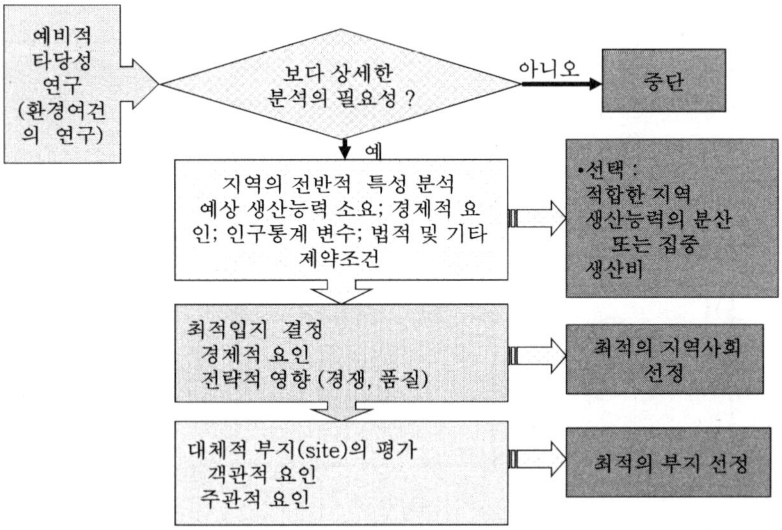

1-4. 설비배치 유형

(1) 공정별 배치(process layout)

- 기능이 유사한 기계설비 들을 한 곳에 모아 배치하며, 각 제품은 생산요건에 따라 필요한 작업장이나 부서를 찾아 이동하므로 작업흐름이 제품마다 다르고 혼잡하다.
- 단속생산이나 개별주문생산과 같이 다품종 소량 생산에 적합한 설비배치형태이다

■ 공정별 배치의 특징

- 유사한 기계설비나 기능을 한 곳에 모아 배치
- 각 주문작업은 가공요건에 따라 필요한 작업장이나 부서를 찾아 이동하므로 작업흐름이 서로 다르고 혼잡
- 공정별 배치는 단속생산이나 개별주문생산과 같이 다양한 제품이 소량으로 생산되고 각 제품의 작업흐름이 서로 다른 경우에 적합

■ 공정별 배치의 예

- 기계의 주문 제작
- 병원
- 대학 등

■ 제조업에 있어서의 공정별 설비배치의 예

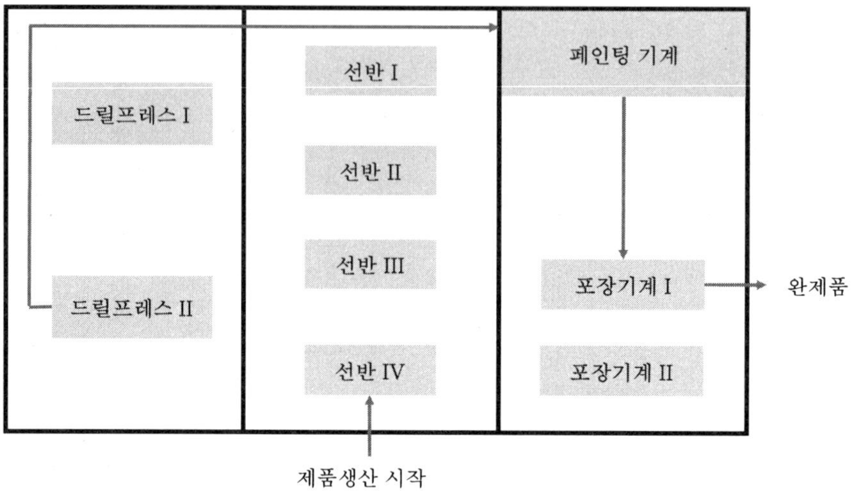

▣ 공정별 배치의 장점:

① 기계설비와 인력의 유효성이 높다.

② 범용기계의 공동이용으로 필요한 기계대수가 줄어들고 기계설비 투자가 비교적 적다.

③ 과업의 다양화로 작업자에게 더 큰 흥미와 만족감을 줄 수 있다.

④ 전문화된 감독이 가능하다.

▣ 공정별 배치의 단점:

① 작업흐름이 길고 복잡하며 자재취급비용이 높다.

② 작업의 대기시간이 많아 생산의 효율성이 떨어지고 비교적 많은 재공품 재고가 있게 된다.

③ 일반적으로 단위당 생산시간이 길다

④ 생산계획 및 통제가 복잡하다.

⑤ 다양한 기술을 가진 숙련된 작업자가 요구되므로 노무비가 비교적 높다.

⑥ 각 작업이나 주문이 다양하고 가공요건도 다르므로 생산성이 떨어진다.

(2) 제품별 배치(Product layout)

► 제품별 배치(product layout): 제품이나 제공되는 서비스의 각 단위를 완성하는데 필요한 작업절차와 동일하게 설비 및 장비를 배치하는 것.

- 컨베이어 벨트(conveyor belt)와 같은 고정통로용 자재운반장비 필요로 함.
- 생산장비도 특정 제품생산에만 사용되는 전용장비(special-purpose equipment) 이용.

► 제품별 배치가 유리한 경우

① 제품혼합(product mix)이 소수의 기본적 유형에 한정될 경우.

② 표준화된 부품들로 생산된 품목들의 제품설계가 안정적인 경우.

③ 수요의 변동성이 한정적인 대량생산의 경우.

■ 제품별 배치의 여러 가지 작업흐름선

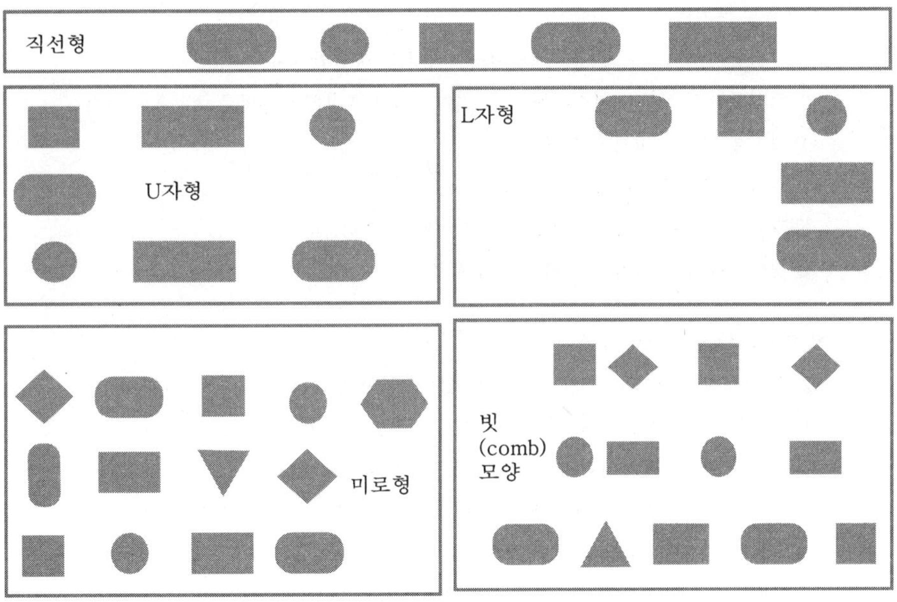

■ 제품별 배치의 특징

- 각 제품별로 제품이 만들어지는 작업순서에 따라 기계 설비나 작업장을 배치
- 작업흐름은 직선적이거나 미리 정해진 패턴을 따라가며, 각 작업장은 고도로 전문화된 하나의 작업만을 수행
- 제품별 배치는 하나 또는 소수의 표준화된 제품을 대량으로 반복생산 하는 라인공정에 적합

■ 제품별 배치의 예

- 자동차 조립라인
- 전자제품 생산라인
- 카페테리아 라인 등

▣ 제품별 배치의 장점:

① 작업순서대로 기계설비가 배치되어 작업흐름이 원활하다
② 작업장간의 거리가 최소가 되도록 기계설비가 배치되어 자재취급비용이 낮다.
③ 재공품 재고가 비교적 적다.
④ 단위당 생산시간이 짧다.
⑤ 과업이 단순하여 저임금의 미숙련공을 쓸 수 있다.
⑥ 생산계획 및 통제가 비교적 단순하다.

▣ 제품별 배치의 단점:

① 한 기계의 고장으로 그 생산라인 전체의 작업이 중단된다.
② 공정의 유연성이 없어 제품변경시 마다 배치를 변경해야 한다.
③ 가장 느린 기계에 의해 생산속도가 좌우된다
④ 단순작업의 반복으로 작업자가 단조로움을 느낀다
⑤ 전용설비가 사용되고 동일한 기계설비가 생산라인마다 별도로 설치되므로 설비투자비가 크다.
⑥ 일반적인 감독이 이루어지므로 감독의 전문화가 어렵다.

(3) 고정위치 배치(fixed-position layout)

■ 고정위치 배치의 특징

- 고정위치배치는 제품의 크기, 무게 및 기타 특성 때문에 제품 이동이 곤란한 경우에 생기는 배치 형태
- 고정위치배치에서는 제품은 한 장소에 고정되어 있고, 자재, 공구, 장비 및 작업자가 제품이 있는 장소로 이동해 와서 작업을 수행

■ 고정위치 배치의 예

- 조선소
- 비행기 제작 등 대형 제품의 생산
- 각종 건설공사

▣ 고정위치 배치의 장점:

① 제품이동이 없으므로 제품에 손상이 가지 않고 이동비용도 발생하지 않는다.

② 제품이 다른 작업장으로 이동되지 않으므로 노동인력의 계속성이 보장되어 새로운 작업이 시작될 때마다 인력을 재계획하고 교육시킬 필요가 없다.

▣ 고정위치 배치의 단점:

① 동일한 작업자들이 많은 다양한 작업을 처리해야하므로 숙련된 다기능 작업자가 필요하므로 이러한 작업자를 구하기가 어렵고 고임금을 지불해야 한다.

② 작업장소로의 인력 및 장비의 이동에 많은 비용이 들 수 있다.

③ 어떤 장비를 재사용시까지 현재의 장소에 방치하는 경우가 많아 이에 따른 장비 이용률이 낮다.

(4) 혼합형 배치(hybrid layout)

■ 혼합형 배치

- 설비배치의 세 가지 기본 유형이 혼합된 형태

■ 혼합형 배치의 예

- 공장 전체로는 제작→중간조립→최종조립의 순으로 제품별 배치를 취하더라도 제작공정은 공정별 배치를, 조립공정은 제품별 배치를 각각 취할 수 있음.
- 전자제품공장의 경우, 최종조립라인-제품별 배치를 하나 금형공정-공정별 배치

(5) 셀룰러 배치(cellular layout)

■ 제조셀(manufacturing cell)

- 다수의 유사 부품이나 부품군의 생산에 필요한 서로 다른 기계들을 가공진행순서에 따라 모아 제조셀로 구성하는 배치

■ 셀룰러 배치

- 제조셀을 이용한 제조를 셀룰러 제조라 하고, 제조셀에 의한 설비배치를 셀룰러 배치라 함.
- 셀룰러 배치에서는 기계간에 부품의 이동거리와 대기 시간이 짧기 때문에 생산소요시간이 단축되고 재공품 재고가 줄어듬
- 기계주변에 재공품 재고를 쌓아둘 공간이 크게 필요없어 공장면적에 대한 투자가 줄어듬
- 셀룰러 배치는 다양한 부품을 중·소량으로 생산하는 기업에 제품별 배치의 혜택을 제공

■ GT배치

- 그룹 테크놀로지(GT : group technology)란 비슷한 특성을 가진 부품끼리 모아 부품군으로 분류하고, 이러한 유사성을 부품의 생산이나 설계에 이용하는 기법
- GT배치란 GT를 이용하여 다양한 부품들을 몇개의 부품군으로 분류한 다음, 각 부품군의 생산에 필요한 서로 다른 기계장비들을 모아 제조셀로 구성하는 설비배치 형태
- GT배치는 순수한 공정별 배치와 순수한 제품별 배치의 일종의 혼합 형태
- GT배치를 이용하면 다양한 부품을 소규모 로트로 생산하는 기업도 제품의 표준화 없이 제품별 배치의 경제적 이점을 취할 수 있음.

► GT배치시의 잇점-생산소요 시간의 단축, 자재취급량과 재공품 재고감소, 각종 고정구와 공구에 대한 투자감소, 생산준비시간(setup time)의 단축

2. 공정별 배치법

2-1. 공정별 배치의 의의

(1) 공정별 배치: 설비와 장비를 동일한 기능을 갖는 것끼리 집단으로 배치하는 것

- 범용장비 : 공정별 배치에서 사용되는 장비는 여러 제품 생산에 이용.
- 물자취급장비: 주문에 따라 공정절차가 다르기 때문에 필요한 작업장으로 이동시키는 지게차(forklift)와 같은 운반장비 필요.
- 기능별 배치(functional layout)라고도 함.

(2) 공정별 배치가 유리한 경우

① 다양한 제품이나 서비스를 생산하여야 할 때

② 부품이나 구성품들을 표준화할 수 없을 때

③ 각각의 주문은 소량이고 주문의 종류는 다양할 때

2-2. 공정별 배치의 장/단점

(1) 공정별 배치의 장점

① 한 기계의 고장으로 인한 생산중단이 적고 쉽게 극복할 수 있어 인적자원과 설비의 높은 이용률.

② 고도의 기술과 경험을 적용한 데서 오는 긍지, 일정하지 않은 작업속도에 따른 작업흐름에서의 상대적인 독립성 등에 의한 직무만족으로 동기부여된 종업원.

③ 범용설비로 비교적 저렴하고 정비가 용이.

(2) 공정별 배치의 단점

① 각 주문마다의 특별한 작업준비 및 공정처리 요건들의 필요성으로 인한 단위당 높은 생산원가

② 랏(lot) 생산 시 대량의 재공품 재고

③ 다양한 제품 형태, 크기 등에 따른 추가공간과 물량 이동에 필요한 통로, 융통적인 운반장비(크레인, 지게차 등)의 필요성

④ 생산일정계획 및 통제의 복잡성

⑤ 비교적 긴 공정처리시간 및 낮은 설비이용률

(3) 물량-거리모형

■ 부서간의 물량이동에 따르는 총 자재취급 비용이 최소가 되도록 각 부서나 작업장의 배치를 결정

$$\text{총비용} = \sum_{i=1}^{n} \sum_{j=1}^{n} L_{ij} C_{ij} D_{ij}$$

여기서 L_{ij}= 부서 i에서 j로의 이동물량
C_{ij}= 부서 i에서 j로의 단위 물량당 단위 거리당 운반비용
D_{ij}= 부서 i에서 j까지의 거리
n = 부서의 수

■ 부서간 연간 이동물량

부서활동	부서	1	2	3	4	5	6	7	8
원자재 수납 및 제품 출하	1		175	50	0	30	200	20	25
플라스틱 주형	2			0	100	75	90	80	90
금속 주형	3				17	88	125	99	180
재 봉	4					20	5	0	25
작은 장난감 조립	5						0	180	187
큰 장난감 조립	6							80	70
도색(페인팅)	7								7
기계장치 조립	8								

■ 최초의 배치

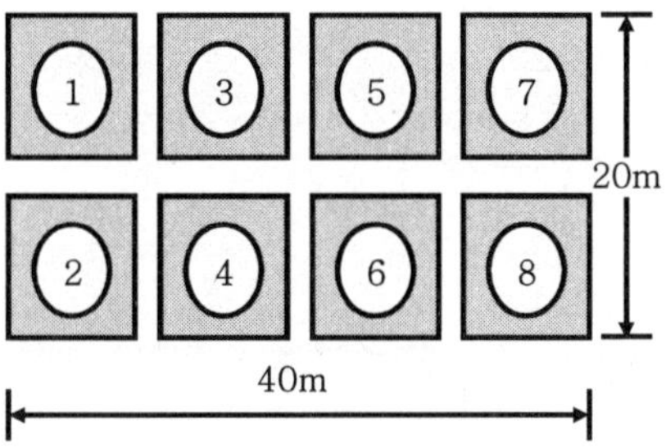

(단위; 천원)

부서	1	2	3	4	5	6	7	8
1		**175**	**50**	**0**	**60**	**400**	**60**	**75**
2			**0**	**100**	**150**	**180**	**240**	**270**
3				**17**	**88**	**125**	**198**	**360**
4					**20**	**5**	**0**	**50**
5						**0**	**180**	**187**
6							**80**	**70**
7								**7**
8								

■ 최초 배치의 총 비용표 →

총비용=3,147,000원

■ 두 번째 배치(부서 4와 6을 맞바꿈)

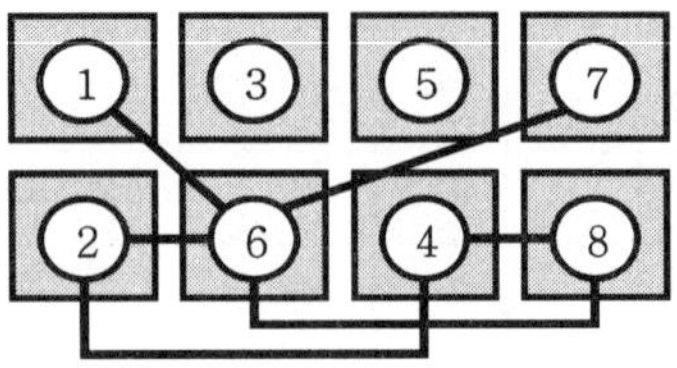

(단위; 천원)

부서	1	2	3	4	5	6	7	8	비용 증감
1		175	50	0	60	200	60	75	-200
2			0	200	150	90	240	270	+ 10
3				17	88	125	198	360	
4					20	5	0	25	-25
5						0	180	187	
6							160	140	+ 150
7								7	
8									
총비용=3,147,000-65,000=3,082,000원									계: -65

■ 두 번째 배치의 총 비용표 →

■ 개선된 배치 계속 탐색 ; 물량-거리 모형은 부서의 수가 많아지면 사실상 최적해를 구하기가 불가능

(2) 체계적 배치계획(SLP : systematic layout planning)

■ 체계적 배치계획
- 체계적 배치계획(SLP)이란 부서간의 관계의 밀접도와 같은 질적 기준을 사용하는 배치기법

■ 체계적 배치계획의 예

(1) 관계도표

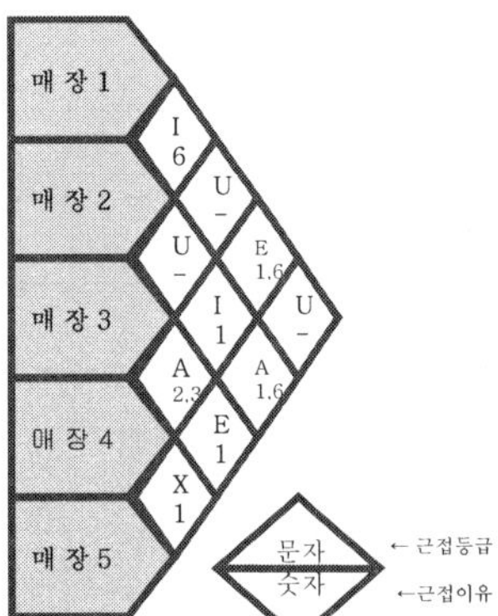

A. 근접이유

코 드	이 유
1	고객의 유형
2	감독의 용이성
3	종업원 공동 이용
4	접촉 필요
5	같은 공간 사용
6	심리적 이유

B. 근접등급

등급	근접도	라인코드	색코드
A	절대 필요	≡ (4선)	적색
E	특히 중요	≡ (3선)	오렌지
I	중요	=	녹색
O	보통	—	청색
U	중요하지 않음		없음
X	바람직하지 않음	⋁⋁	갈색

(2) 활동관계도

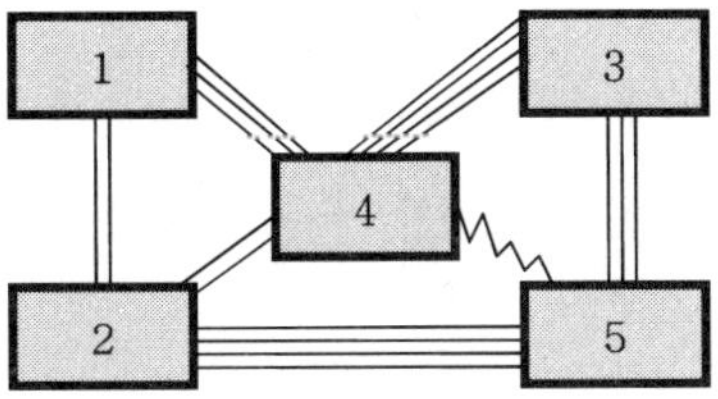

(3) 인접패턴

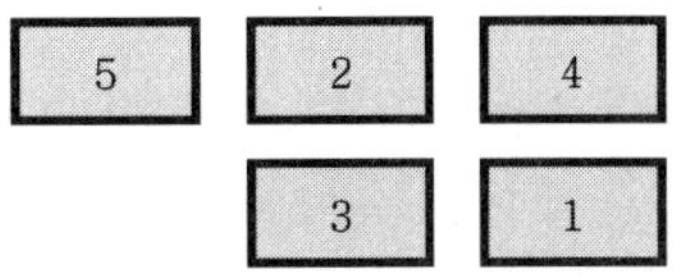

↑ 활동관계도에 근거한 최초의 배치

(4) 최종배치

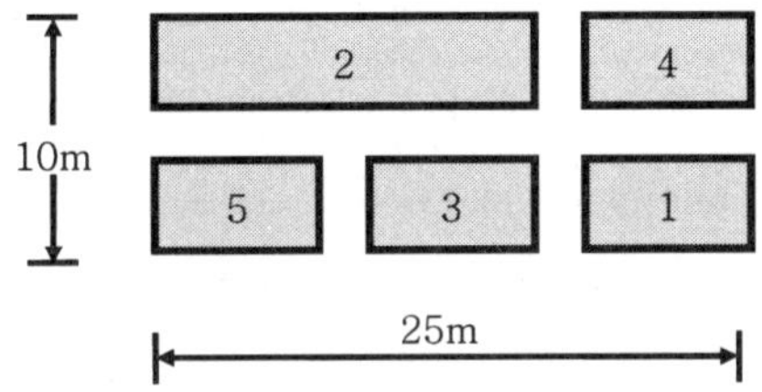

건물크기와 각 매장의 필요
면적에 의해 조정된 최종배치

2-3. 컴퓨터에 의한 배치계획

(1) CRAFT(computerized relative allocation of facilities)

- 물량-거리모형을 컴퓨터화한 기법
- 건물의 구조나 각 부서의 필요면적을 고려할 수 있음.

  입력자료 : 물량-비용 행렬, 최초의 배치.

  종료 : 두 부서를 바꾸어도 더 이상 비용감소가 발생하지 않을 때

(2) ALDEP(automated layout design program)

- 질적인 기준을 사용하는 컴퓨터에 의한 배치기법
- 입력자료 : 관계행렬, 빌딩크기, 고정되는 부서, 계단공간
- 임의로 한 부서를 골라 위치를 정한다. 나머지 부서중 이미 선택된 부서에 가장 높은 근접등급을 가진 부서를 임의로 골라 처음에 선택된 부서와 인접시킨다 (이와 같은 선택과정은 모든 부서가 선택될 때까지 계속된다). 이렇게 해서 하나의 완성된 부서배치가 얻어지면 이 배치에서 인접부서간의 근접등급을 수치(예를 들면, A=5, E=4, I=3, O=2, U=1, X=0)로 환산한 다음,이를 모두 더하여 이 배치의 총점수(총근접점수)를 더한다. 이와같은 전체과정을 첫 단계에서 임의로 선택되는 부서를 다르게 하여 여러번 반복하면 그 때마다 완성된 배치가 하나씩 얻어진다.)

3. 제품별 배치법

3-1. 제품별 배치의 접근법(1)

(1) 공정균형화(Line-Balancing) : 특정 제품생산에 필요한 과업을, 필요한 순서에 따라, 일련의 작업장들에 배정할 때, 모든 작업장들이 동일한 생산율로 작업하도록, 즉 생산공정이 균형화 되도록 과업들을 각 작업장에 배정하여야 함.

(2) 제품별 배치의 일반적 접근방법

① 작업요소(work element) 및 작업소요시간의 파악: 제품생산을 위해 이루어져야만 할 모든 작업요소 또는 과업을 파악하고, 이들 과업을 완수하는 데 필요한 작업소요시간을 파악한다.

② 순서도(precedence diagram) 작성: 기술적 및 관리적 제약조건에 따라 작업요소들 간에 존재하는 선후 및 병행관계를 파악하고, 이들을 순서도로 작성. 순서도는 작업요소 또는 과업을 나타내는 ○(원 안에 작업요소의 번호나 기호를 기록)과 작업 상호간의 선후관계를 나타내는 → 로 구성.

③ 주기시간(cycle time: C) 결정 : 주기시간이란 제품이 각 작업장에서 머무르는 시간으로, 각 작업장에서의 작업소요시간들 중 최대치 이상 총작업소요시간 이하이다. 그러나, 실제적인 주기시간은 제품의 수요율에 달려있다. 즉,

$$C = \frac{\text{가용시간(기간 중)}}{\text{생산목표량(기간중)}}$$

④ 이론적 작업장수(Nt:: theoretical number of work stations):

$$Nt = \frac{\Sigma\ ti}{C}$$

여기서 t_i = 작업요소i의 작업소요시간; C = 주기시간.

⑤ 최대공정효율(Emax)의 계산:

$$Emax = \frac{\Sigma\ ti}{Nt \times C}$$

⑥ 실제작업장수(N)의 결정: 각 작업장의 작업소요시간이 주기시간 이내가 되도록 실제로 작업요소들을 배정하면, 실제작업장수(N)은 이론적 작업장수(Nt) 이상이 됨. 작업요소 배정기준

(i) 시행착오법

(ii) 선행작업수 기준법 : 선행작업수가 적은 것부터 배정.

(iii) 순위가중치법 : 자신과 그 후속작업들의 작업소요시간들의 합을 순위가중치라 하며, 이 값이 가장 큰 작업요소부터 배정.

⑦ 실제공정효율(efficiency: E)의 계산 :

$$E = \frac{\sum t_i}{N \times C} \times (100\ \%)$$

* 항상 E ≤ Emax이다. 따라서, E<<Emax이면 효율증대를 위한 새로운 배치방법을 찾는다.

■ 조립라인

- 조립라인은 제품별 배치의 가장 전형적인 형태
- 조립라인의 특징을 결정짓는 요소
  - · 자재취급장치(벨트, 롤러 컨베이어 등)
  - · 조립라인의 형태(U자형, 직선형)
  - · 조립라인의 이동방법(수동, 자동)
  - · 제품믹스(단일제품, 복수제품)
  - · 작업장의 특성(작업자가 앉아서 작업하느냐, 서서 작업하느냐 등)

(1) 조립라인 균형문제의 성격

■ 주기시간(cycle time)

- 제품 또는 부품이 일정한 시간간격 마다 작업장을 이동한다고 할 때의 일정한 시간간격.

  각 작업장에서 소요 할 수 있는 시간

■ 과업(task)

- 과업이란 더 이상 나눌 수 없는 작업의 기본단위
- 각 작업장에서 수행되는 작업은 여러 개의 과업으로 구성됨.

■ 조립라인 균형문제

► 조립라인 균형문제란 한 제품의 완성에 필요한 모든 과업을 과업간의 선후관계를 고려하면서 일련의 작업장에

▣ 다음과 같은 조건을 만족시키도록 할당하는 문제

· 각 작업장마다 할당된 과업의 총수행시간은 주기시간을 넘지 않아야 함.

· 모든 작업장에 걸친 총유휴시간은 최소가 되어야 함

(각 작업장의 유휴시간은 주기시간에서 각 작업장에 할당된 과업의 총수행시간을 뺀 값).

► 각 작업장마다 실제작업시간이 모두 주기시간과 같으면 유휴시간은 발생하지 않으며, 이 때 조립라인은 완전 균형을 이룸

$$효율성 = \frac{총과업시간 \times 100\%}{작업장의\ 수 \times 주기시간}$$

■ 조립라인 균형문제의 예

(a) 과업 및 선행관계

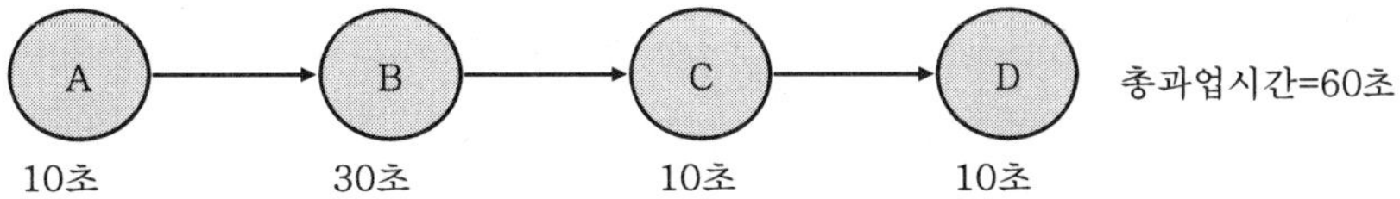

(b) 주기시간을 30초로 할 때의 최적할당 : 작업장의 수=3개, 총유휴시간=30초

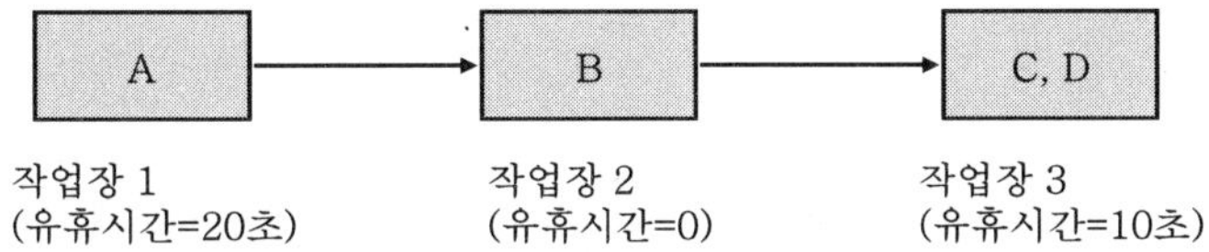

(C) 주기시간을 40초로 할 때의 최적 할당 : 작업장의 수=2개, 총유휴시간=20초

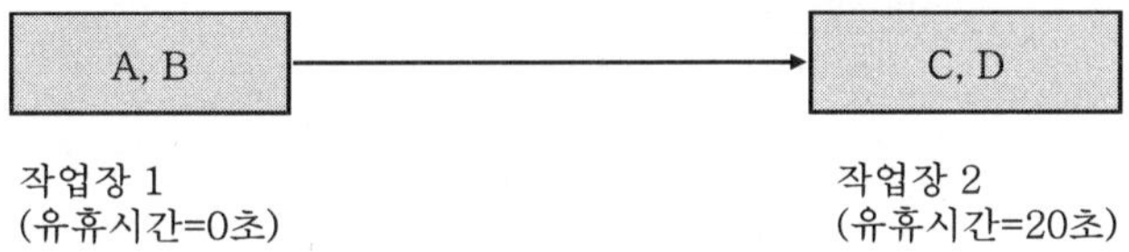

- 최소주기시간≤주기시간≤최대주기시간
- 최소주기시간=최대과업시간=30초
- 최대주기시간=총 과업시간=60초
- 주기시간은 조립라인의 효율성과 생산량을 동시에 고려 하여 최소주기시간과 최대주기 시간 사이에서 결정됨

■ 주기시간이 30초인 경우

$$\cdot \text{효율성} = \frac{\text{총과업시간}}{\text{작업장의수X주기시간}} \text{ X } 100\%$$

$$= \frac{60}{3 \text{ X } 30} \text{ X } 100\%$$

$$= 66.7\%$$

► 1일 유휴시간 = 주기당 유휴시간 X $\dfrac{\text{1일 작업시간}}{\text{주기시간}}$

$$= 30초 \text{ X } \frac{8\text{X}60\text{X}60(초)}{30(초)}$$

= 30초 X 960

= 28,800초

= 8시간

► 1일 생산량 = $\dfrac{\text{1일 작업시간}}{\text{주기시간}}$

$$= \frac{8\text{X}60\text{X}60(초)}{30(초)}$$

= 960개

■ 주기시간이 40초인 경우

► 효율성= $\dfrac{60}{2 \text{ X } 40}$ X 100%

► 1일 유휴시간 = 20초 X $\dfrac{8 \text{ X } 60 \text{ X } 60(초)}{40(초)}$ = 4시간

► 1일 생산량 = $\dfrac{8 \text{ X } 60 \text{ X} 60}{40}$ = 720개

■ 주기시간이 주어지는 경우의 조립라인 균형문제

- 주기시간이 주어지면 작업장 전체에 걸친 총유휴시간은 다음과 같이 계산됨

  총유휴시간= (필요한 작업장의 수×주기시간)−총과업시간

  ∴ 총유휴시간의 최소화=필요한 작업장 수의 최소화

- 주기시간이 주어지는 경우 조립라인균형문제의 정의

  · 각 작업장마다 할당된 과업의 총수행시간이 주어진 주기시간을 넘지 않게 하면서

  · 필요한 작업장의 수가 최소가 되도록

  · 한 제품의 생산에 필요한 모든 과업을 과업간의 선행관계를 고려하여 일련의 작업장에 할당하는 문제

3-2. 조립라인균형의 절차

■ 예 :

- 조립시간 및 조립단계

과 업	과업시간(초)	직전 선행과업
A	50	-
B	20	A
C	45	B
D	20	B
E	25	C
F	10	D
G	35	E, F
총 과업시간	205초	

- 하루 목표생산량=400개

- 하루 작업시간=8시간

■ 단계 1 : 선행도표 작성

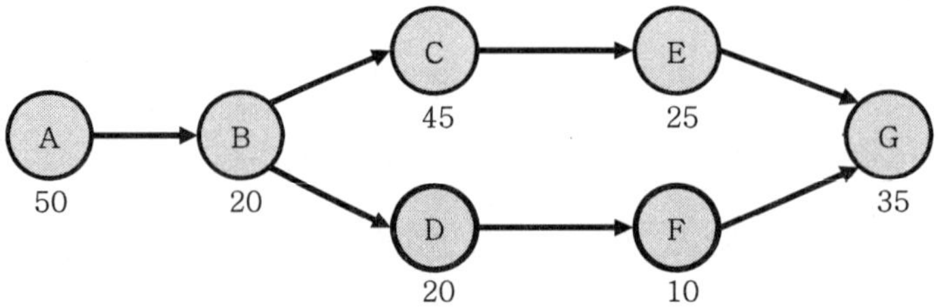

■ 단계 2 : 주기시간(C)의 결정

- 최소주기시간은 50초(A과업의 50초)이고 최대주기시간은 205초(총 과업시간)임.

$$\cdot \text{주기시간}(C) = \frac{\text{일간 작업시간}}{\text{일간 목표생산량}} = \frac{8 \text{ X } 60 \text{ X } 60(\text{초})}{400} = 72\text{초}$$

■ 단계 3 : 이론적 최소작업장의 수(N_{min}) 결정

$$\cdot N_{min} = \left\lceil \frac{\text{총과업시간}}{\text{주기시간}} \right\rceil = 2.85 = 3 \left\lceil \frac{205}{72} \right\rceil$$

■ 단계 4 : 할당규칙 선정

- 제1규칙 : 최대 후속 과업수 규칙
- 제2규칙 : 최장 과업 시간 규칙
- 할당 우선순위 :

과 업	후속과업의 수	과 업	후속과업의 수
A	6	E^1, F^2	1
B	5	G	0
C^1, D^2	2		

■ 단계 5 : 과업을 작업장에 할당

- 과업의 할당과정

작업장	과 업	과업시간(초)	잔여시간 (초)	할당가능 과 업	후속과업수가 많은 과업
1	A	50	22	B	
	B	20	2 (유휴시간)	없음	
2	C	45	27	D, E	D
	D	20	7 (유휴시간)	없음	
3	E	25	47	F	
	F	10	37	G	
	G	35	2 (유휴시간)	없음	
총 유휴시간			11		

- 과업의 할당결과

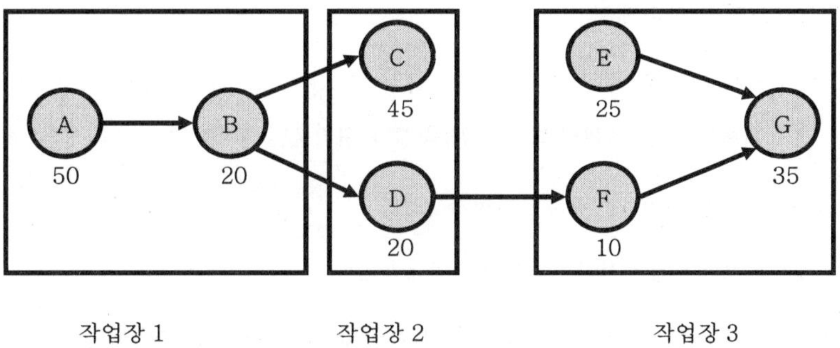

■ 단계 6 : 설계된 조립라인 균형의 효율성 평가

$$\cdot \text{효율성} = \frac{\text{총 과업시간}}{\text{작업장의수 X 주기시간}} \text{ X } 100\%$$

$$= \frac{205}{3 \text{ X } 72} \text{ X } 100(\%)$$

$$\fallingdotseq 95\%$$

■ 단계 7 : 재균형

- 만약 설계된 조립라인균형의 효율성이 만족스럽지 못하면 단계 4로 돌아가서 다른 할당 규칙들을 적용하여 재균형을 취함.
- 다른 할당규칙
  · 최소선행과업수법
  · 위치 가중치 순위법

4. 서비스시스템의 설비배치

4-1. 서비스시스템 설계

고객이 기대하는 서비스의 속도, 인적 접촉 및 분위기를 충족시킬 수 있도록 설계

(1) 고객이 빠른 서비스를 원하는 서비스시스템

- 설비배치의 목적은 서비스 산출량의 최대화
- 고객이 빨리 서비스를 받고 시스템을 나갈 수 있도록 제품별 배치를 취함.
- 예 : 맥도널드와 같은 패스트푸드점, 징병신체검사, 카페테리아 라인 등

(2) 판매기회의 최대화

- 판매기회를 최대화하기 위해 고객을 목표시간 동안 시스템내에 붙잡아 두기 위해서는 공정별 배치가 적합 (예 : 백화점)

4-2. 서비스시설의 부지선정 고려요인

① 교통의 편리성
② 주차공간 및 시설
③ 확장가능성이 있는 지역
④ 고객이 찾기 쉬운 지역
⑤ 경쟁업자의 위치
⑥ 관계법규 및 제도와의 저촉 여부

► 설비배치의 실수 (예)

한 영국의 제지회사가 또 다른 영국 회사와 공동으로 캐나다 브리티시 콜럼비아(British Columbia)주의 목재를 채벌할 계획을 갖고 있었다. 이들은 어마어마한 삼림지의 벌채권을 따냈다. 그러나 브리티시 칼럼비아주의 목재 특성에 문외한이었던 영국 기술자들에 의해 목재공장이 설계되고 배치되었다. 결국 이 공장은 캐나다 수목의 다양성과 크기에 맞출 만큼 유연한 시스템을 갖추지 못하였다. 따라서 3년이 채 지나기도 전에 이 회사는 엄청난 손실을 보고 공장을 팔아야 했다.

어떤 영국 회사는 미국에 방직기용 모터를 대량으로 주문하였는데 알고 보니 영국에서의 우선성(right-handed) 모터라 부르는 것이 미국에서는 좌선성(left-handed) 모터였던 것이다. 미국 사람들은 생산흐름을 산출물 방향에서 바라보는 반면 영국 사람들은 투입물 방향에서 바라보기 때문에 좌우가 바뀜

[제10장 연습문제]　　**학년 :**　　　　**학번 :**　　　　　　**성명 :**

I. 서술형

1. 정유공장, 종합병원, 발전소, 피자가게 등의 입지선정에 영향을 주는 주요인은 무엇일까?
2. 현재는 어떤 추세가 입지선정에 영향을 주고 있는가? 앞으로 미래에는 어떤 요인들이 입지선정에 영향을 주리라고 생각하는가?
3. 시설배치란 무엇인가?
4 기본적인 시설배치 유형에는 어떤 것들이 있는가? 문제 1번에 나오는 조직들에는 어떤 배치가 사용될 수 있을까?
5 여러분이 가본 간이식당의 배치와 정식 식당의 배치에는 차이가 있는가? 왜 이러한 차이가 존재하는가?
6 새로운 의료시설의 건설이 고려되고 있다. 시행정가는 도시 경계 내에서 후보지를 찾고 이를 평가하고 있다(1=매우 불량; 5=매우 양호). 그 지역의 입지요인, 가중치 및 점수가 다음과 같다. 이 후보지의 총평점은 얼마인가?

입지요인	가중치	점수
능력이용률	35	4
평균긴급반응시간	25	3
총환자거리(월)	15	3
고속로 접근성	10	4
건축 및 토지비	10	1
종업원의 선호	5	5

7. 에이블 패스너(주)는 제2의 공장을 증설하려고 한다. 네 곳의 입지가 물망에 오르고 있다. 여섯개의 입지요인을 기초로 이 입지들을 평가를 한 결과 아래와 같았다.
최적입지를 구하라. (1=불량, 5=우수)

입지요인	요인 가중치	후보지			
		A	B	C	D
인력공급	25	3	4	1	5
자재공급	20	3	2	4	1
시장근접	20	5	5	3	3
수송망 이용성	15	2	4	4	3
지역의 생활수준	10	5	2	3	4
세금	10	1	3	3	4

8 경미물산은 신제품을 위한 공장신축을 다음과 같은 두 가지 입지 중에서 선택하려고 한다.

관 련 항 목	입 지 A	입 지 B
단위당 변동비	4	3
고정비	20000	50000
단위당 판매가격	8	8

(1) 손익분기분석을 통해 어느 입지가 유리한가를 검토하라.
(2) 예상판매량이 입지 A, B 모두 90,000(단위)이라면 어느 입지가 유리한가?
(3) 입지 A의 예상판매량은 90,000단위이고 B의 "예상판매량은 100,000일 때 어느 입지가 더 유리한가?
(4) 두 입지의 예상판매량이 (1)번의 수량과 같을 경우, 어느 입지를 선택하여야 할 것인가?

9 다음은 배경공정의 나사제조시 드는 각 공정별 시간을 나타낸 것이다.

공 정	공정 1	공정 2	공정 3	공정 4	공정 5
시간(분)	0.1	0.7	1	0.5	0.2

위의 표를 이용하여 다음을 구하여라.
(1) 최대공정 주기 시간(Maximum Cycle Time) 은?
(2) 최소공정 주기 시간(Minimum Cycle Time) 은?
(3) 하루에 생산할 수 있는 나사의 양은? (단, 일일운영시간은 8시간, 평균공정주기 시간은 2시간이다)
(4) 적절한 공정 수는? (단, 하루에 480개의 나사를 생산하고 싶을 때이다)
(5) 각 단계별 유휴시간은? (단, 공정 2일 경우)

10. 가까운 음식점을 선정하여, 그 시설 내부구조를 살펴보고 영역 목록을 작성하라.
(1) 영역간의 상호작용을 분석하고, 바람직한 근접도를 평가하라.
(2) 앞에서 구한 정보를 요약해주는 관계도표를 작성하라.
(3) 관계도표를 근거로 관계일람도를 구성하라.
(4) 각 영역의 필요공간을 추정하라.
(5) 최초의 시설배치안을 작성하라.

II. 진위형

1. 제품별 배치에서는 단위당 생산시간이 짧다. (   )
2. 공정별 배치에서는 재공품 재고가 비교적 적다. (   )
3. 제품별 배치에서는 작업흐름이 길고 복잡하여 자재취급비용이 높다. (   )
4. 표준화되어 있지 않은 다양한 제품을 소량으로 생산하는 데에는 공정별 배치가 적합하다. (   )
5. 조선소의 설비배치형태는 공정별배치이다. (   )
6. 각종 건설공사의 설비배치형태는 고정위치배치이다. (   )
7. 그룹테크놀로지배치에서 한 부품군에 속하는 모든부품은 모두 동일한 순서의 생산공정을 거친다. (   )
8. 조립라인의 최소주기시간은 조립에 필요한 과업의 과업시간 중 최소과업시간과 같다. (   )
9. 조립라인의 최대주기시간은 총과업시간과 같다. (   )
10. 서비스시스템에서 빠른 서비스를 제공하기 위해서는 제품별 배치가 적합하다. (   )
11. 전통적인 라인공정을 사용해온 전자산업 등에서 셀 방식을 도입하는 궁극적인 이유는 '소품종 대량생산체제'를 '다품종 대량생산체제'로 전환함으로써 소비자들의 다양한 욕구를 충족시키는 동시에 생산성을 높이기 위함이다. (   )

III. 선다형

1. 공정설계 및 설비배치의 목적에 포함되지 않는 것은? ( )
① 작업흐름의 개선 ② 공간이용의 효율성
③ 자재취급비용의 최소화 ④ 임금체계의 개선

2. 제품별 설비배치와 관계가 먼 것은? ( )
① 높은 유연성 ② 표준화된 제품 ③ 높은 조업도 ④ 전용설비

3. 공정별 배치와 관계가 먼 것은? ( )
① 다품종 중소량 생산 ② 높은 효율성
③ 높은 재공품 재고 ④ 높은 유연성

4. 조선소의 설비배치 형태에 해당하는 것은? ( )
① 공정별 배치 ② 제품별 배치
③ 고정위치 배치 ④ 셀룰러 배치

5. 유사한 기계설비나 기능을 한 곳에 모아 배치하는 설비배치의 형태는? ( )
① 공정별 배치 ② 제품별 배치
③ 그룹 테크놀로지 배치 ④ 셀룰러 배치

6. 라인공정에 적합한 설비배치 형태는? ( )
① 공정별 배치 ② 제품별 배치
③ 고정위치 배치 ④ 셀룰러 배치

7. 단속공정에 적합한 설비배치 형태는? ( )
① 공정별 배치 ② 제품별 배치 ③ 고정위치 배치 ④ 셀룰러 배치

8. 프로젝트공정에 적합한 설비배치 형태는? ( )
① 공정별 배치 ② 제품별 배치 ③ 고정위치 배치 ④ 셀룰러 배치

9. 그룹 테크놀로지 배치는 어떤 유형의 설비배치 형태에 속하는가? ( )
① 공정별 배치 ② 제품별 배치
③ 고정위치 배치 ④ 셀룰러 배치

10. 조립라인에서 4개의 공정(작업장)을 거쳐 완성되는 어느 제품의 제품 단위당 각 공정의 소요시간은 다음과 같다. 이 조립라인의 최소주기시간은 얼마인가? ( )

공 정	1	2	3	4
소요시간(분)	2	3	2.5	1.5

① 9분 ② 3분 ③ 2분 ④ 1.5분

제III부 공정 설계

제11장 보전관리

1. 보전관리의 의의
2. 집단교체
3. 예비장비
4. TPM

1. 보전관리의 의의

1-1. 보전관리란

(1) 보전관리(保全管理) : 생산시설 및 장비를 바람직한 운용상태로 유지시켜나가려는 모든 노력.

- 보전에는 예방보전과 수리보전이 있음.

(2) 예방보전(Preventive Maintenance) : 장비를 바람직한 운용상태로 유지하고 고장 가능성을 줄이기 위해 고장 발생 전에 이루어지는 보전활동.

- 생산보전(productive maintenance), 정기보전(Periodic Maintenance)이라고도 하며, 다음과 같은 활동들이 포함됨.

• 요구되는 신뢰도를 갖는 장비 및 시스템의 설계, 선정 및 설치

• 고장을 피할 수 있도록, 시설 및 장비의 상태를 점검하는 주기적 검사 및 기록 유지

• 운용상태의 유지를 위해서 적절한 윤활유 주입, 페인팅, 청소 및 조정

• 고장이 없어도 주기적 반복적인 정비(servicing), 수리 또는 분해검사 (overhaul)

(3) 수리·개량보전(Corrective Maintenance): 시설 및 장비가 고장이 난 후에 정상적인 운용상태로 복구하려는 노력.

- 고장보전(breakdown maintenance), 치유보전(remedial maintenance)이라고도 함.

► 예방보전이나 수리보전 모두 생산을 방해한다. 따라서, 어떠한 보전 활동이든 생산활동의 간섭을 경제적인 최소수준으로 유지하도록 효과적으로 관리되어야만 한다.

(4) 보전예방(Maintenance Prevention) : 처음부터 보전이 불필요한 설비를 설계하는 것

- 보전을 근원적으로 방지하는 것

► 신설비의 설계 또는 취득시 고장이 나지 않고 보전이 용이한 설비를 선택하며, 신뢰성과 보전성을 동시에 고려.

(5) 생산보전(Productive Maintenance) : 설계에서 폐기에 이르기까지 기계설비의 전과정에서 소요되는 설비의 열화손실과 보전비용을 최소화하여 생산성을 향상시키는 보전방법

- 예방보전을 포함하면서 생산의 경제성을 높이기 위한 보전의 총칭

► 지나친 예방보전으로 예방비용이 높아져 손실이 발생할 수 있으므로, 경제적인 관점에서 보전의 자체목적인 생산보전을 강조

(6) 종합적 생산보전(Total Productive/Production Maintenance): 설비의 계획, 사용, 보전 등 모든 부문에서 전원이 참석하여 생산보전(PM)을 체계화하는 방법

- 전원참가의 생산보전이라고도 함.

► 설비에 소요되는 일체의 비용(취득원가, 운전유지비 등)과 설비의 열화손실의 합계가 최소화됨으로써 생산시스템의 효율이 극대화되고, 생산성과 수익성이 확보

(7) 보전관리의 목적

① 장비의 상태가 좋지 못함에 따른 생산시간 및 비용 손실의 최소화

② 보전 노력에 따른 생산시간 및 비용 손실의 최소화

③ 보전 요원 및 장비의 효율적인 활용

④ 투자자본을 지키고 투자효과 증대를 위해 자산의 수명을 연장시킴

► 훌륭한 보전관리는 품질, 서비스, 원가, 신용 등 모든 경쟁력의 차원에 영향을 주기 때문에 경쟁력과 생산적 운영에 매우 중요하다. 특히, 항공사나 정유회사 등은 지대한 설비투자가 필요하고, 이 설비의 고장은 안전(安全)과 사업의 성공에 치명적이다.

설비보전의 발전

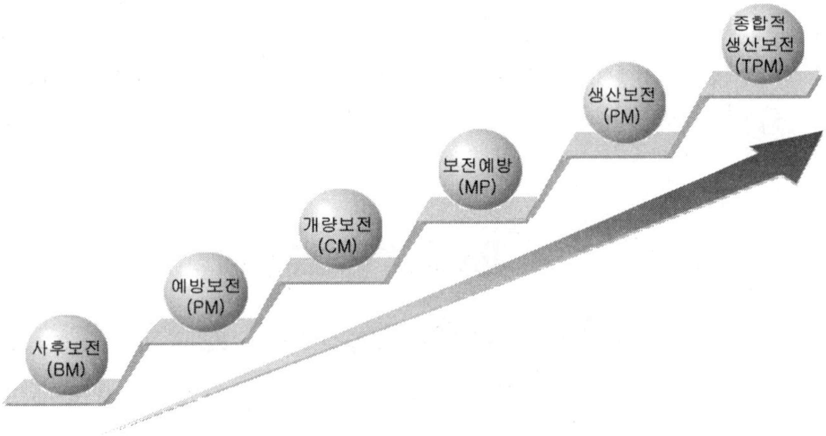

설비보전의 발전은 사후보전(BM) → 예방보전(PM) → 개량보전(CM) → 보전예방(MP)으로 발전해 왔으며, 생산보전(PM)에 목적을 두고 있음

1-2. 작업자 중심 보전

(1) 작업자중심 보전(Operator-Centered Maintenance) :

TPM 접근법의 핵심으로서, 작업자들은 주입해야 할 윤활유 종류, 장소, 시기 등 장비의 일상점검 사항과 보전을 위한 간단한 기계점검 방법 및 수리 등을 배워 작업자가 보전부의 임무를 떠맡음.

► 한 기계(장비)가 고장 나면 모든 공정이 중단되기 때문에, 신속히 수리되어야만 한다. 보전부 요원을 기다리는 것은 시간이 많이 걸린다. 따라서, 장비를 운용하는 사람이 그 장비를 보살펴야 하고 어느 정도의 수리까지 할 수 있어야 한다. 기계와 친숙한 작업자는 같은 문제가 재발하지 않도록 기계를 개선시키려고 더욱 노력한다.

► 작업자중심 보전은 자동화 및 로봇의 경우에도 더욱 보편화될 것임. 기계 가동상태를 유지시키려는 상당수의 요원이 더욱 요구되기 때문이다. 히다치(Hitachi)는 80개의 로봇과 자동화된 작업장으로 비디오테잎 레코더를 생산하는 라인을 운영하고 있다. 여러 명의 사람들이 장비를 보전하고 빨간불이 들어오면 곧바로 기계를 고치기 위해서 현장에 근무한다. 이들은 보전부 사람들이 아니고 이전의 조립 작업자들로, 장비보전 및 문제해결을 위해 재훈련 받은 사람들이다.

1-3. 보전부

(1) 보전부

작업자중심 보전에의 관여도가 높다 하더라도, 순수 보전기능 뿐만 아니라 생산자원 수명주기상의 다른 세 단계(획득, 전개 및 처분)도 수행하기 때문에 필요.

(2) 보전부의 조직 및 기능

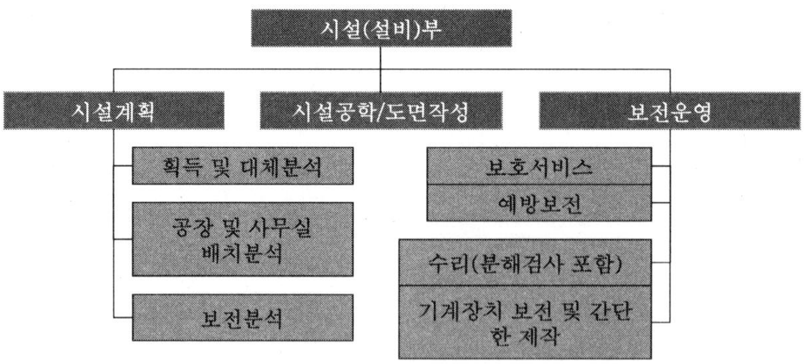

1-4. 정기보전(Periodic Maintenance)

(1) 수리보전은 필수이지만 예방보전을 주기적으로 시행하는 정기보전은 선택이다.

(2) 정기보전의 가치

① 정기보전은 수행할 인력의 가용성에 맞게 일정계획을 세울 수 있다.
고장수리는 보전요원이 감당하기 어렵게 무더기로 발생되기 때문에 정기보전이 선행되어야 한다.

② 정기보전은 작업중단을 미리 막아줄 수 있다.

(3) 정기보전의 세 가지 유형

① 달력시간기준 PM - 정기적인 간격으로 보전(예, 한 달에 한 번 등)

② 이용시간기준 PM - 일정한 가동(운용)시간 후에 보전 (예, 주행거리 5,000㎞마다 윤활유 교환). *
고장이나 마모의 예측시간 전에 보전하는 것이므로, 예측보전(predictive maintenance)라고도 함.

③ 검사기준 PM - 계획된 검사에 의해 이상이 발견될 때 하는 보전

(4) 예방보전 점검표(PM Checklist) : TPM 접근법에서, 작업을 시작할 때 기계 작업자의 첫 번째 임무는 기계에 부착된 이 점검표의 모든 항목을 점검하는 것. 모든 것이 정상일 때 생산이 시작된다.

▣ 속도조절

► "배 80에 의사 없다." - 식사를 배불리 하지 말고, 약간 더 먹고 싶다 할 때(80% 정도만 찰 때) 숟가락을 놓으면, 건강에 문제가 없어 의사가 필요 없다는 말이다. 기계도 마찬가지다.

► 속도조절(derating) : TPM 원리는 기계 및 생산라인을 평가된 능력보다 낮은 수준으로 또는 일반적인 운용조건보다 나은 상태에서 가동하는 것.

- 기계를 모르는 경영자들은 숫자만 보고 최대속도 및 최대부하(最大負荷)를 강요한다. 이에 따라, 장비의 움직이는 부분은 과열되고 쉽게 닳고, 쌓이는 찌꺼기들로 막혀서 불량품이 증대될 수 있으며, 고장 날 위험이 있다. 결함과 고장은 원가를 증대 시키고, 신속대응조직에 커다란 장애가 되어, 고객에게 좋은 품질의 제품과 신용 있는 서비스를 제공할 수 없게 된다.

■ 예방보전

► TPM에서는 속도를 낮추는 것 외에도 기계를 점검하고 수리할 수 있는 충분한 예방보전시간이 필요하다. 기계를 밤낮으로 가동한다면, 예방보전 요원들은 장비를 점검하고, 닦고, 조이고, 기름 치며, 부품을 교체하고, 청소하는 등의 예방보전을 할 시간을 가질 수 없다.

► 도요타(Toyota)나 포드(Ford) 같은 기업들에서는 생산교대 전후에 예방보전을 위한 짬(minishifts)을 둔다.

하루 24시간이 생산 8시간—예방보전 4시간—생산 8시간—예방보전 4시간으로 구성된다. 이와 같은 계획을 따르는 기업들은 2교대조 운영으로 고장에 따른 생산시간의 손실이 없기 때문에 3교대조 운영과 같은 생산량을 달성할 수 있다고 본다. 그리고 1교대조 만큼(8시간)의 인건비가 절감된다.

■고장발생 양상

► 구성품의 운용수명 중 보편적인 실패확률.

- 초기고장 : 가공, 조립 및 조정의 결함이나 운송과정에서 취급부주의가 원인.이 확률은 운 송 전 시험가동(burn-in)을 통해 줄일 수 있음. 애플(Apple)은 매킨토시(Macintosh) 컴퓨터를 운송 전에 24시간 동안 계속 전원을 켜둔 채로 놓아둔다.
- 우연고장: 초기고장 단계 이후, 우연히 여러 이유로 인해 고장 발생.
- 마모고장 : 고장률이 급격히 증가하고, 정점에 이르러 다시 떨어짐. 우연고장 및 마모고장 단계에서는 때로는 속도조절(derating)에 의해 고장률을 줄일 수 있음.

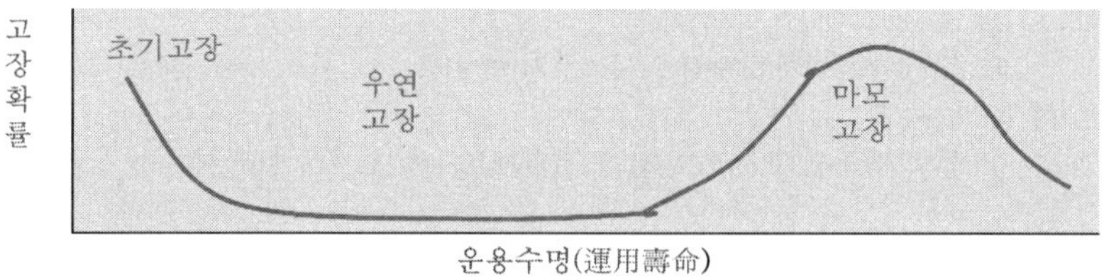

2. 집단 교체

2-1. 집단교체

(1) 예방보전의 많은 이점에도 불구하고 문제점도 있다. 항공기의 경우는 모든 가능한 고장을 예방하는 것이 필연적이지만, 대부분의 다른 종류의 기계들의 경우, 모든 고장을 예방한다는 것은 지나친 비용이 따른다. 어느 정도의 고장은 받아들일 수밖에 없다.

(2) 집단교체 (group replacement) 의 대안

① 고장 난 것만 고장 즉시 교체

② 정기적으로 검사하여 고장 난 것이 있으면 교체

③ 정기적으로 고장유무에 관계없이 모두 무조건 교체

④ 정기적 교체 및 교체주기 사이에는 고장 난 것만 즉시 교체

(3) 집단교체 분석 :

교체부품의 경우 비용분석을 통해 예방보전(preventive maintenance)과 수리보전(corrective maintenance)의 수준 결정 필요.

① 집단교체주기별 비용분석으로 가장 경제적인 주기 선정

② 고장 날 때마다 개별교체 할 경우의 비용 분석

③ 최적집단교체비용과 개별교체비용의 비교로 대안 선정.

3. 예방정비

3-1. 예방정비란

(1) 사회가 전반적으로 기술의존도가 높아짐에 따라, 우리는 모든 일상생활에서 기계의 영향을 받고 있다.

(2) 사용하던 장비(기계)가 고장 나면 당장에 모든 일이 중단될 수 있고, 심하면 생명까지도 잃게 된다. 예를 들어, 컴퓨터로 복잡한 자료처리를 하거나 보고서를 작성하던 사람은 컴퓨터가 고장 나면 더 이상 작업을 못하게 된다. 더 단순한 예로, 작업하던 디스켓에 결점이 있으면, 애써 작업하던 자료를 잃게 될 수도 있다. 따라서, 만일의 경우에 대비해 컴퓨터 프로그램은 백업 파일(backup file)을 만들어 두는 게 좋다.

(3) 마찬가지로, 만일의 경우에 대비하여, 예비부품이나 예비시설 (Standby Equipment)을 유지하게 된다.

(4) 예비장비의 수 : 비용분석에 의해 결정.

4. TPM

4-1. 격변하는 기업환경과 TPM

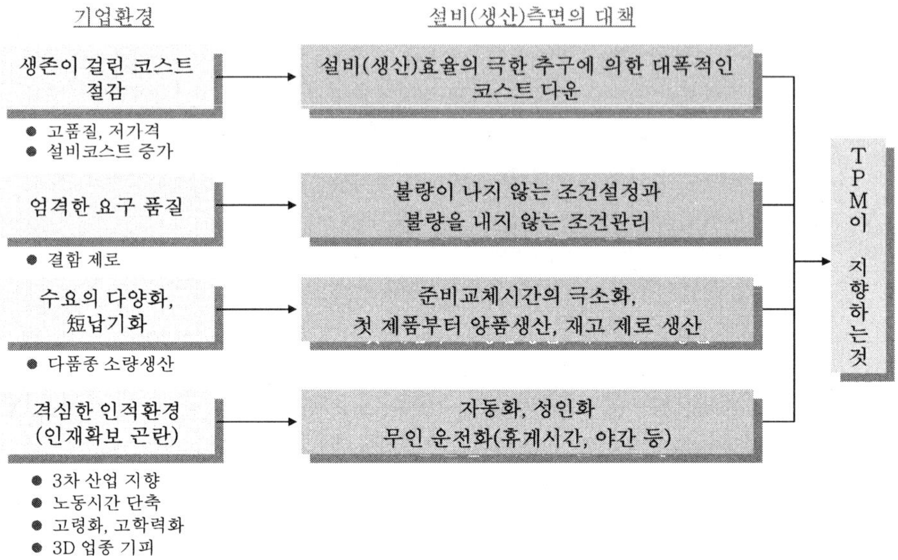

4-2. TPM의 정의

► 닛폰덴소가 처음 실시한 TPM을 산업계에 보급시키기 위해 JIPE(JIPM의 전신)가1971년 정한 TPM의 정의는 "생산 부문 TPM의 정의"라고 할 수 있으며 아래와 같다.

▣ TPM의 정의(생산부문의 TPM)

1. 설비효율을 최고로 하는 것(종합적 효율화)을 목표로 하여
2. 설비의 한 생애를 대상으로 한 PM의 토탈 시스템을 확립하고
3. 설비의 계획부문 · 사용부문 · 보전부문 등 모든 부문에 걸쳐
4. 최고 경영자로부터 현장 작업자에 이르기까지 전원이 참여하고
5. 중복 소집단 활동, 즉 소집단 자주활동에 의해 PM을 추진하는 것.

► 그러나 TPM의 보급 · 발전과 더불어 생산 시스템 효율화의 극한을 추구하기 위해서는 생산부문만 으로는 불충분하다는 사실을 알게 되어 개발 · 영업 · 관리 등 모든 부문에 걸쳐서 TPM을 전사적으로 전개하게 되었다. 즉 오늘날 이미 전사적인 TPM이 전개되고 있어서 이 실태를 나타내는 정의를 새로이 설정할 필요가 생겨 1989년 "전사적 TPM의 정의"를 새롭게 정하였다.

■ TPM의 정의(전사적 TPM)

1. 생산시스템 효율화의 극한을 추구(종합적 효율화)하는 기업체질 구축을 목표로 하여
2. 생산 시스템의 라이프 사이클 전체를 대상으로 한 "재해 제로 · 불량 제로 · 고장 제로"등 모든 로스를 미연에 방지하는 체제를 현장 현물에 구축하고
3. 생산 부문을 비롯한 개발 · 영업 · 관리 등 모든 부문에 걸쳐서
4. 최고 경영자로부터 현장 작업자에 이르기까지 전원이 참여하여
5. 중복 소집단 활동에 의해 로스 제로를 달성하는 것.

■ TPM의 탄생과 발전

(1) 1950년대에서 60년대에 걸쳐 미국에서 도입한 PM(예방보전 또는 생산보전)을 바탕으로 일본서 독특한 TPM을 만든 것은 1971년이었다.
(2) 그 이래 1970년대부터 80년대에 걸쳐 TPM은 그 획기적인 성과가 인정되어 점차 발전하였다.
(3) TPM이 처음 탄생한 것은 자동차 부품의 종합 메이커로 유명한 닛폰덴소(日本電装)에서였다.
(4) 이 회사가 생산 보전을 도입한 것은 1961년의 일이지만, 그 후 자동화의 진전에 따라 1969년부터 "전원 참여의 PM(TPM)"을 기치로 훌륭한 성과를 올려 1971년도 PM 우수 상업장상(PM 상)을 받았다.

4-3. TPM Vision

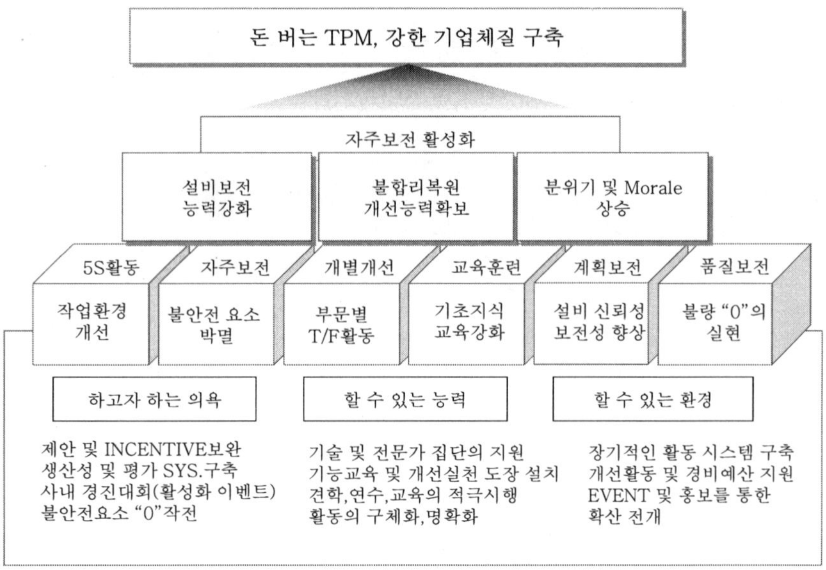

4-4. TPM의 목적

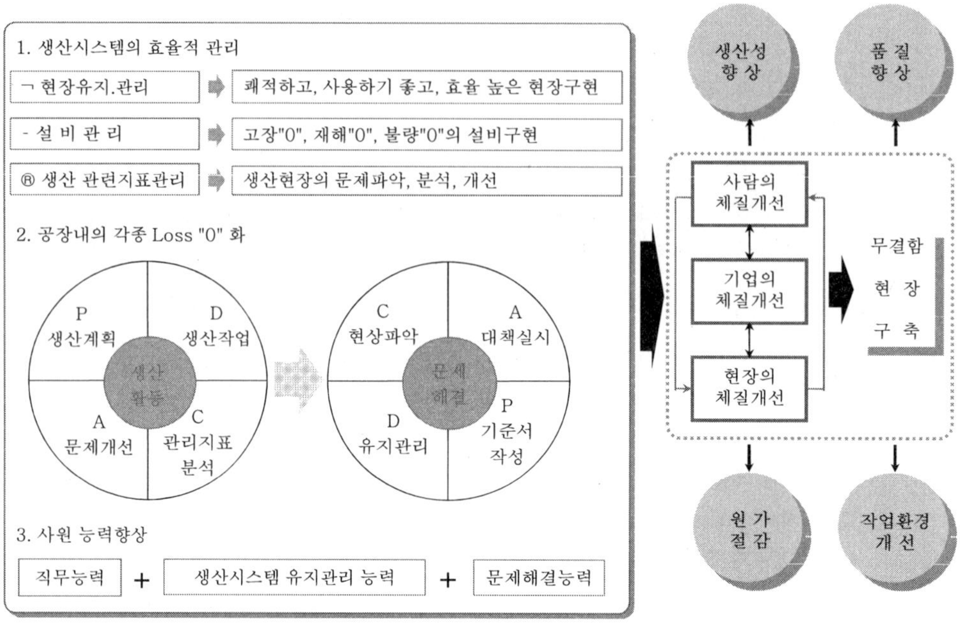

4-5. TPM의 역할

1. 생산시스템의 효율을 극한까지 추구하는 기업체질 조성을 목표로 하여,	➡	경 제 성 추 구 (돈 버는 기업체질의 강화)
2. 생산시스템의 라이프사이클 전체를 대상으로, 고장 "0", 불량 "0", 재해 "0" 등 모든 Loss를 미연에 방지하는 체제를 현장, 현물에 구축하고,	➡	예 방 철 학 (미연방지) L C C 관 리, 3 현 주 의
3. 생산부문을 비롯하여 계획, 전문 보전, 지원 부문 등 모든 부문에 걸쳐 4. Top으로부터 제일선 작업자에 이르기까지 전원이 참가하여 5. (직제를 중심으로 한) 중복소집단 조직에 의해 Loss제로화를 달성	➡	전 원 참 가 추진조직 = 중복소집단 (원인계의 Loss "0" 화)

4-6. TPM의 8대 기능

8대 기능		활동대상	주요전개 수단	활동 목적
생산효율화체제구축	1. 자 주 보 전	생산 오퍼레이터	• 자주보전 7Step전개 • TPM분임조운영 • 진단제도 운영	• 설비의 기본조건 정비 • 설비에 강한 오퍼레이터 육성
	2. 개 별 개 선	생산, 보전Staff	• 개별개선 팀 운영 • 자동화 및 각종개선기법 활용	• 만성 Loss 제로화 → 설비(생산)효율 향상 • 설비능력 확대,고유기술개발 • 자동라인의 무인운전화(무인운전시간연장)
	3. 계 획 보 전	보전부문	• 계획보전 6Step 전개 • 개량보전 • 진단기술 등 대응 특성관리 등	• 보전생산성(신뢰성,보전성,경제성)향상 • 예방보전체제의 구축
	4. 교 육 훈 련	생산,보전(전직원)	• 보전 기능 훈련장 운영 • 사내,외 교육 및 연수	• TPM Mind Up • 설비,품질,생산에 강한 오퍼레이터 육성 • 관리, Staff의 문제해결능력 향상
5. 신설비,신제품에 대한 MP 및 초기관리활동		생산기술(생산,보전)	• MP제안서 운영 • 설비의 Life Cycle Cost관리	• 신설비,신제품의 MP활동 및 초기효율 향상 • 초기관리기간 단축,투자의 경제성 향상
6. 품질보증 체제 구축 (품질보전 활동)		생산, 보전, 품질관리	• 품질보전 7 Step 전개 • PM 분석 기법 활용	• 불량 "O"(제로)의 완벽한 품질보증체제구축 • 품질 기본조건(원인계) 정비
7. 안전, 위생, 환경관리		안전담당(전부문)	• 5S 및 자주보전 활동 • 안전 등급제등	• 재해,공해 "O" (제로) 달성 • 쾌적한 작업환경 확보
8. 사무, 간접부문 효율화		사무간접 전부문	• 사무실 5S활동 • 사무업무 개선 • 사무자동화	• 사무생산성 향상 • 효율적인 생산지원 체제 구축 • 기타 원가관리(제조원가 절감)및 물류관리

▣ TPM의 8가지 중점 활동

► 초기 생산부분의 TPM 전개 당시에는 아래와 같이 5가지 중점활동으로 진행되었다.
① 설비 효율화의 개별개선
② 자주보전 체제 구축
③ 보전 부문의 계획보전 체제 구축
④ 운전 · 보전의 교육 훈련
⑤ MP 설계 및 초기 유동관리 체제 구축

► 이후, TPM 전개 활동이 전사적으로 확산되면서 아래의 3가지 중점활동이 추가되었다.
⑥ 품질보전 체제 구축
⑦ 관리 간접 부문의 효율화 체제 구축
⑧ 안전 · 위생과 환경의 관리체제 구축

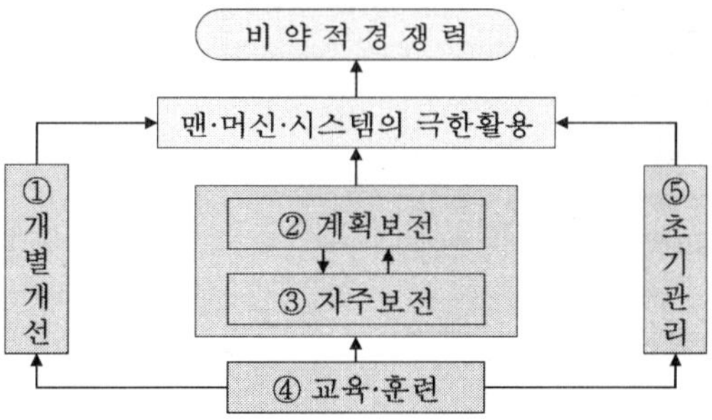

4-7. TPM의 추진 내용

TPM은 다음의 5가지 기본측면과 지속적인 교육훈련의 추진으로 달성한다.

1. 5S 기본 활동 - 효율 높은 직장 구축
2. 자주보전 활동 - 설비에 강한 작업자 육성
3. 계획보전 활동 - 효율적인 계획보전으로 고장의 제로화 구축
4. 개별개선 활동 - 설비6대 Loss의 정량화 및 개선활동으로 원가절감
5. 품질보전 활동 - 품질에 강한 인재육성으로 불량"0"의 실현
6. 교육훈련 - 개선 Mind고취를 위한 전사원 교육
   TPM의 전반적인 이해와 습득
   OPERATOR의 자주보전 능력향상
   보전원의 전문보전 능력향상

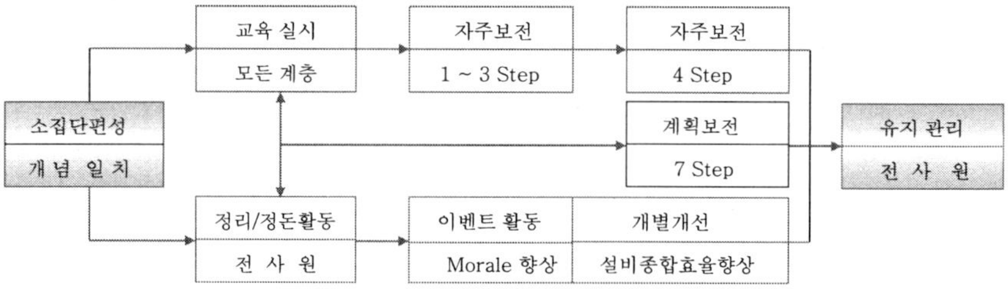

4-8. TPM 활동의 필요성

일반적인 제조현장에서는 MP설계의 결여, 고장 및 순간 정지의 만성화, 준비교체시간의 증가, 재공품·재고량의 증가, 설비의 고도화에 따른 노동의 질적 변화에 대한 대응 지연, 공정 내 불량·수정·고객 클레임의 만성화, 관리간접부문의 낮은 생산성, 재해의 만성화, 3D(Dirty, Dangerous, Difficult) 등 여러 가지 문제점이 있어 경영혁신을 저해하고 있는 경우가 많다. TPM은 [사람과 설비의 체질개선에 의한 기업의 체질개선]을 위한 방법론으로서 생산효율화를 위한 개별개선, 오퍼레이터의 자주보전, 전문보전부문의 계획보전, 운전·보전의 교육훈련, 신제품 및 신설비의 초기관리, 품질보증, 관리간접부문의 효율화, 안전위생환경관리 등의 모든 활동을 전개하여 제조 현장의 문제점을 철저하게 배제함으로 경영혁신을 위한 기반구축이 가능하다.

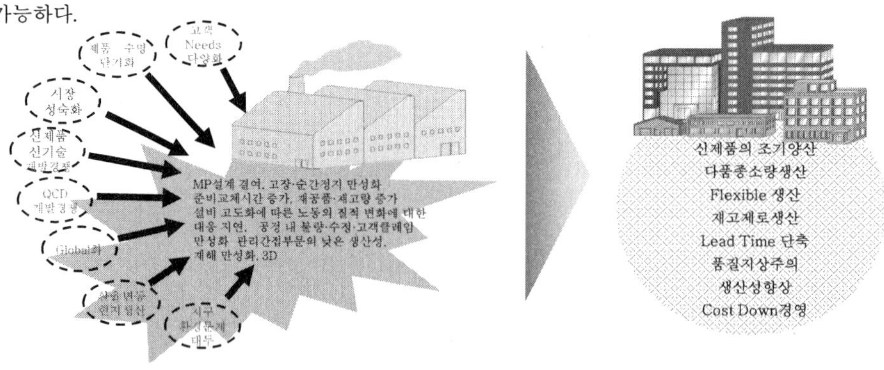

■ TPM 활동 방향

TPM 활동은 공정 조기 안정화 및 설비 효율의 조기 확보를 위한 도입기의 활동과 소집단 활동의 기반을 다져 혁신 활동과 업무를 일체화 시켜 나감

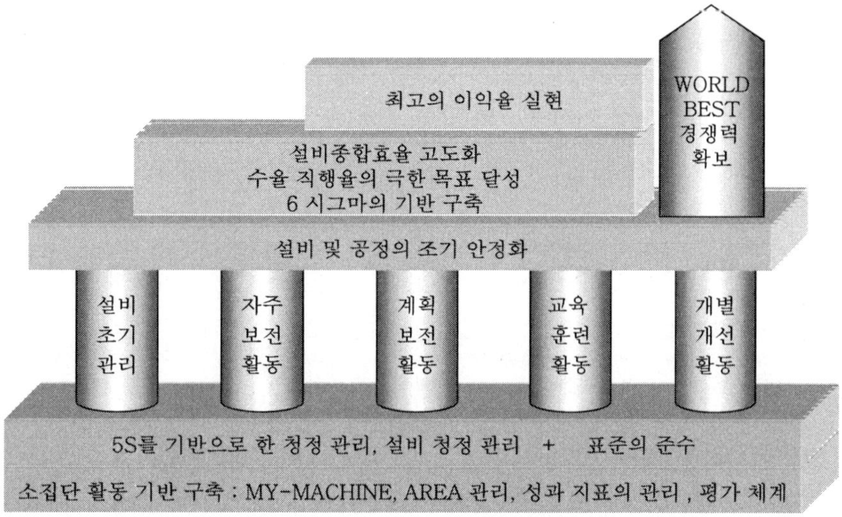

■ TPM 활동 목표

LOSS를 제거하여 부가 가치가 있는 생산량을 증대하고 INPUT을 절감하여 사업부의 수익성을 창출하는 활동임

■ TPM 활동 목적

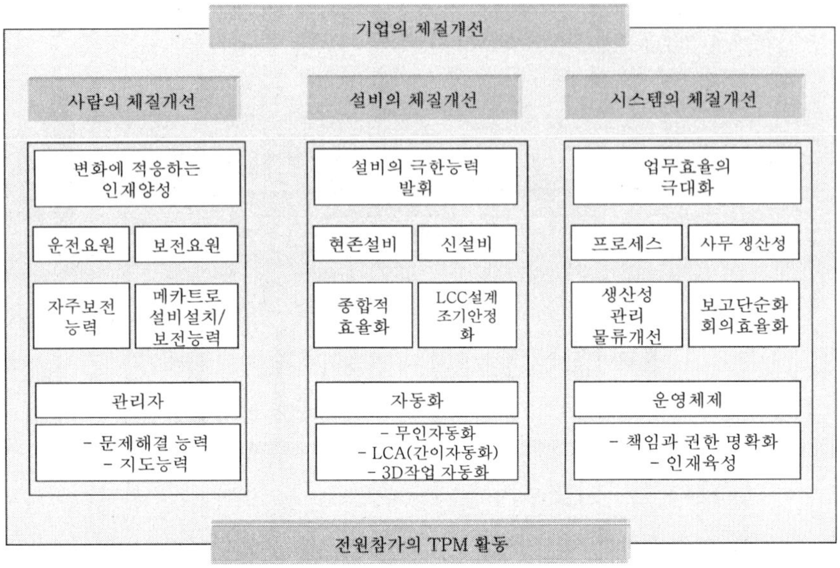

■ TPM 활동 Scope

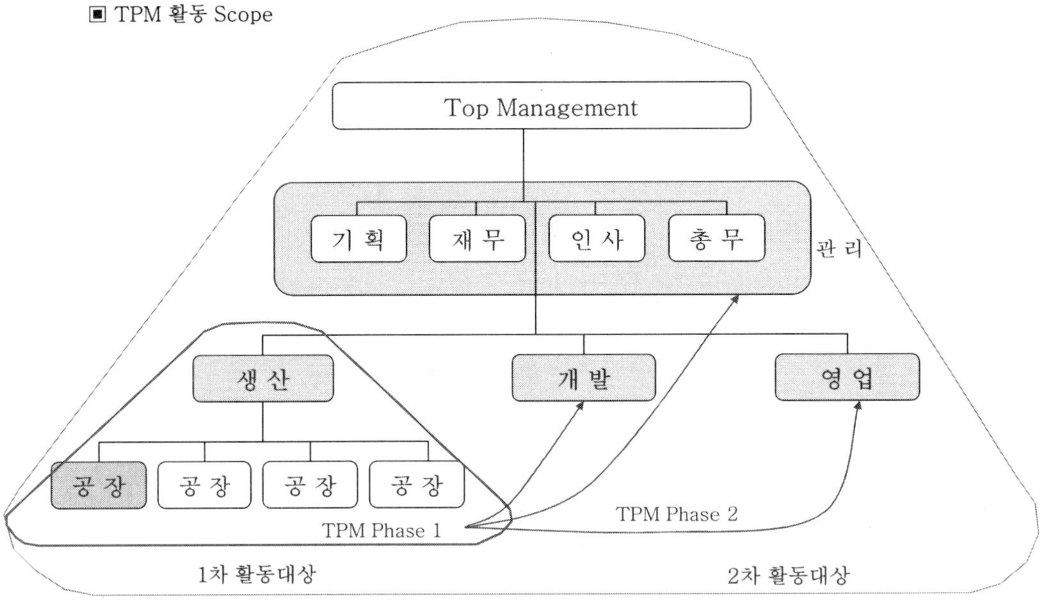

TPM Phase 1 : 생산부문의 TPM

TPM Phase 2 : 생산 · 개발 · 영업 · 관리를 포함한 전사적 TPM

▣ TPM 중장기 계획

사업부의 TPM 활동은 총 4년의 중장기 계획에 의해 진행하며 초기에는 기본 다지기 및 수율 향상을 위한 개별 개선 활동, 자주보전 활동을 중점 진행함

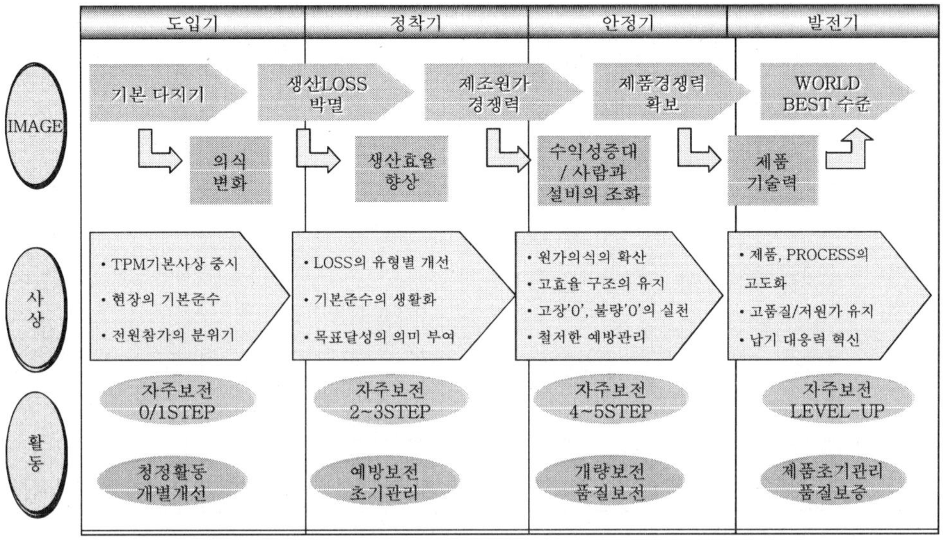

▣ TPM 활동영역

TPM 활동 영역은 총 6개 활동 프로세스를 진행하며, 활동의 단계별 진행을 통하여 설비와 사람의 체질 개선을 통한 시스템의 체질 개선으로 진행함

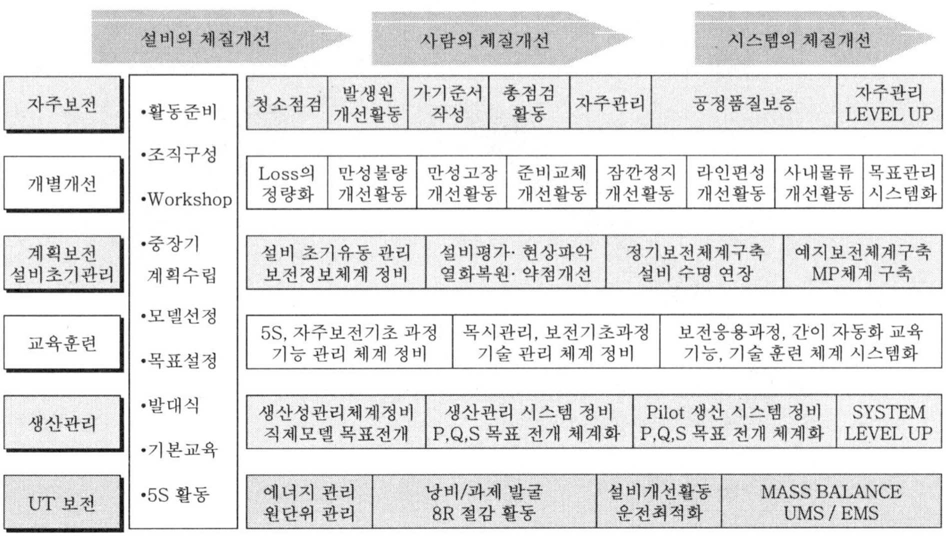

■ TPM 활동 계획

2001년도는 도입 및 준비 단계로서 청정 관리 활동 , 자주보전, 개별개선의 활동을 중점 실시하며 TPM 활동의 기반을 구축하는 과정임

구 분	중점 활동		기반 구축
	자주보전 활동	개별 활동	분임조 활성화
대상	제조부문의 오퍼레이터	현장 관리자, 엔지니어	전사원
목표	설비종합효율 85% 달성	수율 목표 달성 85%	개선 제안, 분임조 활동 활성화
주요 활동	자주보전 스텝 활동 도입 분임조 활동 시작 PARTICLE 대응 5S 활동 눈으로 보는 관리	로스 분석 및 정량화 수율 향상 개선 활동 생산 로스 개선 활동 예방 보전의 시스템 구축	분임조별 역할 분담 명확화 성과 지표의 관리 체계 로스 분석 및 관리 체계 참여형 기회 활성화
스텝 활동	0스텝 : 정리 정돈 1스텝 : 청소 점검	6 Sigma G/B 활동 연계 소개선 활동 활성화	주기적 활동 평가 스텝 진단 체계의 가동
체질 변화	My-machine, area 개념 설비에 강한 오퍼레이터	개선을 통한 예방 관리 설비 기술력의 향상	개인별 자주관리 체계 로스 "0"의 현장 현물 관리

■ TPM 중점 방향

2001년도는 TPM 도입기로서 효과를 창출하며 "일"이라는 인식을 가진 TPM 활동을 위하여 자주보전 및 개별 개선을 통한 [효과 만들기]를 위한 TPM 활동 실시

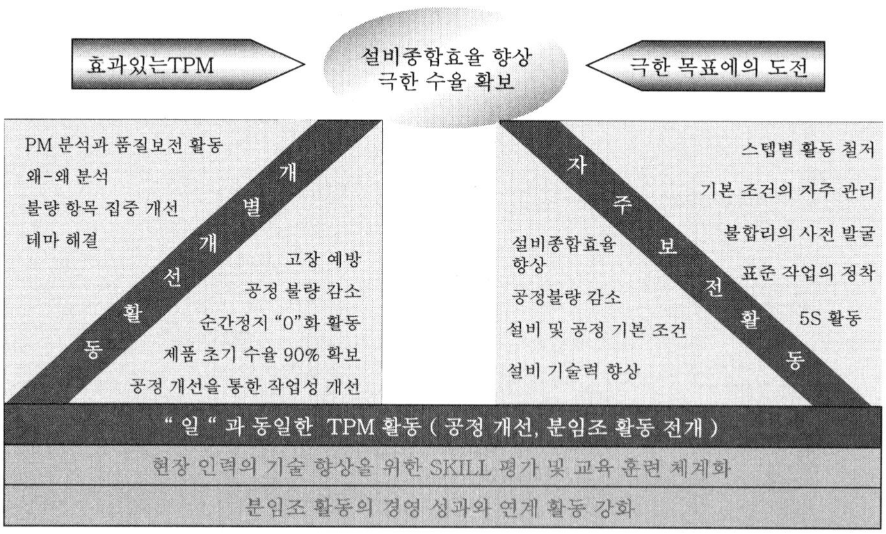

[제11장 연습문제] **학년 :** **학번 :** **성명 :**

I. 서술형

1. 보전란 무잇인가?
2. 보전의 유형에는 어떤 것이 있는가?
3. 자동화가 되면, 수리보전과 예방보전 중 어느 것이 더 중요할까? 그 이유는?
4. TPM이란 무엇인가?
5. 속도조절(derating)이란?
6. 가정에서 사용하는 한 품목을 선정하여 그 품목의 고장과 그에 대비한 보전의 유형에 대해 설명하라.
7. 집단교체분석에서, 집단교체는 매 기간마다, 매 두 기간마다, 매 세 기간마다, 등등으로 이루어질 수 있다. 교체간격이 길어질수록 기간당 비용이 줄어드는 것이 아닌 이유는 무엇인가?
8. 기계가 고장날 때마다 2,000,000원의 비용이 발생한다. 1,500,000원의 비용을 들여 매주 예방정비를 하면 주요 고장은 막을 수 있다고 한다. 50주간의 고장기록에 따르면, 주간 고장횟수별 발생빈도수가 다음과 같다.

주간 고장횟수	0	1	2	3	4
발생 주 수	25	18	4	2	1

어떤 예방정비 프로그램을 시행하여야 할까?

10. 영원 택배서비스 회사에서는 25대의 트럭을 운용하여야만 한다. 사용하든 않든 하루에 트럭 한 대 당 50,000원의 비용이 발생한다. 고장이 나면 수리하는데 평균 하루가 소요되고, 이에 따른 손실은 하루 평균 100,000원이다. 정비부의 기록에 따르면, 고장확률은 다음과 같다.

고장 대수	0	1	2	3	4	5	6
확 률	0.15	0.30	0.20	0.15	0.10	0.08	0.02

현재의 25대의 트럭을 보충하기 위해서 몇 대의 예비트럭이 필요할까?

절 취 선

II. 진위형

1. 보전의 목적은 장비 상태가 좋지 못함에 따른 생산시간 및 비용손실의 최소화를 유지하는 것이다. ( )

2. 훌륭한 보전관리는 품질, 서비스, 원가, 신용 등 모든 경쟁력 차원에 영향을 주기 때문에 경쟁력과 생산적 운영에 매우 중요 한다 . ( )

3. 수리보전은 선택이지만 예방보전을 주기적으로 시행하는 전기보전은 필수이다 . ( )

4. 예방보전이란 장비를 바람직한 상태로 유지하고 고장 가능성을 최소화하기 위하여 고장 발생전에 수행하는 보전 활동이다 . ( )

5. 집단교체 분석은 집단교체 주기별 비용분석으로 가장 경제적인 주기 선정을 한다 . ( )

6. TPM 활동은 공정 조기 안정화 및 설비 효율의 조기 확보를 위한 도입기의 활동과 소집단 활동의 기반을 다져 혁신 활동과 업무를 일체화 시켜 나가는 것이다 . ( )

7. 고장수리는 보전요원이 감당하기 어렵게 무더기로 발생되기 때문에 정기보전이 선행되어야 한다. ( )

8. 자주보전 활동은 효율적인 계획보전으로 고장의 제로화 를 구축한다 . ( )

9. TPM 활동의 목표는 LOSS를 제거하여 부가 가치가 있는 생산량을 증대하고 INPUT을 절감하여 사업부의 수익성을 창출하는 활동이다 . ( )

III. 선다형

1. 정기보전의 세가지 유형이 아닌 것은 ? ( )
① 달력시간 기중 PM
② 이용시간기준 PM
③ 검사기준 PM
④ 예방기준 PM

2. 보전관리의 목적이 아닌 것은 ? ( )
① 투자효과 증대를 위해 자산의 수명을 최소화 시킴
② 보전 노력에 따른 생산시간 및 비용 손실의 최소화
③ 보전 요원 및 장비의 효율저긴 활용
④ 장비의 상태가 좋지 못함에 따른 생산 시간 및 비용 손실의 최소화

3. TPM 추진시 종원들의 행동강령으로 틀린 것은 ? ( )
① 종업원 한사람, 한사람이 TPM의 주역으로 활동해야 한다.
② 열심히 하자라고 종업원 개개인이 굳게 맹세하는 분위기를 조성해야 한다.
③ TPM은 종업원 전원이 참가하는 행사이므로 한두명의 방관자는 있어도 된다
④ 도입단계에서는 경영층, 중간층이 중심이되어 준비체제를 구축하여야 한다.

4. TPM의 기본방침과 목표설정을 설명한 것중 틀린 것은 ? ( )
① TPM은 실행이 아닌 목표이다.
② TPM의 목표는 일반적으로 추상적인 표현으로 제시를 하여야 한다.
③ 기업의 니즈, 방침, 목표를 달성하기 위한 수단으로 TPM을 추진하는 것이다.
④ TPM의 기본방침이나 목표를 설정할때는

제IV부 재고관리

제12장 자재소요 계획

1. MRP의 기본원리

1-1. MRP란

(1) MRP는 원자재, 부품, 구성품, 중간조립품 등과 같은 종속 수요품목의 주문량과 주문시기를 결정하는 컴퓨터시스템

(2) MRP는 1970년대 중반 IBM의 Joseph Orlicky가 개발

■ 최종제품 T의 제품구조나무

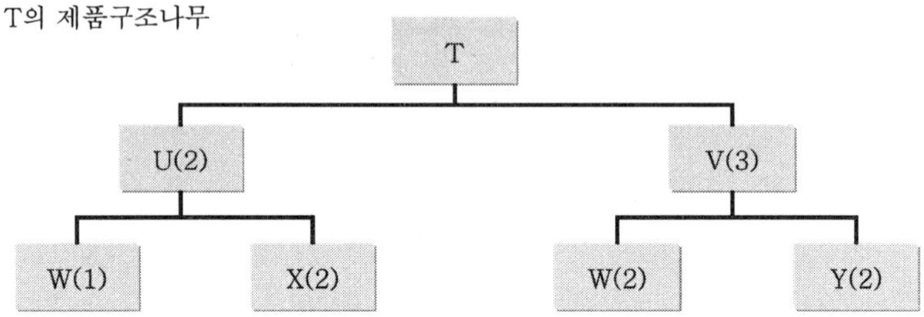

■ 최종제품 T의 소요생산량이 100단위일 때 각 구성품 및 부품의 소요량 계산

구성품 U : 2×제품 T의 소요량=2×100=200
구성품 V : 3×제품 T의 소요량=3×100=300
부 품 W : (1×구성품 U의 소요량)+(2×구성품 V의 소요량) = (1×200)+(2×300)=800
부 품 X : 2×구성품 U의 소요량=2×200=400
부 품 Y : 2×구성품 V의 소요량=2×300=600

■ 최종제품 T 100단위를 기간 7에 충족시키기 위한 자재소요계획

품목 \ 주		1	2	3	4	5	6	7	비고
T	소요시기							100	T:조달기간=1주
	발주시기						100		
U	소요시기						200		U:조달기간=2주
	발주시기				200				
V	소요시기						300		V:조달기간=2주
	발주시기				300				
W	소요시기				800				W:조달기간=3주
	발주시기	800							
X	소요시기				400				X:조달기간=1주
	발주시기			400					
Y	소요시기				600				Y:조달기간=1주
	발주시기			600					

2. MRP시스템의 기본 구조

2-1. MRP시스템의 기본 구조

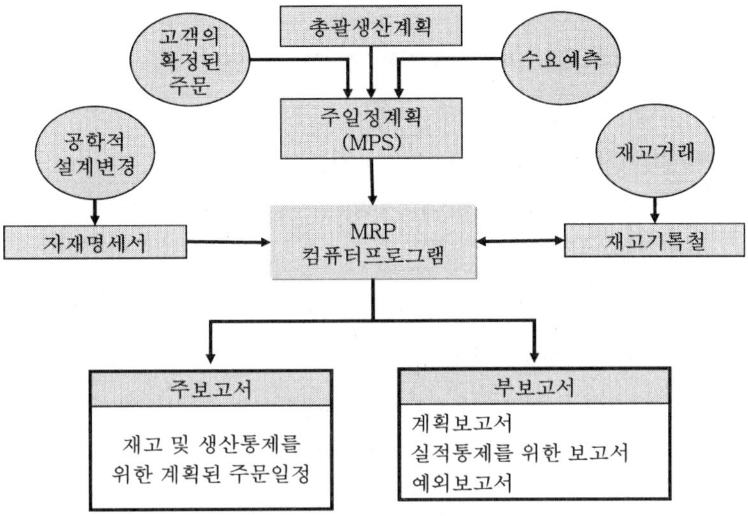

(1) 주일정계획(MPS : master production schedule)

- 주일정계획은 각 최종품목이 언제 얼마만큼 생산되어야 하는가를 나타냄.
- MPS의 시간단위는 보통 주로 표시됨.
- MPS는 사용 가능한 자원과 완료시간의 측면에서 합리적 이어야 함.
- 예 : 매트리스의 MPS

매트리스의 총괄생산계획

월	1	2
매트리스 생산	900	950

매트리스 모델의 MPS

주	1	2	3	4	5	6	7	8
모델 327	200			400		200	100	
모델 538		100	100		150		100	
모델 749			100			200		200

(2) 자재명세서(BOM : bill of materials file)

- 자재명세서는 최종제품으로부터 시작하여 각 상위품목 1단위를 만드는 데 필요한 자재명과 소요량을 보여줌.
- 자재명세서는 제품구조철 또는 제품구조나무라고 불림.

(3) 재고기록철(inventory records file)

- 재고기록철은 재고에 관한 모든 정보를 제공하고 기록함.
- 재고기록철은 정확해야 하며, 재고거래가 일어날 때마다 수정되어야 함.

(4) MRP 컴퓨터 프로그램

- MRP 프로그램은 MPS, BOM 및 재고기록철의 3대 입력자료를 처리하여 종속수요품목에 대한 상세한 주문일정계획을 출력함.
- MRP 프로그램은 각 품목의 총소요량을 계산한 다음, 여기서 현보유재고와 예정된 수취량을 차감하여 순소요량을 파악하며, 다시 조달기간을 고려하여 이 순소요량의 발주시기를 결정함.

(5) 출력보고서

- 주보고서
  - · 미래에 발령될 계획된 주문
  - · 계획된 주문을 시행하기 위한 주문발령 통지
  - · 재계획으로 인한 이미 발령된 주문의 납기 변경
  - · MPS상의 주문의 취소나 연기로 인한 이미 발령된 주문의 취소나 연기
  - · 재고상태에 관한 자료
- 부보고서
  - · 미래의 일정기간에 걸쳐 재고를 예측하고 소요량을 파악하는 데 사용되는 계획보고서
  - · 각 품목의 조달기간, 사용량 및 원가의 실제치와 계획치와의 차이를 관리하기 위한 실적보고서
  - · 실수, 늦은 주문, 과잉 폐기물 등과 같은 중대한 차질을 지적하는 예외보고서

3. MRP의 적용 예

3-1. 탁자의 구성도

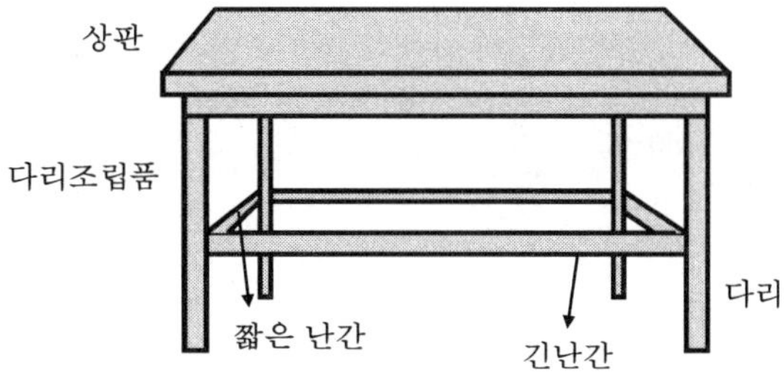

(1) 탁자의 BOM

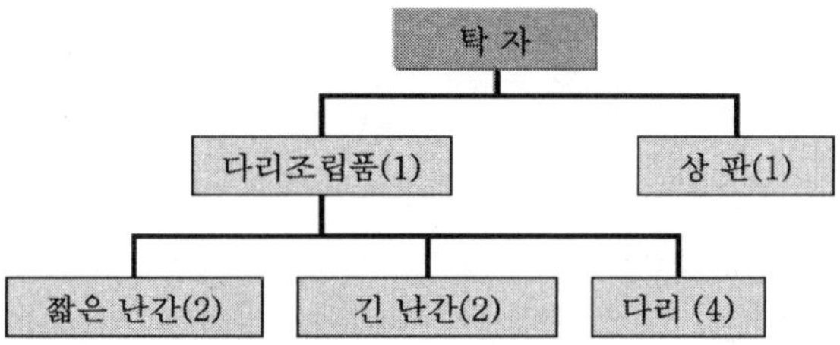

(2) 각 품목의 현보유재고와 조달기간

현보유재고		현보유재고	
탁 자	50	탁자 조립	1
다리조립품	100	다리조립품 완료	1
다 리	150	다리 구입	1
짧은 난간	50	짧은 난간 구입	1
긴 난간	20	긴 난간 구입	1
상 판	50	상판 구입	2

(3) 탁자의 MPS

주 / 품목	1	2	3	4	5
탁 자	-	-	-	200	150

(4) 탁자의 자재소요계획

품 목		주 1	2	3	4	5
탁 자	총소요량	–	–	–	200	150
	현재고(=50)	50	50	50	50	–
	순소요량	–	–	–	150	150
(LT=1)	계획된 발주	–	–	150	150	
상 판	총소요량	–	–	150	150	
	현재고(=50)	50	50	50	–	
	순소요량			100	150	
(LT=2)	계획된 발주	100	150			
다리조립품	총소요량	–	–	150	150	
	현재고(=100)	100	100	100	–	
	순소요량	–	–	50	150	
(LT=1)	계획된 발주	–	50	150	–	
다 리	총소요량	–	200	600		
	현재고(=150)	150	150	–		
	순소요량	–	50	600		
(LT=1)	계획된 발주	50	600			
짧은 난간	총소요량	–	100	300		
	현재고(=50)	50	50	–		
	순소요량	–	50	300		
(LT=1)	계획된 발주	50	300			
긴 난간	총소요량	–	100	300		
	현재고(=20)	20	20	–		
	순소요량	–	80	300		
(LT=1)	계획된 발주	80	300			

4. MRP시스템의 유형

4-1. 유형 Ⅰ : 기본적인 MRP시스템

- 주일정계획을 충족시키도록 제조주문과 구매주문을 적정한 시기에 발령하는 일종의 재고통제 시스템
- 기본적인 MRP시스템은 생산능력소요계획(CRP : capacity requirements planning)은 포함하지 않음.

4-2. 유형 Ⅱ : 폐쇄순환 MRP시스템

- 폐쇄순환 MRP시스템(closed-loop MRP system)은 제조 기업의 재고와 생산능력을 계획하고 통제하는 정보시스템
- 폐쇄순환(closed-loop)이란 출력자료나 문제점이 검증이나 수정을 위해 시스템내에서 다시 피드백됨을 의미함.

- 폐쇄순환 MPR시스템

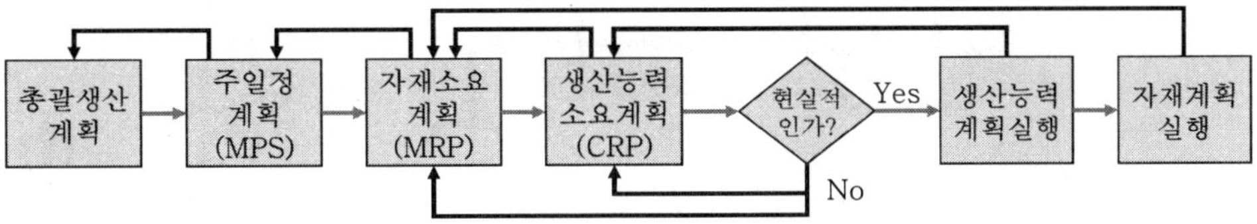

4-3. 유형 Ⅲ : 제조자원계획(MRPⅡ)

- 유형 Ⅲ의 MRP시스템은 재고, 생산능력, 현금, 인력, 설비, 각종 자본재 등 기업내 모든 제조자원을 계획하고 통제하는 시스템임.
- 제조자원계획(manufacturing resource planning) 또는 MRPⅡ

5. MRP의 목적 및 효과

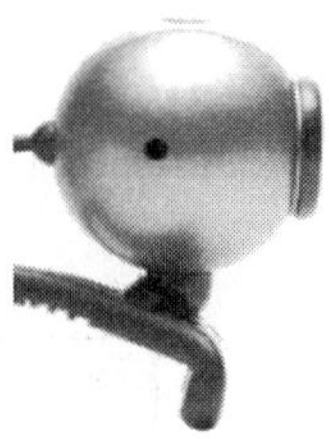

5-1. MRP의 목적

(1) 재　　고 : 적정한 부품의 주문,
적량을 주문,
적시에 주문

(2) 우선순위 : 적절한 납기에 따라 주문,
납기의 유효성 유지

(3) 생산능력 : 완전한 부하(負荷),
정확한 부하,
미래 부하의 예측

5-2. MRP의 효과

- MRP는 BOM의 유형으로 볼 때 조립 및 제작산업에서 가장 효과가 큼.

(a) 장치산업 (b) 단순조립산업 (c) 조립 및 제작산업

5-3. MRP의 혜택

· 가격경쟁력 향상
· 판매가격의 인하
· 재고의 감소
· 고객서비스의 향상
· 시장수요에 대한 신속한 반응
· 주일정계획의 변경 용이
· 준비비용의 감소
· 유휴시간의 감소

6. MRP 對 주문점시스템

6-1. MRP 대 주무점시스템 비교

구 분	MRP	주문점시스템
수 요	종속수요	독립수요
주문개념	소요	보충
예 측	MPS에 입각	과거의 수요에 입각
통제개념	모든 품목을 통제	ABC방식
재고관리의 목적	제조상의 요구 충족	고객의 요구 충족
로트 크기	이산적(discrete)	EOQ
수요패턴	일괄적, 예측 가능	임의적(random)
재고의 유형	재공품과 원자재	완제품과 예비부품

7. MRP시스템의 운영

7-1. MRP시스템이 성공적으로 운영되기 위해서는 정확한 자료 (BOM, 재고기록과 조달기간, MPS)가 요구됨.

(1) MRP에서의 안전재고

- MRP에서 안전재고는 고객 수요의 불확실성에 대비하여 최종품목에 대해서만 유지
- 최종품목에 대한 안전재고는 보통 MPS수준에서 가산

(2) MRP에서 수요 및 조달기간의 불확실성에 대처방법

- 종속수요품목에 대해서도 안전재고를 유지하거나, 계획된 원래의 조달기간에 안전조달기간을 더해 주거나, 또는 필요할 때 필요한 품목만 더 생산할 수 있도록 안전생산능력을 가져갈 수 있음.
- 안전재고, 안전조달기간, 안전생산능력 어느 것도 MRP에서 바람직한 현상은 아니므로 신뢰할 수 있는 공급자관계의 개발, 효과적인 생산통제 등을 통해 조달기간이나 생산리드 타임을 관리함으로써 불확실성을 줄여나가야 함.

8. 전사적 자원관리(ERP)

8-1. 전사적 자원관리

(1) MRPⅡ는 현재 정보의 통합을 통해 고객, 공급자 등 상하위 공급체계와 설계, 영업, 회계 등 기업 내 연관부서의 업무를 동시에 고려함으로써 기업의 모든 자원을 최적으로 관리하는 전사적 자원관리(ERP)로 발전하고 있음.

(2) 대표적인 ERP 소프트웨어 패키지

- 독일의 SAP AG에서 개발한 R/3 시스템

[제12장 연습문제] **학년 :** **학번 :** **성명 :**

I. 서술형

1. X란 제품은 중간 조립품 A 1단위, B 2단위, C 1단위가 필요하다. A는 다시 D 4단위와 E 3단위로 만들어지고 B는 F 6단위로 구성되며, C는 G와 H, I이고 각각 2단위씩 필요하다. 다음 E는 I 2단위, J 8단위, G는 J 7단위로 구성되고 I 3단위가 필요하다.
   (1) X의 제품 구조도를 그리시오.
   (2) 로우레벨 코팅에 의하며 효율적으로 X 80 단위의 자재명세서를 작성하여 각 부품의 수량을 구하시오.

2. 다음의 그림은 P 한 단위를 생산하기 위한 수량과 단계를 나타내고 있다. 이 그림을 보고 다음 물음에 답하시오.
   (1) 하위단계 코딩으로 제품 구조도를 그리시오.
   (2) P 320 단위를 생산하기 위한 부품의 수량을 자재명세서로 구하시오

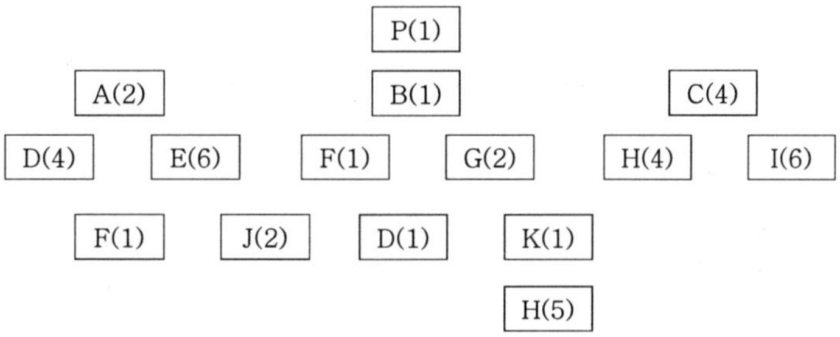

3. X에 관한 정보가 다음과 같을 때 발주시기와 양을 구하여 자재소요계획표를 작성하시오.

구분	1	2	3	4	5	6
총소요량	100		400	500		250
현재고 = 180 , LT = 1주일, 랏 크기 = 100						

4. 아래 그림은 제품 X에 대한 소요량이다. 계획표를 완성하시오.

랏크기 = 50, LT = 3주일		1	2	3	4	5	6
총소요량		200	180	70		100	150
인수예정량							
기말재고	500						
순소요량							
수주계획							
발주계획							

5. 어느 회사에서 제품 X를 만들기 위하여 필요한 부품은 A와 B가 각각 2개, 3개 필요하며 B는 C가 3개, D가 5개 필요하다. 현재의 재고와 예정수취량은 아래표와 같고 주일정계획에 의하면 6주째에 300개, 8주째에 400개가 납품되어야 한다. 다음 제품트리구조를 보고 MRP를 작성하라.

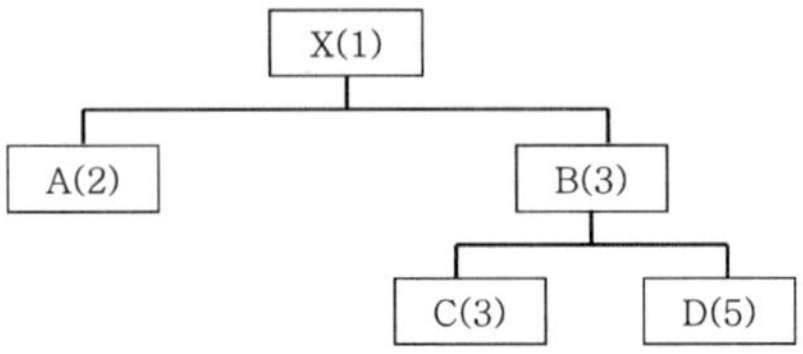

구분	현재고	조달기간(LT)	예정수취량	랏 크기
A	30	1	50 (1주초)	50
B		2	100 (1주초)	lot - for - lot
C	120	1		lot - for - lot
D	100	1		100
X	20	2	20 (1주초)	lot - for - lot

II. 진위형

1. MRP는 독립수요품목의 재고관리를 위한 컴퓨터시스템이다. ( )
2. MRP에서는 모품목의 생산계획 자체가 늦어져서 자재의 소요시기가 지연되면 자재조달 자체도 늦춘다. ( )
3. MPS(주일정계획)의 시간 단위는 주이다. ( )
4. MRP II는 재고뿐만 아니라 제조기업의 모든 제조자원을 계획하고 통제하는 데 사용된다. ( )
5. MRP는 대부분의 부품을 외부에서 구입하여 조립하는 단순조립산업에서 가장 효과가 크다. ( )
6. 일반적으로 MRP시스템에는 EOQ(경제적 주문량)공식은 유용하지 않다. ( )
7. MRP에서 재고관리의 목적은 고객의 요구를 충족시키는 데 있다. ( )
8. MRP가 제대로만 사용되면 안전재고는 최종품목에 대해서만 필요하다. ( )
9. 일반적으로 ABC 재고관리는 MRP시스템에서는 적용되기가 어렵다. ( )
10. ERP(전사적 자원관리)는 생산관리 전반을 위한 컴퓨터 팩키지이다. ( )
11. 독립수요는 물론 종속수요 품목의 경우도 재고가 일정수준 이하로 내려가면 주문해야 한다. ( )
12. MPS(주일정계획)는 MRP에서는 주어진 것으로 받아들여 고정적이나, MRP II에서는 필요하다면 변경을 할 수도 있는 대상이다. ( )

III. 선다형

1. 종속수요품목이 아닌 것은? (　　　)
① 부품　② 구성품　③ 원료　④ 최종제품

2. MRP(자재소요계획)의 3대 입력자료에 속하지 않는 것은? (　　　)
① 주일정계획(MPS)　② 자재명세서(BOM)　③ 구매계획서　④ 재고기록철

3. 일정 규모의 완제품을 생산하는 데 소요되는 종속수요품목의 양은 MRP의 입력자료 중 어디에서 파악될 수 있겠는가? (　　　)
① 주일정계획(MPS)　② 재고기록철　③ 자재명세서(BOM)　④ 구매계획서

4. MRP 이용상의 이점으로 볼 수 없는 것은? (　　　)
① 작업자의 기술향상　② 매출액의 증가 및 판매가격의 인하
③ 재고의 감소 및 유휴시간의 감소　④ 시장수요에 대한 신속한 반응

5. 자재소요계획에 관한 설명 중 틀린 것은? (　　　)
① 상황변화에 따라 동태적이지 못하다는 단점이 있다.
② 종속수요품목의 재고관리기법이다.
③ 주문 및 제조지시에 앞서 사전에 계획을 검토하게 해 준다.
④ 주문(생산)시기와 주문(생산)량 및 독촉시기를 알려준다.

6. MRP의 특징으로 볼 수 없는 것은? (　　　)
① 재고투자를 최소화할 수 있다.　② 자재부족 현상이 최소한으로 줄어든다.
③ 사전에 납기통제가 용이하다.　④ 개별 자재에 대해 수요예측이 필요하다.

7. MRP의 3대 기능은? (　　　)
① 재고관리, 우선순위관리, 생산현장 통제　② 재고관리, 우선순위관리, 생산능력관리
③ 우선순위관리, 생산능력관리, 일정관리　④ 재고관리, 우선순위관리, 구매관리

8. MRP로부터 가장 크게 혜택을 볼 수 있는 업종은? (　　　)
① 석유화학　② 백화점　③ 기계 조립.제작　④ 철강

9. MRP시스템을 도입하면 종속수요품목에 대한 안전재고는 어떻게 변하는가? (　　　)
① 급격히 늘어난다.　② 줄어들거나 없어진다.
③ 서서히 늘어난다.　④ 변함이 없다.

10. 공급자와 고객까지도 포함하고 있는 시스템은? (　　　)
① 기본적인 MRP시스템　② 폐쇄순환 MRP시스템　③ MRP Ⅱ　④ ERP

제IV부 재고관리

제13장 적시생산 시스템

1. JIT의 철학

1-1. JIT의 역사

- JIT는 일본의 도요타 자동차회사에 의해 개발되어 1970년대 중반 일본에서 보편화
- 미국에서는 1980년대부터 자동차 및 전자산업에 도입
- 우리 나라도 자동차 및 전자업계를 중심으로 JIT의 일부 요소 도입

1-2. JIT의 2대 철학

- 낭비 제거
  · 폐기물과 재작업은 낭비, 따라서 완전한 품질 추구
  · 재고는 공간 낭비와 기회비용 발생, 따라서 무재고 (ZI : zero inventory) 추구
  · 제품의 가치에 공헌하지 않는 것은 모두 낭비로 간주
- 인력 최대활용
  · 좋은 품질의 부품을 적시에 생산할 책임
  · 생산공정 개선 책임 : QC서클, 제안제도 등

7가지 낭비의 유형

① 과잉생산의 낭비(Overproduction) : 현재 필요한 물량보다 많이 생산하는 경우로, 원자재와 노동력이 낭비되고 불필요한 재고가 축적

② 재고(Inventory)의 낭비 : 재고는 비용을 발생

③ 공정(Process)의 낭비 : 최고의 공정이란 최소한의 불량과 최소한의 비용으로 필요한 만큼 제품을 만들 수 있는 능력이 되어야 함

④ 운반(Movement)의 낭비 : 운반/이동/수송의 낭비는 제품을 받아서 투입하는 경우에 발생하는 낭비로 구성품의 이동과 저장은 비용을 증가시킴

⑤ 대기시간(Waiting Time)의 낭비 : 대기시간은 작업자와 자재에 관한 것으로 작업자가 작업할 물량이 없거나 자재를 공급받는 데 지연이 발생하여 생기는 낭비

⑥ 제품결함(Product Defects)의 낭비 : 제품의 결함은 공정흐름을 방해하며, 선행공정에서 결함을 발견하지 못하면 후속공정에서 이를 수정하기 위해 전체작업이 지체되고, 완제품이 공급될 때까지 기다려야 함

⑦ 동작(Motion)의 낭비 : 불필요한 작업동작은 잘못된 작업동작으로 이어지게 되어 제품의 가치를 저하시킴

1-3. JIT의 목적

- 비용절감, 재고감소 및 품질향상을 통한 이익과 투자수익률의 증대

- 낭비의 제거와 작업자의 참여를 통해 달성

1-4. JIT의 적용분야

- 자동차, 전자제품, 기계, 기구, 오토바이 등과 같이 표준화된 제품을 대량으로 생산하는 반복생산

1-5. JIT에서는 초과생산이나 부족생산 불허

- 생산이 일찍 끝나면 기계 정비나 QC서클 모임

- 목표량에 미달하면 그날 바로 교대시간 사이에 잔업

1-6. JIT에서 주일정계획은 일 기준으로 고객의 수요와 거의 일치하도록 수립됨.

- 생산율이 수요율과 거의 일치하기 때문에 완제품 재고가 최소화되고 동시에 재공품과 원자재의 재고도 감소함.

- 주일정계획이 안정되면 모든 하위 생산공정 및 공급자에 대한 요구량도 안정됨.

1-7. JIT시스템

재고 최소화에 목적 --> 재고로 인한 생산성의 문제점 해결

(문제점 : 기계의 고장, 폐기물, 과다한 재공품, 검사의 지연)

▣ JIT 시스템의 구성요소

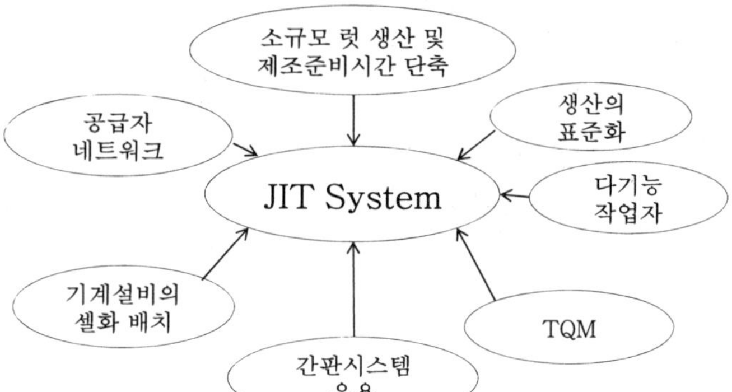

▣ 재고로 인해 숨겨진 생산성 문제

▣ JIT시스템의 목표

. 제조준비시간의 단축
. 재고의 감소
. 리드탐임의 단축
. 자재취급노력의 경감
. 불량품의 최소화

2. 주일정계획의 안정화

2-1. 주일정계획(최종조립계획)

- 부하가 균일하도록 월간 및 일간 수준으로 수립
- 생산, 구매 및 생산능력의 변경에 소요되는 리드타임을 감안하여 1~2개월 전에, 늦어도 1주일 전에는 확정

(1) 균등생산(level production)

► 일정한 기간 동안 생산량을 일정하게 유지

► 예 :

월간 생산계획
A=10,000대 B= 5,000대 C= 5,000대

⇒일(20일/월)

일간 생산계획
A=500대 B=250대 C=250대

(2) 혼류생산(mixed-model production)

- 각 개별 단위는 생산라인에서 2 : 1 : 1의 비율로 혼류생산 :

  | AABC | AABC | AABC | …의 순서로 계속 생산

- 혼류생산이 가능하기 위해서는 생산변경을 위한 준비비용이 매우 낮도록 공정이 설계되어야 함.

3. 칸반시스템

3-1. 칸반(看板 : kanban)시스템

- 칸반시스템은 JIT에서 생산 허가와 자재 이동을 위한 방법
- 칸반시스템은 두 종류의 카드(생산칸반과 인출칸반)와 컨테이너로 구성된 물리적인 생산통제 시스템
- 칸반시스템을 이용하여 최종조립라인으로부터 각 생산공정을 거꾸로 거슬러 올라가며 연속적으로 부품을 견인(칸반 견인시스템)
- 최종조립라인만이 생산계획부서로부터 일정계획을 전달 받으며, 사내의 모든 다른 작업장과 공급자는 후속공정으로부터 칸반카드에 의해 생산주문을 받음.

(1) 칸반카드

부품번호 W262 부 품 명 WHEEL	선행공정 STAMPING A12
	후속공정 RUBBER TIRE B6

컨테이너 용량	컨테이너 유형	발행번호
20	B	4 / 8

인출칸반

부품번호 Y16032 부 품 명 WHEEL RIM 저장장소 : 1879-2 컨테이너 용량 : 20	공정 STAMPING A12

생산칸반

(2) 칸반시스템의 운용

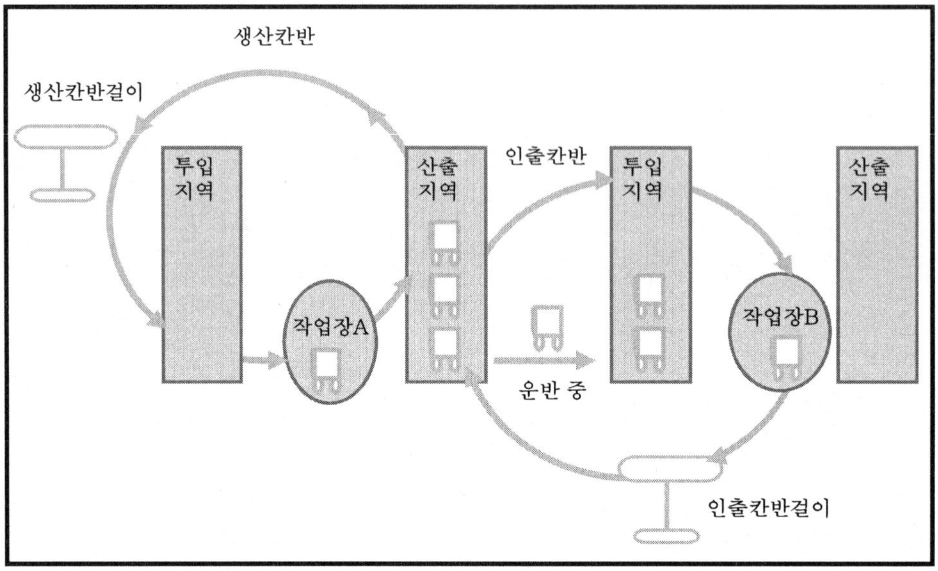

(3) 완전한 칸반시스템

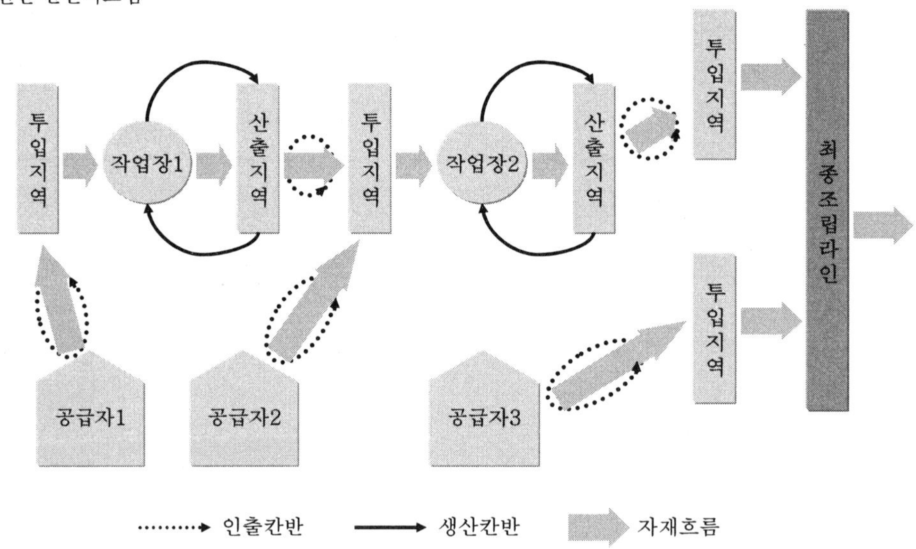

(4) 칸반시스템에서 한 작업장의 운영에 필요한 컨테이너의 총수

$$n = \frac{DT}{C}$$

n= 컨테이너의 수

D= 생산된 부품을 사용하는 후속공정의 수요율

C= 컨테이너의 크기, 즉 컨테이너 1대에 담을 수 있는 부품의 수(보통 일간 수요의 10% 미만)

T= 컨테이너 1대가 한 번 순환하는 데 걸리는 시간, 즉 부품을 채우고, 기다리고, 이동하여, 사용되고, 다시 돌아올 때까지 걸리는 시간

■ 예

- 자 료
  - · 다음 작업장에서의 부품수요율=1분당 2개
  - · 컨테이너 1대에 담을 수 있는 부품의 수=25개
  - · 컨테이너 1대가 작업장 A에서 작업장 B로 가서 다시 작업장 A로 돌아 오는 데 걸리는 순환시간=100분
- 필요한 컨테이너의 수

$$n = \frac{DT}{C} = \frac{2 \times 100}{25} = 8\text{대}$$

■ 최대재고

- 최대재고=(컨테이너의 수)×(컨테이너의 크기)

  $= nC$

  $= DT$

- 예에서 최대재고=nC= 8×25 = 200(개)

■ 재고감축 방법

- 재고는 컨테이너의 크기나 컨테이너의 수를 줄임으로써 감소됨.
- JIT에서는 지속적 개선을 통해 컨테이너의 순환시간을 단축시켜 재고를 감소시킴.

4. 준비시간의 단축 및 로트크기의 축소

4-1. 준비시간의 단축 효과
- 가용 생산능력 증가
- 일정계획의 변경에 대처하는 유연성 제고
- 재고 감소

4-2. EOQ모형에서의 논리

- $Q* = \sqrt{\dfrac{2DS}{H}}$

생산준비시간 ↓ ⇒ S ↓ ⇒ $Q*$ ↓ ⇒ $Q*/2$ ↓

- 생산준비시간이 0에 접근하면 이상적인 1단위 로트 크기가 가능

4-3 로트 크기에 대한 전통적 접근법과 JIT접근법

(a) 전통적 접근법

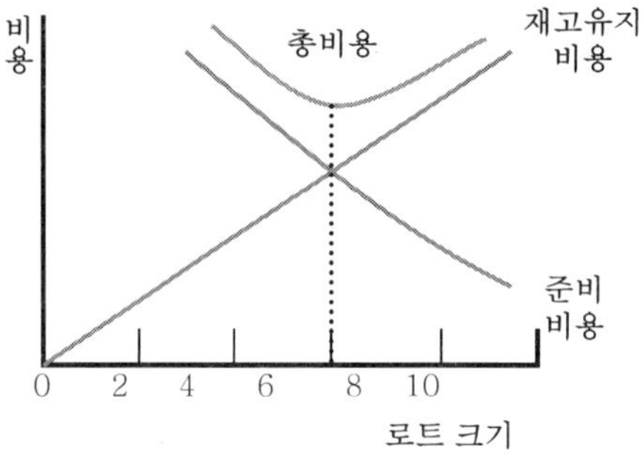

· 준비비용을 고정비로 보고 준비비용과 재고유지 비용의 합을 최소화하도록 로트 크기 결정

(b) JIT 접근법

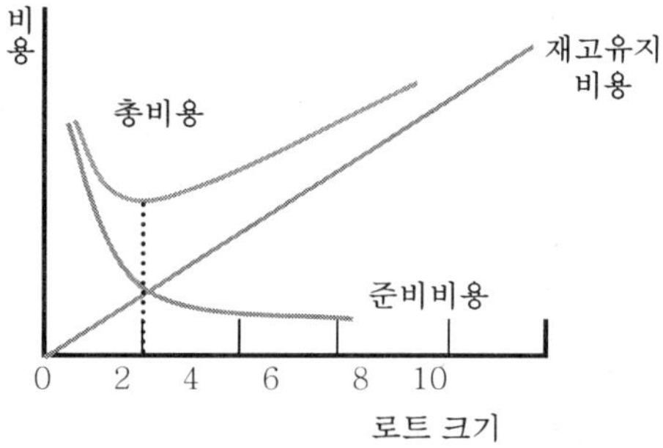

· 준비비용을 하나의 변수로 보고 준비시간의 단축을 통해 준비비용을 줄임으로써 로트 크기와 총비용을 줄여 나감.

- 일본기업들은 준비시간을 10분 이내의 한 자리 숫자로 줄이고, 이것이 달성되면 다시 1분 이내로 단축

4-4. 준비시간의 단축방법

- 준비활동을 외부 준비(기계를 가동하면서도 수행될 수 있는 준비활동)와 내부 준비 (기계가동의 중단를 요하는 생산준비활동)로 구분
- 내부 준비를 가능한 외부 준비로 전환(기계설비의 재설계, 공구 개량, 형판 개량, 작업방법의 개선 등을 통해)
- 내부 준비가 최소화되면 기계가 멈추었을 때 새로운 제품으로의 생산전환이 신속하게 이루어짐.

5. 설비배치와 설비정비

5-1. 설비배치

- JIT에서는 재고를 창고에 보관하지 않고 다음 공정이 쉽게 이용할 수 있도록 바로 현장 바닥에 둠.
- JIT에서는 재고수준이 낮기 때문에 필요한 저장공간이 줄어들고 따라서 공장의 크기도 작아짐.
- JIT에서는 로트 크기를 축소하고 자동화를 촉진하도록 그룹 테크놀로지와 유선형 설비배치를 추구

(1) 설비배치에 대한 JIT의 영향

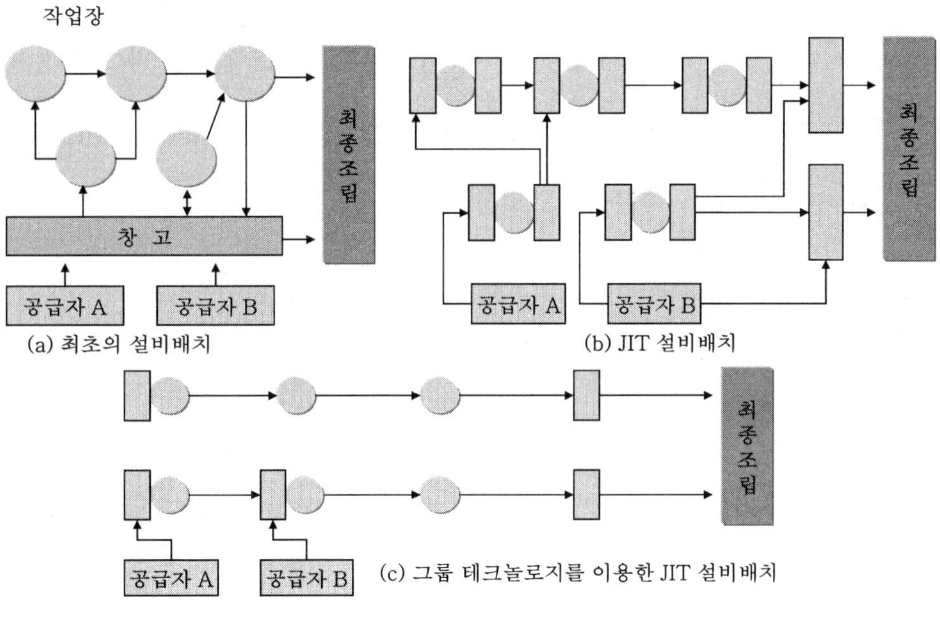

(a) 최초의 설비배치

(b) JIT 설비배치

(c) 그룹 테크놀로지를 이용한 JIT 설비배치

(2) 설비정비

- JIT시스템에서는 재고수준이 최소화되어 있으므로 설비는 언제나 최상으로 정비되어 있어야 함.
- 기계설비에 대한 정비는 대부분 작업자들의 책임이며, 기계 설비의 정비시간은 교대시간 사이에 주어짐.

6. 작업자에 대한 영향

6-1. JIT는 다기능작업자를 요구

- 여러 종류의 기계 운전, 기계의 가동준비, 일상적인 기계정비 및 부품의 품질검사 등
- 작업자에게 여러 분야에 걸쳐 다양한 기술을 교육시킴.

6-2. 보수시스템

- 작업인력의 유연성을 확보하기 위해서는 수행할 수 있는 작업의 수에 따라 보수가 결정되는 새로운 보수시스템이 요구됨.

6-3. 문제해결활동에 작업자의 적극적 참여

- 품질분임조와 제안제도
- 참여적 경영

7. 공급자 관계

7-1. 공급자는 외부공장 내지는 생산팀의 일원으로 간주

- 공급자는 완전한 품질의 부품을 생산라인에 직접 자주 (보통 하루에 4번 정도) 배달
- 공급자는 모기업의 공장 근처에 입지
- 단일공급자전략과 장기적인 관계
- JIT에서는 일반적으로 한 부품에 대해 하나의 공급자와 장기계약을 맺어 품질향상과 가격안정 도모
- 고객과 공급자간의 장기적인 신뢰관계 구축

8. JIT시스템의 요약

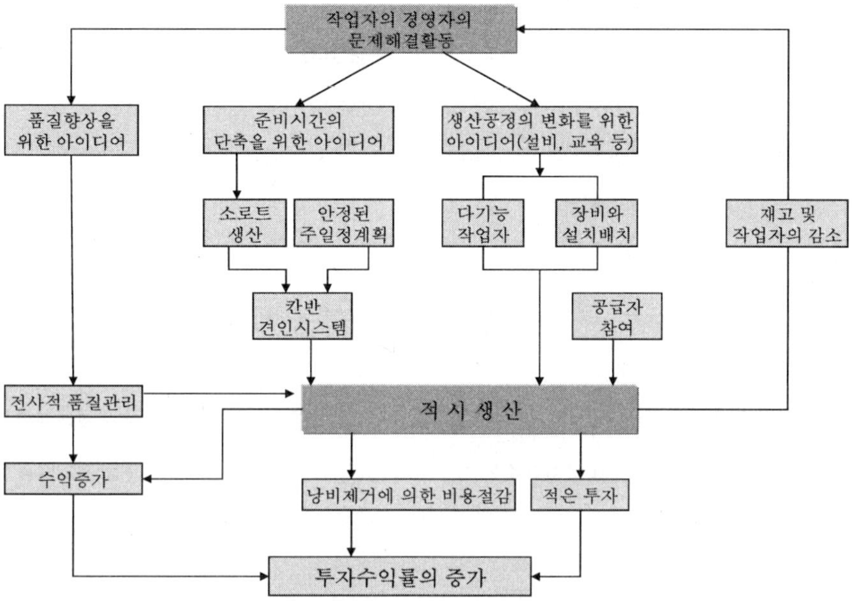

9. MRP와 JIT의 비교

9-1.생산통제의 풀 시스템(pull system)과 푸시 시스템(push system)

(1) MRP와 같은 푸시 시스템에서는 미래의 요구를 충족시키기 위하여 자재를 생산쪽으로 밀어냄.

(2) JIT와 같은 풀 시스템에서는 자재는 주일정계획에 의해 각 공정을 따라 연속적으로 조립라인까지 끌려 옴.

9-2. 순수 반복생산의 경우

(1) 주일정계획이 매일 동일하고 부하가 일정한 순수 반복생산의 경우에는 JIT와 같은 풀 시스템이 적합

(2) 주일정계획이 일정기간내에는 반복적이나 그 기간이 지나면 바뀌는 반복생산의 경우, MRP는 계획목적으로 사용되고, 생산현장에서의 실행계획에는 풀 시스템인 JIT를 사용

9-3. 반반복적(半反復的)인 뱃치생산의 경우

- 일부 반복적인 성격을 갖는 뱃치공정의 경우에는 MRP와 JIT가 혼합된 시스템을 사용(Syncro MRP)
- MRP는 자재를 공장으로 푸시(push)하고 생산능력을 계획하는 데, 그리고 JIT(풀 시스템)는 생산현장에서의 실행에 사용

9-4. 개별주문생산의 경우

- 비반복적이고 소규모 뱃치로 생산하는 개별주문생산공정의 경우에는 생산계획과 통제에 반드시 MRP를 사용
- 단, 이 경우에도 생산준비시간의 단축, 다기능작업자, 작업자와 관리자의 문제해결활동, 공급자와의 파트너십과 같은 JIT의 구성요소는 사용될 수 있음 ; 즉, 칸반시스템만 작동되지 않음.

■ JIT과 MRP의 용도

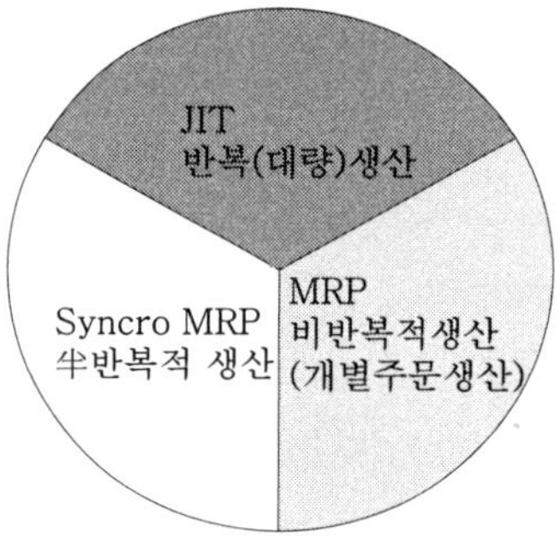

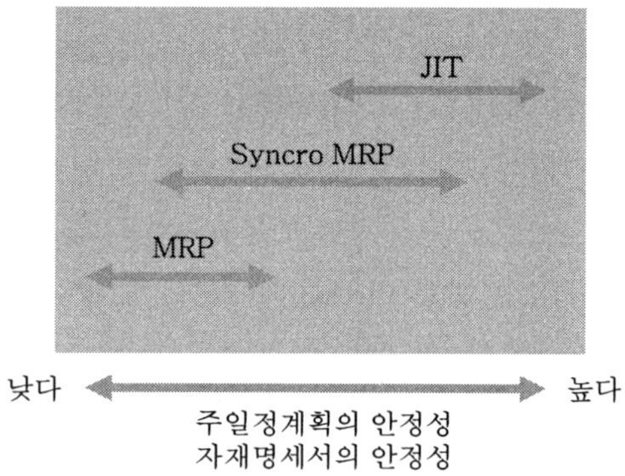

▣ JIT시스템과 MRP시스템

JIT	MRP
.불필요한 부품이나 재공품 등 자재의 재고를 없애도록 설계된 시스템 .간판카드에 의해 자재의 제조명령이나 구매주문을 가시적으로 통제하는 시스템 .반복생산시스템에 효과	.자재의 소요 및 조달계획을 수립하여 그 계획에 의한 실행에 중점 .대생산일정계획의 수시 변경 .비반복적생산시스템에 적합

▣ JIT시스템과 MRP시스템의 비교

항목	JIT 시스템	MRP 시스템
시스템 성격	•고객수요(주문)에서 시작되는 Pull System	• 사전계획대로 추진하는 Push System
관리목표	•낭비제거(재고의 최소화)	• 계획 및 통제(필요시 필요량 확보)
관리도구	•간판(시각에 의한 관리가 주) •생산간판과 인출간판을 사용	• 컴퓨터시스템에 의한 관리 • 작업전표, 생산지시서, 주문서 사용
생산시스템	•생산 사이클 타임 중심	• 주일정계획(MPS) 중심
생산계획	•매일 일정하고 안정된 MPS 필요 •수정시 시간간격으로 수정	• 상황에 따라 변경이 잦은 MPS 수용 • 수정시 주별 간격으로 수정
계획의 우선실시	•생산평준화에 따른 품목별 비율기준 생산(생산평준화가 필수)	• MPS에 기초한 필요품목별 생산
조달기간 (리드타임)	•최소화 •리드타임의 최소화로 독촉의 필요성이 감소	• 길수록 좋음 • 감독관 및 구매부서는 긴 조달시간을 원함
조달방법	•필요량의 적시조달	•계획된 MPS에 따른 조달
로트크기 (1회 생산량)	•필요한 양만큼 제조 및 구매 •최소량의 로트 크기를 추구(소로트화)	•생산준비비용과 재고유지비용의 균형점에서 로트 크기 결정(EPQ) •로트 크기가 큰 것을 원함
재고인식	•재고는 부채(재고는 악의 근원) → 재고최소화를 위한 노력이 필요	•재고는 자산 → 예측오차 및 불확실성에 대비한 안전재고가 필요
재고수준	•소로트화 및 생산준비시간의 축소로 재고의 최소화 추구	•경제적 발주량이나 조달기간 중의 재고유지를 추구

항목	JIT 시스템	MRP 시스템
생산준비 시간	•생산준비시간의 최소화 추구 •소로트화 실현 •다품종의 부품을 자주 생산	•관심이 적음 •최대산출량이 목표 •신속한 교체를 위한 노력이 부족
대기행렬	•대기시간의 최소화 •문제발생 즉시 원인을 규명하여 개선	•필요시 수용 •전공정작업에 대기행렬이 있어 문제가 발생된 경우에도 후속공정작업이 계속 유지되도록 함
납품업자	•동반자관계 : 생산시스템의 일부로 간주(장기적 거래)	•이해관계 : 구매 위주의 다수 공급자 중에서 이득이 되는 공급자를 선정(단기적 거래)
품질관리	•무결점 •100% 적합품이 아니면 생산에 지장을 초래, 품질문제는 현장에서 근원적으로 대처	•어느 정도 결점을 인정 •품질문제는 품질관리자에 의한 원인규명과 관리가 요구
설비보전	•단속적으로 실시 •기계고장을 최소화	•필요시 실시 •고장시 완충재고의 보유로 설비보존은 크게 중요하지 않음
작업자	•의견일치에 의한 경영으로 경영에 동참 •문제해결활동에 적극적으로 참여시켜 생산성 향상과 품질향상을 실천해야 함 •다기능 작업자가 요구	•지시, 명령에 의한 관리 •작업자와 관계없이 새로운 시스템이 설치 •지정된 한 가지 작업을 충실하게 이행 •전문화된 작업자가 요구
구매방식	•인접한 위치에 소수 납품업자로부터 빈번한 소량구매 방식	•한 품목에 대해 다수 납품업자로부터 대량구매방식
적용분야	•반복적 생산(라인흐름공정)	•비반복적 생산(개별주문생산, 소량의 로트생산)
배치형태	•U자형, 셀형 배치(표준화된 단일제품)	•공정별(기능별) 배치 : 표준화가 힘든 다양한 제품

[제13장 연습문제]　　**학년 :**　　**학번 :**　　**성명 :**

I. 서술형

1. 적시생산(JIT)의 이념은 무엇인가?

2. JIT시스템에서 가동준비시간을 어떻게 단축시키는가?

3. JIT시스템에서는 어떻게 경제적 생산량 규모를 줄이는가?

4. JIT와 MRP는 어떻게 다른가? 두 시스템을 병행할 수는 있는가?

5. 제조업이나 서비스업에서 낭비와 낭비적 관행이 존재하는 분야를 찾아보자. 재고, 자재처리, 품질, 정보관리 등등을 고려하라.

6. JIT를 이용하는 운영시스템은 어떤 특성을 지녀야 하는가? 이들 특성 중 절대적인 것은 어떤 것들인가?

7. 병원, 보험회사, 자동차 서비스센터, 음식점 등에서 JIT가 어떻게 이용될 수 있을 것인가?

II. 진위형

1. 생산변경을 위한 준비비용이 클수록 혼류생산방식은 효율적이다. (　　　)
2. JIT는 주로 연속생산공정에 사용되는 생산관리방식이다. (　　　)
3. JIT는 매우 변화가 심한 주일정계획하에서도 잘 운용될 수 있다. (　　　)
4. JIT의 궁극적인 목적은 재고 감소에 있다. (　　　)
5. 칸반시스템은 JIT에서 재고관리를 위해 사용된다. (　　　)
6. 준비시간이 단축되면 생산 로트의 크기를 줄일 수 있다. (　　　)
7. JIT는 한 분야에 전문적인 작업자를 요구한다. (　　　)
8. JIT에서는 공장내 창고를 두지 않는다. (　　　)
9. 외부 준비활동이란 기계 가동의 중지를 요하는 준비활동을 의미한다. (　　　)
10. JIT에서 공급자는 고객의 공장 근처에 입지해야 한다. (　　　)
11. JIT는 재고를 가능한 한 줄이는 것을 목표로 하기 때문에 재공품재고(WIP)는 물론 불확실한 고객수요에 대비하는 재고도 그 대상이 된다. (　　　)
12. 순수반복생산에는 JIT가, 개별주문생산의 경우에는 MRP가 적합하다. (　　　)

III. 선다형

1. JIT는 어느 생산공정에 가장 유효한가? ( )
① 연속생산공정 ② 프로젝트형 생산공정 ③ 반복조립생산공정 ④ 개별주문생산공정

2. JIT에서 요구되지 않는 것은? ( )
① 유연한 다기능작업자 ② 재고통제를 위한 컴퓨터시스템
③ 안정된 주일정계획 ④ 부품 견인시스템

3. JIT시스템과 관련이 없는 것은? ( )
① 도요타 생산방식 ② 칸반방식 ③ 혼류생산 ④ 가치공학(VE)

4. JIT의 궁극적인 목적은? ( )
① 작업자 참여 ② 재고 감축 ③ 준비시간의 단축 ④ 기업의 투자수익률 향상

5. JIT에 관한 설명 중 틀린 것은? ( )
① 협력업체는 모기업의 근처에 입지해야 한다. ② 다기능작업자가 요구된다.
③ 생산준비시간을 최대한 줄인다.
④ 주일정계획(최종조립계획)상의 생산량이 변화가 심해도 적용이 용이하다.

6. 칸반(kanban)시스템과 거리가 먼 것은? ( )
① 적시 구매 및 생산 ② 푸시(push)시스템
③ 작업순서의 통제 ④ 모든 공정의 생산량의 균형 유지 pull system

7. JIT시스템의 어느 작업장에서 빈 컨테이너가 없다면? ( )
① 생산을 계속해 재고를 쌓아간다.
② 다음 날의 수요만큼 생산해 재고로 유지한다.
③ 주일정계획을 충족시킬만큼 생산해 재고로 유지한다.
④ 생산을 중단한다.

8. 준비시간이 단축될 때 기대되는 효과가 아닌 것은? ( )
① 제품 품질의 향상 ② 가용 생산능력의 증대
③ 일정계획의 변경에 대처하는 유연성의 제고 ④ 재고 감소

9. JIT에서 준비시간의 단축방법은? ( )
① 가능한 내부 준비활동을 외부 준비활동으로 전환한다. ② 재고 감축
③ 로트 크기의 축소 ④ 칸반시스템 실행

10. JIT의 도입 효과가 아닌 것은? ( )
① 재고회전율의 감소 ② 준비시간의 단축
③ 제품 품질의 향상 ④ 낭비의 제거

11. JIT에서 모기업과 공급자와의 관계를 설명한 내용으로서 틀린 것은? ( )
① 공급자도 기업 내부의 작업장과 같은 차원으로 취급된다.
② 모기업은 품질향상과 가격안정을 위해 다수의 공급자간의 경쟁을 유발해야 한다.
③ 공급자는 모기업이 필요로 하는 부품을 적시에 자주 현장에 직접 배달해야 한다.
④ 모기업과 공급자 사이에는 상호신뢰를 바탕으로 한 장기적인 관계가 필요하다.

절 취 선

12. JIT에서 품질에 관한 설명 중 틀린 것은? ( )

① 불량은 낭비이다.

② 품질문제가 발생하면 생산공정이 중단된다.

③ 공급자가 납품하는 부품의 품질은 샘플링검사를 통과해야 한다.

④ JIT에서는 품질향상을 위해 작업자의 품질분임조 활동과 제안제도가 장려된다.

13. 개별주문생산에 가장 적합한 시스템은? ( )

① JIT ② MRP ③ Syncro MRP ④ pull system

제IV부 재고관리

제12장 자재소요 계획

제13장 적시생산 시스템

제14장 공급사슬 경영

제14장 공급사슬 경영

1. 경영환경의 변화
2. SCM
3. 칸반시스템
4. 준비시간의 단축 및 로트 크기의 축소
5. 설비배치와 설비정비
6. 작업자에 대한 영향
7. 공급자 관계
8. JIT시스템의 요약
9. MRP와 JIT의 비교

1. 경영환경의 변화

1-1. 21C 생존 경쟁의 화두

미래 기업의 환경은 급변하고 있다

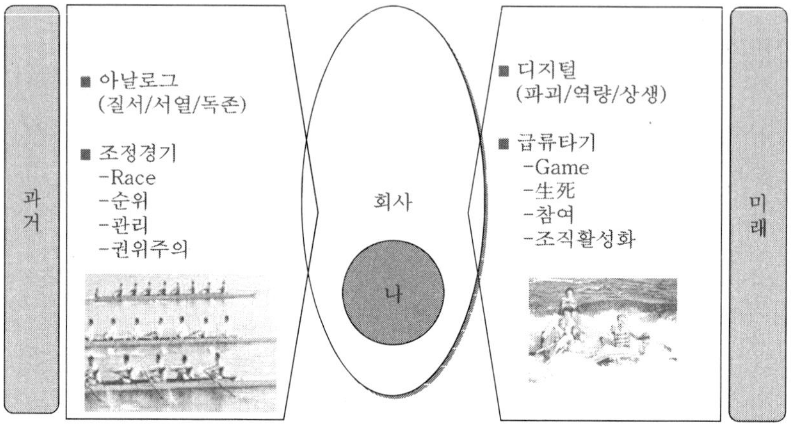

인터넷을 포함한 경영환경의 변화는 기업을 둘러싼 주요 이해 관계자들인,주주, 고객, 공급사, 협력사, 직원들의 변화와 요구에 효과적으로 대응하는 것이 기업의 경쟁력 향상에 있어 중요한 요소로 대두

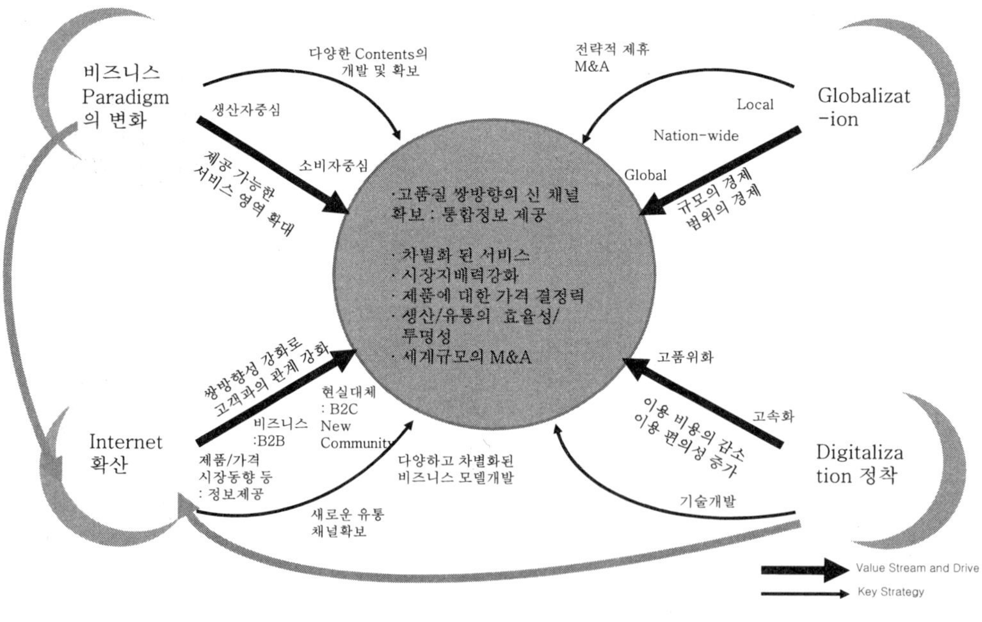

1-2. 기업경영 전략의 변화

(1) 인터넷 디지털 경영

- 투명 경영, 스피드 경영, 현금 흐름 중시

(2) 수요의 다양화

- 수요예측 어려움, 제품수명 단축

(3) 아웃소싱, 다국적 공장

- Win-Win 전략, 수평적 분권화

(4) 정보기술의 발달

기업환경 변화 요소

현재 전세계 기업들은 산업혁명에 비유되는 정보혁명의 과정을 겪고 있음
이 과정에서의 변화속도와 범위는 전통적인 대응전략을 벗어나는 혁신적인 경영전략을 요구

기업환경 변화 요소	기업 경쟁의 새로운 기준
지식경제화 현대의 가장 중요한 부의 창출 수단은 지식	지식의 통합적 관리 능력
네트워크화 전세계 신경망처럼 펴져있는 Network	네트워크의 전략적 이용능력
혁신기업화 제품 Life Cycle의 무한한 단축	최단시간내의 신제품 개발을 통한 만족
주문다양화 대량생산 대신 고객 취향주문별 생산	다양한 고객주문 대응 능력
글로벌화 지식,자본,고객의 세계적 이동	사업 기회선점을 위한 경영정보 능력

1-3. 경쟁개념의 변화

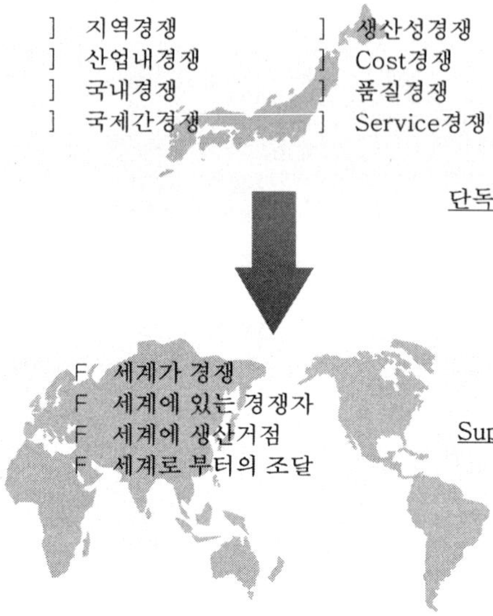

단독기업이 시장에 대응하는 시대

Supply Chain으로 경쟁하는 시대

1-4. 요구되는 디지털 패러다임

시간개념의 변화

공간개념의 개념의 변화

속도개념의 변화

대화방식의 변화

매체의 변화

사회 성격의 변화

네트웍의 위력

인재상의 변화

(1) SCM = 경영기법

기업의
- ∨ 고객만족도 향상
- ∨ 경쟁력 강화
- ∨ 이익 확보
- ∨ 경쟁효율 향상
- :

을 위하여

- ∨ IT = Information Technology
- ∨ LT = Logistics
- ∨ FT = Finance

IT、LT、FT 활용하고

↓

Supplier's Supplier to Customer's Customer 에 관련한 Process를 연결, 개혁하여 전체 최적화 추구

↓

Total Supply Chain의 변혁을 통하여

↓

- ∨ 수발주 업무 신속화
- ∨ 재고 회전율 향상
- ∨ Cash Flow 향상
- ∨ Lead Time단축
- ∨ Cost 삭감
- ∨ 납기 준수율 향상
- :

→ 등을 실현 → 경영기법

(2) SCM의 등장 배경

❑ 핵심 과제 : 주로 자신들 내부의 Process를 효율화, 합리화에 초점

- 70년대 : 품질, Cost 및 생산성 향상의 노력
- 80년대 : 통합시스템(CIM)에 대한 투자 → 자동화 추진
- 90년대 : BPR과 PI(Process Innovation)

⇨ 기업 내부의 핵심 경쟁력 향상에 대한 꾸준한 노력과 혁신

(2) SCM의 등장 배경

❑ 일련의 과정을 거친 기업들

→ 보다 앞선 시장에서의 우위와 경쟁력 향상

→ 단순히 개별 기업 내부의 프로세스만을 중심으로 효율화로는 그 한계에 부딪치게 됨

❑ 따라서, 기업 내부와 외부에 관련된 모든 공급체계(Supply Chain)에 대한 최적화를 시도

(2) SCM의 등장 배경

- Supply Chain 안에서 불확실성의 증폭
  - 고객 불확실성 - 정보의 왜곡
  - 공급자 불확실성 - 납기, 제조 리드타임, 품질, 운송, 노조 등
  - 불확실성/변동의 대응 한계
    - ✓ 제조업체 - 수동적 흡수 또는 내부 프로세스 합리화로는 한계
    - ✓ 불확실성/변동의 흡수를 위한 각 체인단계별 과잉 재고
- 전체 부가가치 중 큰 비중을 차지하는 물류 비용
  - 부가가치의 60-70%가 "제조"밖의 Value Chain에서 발생
  - 업종에 따라 10 - 14%의 물류비용
- 고객서비스 강화
- 무역의 세계화
- IT 기술에 의한 물류비용 절감 가능
  - 인터넷, EDI, 전자메일, EC, ERP 등

2. SCM

2-1. SCM 이란 ?

『기업 내 또는 기업 간의 다양한 사업활동의 프로세스와 부문간·부서간에 존재하는 벽을 넘어서 수주에서부터 고객 납품에 이르기까지 상품 공급의 흐름을 효율적으로 잘 관리하는 것』 즉, 『가장 최소의 비용으로 수주로부터 고객에게 납품하는 시간에 제한 받지 않고 Zero에 근접시키기 위한 경영관리 기법』

ERP가 기업내의 전사적 자원을 효율적으로 관리하는 것을 목적으로 한다면 SCM은 이보다 넓은 개념으로 기업과 기업간에 자원, 정보, 자금 등을 통합관리 하여 이해관계에 있는 모든 기업들을 최적으로 관리하는데 그 목적 있음

2-2. SCM의 개념 및 목표

디지털 기술을 활용하여 공급자, 유통채널, 소매업체, 고객 등과 관련된 물자/정보/재화 등의 흐름을 신속하고 효율적으로 관리하기 위한 일련의 활동

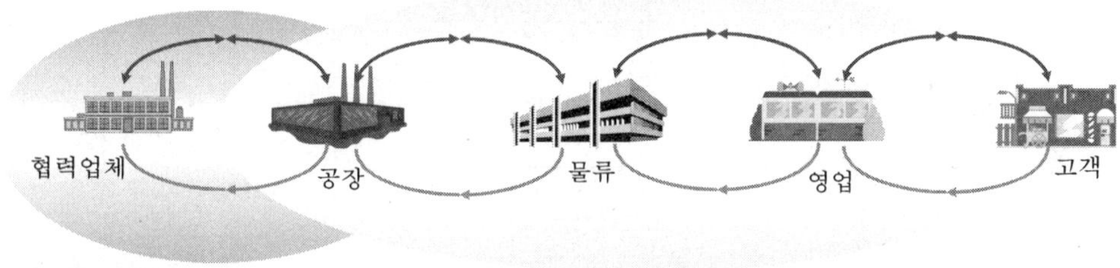

□ SCM의 목표

- 구매, 재고관리, 수송, 핸들링 비용 절감으로 전체적인 SCM Cost 감축 → 품절 방지
- 주문/조달의 불확실성과 변동 제거 → 생산계획의 합리화, 생산의 효율성 증대
- 제품의 흐름에 대한 Visibility 확보 → 제조 및 유통 공정의 명확화

2-3. What is SCM ?

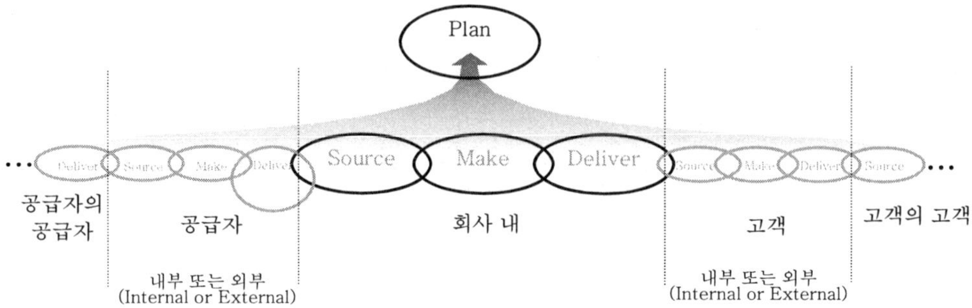

- 불확실성 및 변동을 대비하기 위한 각 체인 단계의 과잉 재고
- 제조업체의 내부 프로세스 합리화로는 대응에 한계

⇨ 기업내에서 기업간으로 시야 확대, 상호 협력 및 조정하는 SCM 필요

2-3. What is SCM ?

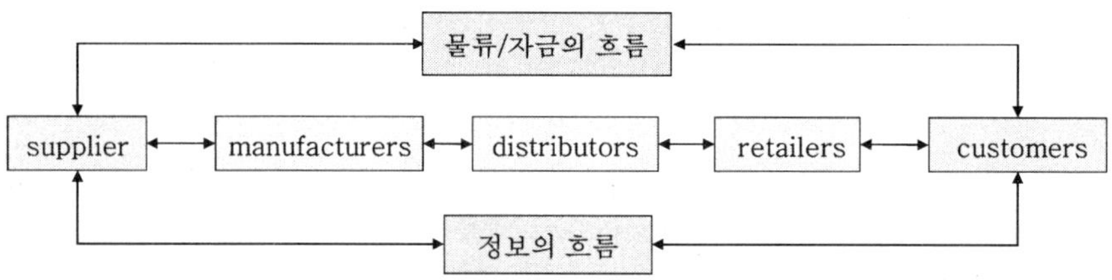

❑ 원재료부터 고객에 이르기까지의 전 과정(Supply Chain)에서 각 부문들 사이의 물류, 정보, 자금의 흐름을 총체적으로 관리하여 Supply Chain의 효율성을 증가시키는 전략

❑ SCM은 원자재를 조달해서 생산하여 고객에게 제품과 서비스를 제공하기 위한 프로세스 지향적이고 통합화된 접근 방법 (Peter J. Metz, 1997)

❑ SCM은 속도(Speed)와 확실성(Certainty)을 최적화하고 모든 관련되는 프로세스들에 의해 더해지는 가치를 최대화함으로써 조직의 이익과 효율을 증가시키는 방법 (Tom McGuffog, 1998)

2-4. SCM의 필요성

- 부가가치의 60-70%가 "제조"밖의 가치체인에서 발생
- 업종에 따라 10 - 14%의 SCM비용
- 한국기업은 재고의 90% 감축해야 생존 ?
- Customer's Uncertainty - Information Distortion / Propagated Uncertainty
- Supplier's Uncertainty - Delivery, Mfg Lead Time, Quality, Transportation, Labor Unions
- 불확실성/변동의 흡수를 위한 각 체인단계별 - 과잉 재고
- 제조업체 -불확실성/변동의 수동적 흡수, 내부 프로세스 합리화로는 대응에 한계
- Globalization - 지역적 특성, 전략적 장단점 차이
- IT기술의 발전 - Network, EDI, Internet/WEB/Extranet/ VPN, EC, 기업내 프로세스통합(ERP)

  ---> 기업간 통합

2-5. 기존의 접근법

- 외부로부터의 변동, 불확실성을 수동적으로 수용, 완충하기 위한 안전 재고 및 "충분한" 리드타임
  - Demand/Customer's Uncertainty, Supplier's Uncertainty

- 제조업체 또는 Chain내 개별기업이 "발생한" Disturbance/Uncertainty를 흡수 또는 전가
  - MRP, 생산/주문/조달/Delivery Lead Time, Forecast, 안전 재고
  - Chain내 타 업체에게 흡수부담을 전가
  - 예) Push Production, JIT

- 기업내 합리화 및 정보화(MRP/ERP/CIM 등)에 치중
  - 기업내 프로세스 위주의 통합/합리화
  - 기업간의 제한적인 정보교환 및 공유

(1) 물류 경영 발전의 단계

구분	Physical Distribution	Logistics	SCM
시기	선진국: 60-70 년대 한국: 80 년대	선진국: 80-90 년대초 한국: 90 년대	선진국: 90 년대 후반 한국: 2000 년대
목적	물류부문별 효율화	기업내 물류 효율화	공급체인 전체 최적화
대상	수송,보관,하역,포장	생산,물류,판매	공급자,메이커,고객
수단	물류 자동화	기업내 정보시스템, POS,VAN,EDI	Parternership, e-logistics, ERP, SCM, 기업간 정보시스템
과제	표준화, 효율화	다빈도 물류, 물류비용, 서비스대행	IT 활용, 3PL, 재고감소

2-6. SCM으로의 진화

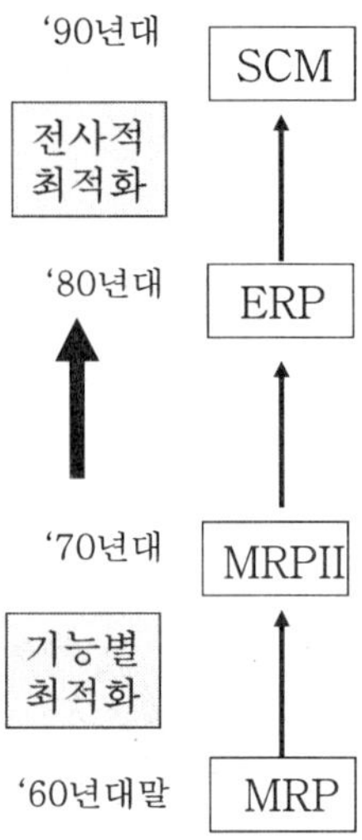

공급사슬경영 (Supply Chain Management)
사내 자원뿐 아니라 자사와 연결되어 있는 공급자, 외주업체, 판매망, 제3자물류업체, 운송업체, 창고업체 등을 하나의 연결된 체인으로 간주하여 이들간의 협력과 정보교환에 기초한 통합물류와 최적 의사결정으로 비용절감 및 효율성 증대로 상호유익을 추구

전사적 자원관리 (Enterprise Resource Planning)
제조에 필요한 자원뿐 아니라 수요예측, 생산계획, 재무, 회계, 인사, 영업, 주문처리, 품질, 데이타, 마케팅, 관리홍보, 평가체계 등 기업경영에 필요한 모든 사내 자원 및 기능을 체계적인 정보시스템을 사용하여 통합관리

제조자원계획 (Manufacturing Resource Planning)
자재뿐 아니라 제조에 필요한 설비, 자금, 생산인력, 외주, 기술 등의 자원도 통합적으로 관리

자재소요계획 (Materials Requirement Planning)
제품의 수량 및 일정을 토대로 그 제품생산에 필요한 원자재, 부분품, 공정품, 조립품 등의 소모량 및 소요시기를 역산해서 일종의 자재조달계획을 수립하여 일정관리를 겸한 효율적인 재고관리를 모색하는 시스템. 자재명세서 (Bills of Material: BOM), 재고기록철 (inventory file), 기준생산계획 (Master Production Scheduling) 정보 이용

(1) SCM 발전과정

1980년대 의류 업계의 혁신(QR: Quick Response)

문제점: - Business L/T의 과다(생산~고객 66주, 이중 40주가 창고 또는 유통 재고)

대 책: Supply Chain의 통합화를 통한 신속 대응 체제 구축
- 의류업체와 판매업체의 Partnership
- 상호 생산/판매 정보 공유를 통한 신속한 공동 의사 결정
- Item-level Management

1990년대 Grocery 업계의 혁신(ECR: Efficient Consumer Response)

문제점: - 긴 Business L/T로 인한 과다 재고 보유
(분석 결과 Supply Chain내의 37%의 재고 감축으로 약 $30 billion 절감)

대 책: 신속하고 정확한 정보 공유를 통한 미래의 수요를 예측
- 생산의 유연성을 강조
- Guideline 제시: A Road Map for Independent Retailers & Wholesalers

Source: Global Supply Chain Management

(1) SCM 발전과정

1990년대 이의 내용을 중심으로 다른 업계 및 선진 업체들은 SCM활동을 통한 경쟁 우위 확보 노력을 경주하고 있음

- Restaurant 업계의 혁신(EFR: Efficient Food Response)
- Healthcare 산업의 혁신(EHR: Efficient Healthcare Response)
- Hewlett-Packard: Innovation Diffusion
  ; Universal Power Supply
- GE Circuit Breaker Division
- SONY: SOMO(Sell-One-Make-One)
  ; Fluid Production & Distribution Operations
- Emerson: Fan Sub-pack Division

Source: Global Supply Chain Management

(2) Overview of SCM

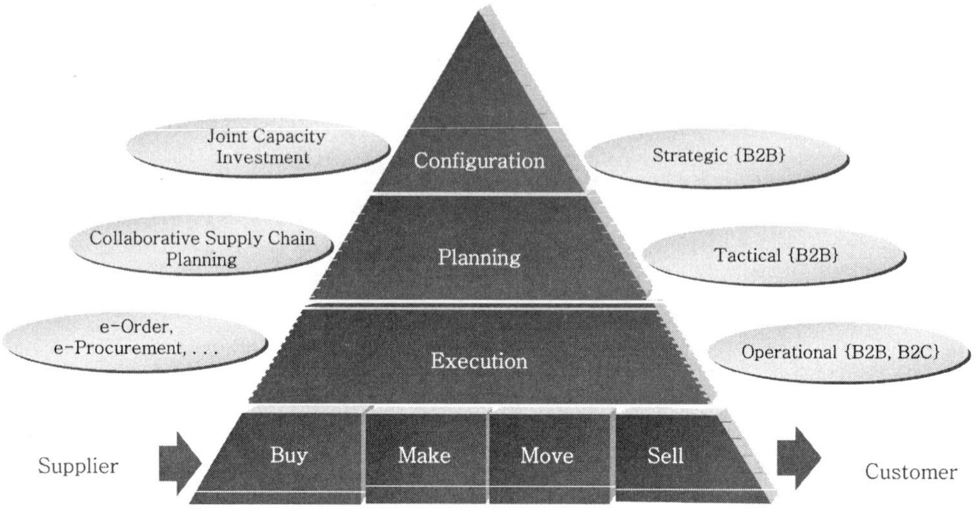

Source: SCOR

2-7. SCM 추진효과

- 통합적 정보시스템 운영
- 물류비용 절감
  재고, 수송, 핸들링 비용
- 고객만족, 시장변화에 대응력
  Shortage, Delivery, Lead Time, 고객 및 수요 변화에 대응
- 구매비용 절감
  Cost, Shortage, Delivery, Lead Time
- 생산효율화
  주문, 조달의 불확실성, 변동 제거로 생산계획 합리화,
  재고 감소, 납기만족
- 총체적 경쟁우위
  고객가치 향상, 주주가치 상승

(1) SCM Processes

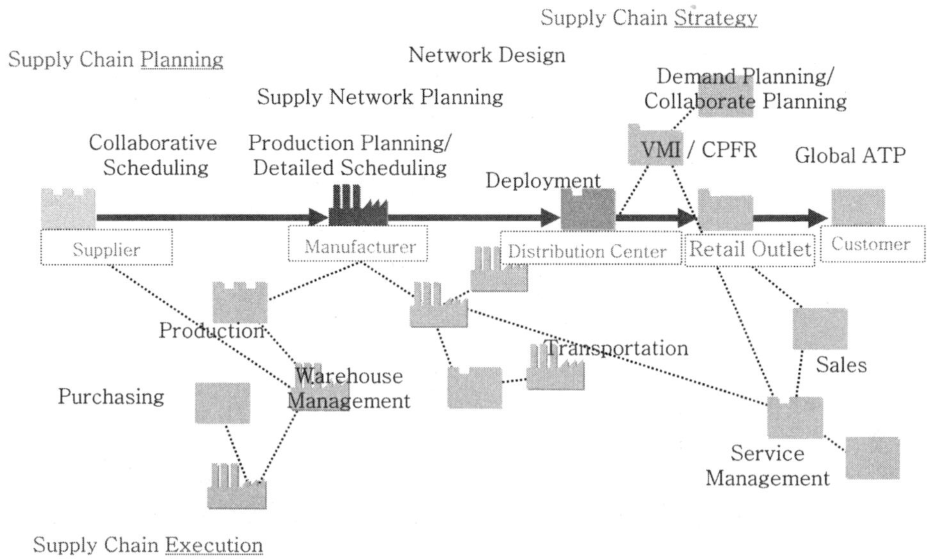

3. SCM의 기능

3-1. SCM의 기능 2가지

(1) SCP : 최적의 SC 계획 - 공급체인 상의 물류, 정보, 자금 흐름의 최적 계획기능

(2) SCE : 최적의 SC 운영 - 공급체인을 흐르는 체 물류, 정보,
자금의 모니터링, 통제 및 관리 기능

SCP : (Supply Chain Planning)
- Advanced Planning and Scheduling
- Demand Planning
- Event Planning
- Inventory Planning
- Manufacturing Planning

SCE : (Supply Chain Execution)
- OMS (Order Management System)
- WMS (Warehouse Management System)
- TMS (Transportation Management System)

SCE Solution

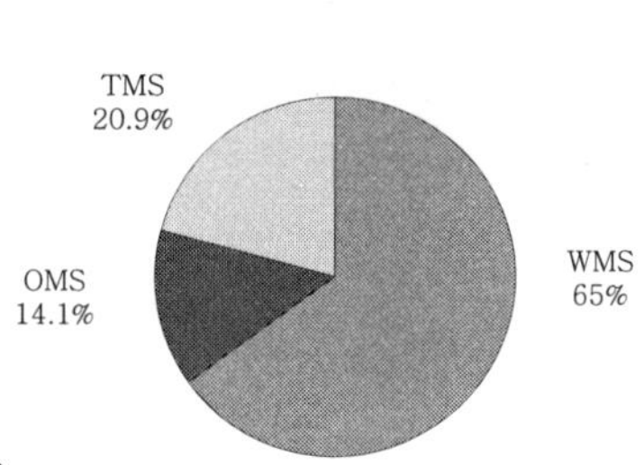

<ARC Report, 1998>

3-2. SCP: Supply Chain Planning

Supply Chain을 구성하는 다양한 요소 (Manufacturing Plant, Distribution Center, Supplier 등)들의 관계를 파악하고 시장 수요를 예측하여 Supply Chain의 전체에 대한 최선의 계획을 수립하는 것

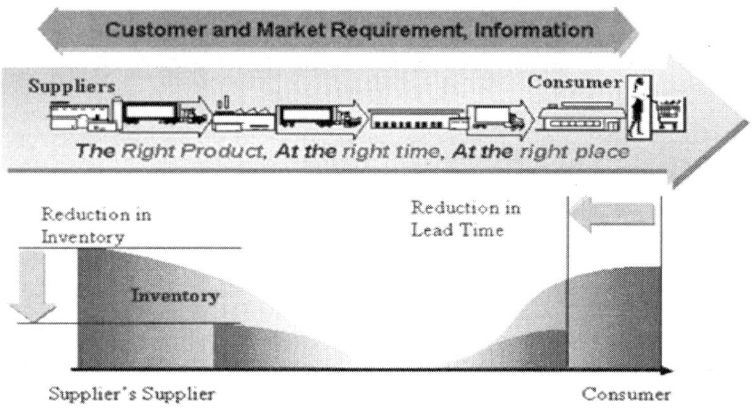

(1) SCP(Supply Chain Planning)의 주요 분야

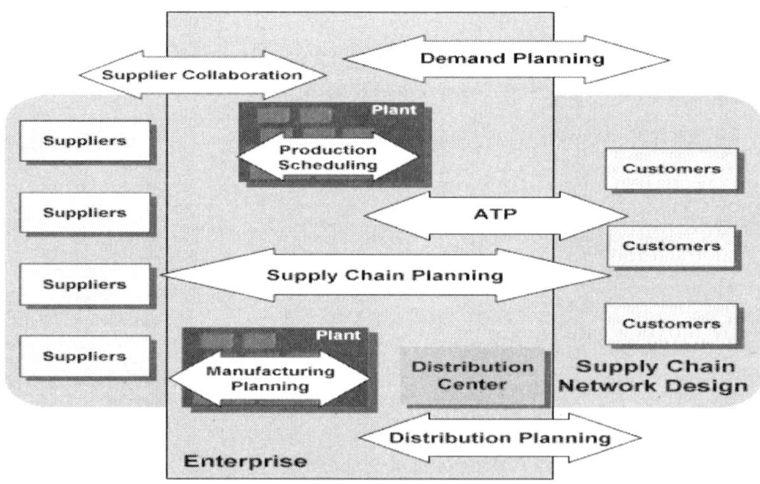

(2) SCE(Supply Chain Execution) 이란 ?

- Supply Chain의 구매, 운송, 생산, 배송, 제품인도에 대한 과정을 더욱 효율화하고 소비자에게 서비스를 효과적으로 전달하는 실행적 활동

- 수요와 공급의 밸런스가 맞는 효율적 실행을 목표

(3) SCE의 주요 분야

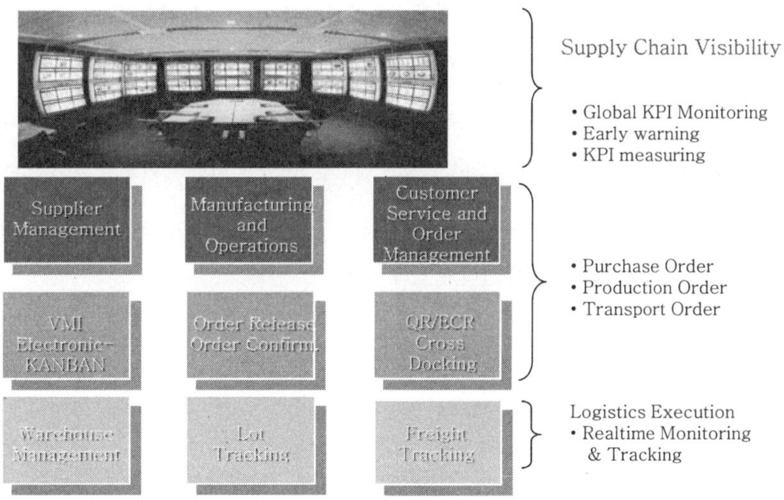

KPI : Key Performance Index

(4) SCP와 SCE의 관계

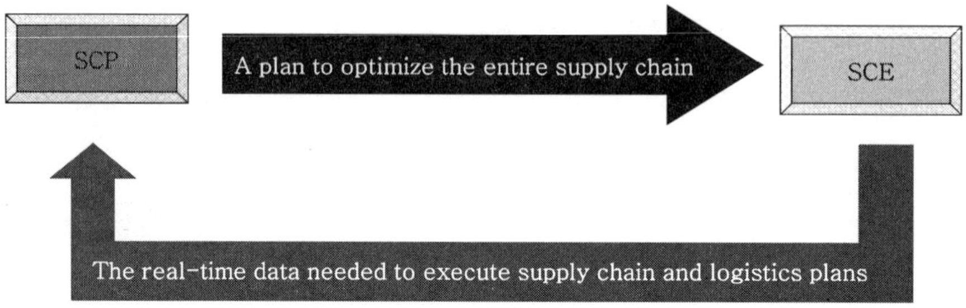

(5) SCM 효율화를 위한 전자상거래

- 최근 다양한 e-Commerce 응용기술이 등장함에 따라 이를 활용하여 integrated supply chains을 구현하려는 노력이 확산
- 이를 통해 공급체인상의 재고흐름이 보다 가시화 되고, 나아가 공급체인 참여자간의 보다 발전된 collaboration, 계획 및 의사결정을 지원할 수 있는 기반이 이루어 질 것으로 기대
- SCM 범위의 확장이 보다 용이하게 되며, 그 동안 경제적, 기술적 이유로 SCM의 범위에 포함되기 어려웠던 중소기업의 참여가 보다 확산될 수 있음

(Peter Finger, "Transforming the Supply Chain", Logistics Management & Distribution, 2000. 4)

(6) 전자상거래 운영자의 로지스틱스의 대안

•기존의 물류서비스 이용방식 유지

–거래에 따른 물류업무에 기존의 오프라인 방식의 물류서비스를 이용하며, 구매자나 판매자가 직접 물류프로세스를 관리

•제3자 물류업체와의 제휴

–하나 이상의 제3자 물류업체와의 제휴를 통해 물류업무를 위탁

•중립적인 물류포탈의 구축과 활용

–구매자, 판매자, 운송업자, 주선업자, 제3자 물류서비스업자 등이 공동으로 중립적인 물류거래 사이트를 구축

(7) 전자상거래의 장애요인

- 정보 인프라에 대한 접근성 제고
- 정보시스템과 전자적인 거래에 대한 사용자와 소비자들의 신뢰 확보
- 새로운 전자적인 환경에서 야기되는 법적인 불확실성의 최소화
- 대금 지불 및 운송에 관련된 물류 문제의 해소
- 웹상에서 신속하고 편리한 주문에 익숙해진 소비자는 보다 신속하고 신뢰성이 높은 배송서비스를 기대하게 됨
- 기존의 통신/카탈로그 판매업체에게는 이미 익숙한 반품의 문제로써 인터넷을 통한 판매가 증가할수록 반품이 증가 한다는 점이 또 다른 문제가 될 수 있음
- 결국 전자상거래 업체에게는 배송과 반품을 신뢰성이 높으면서도 효과적인 비용으로 관리하는 것이 매우 중요한 과제가 됨

3-3. e-Logistics 의 발전단계

- 1단계 : 웹사이트를 통해 화주가 운송업체의 위치를 파악할 수 있고, 운송업체가 제공하는 서비스 내용 등에 대한 정보를 얻을 수 있으며, 실시간은 아니지만 화물의 위치를 파악할 수 있음
- 2단계 : 보다 실시간의 SKU 단위 재고파악이 가능하며, 운송업체가 운송상태 메시지 전송을 통해 운송지연과 같은 예외적인 사항을 화주에게 통보할 수 있음. 단순한 화물정보 제공차원을 넘어 공급체인정보 제공단계로 발전하며, 웹사이트를 통해 화주와 고객간의 연계가 보다 강화됨
- 3단계 : 화주와 운송업체 간 물류업무에 대한 collaboration 가능해지며, 온라인 계약, 운송서비스 평가, 운임청구 및 정산 등 보다 발전된 응용서비스가 웹을 통해 이루어짐.

(Art Mesher, Logistics Management & Distribution Report, 2000. 4)

3-4. 공급체인 아웃소싱의 발전 전망

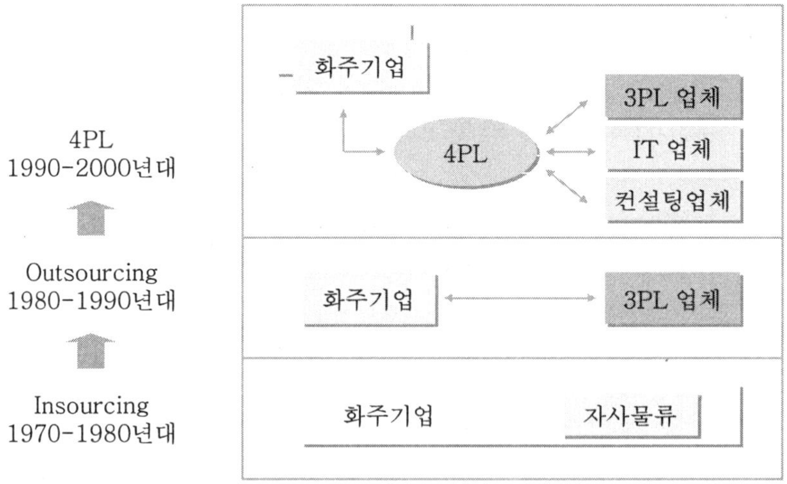

4PL : Fourth Party Logistics

3-5. 전자상거래 환경하의 SCM 기반 구축

- 업종별 시범사업의 추진
  - Performance Benchmarking 및 Best Practice의 도출
  - SCM 비즈니스 모델의 도출

- 발전된 SCM 응용시스템의 개발·보급
  - SCM 어플리케이션 개발·보급
    - SCP (Supply Chain Planning)
    - SCE (Supply Chain Execution) : WMS, TMS
  - ASPs (Applications Service Providers) 육성

4. e-SCM의 기능

4-1. e-SCM 이란

❑ e-biz 환경하에서 원자재 조달, 생산,판매 프로세스에서 일어나는 물류흐름과 이와 관련된 모든 활동을 효율적으로 관리하는 기법

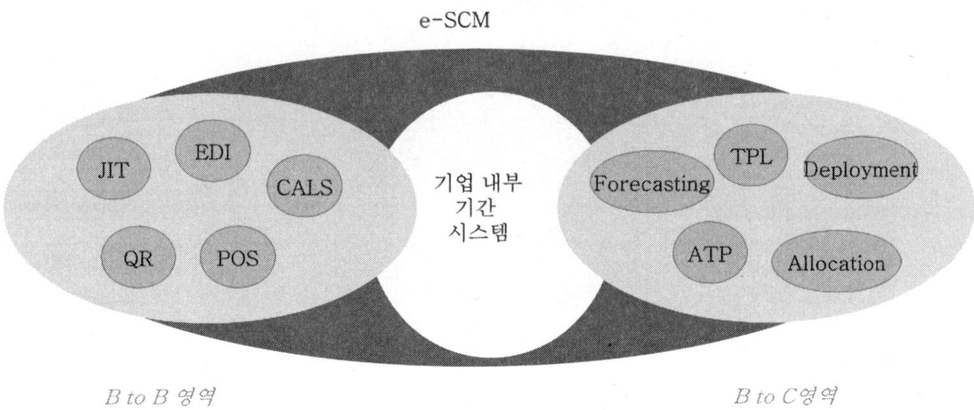

4-2. e-Biz. 관점에서의 SCM

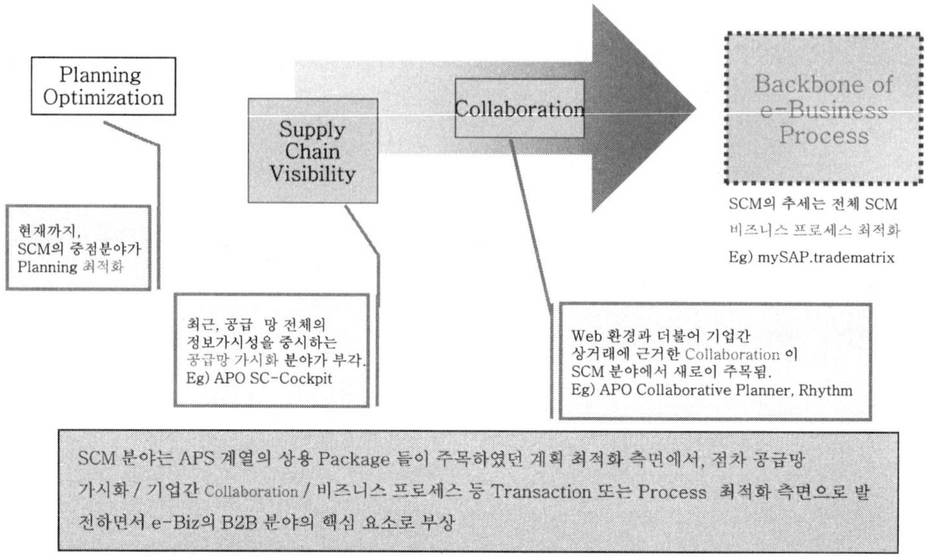

4-3. e-Biz. 관점에서의 SCM (기업내부)

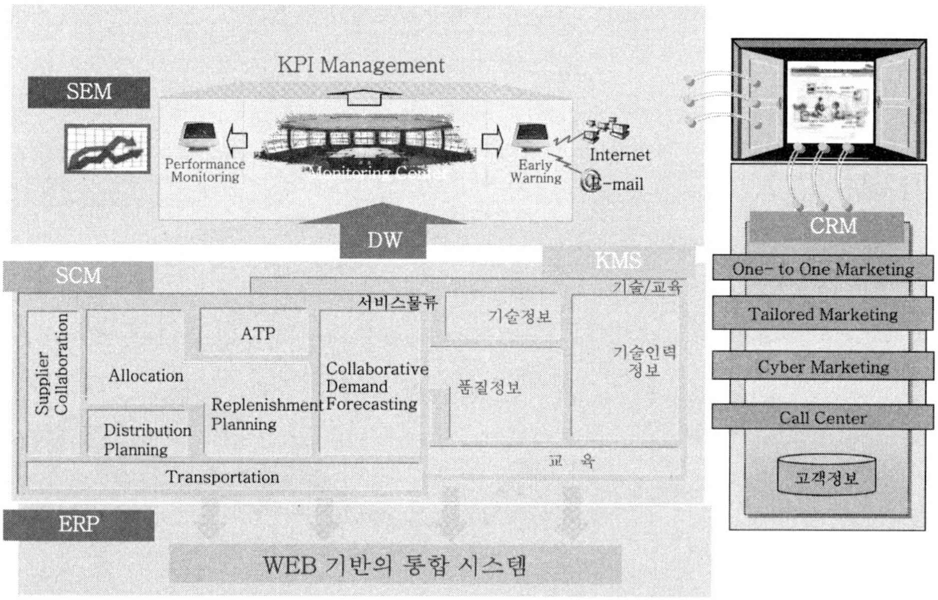

4-4. SCM과 e-Marketplace 통합

- 장기적인 관점에서의 통합 모델을 Flexible Supply Chain 과 제3자 e-Marketplace를 대상으로 통합

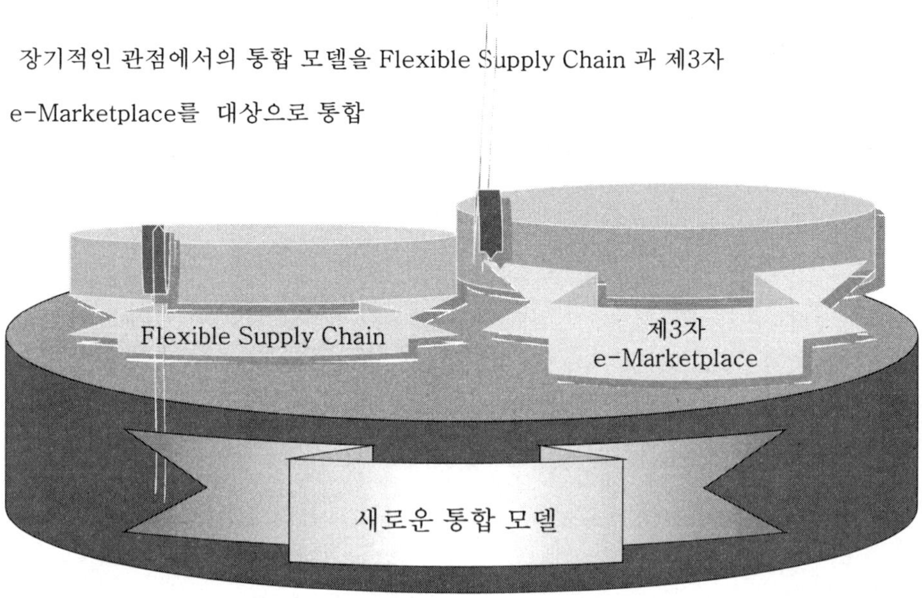

4-5. SCM 장애요인

- <u>SCM 평가 기준의 미비</u>
- 고객 서비스(Responsive Customer Service)의 잘못된 정의
- 주문 진행 상황에 대한 부정확한 정보
- 비효율적인 정보시스템
- uncertainty의 잘못된 반영
- 지나치게 단순한 재고정책과 재고비용 평가의 과오
- <u>내부고객에 대한 차별과 부서간 장벽</u>
- 운송 수단 분석의 부적절성 등

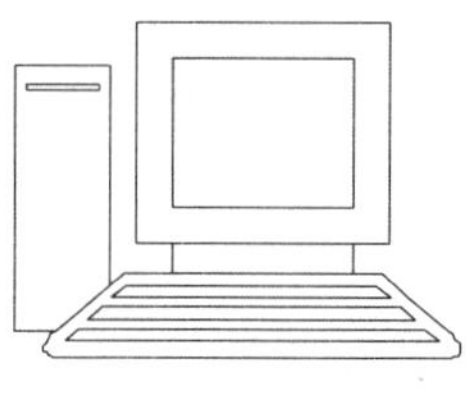

4-6. SCM의 성공요소

- 전사적인 공감대의 형성과 Top의 관심 하에 추진
- 조직적 대응: SCM팀의 필요성
- 기업간 협동 활동의 Coordination의 필요성
- 개선 여지의 정량적인 파악과 전사적인 체제
- SCM은 현장주의에 의한 개별최적화의 타파가 Point의 하나가 되기 때문에 현장주의로 추진하는 것은 용이하지 않음.
- 따라서 Top 스스로의 의식개혁이 SCM 실현의 Key.
- 정보시스템 투자 등의 전략 실시에 의해 Supply Chain의 효율이 어느 정도 개선되었는가를 Cash로서 정량적으로 파악
- 중요성과 우선순위를 자사 실정에 맞추어 인식하는 것이 대단히 중요

4-7. SCM의 실행 전략

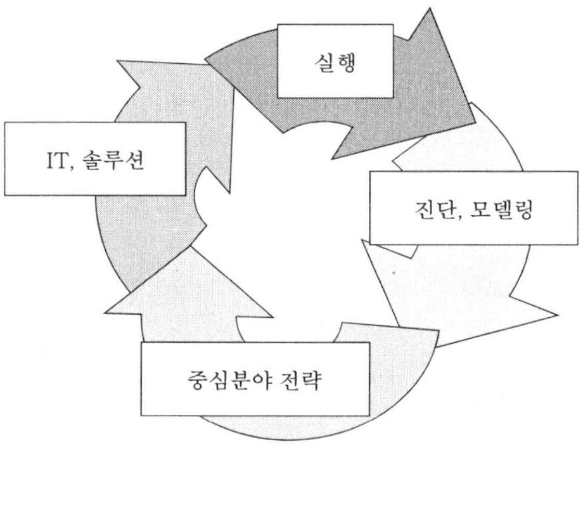

4-8. 국내 기업의 SCM 수준

- 미국 SCM은 90년대 초반부터 시작, 본격적인 추진은 94년 경 부터
- 일본은 미국에 비해 약 3년 정도 늦음 (Extended Logistics 단계)
- 한국은 미국에 비해 5년 이상 늦음(물류관리 와 Logistics가 혼재)

4-9. 국내 기업의 자세

- SCM의 전체 그림을 보고, 자신의 회사가 속한 산업에서의 SCM, 그리고 구체적으로 자기조직의 공급체인을 이해, 하는 식으로 접근하는 것이 바람직
- 선진기업의 SCM Best Practice를 찾아 실패와 성공 요인을 면밀히 검토하여 SCM을 추진하면 선진국 추격 가능

▣ SCM 관련 솔루션

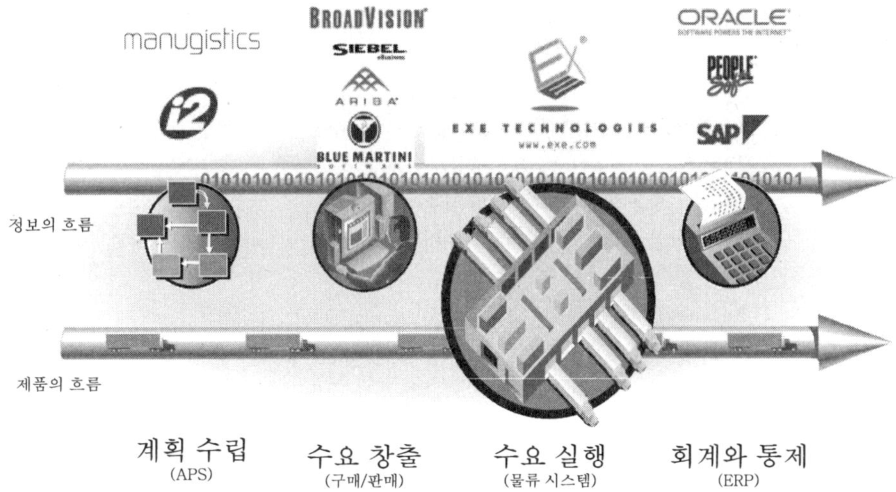

4-10. SCM의 Benefit

- Mercer Research에 의하면, 우수한 SCM 추진 기업의 경우

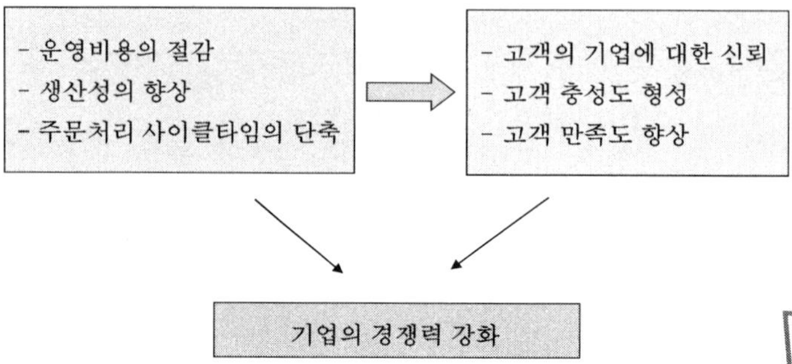

4-10. SCM의 Benefit

- PRTM (미 컨설팅회사)의 Integrated SC Benchmarkng Study : SCM을 1급으로 구현한 회사는 그 중간급 경쟁회사에 비해 45%의 공급체인 비용 우위

- 보고된 SCM의 효과 (by P. Metz, Center for Transportation Studies, MIT)
  (1) 비용절감 : 재고절감 50% (재고회전율 2배), 수송, 창고, 포장
  (2) 서비스 개선 : 적기배송(40% 향상), 주문생산, 결품율 1/9로 감소,
  주문 싸이클타임 27% 감소
  (3) 수익성 향상 (17%) : 제품가용성 향상, 주문제품(customized product)

- A. T. Keraney의 분석
  : SCM을 잘 하지 못하면 운영비의 25%를 낭비함.

4-11. 미래 SCM에 영향을 끼치는 요소

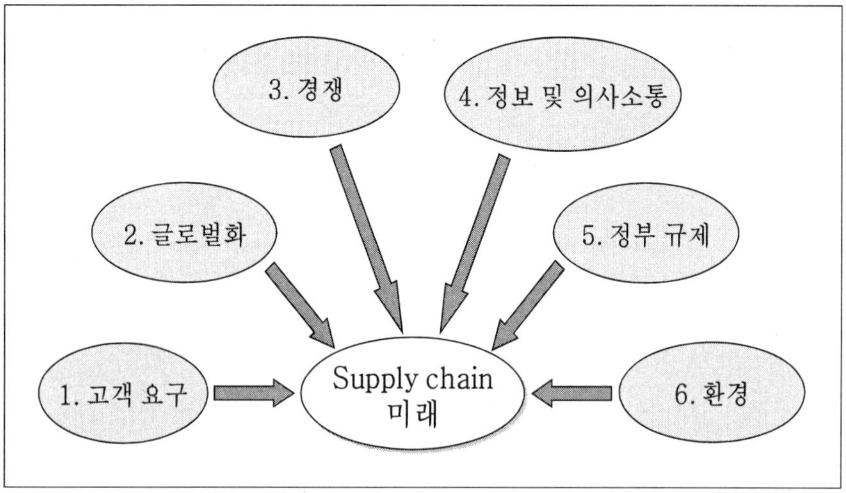

4-12. Supply Chain의 미래는 어떻게 될 것인가 ?

- Supply Chain의 미래는 신속하고, 글로벌화되고, 유연하게 이동 하여야 함
  - 예를 들면, 소매업계에서는 Supply Chain의 운영이 빠르면 빠른 만큼 매상이 올라가고, 이익도 증가한다.
- 각 산업은 글로벌한 Marketing, Sourcing, 그리고 현재는 Supply Chain에 의해 글로벌화가 이루어짐
- 스피드와 시장으로의 신속한 대응의 여부가 이후 궁극적인 경쟁력 확보에 큰 관건임
  - 1980년 이전에 대부분 Supply Chain의 기능은 서로 밀접한 관계 유지함
  - 수송은 [규모의 경제]와 규제가 자가수송을 초래하였으며, 성공의 길은 종적인 통합을 위하여 벤더(Vender)와 고객간의 전자적인 연결이 이루어져야 한다

절

[제14장 연습문제] 학년 : 학번 : 성명 :

I. 서술형

1. 기업경영 전략의 변화에 대해서 설명하시오 ?

2. SCM 이란 무엇인가 설명하시오?

3. SCM의 목표에 대해서 어떤 것들이 있는지 열거하시오?

4. 물류 경영 발전의 단계를 각각 설명하시오?

5. SCM의 기능 2가지를 구체적으로 예를 들어서 설명하시오 ?

6. SCM의 성공요소와 장애요소에 대해서 각각 설명하시오?

7.미래 SCM에 영향을 끼치는 요소들을 결거하시오 ?

취

II. 진위형

1. 아웃소싱은 생산/구매 의사결정의 한 유형이다. (   )

2. 주로 해외에 공장을 가지고 있는 기업은 집중구매보다는 현지에서 구입케 하는 분산구매정책을 취하는 것이 좋다. (   )

3. JIT구매는 경쟁적 공급자관계의 대표적인 예이다. (   )

4. JIT구매에서는 다수 공급자전략을 사용한다. (   )

5. 재고생산을 하는 기업은 완제품 재고의 배치방법에 있어서 전방배치를 사용한다. (   )

6. 같은 매출원가에서 평균재고수준을 줄이면 재고회전율이 올라간다. (   )

7. 공급주수가 클수록 전반적인 재고수준은 낮아진다. (   )

8. 재고회전율이 올라가면 운전자본은 감소한다. (   )

선

9. 가상기업은 시장상황이 급격하게 변해서 기업이 신속하게 적응해야 할 때보다는 시장상황이 매우 안정적일 경우에 더 적합하다. (   )

III. 선다형

1. 내부 공급사슬의 주요 기능이 아닌 것은? ( )

① 구매 ② 품질관리 ③ 생산통제 ④ 배급

2. 외부 공급사슬에 속하는 것은? ( )

① 고객 ② 공급자 ③ 배급센터 ④ ①과 ② 모두

3. 공급사슬에 대한 설명으로 옳지 않은 것은? ( )

① 공급사슬은 상호작용이 큰 시스템으로서 어느 한 부분의 의사결정이 나머지 다른 부분에 영향을 미친다.

② 수요변화에 대한 채찍효과가 존재하므로 도매점이나 제조기업과 같은 상위 부분은 소비자 단계의 실제수요 변화가 아닌 하위 부분의 일시적인 주문급증 현상에 지나치게 반응하지 않도록 조심해야 한다.

③ 공급사슬을 개선하기 위해서는 모든 부분이 실제수요에 대한 정보를 공유하는 것이 중요하다.

④ 총공급사슬주기가 길어질수록 채찍효과는 줄어들게 된다.0

4. 공급사슬의 구조적 개선에 대한 설명으로 옳지 않은 것은? ( )

① 프로세스가 매우 복잡하거나 아주 오래 되어서 대대적인 변화가 필요할 때는 주요프로세스를 단순화하여 공급사슬을 개선한다.

② 소 로트의 생산이 경제적으로 이루어질 수 있도록 준비시간을 대폭 줄일 수 있다면 공급사슬도 개선될 수 있다.

③ 공급업체, 공장, 창고 및 소매점의 위치나 숫자의 조정을 통해서도 공급사슬의 구조를 재조정할 수 있다.

④ 재고관리, 배급 및 물류를 다른 업체에 아웃소싱을 함으로써 공급사슬을 개선할 수도 있다.

5. 공급사슬의 하부구조 개선에 대한 설명으로 옳지 않은 것은? ( )

① 다기능팀을 이용하면 기업 내의 다양한 부서와 기능간의 협동성을 높일 수 있다.

② 공급업체 및 고객과의 파트너십(partnership)은 비즈니스 간의 협동성을 높일 수 있다.

③ 수직적 통합은 공급사슬의 하부구조를 개선하는 역할을 할 수가 있다.

④ 동시접안을 이용하여 창고의 재고를 현저히 줄일 수가 있다.

제V부 품질경영 및 관리

제15장 총체적 품질 경영

1. 품질의 개념

1-1. 품질의 정의

(1) 사용적합성(使用適合性 : fitness for use)

- 사용적합성이란 고객이 제품을 사용함으로써 그의 목적이 성공적으로 달성되는 정도, 즉 제품에 대한 고객의 만족 정도를 의미
- 사용자 관점에서의 정의

(2) 규격 일치성(conformance to specifications)

- 규격 일치성이란 제품이 설계명세에서 요구하는 사항을 얼마만큼 잘 충족시켰는가를 의미
- 생산자 관점에서의 정의

1-2. 품질의 분해

(1) 설계품질(quality of design)

- 설계품질이란 제품의 설계가 얼마나 고객의 요구에 맞도록 이루어졌는가를 의미하며, 시장조사, 설계개념 및 규격에 의해 결정됨.

(2) 적합품질(quality of conformance)

- 적합품질(또는 제조품질)이란 생산된 제품이 설계규격에 얼마나 적합하게 제조되었는가, 즉 생산된 제품이 설계품질에 일치하는 정도를 의미

(3) 가용성(可用性 : availability)

- 가용성이란 제품이 고장이나 수리 중이 아니라 사용 가능한 상태에 있는 비율을 말함.
- 가용성은 신뢰성과 유지성에 의해 결정됨.

- 신뢰성(reliability)
  · 신뢰성이란 특정 기간 동안 제품이 고장 나지 않을 확률을 의미함.
  · 신뢰성은 평균고장간격시간으로 측정되며, 평균고장간격 시간이 길수록 신뢰성은 높아짐.
- 유지성(maintainability)
  · 유지성이란 제품이 일단 고장이 났을 때 얼마나 빨리 복원될 수 있느냐를 의미함.
  · 유지성은 평균수리시간으로 측정되며, 유지성은 평균수리 시간이 짧을수록 높아짐.

$$\text{- 가용성} = \frac{\text{평균고장간격시간}}{\text{평균고장간격시간} + \text{평균수리시간}}$$

  · 신뢰성과 유지성이 높으면 가용성도 높아짐.
  · 예 : 어떤 제품의 평균고장간격시간이 8시간이고, 평균수리 시간이 2시간이라면 가용성은 80%임.

(4) 현장서비스(field service)
- 현장서비스란 제품판매후의 보증과 수리 또는 교체를 의미하며, 수리의 신속성, 능숙성, 완전성과 관련된 개념

2. 품질관리의 변천과정

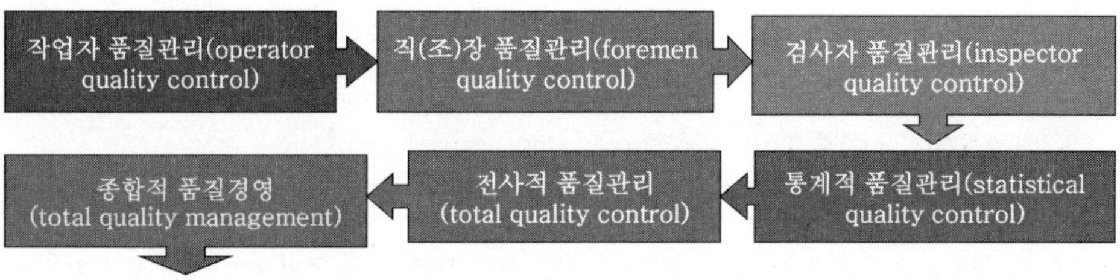

❑ TQM : 고객의 욕구를 충족시켜 줄 수 있는 품질의 제품을 경제적으로 생산하고 서비스할 수 있도록, 조직의 모든 부서가 협력체계를 이루어, 통계적 기법은 물론 제반 기법 및 활동을 통하여, 품질의 개발·유지 및 개선의 과업을 수행하는 경영체계.

① 고객의 요구에 합치되는 제품품질의 개발·유지 및 개선의 과업을 지속적으로 수행하여야 한다.
② 이러한 품질의 제품을 경제적으로 산출하여야 한다.
③ 사내의 모든 부문의 협력체계를 이룩하여 체계적으로 관리하여야 한다.
④ 통계적 기법은 물론 제반 기법을 적용하여야 한다.
⑤ 전사적·종합적 품질경영의 전개가 요구된다

2-1. 품질관리의 변화 주체

(1) 작업자 품질관리

- 작업자가 제품생산의 전 과정을 담당하고 또 자신이 만드는 제품에 대해 품질까지 책임을 짐.

(2) 직장 품질관리

- 산업혁명 이후 분업의 개념이 도입되면서 각 작업자는 제품 생산의 일부만을 담당하게 되었으므로 작업자를 지휘 감독하는 직장(감독자)이 제품의 품질에 책임을 짐.

(3) 검사 품질관리

- 제품의 제조 후에 검사를 전담하는 전문적인 검사자와 검사 부서가 품질에 책임을 짐.

(4) 통계적 품질관리(SQC : statistical quality control)

- 품질관리도 : 1924년 Bell Lab.의 W.A. Shewhart가 개발
- 샘플링검사법 : Bell Lab.의 H.F. Dodge와 H.G. Romig이 개발
- SQC는 제2차 세계대전 중에 군수산업계에서 활용되기 시작하여 전산업계에 널리 퍼짐.
- SQC를 위주로 한 미국의 품질관리는 1950년대에 데밍(Deming)과 쥬란(Juran)에 의해 일본으로 전파

(5) 총체적(전사적) 품질관리(TQC : total quality control)

- 1960년대에는 제품의 설계에서부터 생산, 판매, 제품보증 및 애프터 서비스에 이르기까지 품질에 영향을 미치는 회사내 모든 부문의 노력을 모아 총체적으로 품질관리를 추진해야 한다는 TQC의 개념이 도입됨.
- TQC하에서는 조직 전체가 좋은 품질에 기여

(6) 총체적 품질경영(TQM : total quality management)

- TQM은 TQC와는 달리 품질관리 개념을 제품 자체에서 조직시스템과 경영의 차원으로 전환해야 함을 강조
- TQM은 최고경영자의 품질방침에 따라 국제적으로 경쟁력 있는 품질을 확보하는 것을 목표로 전 조직구성원의 참여하에 제품과 생산공정을 지속적으로 개선함으로써 고객만족을 극대화시키기 위한 기업의 총체적인 전략
- TQM은 품질관리를 포함한 기업 전반의 경영관리를 품질전략적으로 행하는 것으로서 기존의 TQC와 SQC를 포함하는 넓은 개념
- TQM의 세 가지 원칙
  - · 고객 초점(customer focus)
  - · 지속적 개선(continuous improvement)
  - · 전원 참여(total participation)

2-2. 품질과 수익성

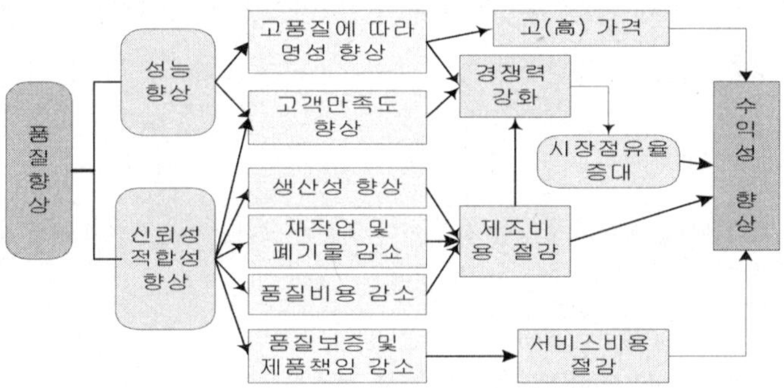

이러한 품질의 중요성을 새롭게 인식하고 품질향상을 위한 새로운 접근방법을 도입하여 성공적으로 실행함에 따라, 원가는 절감되고 생산성은 증대된다는 증거들이 나타나고 있다. 미국의 모토롤라(Motolora)사는 품질향상으로 원가의 25~30% 절감효과를 낳았다. 쥬란(J. M. Juran)에 따르면, 미국경제의 1/3은 불량품질에 따른 재작업(재가공)에 소비되고 있으며, 파이겐바움(A. V. Feigenbaum)에 의하면, 미국 제품의 제조비용 가운데 15~40%는 재작업, 검사, 폐기물, 수리, 보증 등 낭비가 점하고 있다는 것이다. 이와 같은 직접비용 외에도 제품책임(product liability)의 증가에 따른 책임비용도 상당한 수준에 이르고 있다. 그러나 데밍(W. E. Deming)은 이러한 직접비용은 모든 기업의 실질비용의 일부분에 해당할 뿐이고 불량품질에 의한 소비자의 불만족과 경쟁기업으로의 고객상실과 같은 간접비용은 막대하다고 주장한다.

3. 품질비용

3-1. 품질비용의 정의

(1) 품질비용이란 부적합비용, 즉 100% 완전하지는 못한 품질의 생산에 기인한 모든 비용을 말함.

(2) 총 품질비용
= 통제비용+실패비용
= (예방비용+평가비용)+(내부 실패비용+외부 실패비용)

3-2. 통제비용(control cost)

(1) 통제비용
- 통제비용이란 생산흐름으로부터 불량을 제거하기 위한 활동에 관련된 비용을 말함.
- 불량제거활동은 예방과 평가로 이루어지므로 통제비용은 다시 예방비용과 평가비용으로 세분됨.
- 일반적으로 총 품질비용을 줄이기 위해서는 평가비용을 줄이고 대신 예방비용을 늘리는 것이 보다 효과적임.

(2) 예방비용(prevention cost)

- 예방비용이란 불량이 발생하기 전에 불량을 사전에 예방하기 위한 활동에 소요되는 비용
- 예 : 품질계획, 신제품 설계의 검토, 품질교육, 생산공정계획, 품질자료의 수집 및 분석 등에 소요되는 비용

(3) 평가비용(appraisal cost)

- 평가비용이란 불량이 발생한 후 그러나 제품이 고객에게 인도되기 전에 불량을 제거하기 위한 평가나 검사에 소요 되는 비용을 말함.
- 예 : 원자재의 수입(受入)검사, 공정검사, 완제품검사, 품질연구실의 운영비용 등

3-3. 실패비용(failure cost)

(1) 실패비용

- 실패비용이란 완성된 제품의 품질이 일정한 품질수준에 미달함으로써 발생하는 비용을 말함.
- 실패비용은 생산시스템 내부에서 발생하는 내부 실패비용과 제품이 고객에게 인도된 다음, 즉 외부에서 발생하는 외부 실패비용으로 구분됨.

(2) 내부 실패비용(internal failure cost)

- 내부 실패비용이란 완성된 제품이 고객에게 인도되기 전에 품질요건을 충족시키지 못해 제품결함의 교정과 불량품의 처분에 관한 비용
- 예 : 폐기물, 재가공, 등급저하, 재검사, 실패분석 등

(3) 외부 실패비용(external failure cost)

- 외부 실패비용이란 제품이 고객에게 인도된 후 품질결함으로 만족스럽게 기능을 하지 못할 때 발생하는 비용
- 예 : 품질보증, 반품, 클레임(claim), 소비자 불평처리 등

4. 동기부여에 의한 품질향상운동

4-1. ZD프로그램(무결점운동)(zero defects program)

(1) ZD프로그램 또는 무결점운동(無缺點運動)이란 품질관리에 있어서 예방을 강조하는 접근법으로서 처음부터 결점이 없는 완전한 제품을 생산하자는 품질향상운동

(2) ZD프로그램은 1962년 미국의 마틴(Martin)사에서 미사일의 신뢰도 향상 및 원가절감을 목적으로 처음 시행

(3) ZD프로그램에서는 품질결함은 작업자의 오류에서 비롯되며, 작업자의 오류는 적절한 동기부여로서 제거될 수 있다고 가정

(4) ECR제안(error cause removal suggestion)

(5) 일정기간 동안 무결점의 실적을 올린 작업자 포상

4-2. QC서클(quality control circle)

(1) QC서클(품질분임조)은 품질, 생산성, 원가 등 작업에서 발생하는 여러 문제들을 해결하기 위해서 정기적으로 모이는 작업자그룹

(2) QC서클은 1962년 일본에서 처음으로 시작

(3) QC서클은 품질뿐만 아니라 생산성도 향상

4-3. 100PPM 품질혁신운동

(1) PPM(parts per million)이란 제품 1백만개당 불량품의 수

(2) 100 PPM 운동이란 제품 1백만개 생산 중에서 불량품을 1백개 이내로 줄이자는 품질혁신운동

5. 지속적 개선

5-1. 지속적 개선(continuous improvement)이란

제품이나 공정을 조금씩 지속적으로 개선해 나가는 경영철학으로서 일본에서는 이를 카이젠(改善)이라 함.

(1) 지속적 개선을 위한 도구와 절차

■ CI를 위한 도구

- 통계적 공정관리 기법
- 제안제도
- PDCA 사이클 등

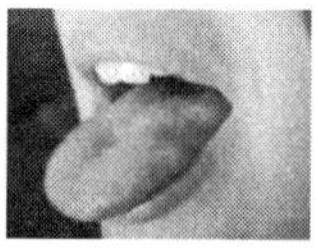

5-2. PDCA 사이클(plan-do-check-act cycle) 또는 Deming Wheel

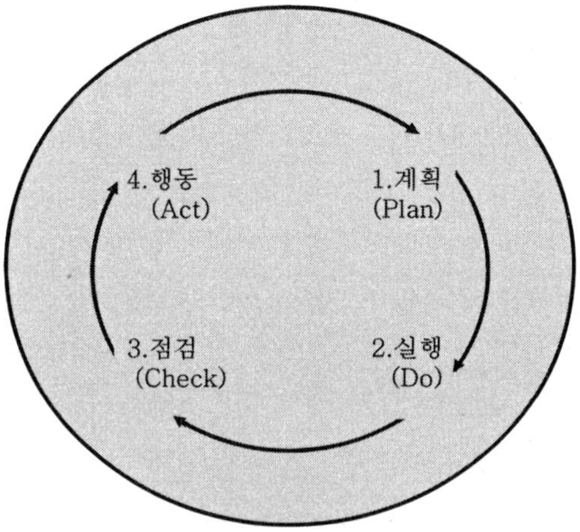

(1) 계획(plan) 단계

· 개선해야 할 대상이나 특정 문제 파악(5W2H 방법)

· 개선대상을 SPC기법이나 기타 품질향상기법을 통하여 분석한 후, 개선의 목표를 설정하고, 목표 달성을 위한 여러 가지 대안 개발

· 각 대안의 이득과 원가를 평가한 다음, 계획 수립

(2) 실행(do) 단계

· 계획을 실행하고 진행상황을 감시

· 개선의 정도를 측정하기 위해 계속적으로 자료 수집

· 실행과정에서 변경사항이 발생하면 이를 문서화

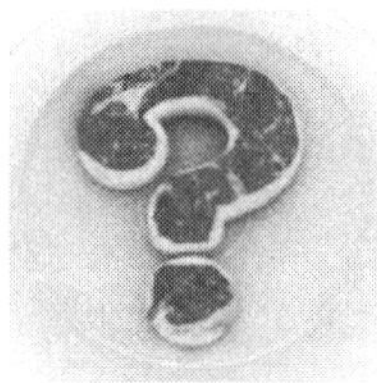

(3) 점검(check) 단계

· 실행단계에서 수집된 자료를 분석하여 실행의 결과가 계획단계에서 설정된 목표와 부합하는지를 검토

· 만약 실행결과가 설정된 목표에 비해 차이가 크면 계획을 재검토하거나 개선 프로젝트를 중단

(4) 행동(act) 단계

· 만약 결과가 성공적이면 개선안을 문서화하고, 이를 새로운 표준절차로 사용하도록 종업원을 교육

5-3. 지속적 개선을 위한 벤치마킹

(1) 벤치마킹(benchmarking)이란 자사의 제품, 서비스, 공정, 업무수행과정 등을 동일산업내의 경쟁기업 또는 타산업분야의 우수한 기업들의 사례를 분석·활용함으로써 개선을 꾀하는 지속적이고도 체계적인 절차

(2) 벤치마킹의 4가지 기본 단계

- 계획(planning)

· 벤치마킹을 위한 팀을 구성하고, 벤치마킹의 대상이 되어야 할 제품, 서비스 또는 공정 파악

· 비교기준이 될 벤치마크(benchmark) 기업과의 비교·분석을 위한 성과척도의 결정 및 자료 수집

· 벤치마크 기업을 방문하여 그 기업의 경영자와 작업자 면담

- 분석(analysis)
  - 자사의 현행 성과와 벤치마크 기업의 성과를 비교하여 그 차이를 파악하고, 원인을 분석
- 통합(integration)
  - 목표를 설정하고, 목표달성에 필요한 자원의 획득을 위해 경영자의 지원을 얻음.
- 실행(action)
  - 개선을 위한 실행계획을 수립하고, 이를 실행에 옮기며, 진행상황을 감시

(3) 벤치마킹의 유형

- 경쟁적 벤치마킹(competitive benchmarking) : 동일산업내의 경쟁자와 비교하여 벤치마킹
- 기능적 벤치마킹(functional benchmarking) : 관리, 고객 서비스, 영업활동 등과 같은 분야를 모든 산업분야에서 우수한 기업과 비교
- 내부 벤치마킹(internal benchmarking) : 기업이 여러 개의 사업단위나 사업본부를 가지고 있는 경우, 우수한 사업 단위를 나머지 사업단위가 벤치마킹 하는 경우

6. 품질 및 성능 향상을 위한 도구

6-1. 체크리스트(checklist)

불량유형	빈도 표시	도수
A. 도색불량	||||	4
B. 용접불량	|||	3
C. 치수불량	卌 卌 卌 卌 卌 卌 卌	35
D. 성형불량	卌 |||	8
합 계		50

6-2. 히스토그램(histogram)/막대그림(bar chart)

- 히스토그램

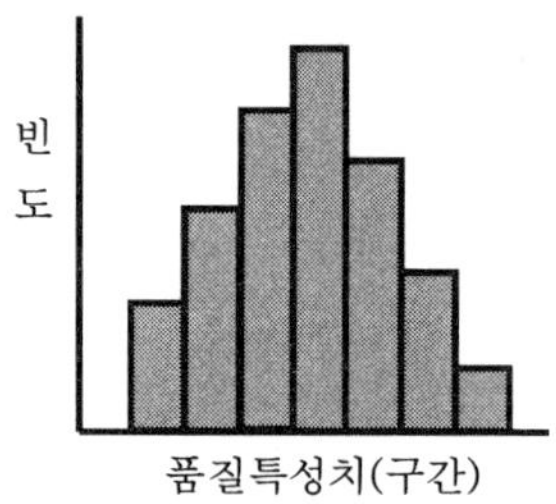

- 막대그림

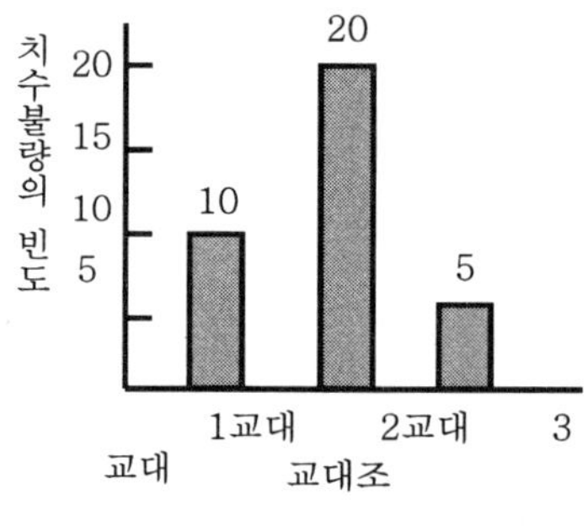

6-3. 파레토 분석(Pareto analysis)

(1) 파레토 분석이란 소수의 불량항목이 전체 불량의 대부분을 차지한다는 파레토의 법칙에 근거하여 여러 가지 불량유형에 대해 자료를 수집한 다음, 이를 빈도순으로 나열한 도표로 나타냄으로써 우선적으로 해결할 중요한 불량항목을 찾아내는 기법임.

(2) 파레토圖

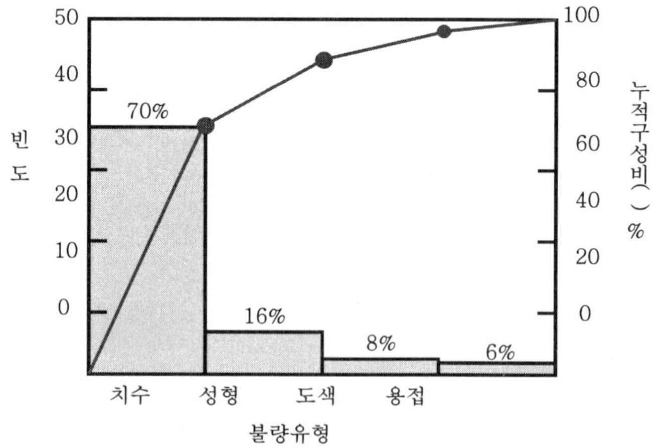

6-4. 특성요인도(cause-and-effect diagram)

(1) 특성요인도(인과분석도, 이시카와도, 생선뼈 그림)란 한 불량항목에 대한 여러 가지 잠재적 원인을 생선뼈와 같은 가지로 표시한 다음, 자료를 수집하여 이들 잠재원인들을 하나하나 분석함으로써 진정한 불량원인을 찾아내는 기법

(2) 불량원인은 통상 작업자, 원자재, 기계장비, 그리고 작업방법의 큰 가지를 토대로 계통적으로 세부 가지를 쳐서 나타냄.

(3) 특성요인도

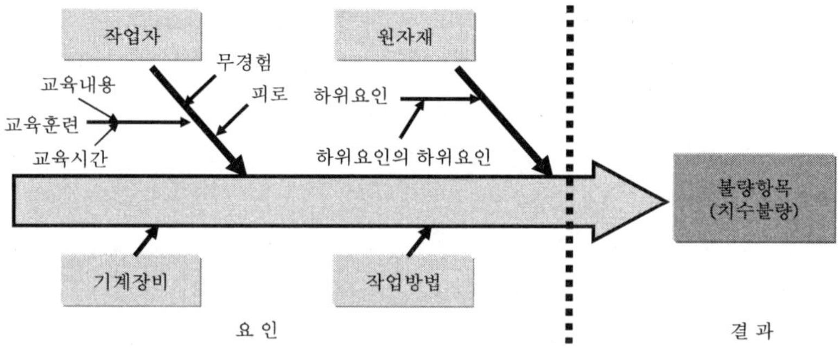

6-5. 산포도(scatter diagram) 또는 상관관계도(correlation chart)

(1) 산포도에서는 품질문제에 영향을 미치리라고 생각되는 요인을 독립변수로 그리고 품질특성치를 종속변수로 놓고 두 변수의 대응값을 점으로 찍고, 이 점들의 모양을 보고 두 변수간에 상관관계가 있는지를 검토

(2) 산포도

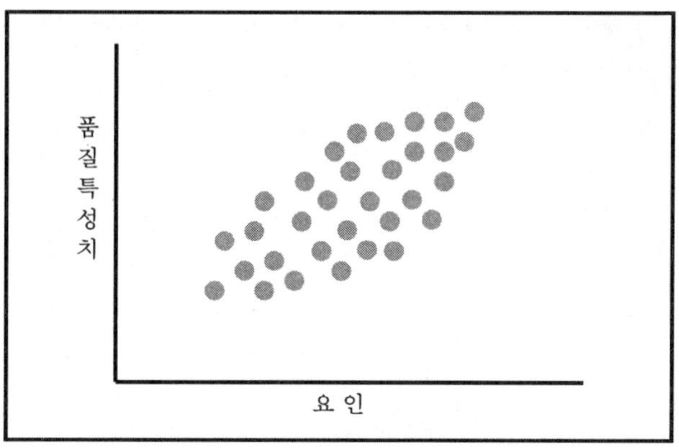

7. 품질포상제도

품질의 중요성을 일깨우고, 품질개선과 생산성향상을 고취시켜 경쟁력을 강화시키기 위한 자극제로서 품질경영상 수여.

(1) 한국 품질대상 : 1975년부터 품질관리상 제도를 채택하여 기업으로 하여금 종합적 품질관리 시스템을 체질화하도록 유도하여 옴. 1993년부터 품질경영상으로 이름을 바꾸고, 품질경영 활동을 효율적으로 추진하여 체질개선은 물론 품질향상, 원가절감 및 생산성향상에 현저한 성과를 올린 기업에 수여하고 있음.

(2) 데밍상(Deming's Prize): 데밍(W. E. Deming)이 일본 산업계에 통계적 품질관리기법을 전파시킨 공적을 기리기 위해 미국의 통계학자인 데밍(W. Edwards Deming)의 이름을 따서 1951년 일본에서 데밍상을 제정하여 전사적 품질관리의 수행에 뛰어난 성과를 이룩한 기업에 수여함.

- 데밍 상의 3개 대상분야
- · 통계적 품질관리의 이론과 응용에 탁월한 공헌을 한 일본에 체류하는 개인
- · 품질관리를 통해 뛰어난 성과향상을 이룩한 일본내 기업
- · 일본기업과 동일한 기준을 충족한 외국기업

(3) 말콤 볼드리지상 (Malcolm Baldridge Award): 미국 상무성이 1987년 공법 100-107을 제정하여 1988년부터 기업들로 하여금 품질향상 노력을 자극하고, 품질개선 노력의 평가기준을 제공함으로써 품질전략을 보급하는 것을 목적으로 이 상을 수여함.

- 말콤 발드리지 상은 대규모 제조기업, 대규모 서비스기업, 종업원 500명 미만의 중소(제조 또는 서비스)기업의 3개 부문의 각각에 대해 최대 2개 기업씩 수상함.

(4) 유럽품질상(European Quality Award): 1992년부터 유럽품질경영재단에서 주관하여 종합적 품질경영활동에서 최고의 성과를 거둔 유럽기업에 수여함.

8. 국제품질표준

8-1. ISO 9000 표준

(1) ISO 9000 시리즈

- ISO 9000 시리즈는 국제표준화기구가 1987년에 채택한 국제품질표준규격
- ISO 9000 시리즈는 품질시스템 인증규격인 ISO 9001, ISO 9002, ISO 9003과 사용지침인 ISO 9000 및 ISO 9004로 구성

(2) ISO 9000시리즈의 구성

<table>
<tr><th colspan="2">구 분</th><th>내 용</th></tr>
<tr><td rowspan="3">품 질
시스템</td><td>ISO 9001</td><td>설계/개발, 생산, 설치 및 서비스의 품질보증모형</td></tr>
<tr><td>ISO 9002</td><td>생산 및 설치의 품질보증모형</td></tr>
<tr><td>ISO 9003</td><td>최종검사 및 시험의 품질보증모형</td></tr>
<tr><td rowspan="2">사 용
지 침</td><td>ISO 9000</td><td>품질경영 및 품질보증 표준
- 선택과 사용에 대한 지침</td></tr>
<tr><td>ISO 9004</td><td>품질경영 및 품질시스템 요소 - 지 침</td></tr>
</table>

■ ISO 9001

- ISO 9001은 공급자가 설계/개발, 생산, 설치 및 서비스의 전과정에 대해 품질적합성을 보증할 때 사용되는 품질보증 모형
- ISO 9001은 설계/개발, 제조, 설치 및 서비스 등을 모두 포함하고 있는 사업장에 적용

■ ISO 9002

- ISO 9002는 공급자가 구매, 생산 및 설치에 대한 품질 적합성을 보증할 때 사용되는 품질보증모형
- ISO 9002는 이미 만들어져 있는 디자인 또는 사양으로 생산하고 있는 사업장이나 기본설계는 외부에서 도입하고 OEM 방식의 생산형태를 취하고 있는 사업장에 적용

■ ISO 9003

- ISO 9003은 공급자가 단지 최종검사 및 시험에 대해서만 품질적합성을 보증할 때 사용되는 품질보증모형
- ISO 9003은 시험·검사만으로 품질을 확인할 수 있는 경우와 대부분의 부품을 외부로부터 공급받아 단순조립만 하거나 생산공정이 거의 자동화된 사업장에 적용

8-2. ISO 9000 표준의 적용범위

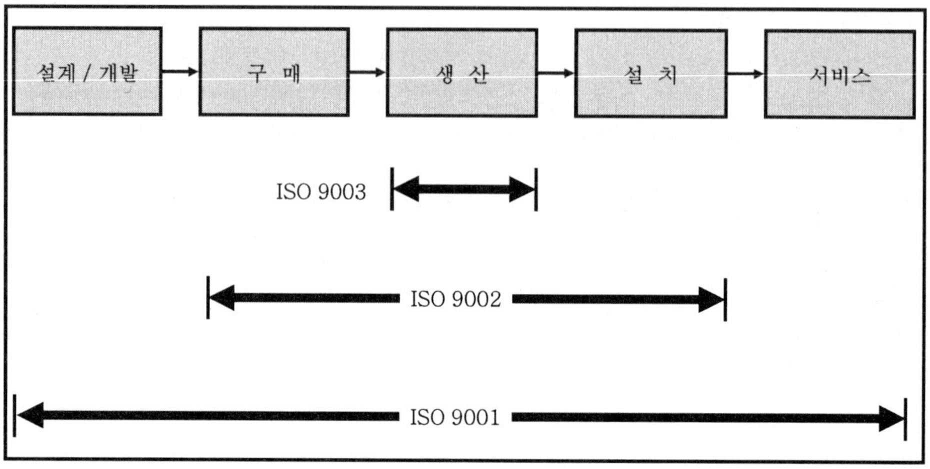

8-3. ISO 14000 환경경영표준

(1) ISO 14000 인증제도

- 기업이 환경보호 및 환경관리 개선을 위한 환경경영체제의 기본 요구사항을 갖추고, 규정된 절차에 따라 체계적으로 환경경영을 하고 있음을 제3자가 인증해 주는 제도

(2) ISO 14000 시리즈

- ISO 14000 시리즈란 기업의 생산활동이 환경에 미치는 영향을 최소화하도록 기업의 환경관리체제와 관리결과를 평가하기 위한 지침들을 정한 규격

[제15장 연습문제] **학년 :** **학번 :** **성명 :**

절

I. 서술형

1. 품질의 정의에 대해서 설명하여라

2. 품질관리의 변천과정에 대해서 설명하여라

3. 총체적 품질경영(TQM : total quality management)에 대하여 설명하여라

4. 특성요인도에 대해서 설명하여라

취

II. 진위형

1. TQM은 품질관리 개념을 제품 자체에서 조직시스템의 차원으로 전환해야 함을 강조 한다. ( )
2. 일반적으로 총품질비용을 감소시키기 위해서는 예방비용을 줄이고 대신 평가비용을 늘리는 것이 보다 효과적이다. ( )
3. 품질보증비용은 외부 실패비용에 속한다. ( )
4. 제품 A의 평균고장간격시간은 30시간, 평균수리시간은 5시간, 그리고 제품 B의 평균고장간격시간은 60시간, 평균수리시간은 6시간이라면 가용성은 제품 B가 더 높다. ( )
5. 제품 A의 평균고장간격시간은 30시간, 평균수리시간은 5시간, 그리고 제품 B의 평균고장간격시간은 60시간, 평균수리시간은 6시간이라면 유지성은 제품 B가 더 높다. ( )
6. QC서클은 품질향상을 위한 기업내의 공식조직이다. ( )
7. QC서클은 품질뿐만 아니라 생산성 향상에도 기여한다. ( )
8. 벤치마킹은 급진적인 품질개선의 한 방법이다. ( )

선

9. 기능적 벤치마킹은 관리, 고객서비스, 영업활동 등과 같은 기능을 동일산업내의 경쟁자와 비교하여 벤치마킹하는 것이다. (   )

10. ISO 9000 시리즈 중 ISO 9001이 품질보증의 대상범위가 가장 넓다. (   )

11. 식스 시그마는 품질은 물론 기업 전반의 프로세스를 지속적으로 개선하는 체계적인 방법으로서, 비즈니스의 성공을 달성하고 유지하면서 극대화할 수 있는 종합적인 시스템을 말한다. (   )

12. 식스 시그마는 생산부서는 물론 마케팅, 재무, 회계, 인사/조직 등의 전 기능과 모든 서비스까지 그 대상에 포함시키므로, 식스 시그마는 단순한 품질향상운동이 아니라 기업의 종합적인 전략으로 볼 수 있다. (   )

13. 공정능력지수는 중심값을 고려하지 않고 범위만을 고려하지만, 공정능력비율은 중심값과 범위를 동시에 고려한 것이다. (   )

14. 공정능력비율이 작을수록 공정의 능력이 좋은 걸 의미한다. (   )

III. 선다형

1. 품질관리의 발전단계 중 ISO-9000시리즈와 가장 관계가 깊은 것은? (   )
① 검사품질관리 ② 통계적 품질관리(SQC)
③ 총체적 또는 전사적 품질관리(TQC) ④ 총체적 품질경영(TQM)

2. 품질보증비용은 어떤 범주의 품질비용에 속하는가? (   )
① 외부 실패비용 ② 내부 실패비용 ③ 평가비용 ④ 예방비용

3. 품질비용 중 폐기물비용이 속하는 것은? (   )
① 예방비용 ② 평가비용 ③ 내부 실패비용 ④ 외부 실패비용

4. QC서클에 관한 설명 중 옳지 않은 것은? (   )
① 1960년대에 일본 기업에서 나왔다.
② 품질, 생산성, 원가 등 작업장에서 발생하는 여러 문제들을 해결하기 위해 정기적으로 모이는 작업자 그룹을 말한다.
③ 공장내의 공식적인 조직이다.
④ 작업자들이 스스로 문제를 발견하고, 해결책을 강구하도록 교육훈련을 시켜야 한다.

5. 무결점운동(ZD운동)에 관한 설명 중 옳지 않은 것은? (   )
① ZD운동에서는 불량품의 발생으로 인한 비용과 품질관리비용간의 균형을 고려한다.
② 품질관리에서 예방을 강조하는 접근법이다.
③ ECR제안을 사용한다.
④ ZD운동은 전 종업원이 참여하여 결점을 제거하기 위한 전사적인 운동이다.

6. PPM이 의미하는 바는? (   )

① 제품 1백개당 불량품의 수 ② 제품 1만개당 불량품의 수
③ 제품 1십만개당 불량품의 수 ④ 제품 1백만개당 불량품의 수

7. 품질관리에서 파레토(Pareto)분석은 어디에 사용되는가? (   )

① 이상원인의 발견 ② 제품의 실제 사용 중 성능변동의 감소
③ 주요 불량항목의 파악 ④ 대규모 로트의 검사

8. 불량원인을 찾아내는 데 유용한 기법은? (   )

① 관리도 ② 파레토분석 ③ 특성요인도 ④ 체크리스트

9. 미국의 품질포상제도인 말콤 발드리지 상에서 가장 중시하는 평가항목은? (   )

① 고객과 시장 초점 ② 사업결과 ③ 공정관리 ④ 전략계획

10. ISO 9000 시리즈 중 최종 검사 및 시험에 대해서만 품질적합성을 보증할 때 사용되는 것은? (   )

① ISO 9001 ② ISO 9002 ③ ISO 9003 ④ISO 9004

절

취

선

제V부 품질경영 및 관리

제15장 총체적 품질경영

제16장 생산관리 조망

제16장 생산관리 조망

1. 비전경영
2. 세계화
3. 환경친화 경영
4. 지식경영
5. 기술혁신

1. 비전경영(Vision management)

1-1. 비전 경영이란

(1) 비전경영의 정의: 기업이념에 따라 바람직한 장래상을 설정하고 조직역량을 결집해 가는 비전중심의 경영 기법.

- 광의의 비전은 조직목표는 물론 그 기반인 경영이념까지 포함.
- 경영이념은 기업의 존재이유, 가치관, 사명으로 기업의 본질적인 방향이자 모든 활동의 원칙을 의미.
- 전략목표는 경영현실에서 이념에 따라 도전적으로 설정된 기업역량의 집중 대상을 의미.

(2) 비전경영의 기대효과

① 구성원의 열의 도출 - 자신이 믿는 신념과 결부된 비전의 도전적 목표는 구성원들에게 동기를 부여하기 때문.

② 전략적, 전술적 의사결정의 방향과 지침 제공 - 최종 목표가 명확해야 효과적인 전략을 전개할 수 있다.

③ 가치와 목표의 공유로 팀워크(teamwork)와 응집력 배양 - 동일한 신념, 뚜렷한 목표 등은 조직 응집력 촉발, 구성원의 역량 결집.

④ 리더에 지나친 의존 억제와 장기적 자기혁신능력 배양 - 공통의 신념과 명확한 목표는 리더의 변화로 조직 전체가 흔들리는 것을 막아 줌.

1-2. 비전 만들기

(1) 진취적인 자는 가설을 세워 현실을 근거로 검증하고, 확고한 비전(Vision)과 신념(Will)을 바탕으로 결정하고 실천해나갈 뿐이다.

- 할 수 있는 일만 목표로 삼는 자원제약적(資源制約的) 접근법에서 벗어나, 현재의 능력을 뛰어넘어 야망을 키우는 철학으로 전환해야 한다.

(2) "좋은 새는 나무를 가려 깃들고, 어진 신하는 주인을 택해 섬긴다." 경영자는 비전(Vision)과 가치관을 제시하여 사원들이 믿고 따를 수 있도록 해야 한다.

► 비전(vision): 아름다운 회망 [꿈].

►비전 만들기: 아름다운 꿈을 제시하고 모든 구성원이 이 꿈의 실현을 위해 몰입하게 하는 것.

(3) 경영자란 모든 조직 구성원들에게 꿈을 심어주고 신바람 나게 일할 수 있도록 하는 활력을 불어넣어주는 사람(energizer)이어야 하지 무기력하게 만드는 사람(enervator)이 되어서는 안 된다.

- G.E.의 최고경영자(CEO) 웰치(Jack F. Welch)

1-3. 비전 경영의 성공요인

(1) 조직의「진정한」경영이념 필요: 어떤 경우라도 반드시 지켜야만 할 것, 언제라도 변치 않을 것과 같은 자신들만의 경영이념을 찾아 조직 전체에 확산시키고, 준수하도록 함. 궁극적으로 구성원 스스로 자신들의 경영이념에 대해 자부심과 신뢰감을 느낄 수 있도록 하는 것이 좋음.

(2) 도전적인 장기목표 설정: 도전적 목표를 설정하여 구성원들의 열의 도출. 이때 혁신의 긴급성, 조직에 미치는 파장의 민감도 등에 따라 주요 참여자, 수립기간, 의견수렴방식 등이 달라질 수 있음. 단 최고 경영자를 포함한 핵심요원의 동참은 성공적인 실행을 위해 꼭 필요함.

(3) 경영이념 및 전략목표와 일관성 있는 실행체제의 구축: 다양한 기업활동이 비전을 중심으로 합력효과(synergy effect)를 발휘할 수 있도록 비전의 의미를 가능한 한 구체적인 메시지로 전달하여 실제행동 유도.

(4) 경영자와 사원간의 신뢰구축을 위한 『열린 경영』:『열린 경영(Open-Book Management)』으로 회사경영과 관련된 모든 정보를 철저하게 공개함으로써 신뢰가 구축되며, 사원들은 자발적이고 적극적인 애사심과 경영에 관한 관심을 갖게 되고, 기업 성공에 엄청난 기여함.

1-4. 비전 경영에 의한 생산관리

(1) 비전을 생산측면에서 정의하면, 고객만족, 시장점유율 또는 이익을 목표로 한 제품 생산 및 공정개선에 대한 조직의 전략적 관점.

(2) 비전 지향적 생산관리는 비전에 의해 도출된 핵심역량에 영향 받고, 미래의 생산관리자에게 다음과 같은 도전사항 제시.

① 변화와 복잡성 수용 : 오늘날은 거대시장에서 작은 시장으로 전문화하는 방향으로 변화. 장기적인 관점에서 생산관리자는 이러한 변화를 위한 도전에 적절히 대응해야 함.

② 새로운 기회인식의 유지 : 생산관리자는 최고경영층과 긴밀히 의사소통 하면서 비전 달성에 필요한 기술을 확인하고, 비전수립에 따른 새로운 기회를 인식하여 하위계층에 유지시켜주는 도전에 직면.

③ 시스템 유연성 유지 : 생산관리자는 시스템의 전반적인 유연성을 고양시키는 투자를 유지시켜야 함.

④ 지속적 학습을 위한 자세 : 비전은 지속적인 변화 요구. 이러한 변화에 대응하기 위해 생산관리자는 새로운 정보와 아이디어를 수용할 개방적인 자세를 가져야 함.

2. 세계화

2-1. 생산의 세계화 추구 이유

(1) 한 지역 내로 생산집중화는 가치연쇄(value chain)의 상이한 단계들간에 생산을 해외이전 할 경우에 기대할 수 있는 것보다 더 긴밀한, 보다 신속한, 보다 비용효과적인 상호작용이 이루어질 수 있다. 그럼에도 불구하고, 최종사용자가 고객인 모든 기업들이 세계화를 추구하는 이유.

① 원가절감 : 생산요소비용이 저렴한 국가의 자원이용 목적.

② 무역장벽 완화와 새로운 개방시장 출현 : 새로운 시장이 해외투자에 문을 개방함으로써 생산의 세계화가 더욱 가능.

* 그러나 반대로 수많은 해외생산 공장의 필요성을 줄이기도 함. 이전에는 관세가 수입을 방해했기 때문에 지역 생산시설을 요구했던 시장이 이제는 국내가 아닌 곳에서 공급 받을 수 있게 됨

* 호주(Australia)의 자동차 부문 사례 : 수입차의 관세 57.5%에서 22.5%로 인하 (10년간에 걸쳐)⇒ 수입차량 전체 시장의 15%에서 약 50%로 증가 ⇒ 닛산(Nissan)은 호주에서의 생산 포기, 도요다(Toyota) 등 다른 자동차기업들도 관세인하의 속도를 늦추지 않으면 생산 포기하겠다고 위협.

③ 경제블럭화: 무역장벽의 위협이나 무역 할당량의 제한을 피하기 위해 공장을 경제블럭 시장 내에 입지 시켜야 함에 따라, 생산의 지리적 분산화의 필요성을 증폭시킴

④ 고객관계 개선: 최대의 경영과제는 유연성과 신속성을 가지고 지역경쟁자 및 고객의 반응에 효율적으로 대처하는 것이고, 이를 위해 기업들은 전세계적으로 뻗어나가 해외에 생산설비를 위치시킴.

⑤ 수입품 구매기피현상 완화: 지역주민들이 외제사용으로 자기 나라나 자기 지역이 피해를 본다고 생각하는 성향이 있을 수 있으므로, 이때는 현지생산만이 수입품 구매기피현상을 완화시킬 수 있음.

⑥ 타국의 지적자산 탐색: 국제적 기업들은 점점 더 다른 나라들의 지적 자산을 탐색하기 위해 생산의 세계화를 추진하기도 함. 미국기업들이 학습차원에서 유럽에 생산설비를 이전시키기도 하며, 유럽기업들도 같은 이유로 미국으로 이전하기도 함.

⑦ 현금흐름 안정화: 세계화는 외환변동에 대응하여 다국적기업의 현금흐름을 안정화하기도 함.

* 세계 3번째 규모의 시멘트 생산기업인 멕시코의 시멕스(Cemex)사는 1995년 멕시코의 금융위기 때, 페소(peso)화의 평가절하와 잔혹한 경기침체로 시멕스의 멕시코의 생산에서는 달러로 50% 이상 현금흐름이 줄어들었다. 그러나, 멕시코의 다른 기업들이 몰락하고 있는 동안에, 시멕스(Cemex)만은 1992년부터 구입했던 스페인, 미국, 베네주웰라, 파나마 및 카리비안 등의 해외 자회사로부터 4억4천만 달러를 벌어 들였기 때문에 생존·성장할 수 있었다

⑧ 제품개발비용의 회수: 새로운 제품을 개발하면 곧바로 경쟁기업들도 신제품을 만들어내고, 기술개발과 더불어 제품 및 기술 수명주기가 지속적으로 단축되고 있다. 이에 따라 제품개발비용을 보상받기 위해서는 신속히 세계로 진출하여 신제품이 단기간에 많이 목표시장에 판매되기를 기대한다.

2-2. 생산 세계화의 영향

(1) 외주(outsourcing)의 보편화로 생산 세계화의 가속화

- 역외 외주(offshore outsourcing): 국내 공급자보다 더 유리한 가격조건으로 더 좋은 품질을 제공해주는 역외공급자들로부터 부품이나 완제품을 구매할 수도 있음
- 역외 생산(offshore production):국내생산의 경우보다 저렴하게 제품을 해외에서 생산할 수 있다는 점.

▣ 생산 세계화의 영향

① 관리의 국제화: 해외고객의 문화나 언어를 아는 현지인을 통해 생산관리를 하느냐 아니면 국내에서 파견된 관리자가 담당하느냐 하는 생산관리의 국제화 문제 발생.

② 종업원에 대한 영향: 생산세계화 전략으로 국내 종업원들은 그들의 직업을 잃는 것에 대해 불안해 하고, 세계적 생산이 국내 기업의 노조 협상력을 약화시킬 것으로 봄.

③ 제품혁신에 대한 간접적인 영향: 생산의 세계화로 세계적인 안목을 갖추게 되고 틈새제품을 개발하기 위한 능력을 향상시킬 수 있음.

2-3. 국제 생산망

(1) 기업이 보다 체계적인 세계화의 형태를 추구한다는 것은, 본질적으로, 국제생산망의 부분으로서 전 세계적인 생산과 기업간의 관계를 조직화하려 함을 의미.

▣ 국제생산망(international production network): 가치연쇄의 여러 단계에 걸쳐, 지분소유(equity ownership) 유무에 관계없이, 보다 넓은 범위의 보다 체계적인 국제적 생산형태를 구축하려는 시도.

- 목적: 국경을 넘어선 가치연쇄 단계들간에 보다 긴밀하고, 보다 신속하며, 그리고 보다 비용·효과적인 상호작용을 창출하는 것.
- 국제생산망은 선도기업, 자회사, 방계회사 및 조인트 벤처, 공급자 및 하청업자, 유통망 및 관련 범위, 뿐만 아니라 R&D 제휴 및 다양한 형태의 협력합의(표준 조합 등)을 포함.

► 선도기업: 지적재산권(intellectual property)과 시장표준 설정 및 유지와 지속적 갱신에 대한 노하우(know-how)를 가지고 힘을 발휘.

- 제품특성, 기능, 성능, 원가 및 품질 등을 지속적으로 개선시켜나감.
- 생산뿐만 아니라 다양한 첨단 지원서비스까지 외주에 의존.
- 경쟁적 성공은 절대적으로 그런 복잡한 국제생산망을 편성하고 조정하며 기업조직으로 통합할 수 있는 능력에 달여있음.

2-3. 국제 생산망 유형

(1) 공급자망(supplier networks): 의뢰인(제조업자 또는 대량판매업자일 수 있는 중심기업)과 자재, 부품, 구성품, 반조립품, 소프트웨어 등과 같은 생산투입물의 공급자간에 이루어짐. 공급자망은 하청계약 또는 위탁조립, 주문자상표부착생산(OEM), 주문자설계생산(ODM: original design manufacturing), 계약생산 및 턴키(turnkey)생산 등을 포함.

(2) 생산자망(producer networks): 경쟁업자들이 제품종류 구성 및 지역범위 확장을 위해 생산능력, 재정능력 및 인적자원을 공동으로 이용할 수 있게 하는 모든 공동생산협정(co-production arrangements)을 포함.

(3) 고객망(customer networks): 기존 시장의 침투나 새로운 시장 개척을 쉽게 하기 위해서 제조기업과 유통업자, 마케팅 채널, 소매상, 및 최종 소비자와의 전향적인 연계로 정의됨.

(4) 표준연합(standards coalitions): 가능한 많은 기업들을 자신의 특허품, 구조적 또는 접속(interface) 표준을 중심으로 결속시키려는 목적으로 망 구축.

(5) 기술협력망(technology cooperation networks): 상호특허사용, 특허권교환 및 연구개발 공유 등을 포함하여 제품설계 및 제품기술의 교환 및 협동개발을 촉진

2-5. 세계화와 전략적 제휴

(1) 경쟁우위 획득 ⇒코피티션(Coopetition)(=cooperation+ competition): 경쟁전략과 더불어 협동 전략(cooperative strategies)이 중요.

► 협동전략: 공통의 목적을 달성하기 위해 함께 일하고자 할 경우. 공모전략과 전략적 제휴가 있음.

- 공모전략(collusive strategies): 동종산업 내의 다수의 기업들이 산업의 산출량을 감축한다거나 가격을 올리기 위해 협력할 경우를 말함.
- 전략적 제휴(Strategic Alliances): 동종 또는 이종 산업 내의 기업들이 서로간의 경쟁우위를 강화하기 위해 상호 협력관계를 유지하는 것. 조인트 벤처(joint ventures), 라이선스(licensing) 계약, 유통계약, 공급계약 등이 있음.

☞ 전략적 제휴의 특성

√ 파트너 모두가 승자가 되는 공동의 전략이 개발되고 선택된다.

√ 파트너의 강점을 공유함으로 상호호혜적인 관계가 유지된다.

√ 투자가 한쪽의 이익보다는 공동의 이익을 위해 이루어진다.

2-6. 전략적 제휴의 이점

위험공유	혼자서는 투자위험을 감당하기 어려운 경우
규모의 경제	경쟁력 제고를 위해 보다 큰 규모가 필요하지만 고액의 시설투자에 따른 높은 고정비를 필요로 할 때
특정시장 접근	대 고객관계, 유통관련 하부구조에 대한 기본적인 이해가 결핍되어 있을 때
핵심기술 접근	심각한 기술격차에 직면해 있지만 기술을 구축할 시간이나 자원이 부족할 때
지리적 접근	성공가능성 있는 제품이나 외국시장 침투에 상당한 어려움을 겪고 있을 때
자금 제약	상당한 개발비용 증가에 직면해 있을 때
경영기술	새로운 경영노하우를 필요로 할 때
부가가치 장벽	부가가치를 높이기 위한 기술과 산업 내 경쟁력을 강화하고자 할 때
인수장벽	인수 기회가 기업규모나 지리적인 제약, 소유주의 경영권 상실 우려 등으로 제한적일 때

2-6. 전략적 제휴의 단계

제1단계: 제휴전략 수립	제휴 목적의 명확화. 특히 M&A와의 차이점을 충분히 인지해야 함.
제2단계: 파트너 선정	상대방의 재정적, 기능적 강점과 약점 분석. 상호 보완성 및 동시 양립가능성 검토. 자신의 협상력이 유효한가 검토.
제3단계: 조직구조와 경영관리	협상 전에 성립시킬 전략적 제휴의 틀에 대한 아이디어를 가져야 함. 즉 의사결정, 문제해결, 조직구조상 문제점들을 사전에 파악, 결정해야 함.
제4단계: 제휴결렬 대비	경쟁적 협력관계의 유지는 경쟁과 협력이라는 상반되는 개념만큼이나 어려운 일. 대부분의 제휴는 한쪽이 다른 한쪽을 M&A하는 것으로 끝날 수도 있음. 결렬에 대비하지 않으면 제휴효과를 상실하기 쉬움.

[전략적 제휴에서의 기만 술책]
- 역(逆)선택 : 제휴 파트너가 통제 불가능한 또는 얻을 수 없는 자원을 상대방에게 제공할 것처럼 하는 경우
- 도덕적 위해: 파트너가 약속보다 낮은 질의 기술 및 능력을 제공하는 경우
- 강탈: 파트너가 제휴 중 상대방 혼자의 투자에 따른 성과를 착취하는 경우

(1) 전략적 제휴의 성공을 위한 7가지 상식

① 욕심꾸러기 아이가 되어서는 안 된다: 자기의 몫을 챙기기보다는 「파이」를 키울 수 있어야 한다. 즉, 제휴는 경영권 획득이 아니라 가치창출에 초점을 맞추는 데서 출발한다.

② 사춘기의 시각을 넘어서야 한다: 상호신뢰를 구축하라. 전략적 제휴는 종종 신뢰결핍과 계약서 조항에 대한 과도한 집착 때문에 실패한다.

③ 세대차이를 극복하라: 의사소통채널은 언제나 열려있어야 한다. 각 파트너는 전통적인 방법을 버리고, 구성원들이 급격한 변화를 수용하는데는 어느 정도 시간이 걸릴 수밖에 없음을 인식하여야 한다.

④ 사람을 흔들지 마라: 전략적 제휴에 최고의 인력을 끌어들일 수 있어야 한다.

⑤ 파트너는 까다롭게 골라라: 파트너선정에 충분한 시간을 가져야 한다.

⑥ 결혼의 목표를 명확히 하라: 제휴목표를 사전에 분명히 알고 있어야 한다. 상호의 목적과 기대에 대한 명백한 이해는 공동의 가치를 최대화하고 오해를 감소시킨다.

⑦ 독불장군은 곤란하다: 변화에 적응하기 위해서는 다른 문화, 다른 프로세스, 다른 구조를 요구한다. 따라서 새로운 조직은 전략적 제휴의 독특한 욕구에 적합하도록 만들어져야 한다.

3. 환경친화 경영

3-1. 환경오염과 기업의 역할

(1) 경제성장: 인류 역사의 발전에 기여; 반면에 환경파괴의 과정.

- 산업화와 더불어 환경기반을 헤쳐온 환경오염물질은 바람과 구름과 물을 따라 대륙과 대양을 넘나들어, 환경오염 문제는 국지적 차원을 넘어서 범 지구적으로 해결해야 할 과제로 다가옴.
- 지구온난화, 사막화, 오존층파괴 및 대형 환경안전사고 등 지구의 환경오염 문제에 대한 범세계적인 대응에서 환경보전과 경제성장의 동시추구, 즉 환경적으로 건전하고 지속가능한 발전(Environmentally Sound and Sustainable Development)이라는 개념을 기반으로 환경을 인식하고 환경기반을 강화하는 방향으로 성장을 추구.

(2) 환경보전과 경제발전의 균형 추구에서 기업은 그 본래의 사명인 생산자 내지 공급자의 역할을 중심으로 재조명되어야 함.

- 기업의 일차적 역할은 생산에 있으며, 기업이 자신의 역할을 수행하는 유형과 방법이 환경보전적이고 환경친화적인 것이 되도록 해야 함.
- 기업은 공해·환경문제에 관한 조직·설비 등 환경기준의 명시 및 성취, 공해방지기술의 연구개발, 자원의 재활용 노력, 원료전환 노력, 폐기물 재활용 등에 노력을 기울여야만 함.

3-2. 환경경영시스템과 국제무역

(1) 환경경영시스템: 국제표준화기구(ISO)의 환경전문기술위원회가 ISO 14000 국제환경규격을 제정. 국제환경규격의 발효에 따라 기업의 경영전반에 걸쳐 환경실태를 평가하여 환경경영인증서를 부여하게 됨.

(2) 국제환경인증과 무역규제

① 국가간 환경기준 또는 기술수준의 차이와 관련한 무역규제

② 특정물질 또는 생산방식의 규제로 인한 무역제한

③ 환경관련 제품표준 및 인증제도에 의한 무역 규제

④ 포장 및 폐기물 회수 관리 강화로 인한 무역규제

⑤ 경제적 수단의 사용확대로 인한 무역제한 효과 : 환경관련 세금·부과금 등의 경제적 수단을 이용해서 수입제품에 세금을 부과하거나 수출제품에 대해 세금을 환급 시켜주는 관세정책의 형태를 띰. 그러나 제품 자체뿐만 아니라 생산과정에서 부과된 세금이나 부과금의 산정방법도 고려되어야 할 것임.

► 가격과 품질만이 제품 및 기업경쟁력의 원천이 될 수 없음. 기업은 원료의 채취에서 생산·포장·판매·사용·폐기·재활용 등에 관한 수입국의 환경법규준수는 물론 환경경영체제 인증여부에 대한 규제를 감수해야 함.

3-3. ISO 14000 시리즈의 주요내용

(1) 인증 및 감사규격: 환경관리체제와 상품의 환경성에 대한 인증 목적

①환경경영체계(EMS: Environmental Management System): 조직의 환경경영방침과 이를 이행하기 위한 요건을 규정(ISO 14000-14009)

②환경감사(EA: Environmental Auditing): 조직의 환경경영체계와 감사절차와 방법, 그리고 감사원의 자격을 규정(ISO 14010-14019)

③환경표지(EL: Environmental Labeling): 상품의 안전성 인증과 용어표시내용의 확인방법, 환경심볼(symbol)에 대한 지침규정(ISO 14020- 14029)

(2) 환경관리기술 개선을 위한 기법과 관련된 규격

①환경성과평가(EPE: Environmental Performance Evaluation): 세부관리 항목별 환경성과 평가방법에 관한 규격(ISO 14030-14039)

②전과정평가(LCA: Life-cycle Assessment): 설계·생산·유통·소비·재활용·폐기 등 각 단계별 환경영향 사전 고려로 최적조건을 설계·생산할 수 있는 방법에 대한 규격(ISO 14040-14049)

③제품표준의 환경측면(EAPS: Environmental Aspect in Product Standard): 제품규격 설정 시 환경측면의 고려절차와 방법의 규격

(3) 환경관련 용어(T&D) 부분: ISO 14000 시리즈에서 나오는 환경관련 용어에 대한 정의 포함(ISO 14050-14059)

3-4. 친환경경영 : 정책 및 방안

(1) 환경친화경영: 기업이 생산·공급하는 제품/서비스의 설계·생산·유통·소비·재활용·폐기 등 각 단계에서의 환경영향을 사전에 고려하여 최적조건을 실현하려는 데 목적을 둔 경영.

(2) 환경친화경영의 주요 환경정책 및 방안

영역	정책 및 방안
사 고 (事 故)	•사고의 공개 • 전세계적으로 동일한 안전기준 이용 •사고 시 특별한 협동적 태도의 실현 • 위기관리 시스템 수립
일상적 공 해	•기업 내외에서 공해감소를 위한 인센티브 제공 •종업원 및 외부 이해관계자들을 포함한 '그린 팀'수립
폐기물 처 리	•적극적인 폐기물 최소화 •고객 폐기물의 회수 •폐기물 처리 서비스 제공
제품	•환경적으로 보다 안전한 대체제의 개발 및 이용 •제품남용의 적극적인 예방 •공급자들에게 보다 높은 기준 부과 •재활용 가능한 제품개발
포장	•불필요한 포장의 최소화 •고객들로부터 포장재 회수 •환경적으로 안전한 포장법 이용 •재활용 가능한 포장법 개발

3-5. 환경친화경영의 효과

(1) 환경경영의 단기적 이점: 환경파괴유발 유해물질 감소로 최종 처분할 폐기물량이 감소되어 처리비용절감 효과.

(2) 중장기적 이점: 경영도구로서 환경개념을 경영활동에 도입하여 통합 관리할 경우 기업의 성장과 이익을 창출할 수 있음. 또한 기업의 이해관계자 즉 소비자 공급자 일반대중 방송매체 은행 정부 주주 종업원 등에게 환경문제를 잘 관리하는 모범기업이라는 점을 부각시킬 수 있음.

► 미국의 3M: 환경경영체계 도입으로, 첫째 벌금이나 과징금 등이 부과되지 않고, 둘째 오염방지설비의 신규투자 및 운전경비 등이 소요되지 않도록 제품을 설계하거나 제품조성을 변경시킬 수 있으며, 셋째 환경에 책임지는 기업이라는 명성을 얻을 수 있다는 이점을 열거하고 있음.

► 일본 통산성 발표: 환경경영체제 도입으로 비용통제 용이, 투입 원자재 및 에너지 사용량 감소. 미쯔비시 그룹은 ISO-14001 도입 후 5%의 총 에너지절감 추산. 후지필름은 환경경영체제 준비과정 중 95년 폐기물 관리부문에서만 수십만 달러 절약.

► 한화그룹: 환경법규 위반, 사고, 민원의 예방효과, 폐기물 7만 톤, 폐수 3백톤 등의 재활용을 통한 자원의 절감과 폐수 50%(연 8백만 톤)등 오염물질 감축, 종업원 환경제안을 통한 환경개선, 청정기술 개발을 통한 약 20억원 이상의 원가절감, 환경마크 획득 및 기업 이미지 제고효과.

3-5. 환경친화 생산관리

(1) 기존 생산관리의 한계점

첫째, 환경문제는 하향하위시스템(downstream subsystem)내에서만 고려: 환경문제는 환경물질의 취급방법, 취급시기 및 오염발생비율 등을 조절하면 감소될 수 있다고 가정. 환경오염물질을 환경과 격리시키거나 최종공정의 정화를 이용하여 환경오염 문제를 해결.

- 이는 국소적인 오염문제의 단기간 개선에는 유익할 수 있으나, 환경오염의 내용이 다양화되고, 규제수준이 엄격해지는 미래에는 비용측면에서 유효하지 못함.
- 미래 생산관리에서의 환경문제는 상향하위시스템에서 해결방안 모색:현재는 오염예방(Pollution Preventive)과 환경친화설계(DFE: Design for Environment)가 해결방안으로서 유망.

둘째, 기존 생산관리에서는 폐기물은 단순히 폐기물로서 취급하고, 이의 해결방안을 생산관리 부서의 한 경영통제 기능으로 인식.

- 폐기물이 자산으로 취급되는 미래에서는 환경문제는 단순히 생산과정에서만 취급되어서는 안되고, 전 부서가 전략의 일부로서 체계적으로 다루어야 함. 생산관리자는 다른 부서와의 협력 속에서 환경문제를 다루어야만 할 것임.

■ 환경친화생산의 요소

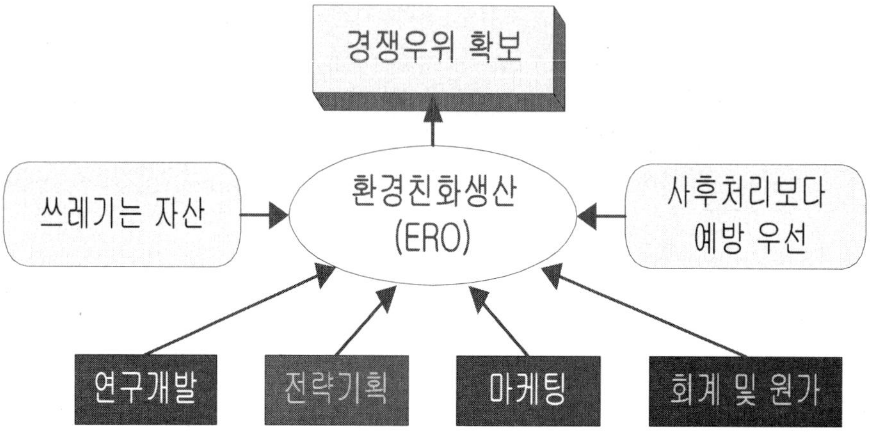

4. 지식경영

4-1. 지식경영이란

(1) 지식경영(Knowledge Management) : 데이터와 정보와 지식으로 구성되는 기업의 지적자본을 창출, 축적, 공유 및 활용으로 새로운 가치를 창출하고, 평가를 통해 지적자본의 가치를 극대화하려는 일련의 경영이념.

- 노동, 자본, 자원에 이은 제4의 생산요소로서의 『경영』 이란 노하우(Know-how)와 노화이(Know-why)에 관한 지식이다. 경영은 새로운 생각, 더 좋은 일하는 방법, 노동과 자본 및 자원을 갖고 더 큰 부가가치를 창출하게 하는 방법 및 기술 등을 포괄하는 것, 이 모두 지식이다.
- 지식사회에서는 지식이 모든 부를 창출하는 원천이 되며, 권력은 자본소유자가 아니라 지식소유자에게로 넘어갈 것으로 본다.
- 제품의 본질도 제품 그 자체보다는 제품을 생산하는 지식으로 변화하고 제품가격에서 차지하는 지식프리미엄의 비중이 더욱 증가함.

* 코카콜라는 원액제조비법 하나로 전 세계에서 제일 많은 부가가치를 창출한 기업이 되었고, 마이크로소프트(Microsoft)는 MS- DOS, Windows 등의 운영체계 소프트웨어로 엄청난 부를 창출하고있다.

4-2. 지식경영과 생산관리자

(1) 미래의 생산관리자는 생산관리시스템에 대한 지식의 영향, 지식의 성격을 이해해야 하는 어려운 도전에 직면함.

(2) 생산관리자는 지식근로자(Knowledge Worker)를 위한 다음의 조건이 유지되는 일상적 과업을 재형성하는데 노력하여야 할 것

① 자율성: 자율성은 새로운 지식을 창조하도록 사람들을 동기부여 함.

② 변동성 : 시스템변화로 인하여 야기하는 변동성은 작업자들로 하여금 새로운 환경을 탐험하도록 함.

③ 적극적 개입: 새로운 지식을 창조하기 위해 작업자들이 스스로 적극적 개입을 할 수 있도록 함. 이러한 적극적 개입은 작업자로 하여금 단순히 문제를 확인하는 차원을 넘어 문제를 해결하도록 유도함.

④ 다양성 : 다양성은 개인경험을 확장 시켜주며, 이는 다시 새로운 변화를 창조함. 이러한 광범위한 관점은 지식창조을 유발함. 생산관리자는 직무순환 및 직무확대프로그램을 통해 다양성을 증가시킬 수 있음.

5. 기술혁신

5-1. 기술변화의 특성

(1) 새로운 기술발전의 가속화 : 기술발전의 속도가 빨라짐. 과학과 기술이 경제성장을 "후원"하는데서 "선도"하는 역할로 전환됨.

(2) 복합산업의 출현과 업무영역의 중복 : 서로 다른 기술의 상호 결합 및 융합에 의한 복합기술 등장. 복합기술 및 다기능 기술로 산업의 구조도 다변화·고도화됨.

(3) 재래산업의 첨단화: 성숙산업 또는 사양산업으로 인식되고 있는 섬유산업은 전자 및 고분자와 결합하여 새로운 첨단산업으로 등장하고 있으며, 재래의 가공·조립산업은 초고속·자동화되고, 농업과 의료산업은 유전공학의 이용으로 새롭게 탈바꿈하고 있음.

(4) 기술적 우위의 다극화 : 1960년대까지 미국이 주도권 행사, 1970년대 일본과 유럽, 1980년대 신흥공업국이 경쟁권에 진입, 새로운 '기술적 특화' 현상을 촉진, 자국에 유리한 목표산업을 설정·육성하고 있음. 더불어 선진국의 기술보호주의는 지적재산권과 더불어 강화되고 있음.

(5) 제품화의 가속화 : 급속한 기술혁신 진행으로 제품화의 속도가 빨라지고, 제품수명주기는 그만큼 단축되고 있음. 기초과학지식·기술의 응용시간이 단축되고 응용 폭도 확대되고 있음.

(6) 과학과 기술 및 산업간의 연계화 촉진.

5-2. 기술과 경쟁력

(1) 경쟁력: 『차별화 우위(differentiated advantage)의 획득·이용 능력』.

- 차별화 우위란 다른 기업과는 다른 방식으로 자원을 결합함으로써 얻게 되는 우위로서, 제품의 가격과 품질로 나타나게 되고, 그 기업에 초과이득을 가져옴.

(2) 기술과 기업 경쟁력과의 관계

① 가격경쟁력: 기술의 변화는 제조방법의 개선, 기계설비의 효율 향상, 원재료의 효율적 이용 등을 통해 생산성 증가에 기여하는 중요한 요소. 제품설계의 개선에 따른 투입 부품 수나 소재사용의 감소로 재료비 및 인건비 등 제조비용 절감이 가능.

② 품질경쟁력: 기술진보에 의한 품질경쟁력 향상은 첨단 부품의 이용, 디자인 변경, 제품의 단순화 등을 통해 이룰 수 있음.

③ 제품경쟁력: R&D를 통한 신제품 개발은 기존 제품에 비해 경쟁력을 제고 시키는 효과를 가져옴. 신제품 제조기술의 혁신에 대한 투자는 성공할 경우 기존제품에 대한 투지보다 투자수익률이 높음.

④ 시장침투력: 기업의 기술력 증대는 국내·외 시장에 대한 침투력 촉진.

5-3. 기술변화와 생산관리

(1) 생산관리자는 기업의 현재 기술과 바람직한 미래의 핵심기술, 그리고 사업전략상의 기술이 생산관리에 어떠한 영향을 미치는가를 항상 염두에 두어야 함.

(2) 새로운 기술의 변화는 사업계획 중 생산계획에 영향을 주기 때문에 21세기 생산관리자는 새로운 기술에 따른 도전에 대비하여야만 함.

❑ 모든 기술이 경쟁력을 낳지는 않으므로, 기술과정의 변화에서는 다음과 같은 기술특성이 고려되어야 함

① 기술의 효율성

② 기술적 결정상의 경제적 규모

③ 기술을 위한 자본집중도

④ 기술의 대체탄력성

❖ 모든 변화를 지속적으로 따라가기도 힘들거니와 따라간다 하더라도 그에 따른 경제성에 문제가 있을 수 있다. 이의 대처방안으로 등장한 것이 필요부분을 외주(outsourcing)하는 것이다.

기술관리과정 흐름도

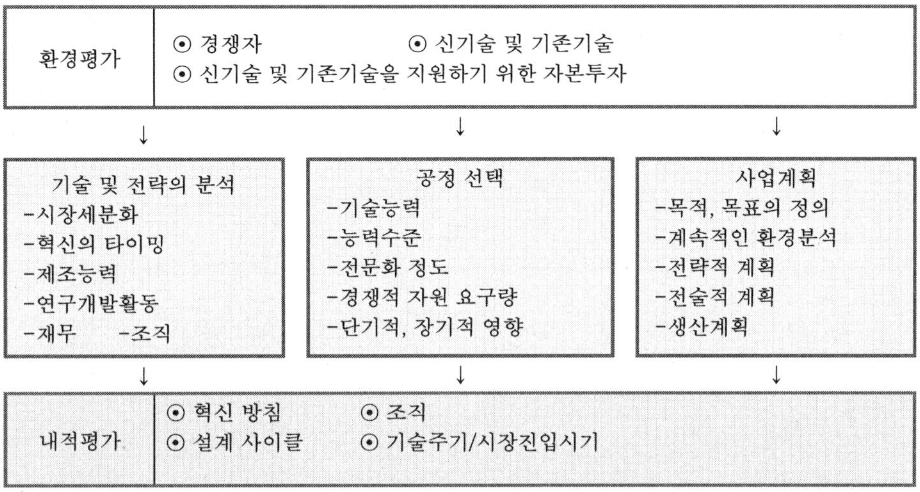

생산관리의 원칙

1. 고객과 경쟁자의 철저한 파악
2. 재공품(대기행렬), 처리시간, 이동거리 및 공간 감축
3. 작업준비시간 및 교체시간 단축
4. 고객 이용률에 맞춘 생산·공급, 주기시간 및 일회 생산규모 축소
5. 소수의 우량공급자만 유지
6. 제품/서비스의 구성품 수 축소
7. 우선적으로 오류 없는 제품/서비스의 생산·공급이 용이하도록
8. 다수의 경로를 단일경로로 전환, 셀 및 흐름공정 유지
9. 찾는 시간을 제거하도록 작업장 배열
10. 다기능 숙련공 양성을 위한 교차 기능적 훈련
11. 작업장에서 산출량, 품질 및 문제 등의 자료 기록 보유
12. 전문참모에 앞서 현장요원이 먼저 문제해결 하도록 보장
13. 새로운 장비도입 고려 이전에 기존 설비 및 인력의 유지·개선
14. 단순하고 저렴하고 이동성 있는 장비 탐색
15. 공정변동을 달리 줄일 수 없을 경우 점진적으로 자동화
16. 각각의 제품, 서비스 또는 고객에 대한 작업장, 기계, 셀 및 흐름공정 등을 하나보다는 여러개로 유지
17. 지속적이고 신속한 개선에 전념

[제16장 연습문제] **학년 :** **학번 :** **성명 :**

I. 서술형

1. 비전경영의 의의를 논하라.
2. 비전경영의 성공요인은 무엇이며, 생산관리에는 어떤 의미를 갖는가?
3. 기업들이 세계화를 추구하는 이유는 무엇일까?
4. 국제생산망의 유형에 대해 설명하라.
5. 외주의 의의에 대해 논하라.
6. 전략적 제휴란 무엇이며, 그 필요성은 어디에 있는가?
7. 환경친화적 경영은 무엇인가? 반드시 필요한 것인가?
8. 지식도 생산관리의 대상인가?
9. 기술혁신이 생산관리에 미치는 영향에 대해 논하라.
10. 상황이 바뀌어도 변하지 않는 생산관리의 원칙이 존재할 수 있는가?

II. 진위형

1. 경영이념은 기업의 존재이유, 가치관, 사명으로 기업의 본질적인 방향이자 모든 활동의 원칙을 의미한다. (   )
2. 비전을 생산측면에서 정의하면 고객만족, 시장점유율 또는 이익을 목표로 한 제품 생산 및 공정개선에 대한 조직의 전략적 관점이라고 한다. (   )
3. 생산의 세계화 추진 이유는 생산요소비용이 저렴한 국가의 자원이용을 목적으로 한다. (   )
4. 경쟁력 제고를 위해 보다 큰 규모가 필요하지만 고액의 시설투자에 따른 높은 고정비를 필요로 할 때 전략적 제휴를 맺는다. (   )
5. 조직의 환경경영방침과 이를 이행하기 위한 요건을 규정한 것이 ISO 14000-14009이다. (   )
6. 지식경영이란 데이터와 정보와 지식으로 구성되는 기업의 지적자본을 창출, 축적, 공유 및 활용으로 새로운 가치를 창출하고, 평가를 통해 지적자본의 가치를 극대화하려는 일련의 경영이념이다. (   )
7. 기업의 기술력 증대는 국내·외 시장에 대한 침투력 을 촉진 시킨다. (   )
8 차별화 우위란 다른 기업과는 다른 방식으로 자원을 결합함으로써 얻게 되는 우위로서, 제품의 가격과 품질로 나타나게 되고, 그 기업에 초과 이득을 가져온다 . (   )

I. 개요

BEMS는 실시간 에너지 사용량 및 사용추이를 Monitering 하는 도구이다. 이를 바탕으로 균형 잡힌 에너지 사용을 이끌어낼 수 있으며, 에너지 낭비가 될 수 있는 요소를 조기발견 에너지 낭비를 예방할 수 있는 역할을 한다.

DW-BEMS란?

- 건물/시설물의 Energy 정보를 Monitoring/Reporting/Verification 제공
- 에너지원(전기/열/가스/신재생에너지)/Zone/장비별 에너지 관리
- 에너지 DB 구축 및 미래 에너지 계획 수립의 기반 구축

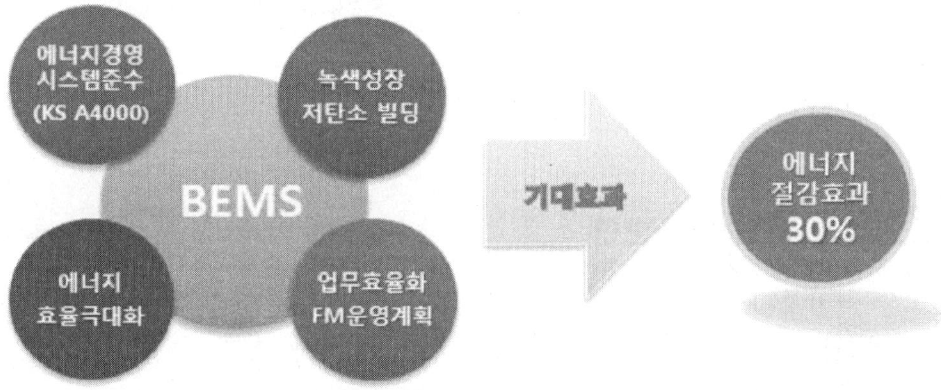

DW-BEMS의 필요성 및 기대효과

필요성

- 에너지 소비량 파악
- 과다 에너지 사용에 대한 Loss 방지
  에너지 사용 검측
- BEMS를 통한 에너지 절감목표 수립
  - 경제적 운전방안 수립
- 최소의 에너지로 설비장비 최적운전
- 건축물 목표관리제 대응

기대효과

- 에너지 과소비원 검침
  - 에너지 사용액 절감
- 에너지 흐름, 에너지 사용량 **예측 및 실시간 확인 최적운전**
- 건물의 **생명주기 연장**
- 설비장비의 효율적인 유지보수 확립
- 이행계획수립, 명세서 전자 보고

DW-BEMS Process

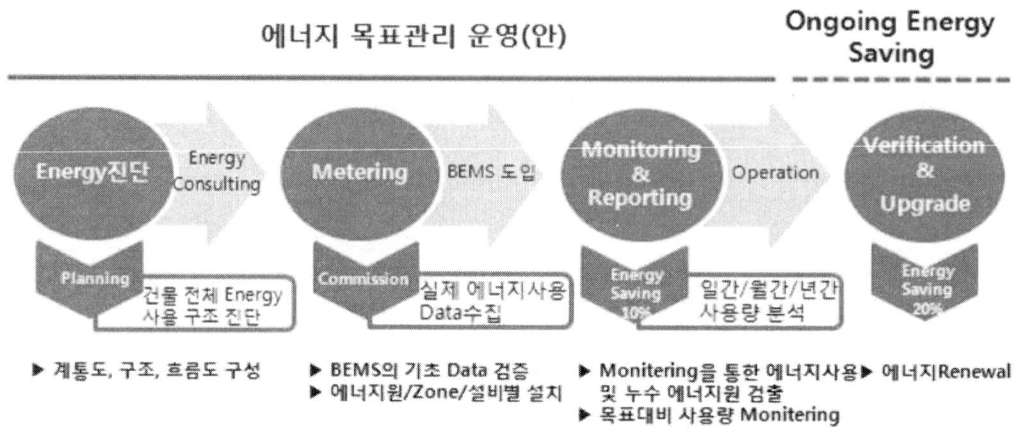

▣ Energy Saving은 Energy Monitoring에서 부터 시작합니다.

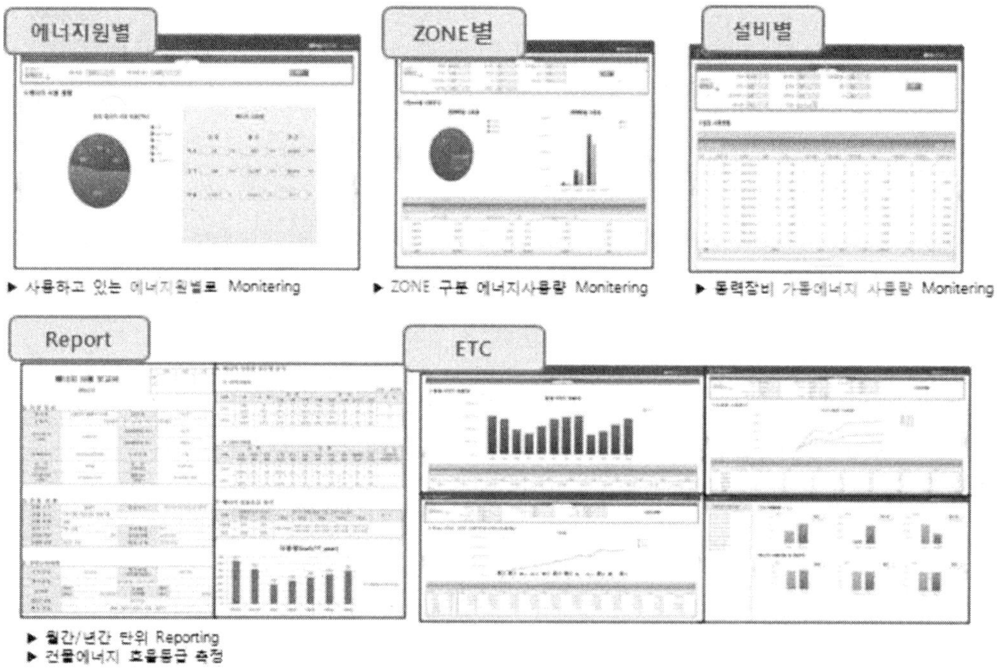

II. 기본 사용법

1. 로그인

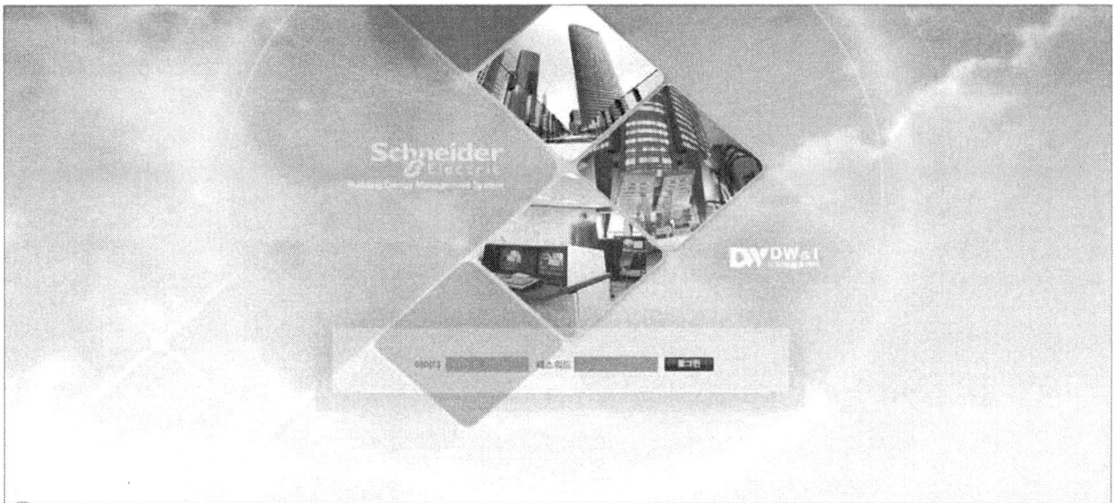

1) BEMS 시스템 서버 접속(http://bems.dwni.co.kr/회사코드)
2) ID/PW 입력

ID	PassWord	비 고
DWNI1		
DWNI2		
DWNI3		
DWNI4		
DWNI5		
DWNI6		
DWNI7		
DWNI8		
DWNI9		
DWNI10		
DWNI11		
DWNI12		
DWNI13		
DWNI14		
DWNI15		
DWNI16		
DWNI17		
DWNI18		
DWNI19		
DWNI20		

2. 화면 사용법

가) 검색조건이 활성화 화면은 검색 조건을 달리하여 검색가능

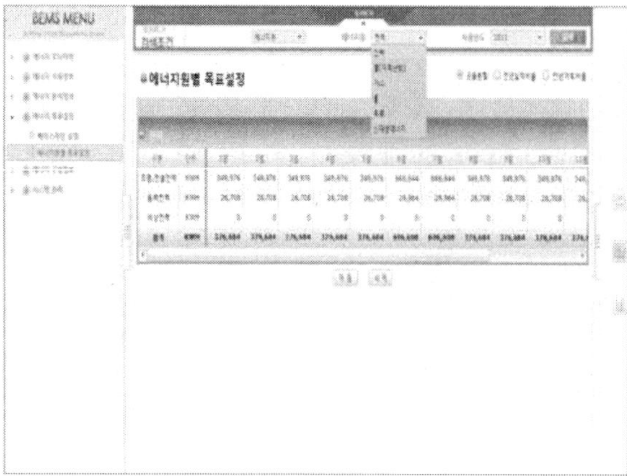

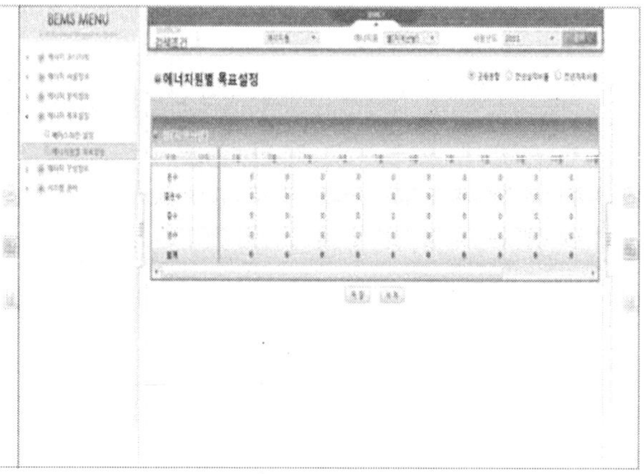

나) Excel로 변환을 이용한 분석자료 활용

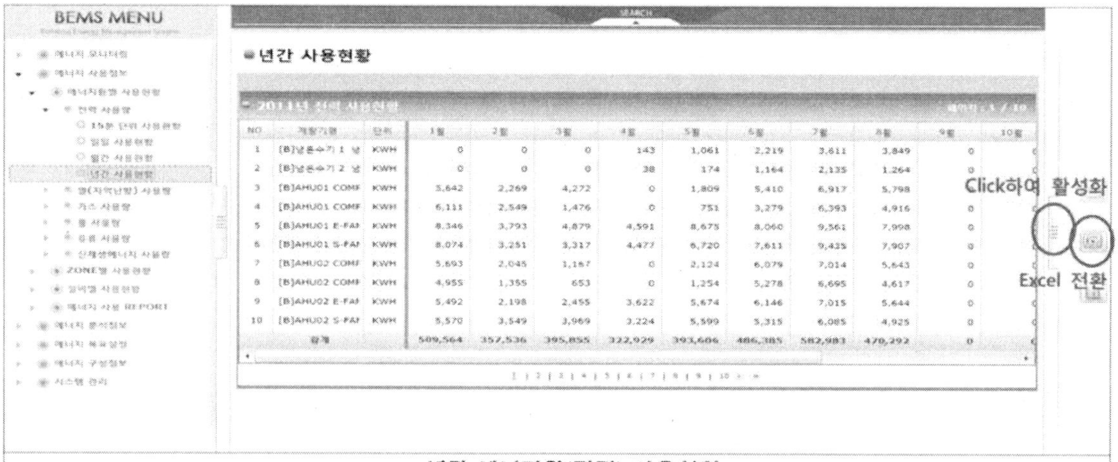

년간 에너지원(전력) 사용현황

■ 사용년도 : 2011년

(단위 : KWH)

No	계량기명	1월	2월	3월	4월	5월	6월	7월	8월	9월	10월	11월	12월	합 계
1	]냉온수기 1 냉각수펌	-	-	-	143	1,061	2,219	3,611	3,849	-	-	-	-	10,883
2	]냉온수기 2 냉각수펌	-	-	-	38	174	1,164	2,135	1,264	-	-	-	-	4,775
3	[B]AHU01 COMP-1	5,642	2,269	4,272	-	1,809	5,410	6,917	5,798	-	-	-	-	32,116
4	[B]AHU01 COMP-2	6,111	2,549	1,476	-	751	3,279	6,393	4,916	-	-	-	-	25,475
5	[B]AHU01 E-FAN	8,346	3,793	4,879	4,591	8,675	8,060	9,561	7,998	-	-	-	-	55,903
6	[B]AHU01 S-FAN	8,074	3,251	3,317	4,477	6,720	7,611	9,415	7,907	-	-	-	-	50,790
7	[B]AHU02 COMP-1	5,693	2,045	1,167	-	2,124	6,079	7,014	5,643	-	-	-	-	29,766
8	[B]AHU02 COMP-2	4,955	1,355	653	-	1,254	5,278	6,695	4,617	-	-	-	-	24,807
9	[B]AHU02 E-FAN	5,492	2,198	2,455	3,622	5,674	6,146	7,015	5,644	-	-	-	-	38,247
10	[B]AHU02 S-FAN	5,570	3,549	3,969	3,224	5,599	5,315	6,085	4,925	-	-	-	-	38,236
11	[B]AHU03 COMP-1	5,450	2,002	1,287	1	2,099	5,870	6,984	5,791	-	-	-	-	29,483
12	[B]AHU03 COMP-2	4,432	1,777	799	1	1,147	4,643	6,659	4,544	-	-	-	-	24,002
13	[B]AHU03 E-FAN	4,261	2,784	3,400	2,496	4,412	4,059	4,786	3,996	-	-	-	-	30,193
14	[B]AHU03 S-FAN	5,236	2,190	2,975	3,496	5,645	5,927	6,985	5,793	-	-	-	-	38,246
15	[B]AHU04 COMP-1	8,230	4,018	3,493	1	957	4,724	7,018	5,771	-	-	-	-	34,212
16	[B]AHU04 COMP-2	7,192	2,970	2,618	-	259	3,218	6,588	5,484	-	-	-	-	28,330
17	[B]AHU04 E-FAN	6,942	2,864	3,283	12	4,667	5,103	6,079	5,046	-	-	-	-	33,996
18	[B]AHU04 S-FAN	6,906	2,847	2,907	7	1,001	4,339	6,062	5,019	-	-	-	-	29,086
19	[B]AHU05 COMP-1	11,036	3,686	2,339	10	24	59	498	176	-	-	-	-	17,828
20	[B]AHU05 COMP-2	16,749	8,614	8,558	11	1,055	3,574	4,920	5,360	-	-	-	-	48,841
21	[B]AHU05 E-FAN	7,153	3,599	5,299	32	3,623	4,340	4,703	3,534	-	-	-	-	32,283
22	[B]AHU05 S-FAN	18,011	7,844	9,517	68	5,650	4,648	6,060	6,071	-	-	-	-	57,868
23	[B]AHU06 R-FAN	4,474	1,712	2,629	2,633	3,510	3,629	4,114	3,228	-	-	-	-	25,929
24	[B]AHU06 S-FAN	5,777	1,583	3,128	1,204	5,396	5,308	6,086	4,795	-	-	-	-	33,276
25	[B]AHU08 R-FAN	3,606	2,339	3,163	1,865	2,790	2,667	2,974	2,375	-	-	-	-	21,778
26	[B]AHU08 S-FAN	3,653	1,050	1,625	555	4,509	4,331	4,981	3,919	-	-	-	-	24,623
27	[B]AHU09 R-FAN	-	-	101	210	283	-	-	166	-	-	-	-	760
28	[B]AHU09 S-FAN	7,410	2,734	3,672	59	4,341	5,200	6,008	4,723	-	-	-	-	34,148
29	[B]AHU10 R-FAN	1,710	1,025	1,200	507	1,162	1,234	1,414	1,116	-	-	-	-	9,368
30	[B]AHU10 S-FAN	2,641	1,004	1,220	17	1,687	1,753	1,988	1,583	-	-	-	-	11,793

Ⅲ. 메뉴 구성 및 활용

1. 메뉴구성도

1 Level	2 Level	3 Level	4 Level
에너지 모니터링	에너지원사용총량		
	에너지원별 모니터링		
	ZONE별 모니터링		
	날씨정보 모니터링		
	사용추이 모니터링		
에너지 사용정보	에너지원별 사용현황	전력 사용량	15분 단위 사용현황
			일일 사용현황
			월간 사용현황
			년간 사용현황
		열(지역난방) 사용량	15분 단위 사용현황
			일일 사용현황
			월간 사용현황
			년간 사용현황
		가스 사용량	15분 단위 사용현황
			일일 사용현황
			월간 사용현황
			년간 사용현황
		물 사용량	15분 단위 사용현황
			일일 사용현황
			월간 사용현황
			년간 사용현황
		유류 사용량	15분 단위 사용현황
			일일 사용현황
			월간 사용현황
			년간 사용현황
		신재생에너지 사용량	15분 단위 사용현황
			일일 사용현황
			월간 사용현황
			년간 사용현황
	ZONE별 사용현황	빌딩별 사용량	15분 단위 사용현황
			일일 사용현황
			월간 사용현황
			년간 사용현황
		층별 사용량	15분 단위 사용현황
			일일 사용현황
			월간 사용현황
			년간 사용현황
		입주사별 사용량	15분 단위 사용현황
			일일 사용현황
			월간 사용현황
			년간 사용현황
		업무용도별 사용량	15분 단위 사용현황
			일일 사용현황
			월간 사용현황
			년간 사용현황

에너지 사용정보	설비별 사용정보	냉방설비 사용량	15분 단위 사용현황
			일일 사용현황
			월간 사용현황
			년간 사용현황
		난방설비 사용량	15분 단위 사용현황
			일일 사용현황
			월간 사용현황
			년간 사용현황
		급탕설비 사용량	15분 단위 사용현황
			일일 사용현황
			월간 사용현황
			년간 사용현황
		조명/전열설비 사용량	15분 단위 사용현황
			일일 사용현황
			월간 사용현황
			년간 사용현황
		환기설비 사용량	15분 단위 사용현황
			일일 사용현황
			월간 사용현황
			년간 사용현황
	에너지 사용 REPORT	월간 Report	월간사용 Report
		년간 Report	년간사용 Report
에너지 분석정보	효율등급 분석정보	건물에너지 효율등급정보	
	외부환경 분석정보	온/습도 분석정보	
	Pattern 분석정보	전력역률 분석	
		전년/목표/베이스라인 대비 분석	
	설비효율 분석정보	AUTO-TRACKING	
에너지 목표설정	베이스라인 설정		
	에너지원별 목표설정		
에너지 구성정보	에너지 공급계통 관리		
	에너지 기준코드관리		
	에너지 설비 설정(보고서)		
시스템 관리	사용자 관리		
	사용권한 관리		
	패스워드 변경		

생 산 운 영 시 스 템

2017년 8월 20일 인쇄
2017년 8월 22일 발행
저 자 김 만 균 저
펴낸이 오 성 결
펴낸곳 오성미디어
주 소 132-916 서울시 도봉구 창 3동 491-1
전 화 02) 997-0136
FAX 02) 997-0137
등 록 2000. 5. 12 제 7-212 호
ISBN 978-89-6628-439-9 값 20,000원